Gerda Bödefeld / Berthold Hinz

W0108992

# Die Villen im Veneto

Eine kunst- und kulturgeschichtliche Reise
in das Land zwischen Alpenrand und Adriabogen

DuMont Buchverlag Köln

Umschlagabbildung vorn: Villa Barbaro in Masèr (54)

Vordere Innenklappe: Fresko von Veronese aus der Villa Barbaro in Masèr

Umschlagabbildung hinten: San Vigilio di Garda, Garten der Villa Guarienti di Brenzone (88)

CIP-Kurztitelaufnahme der Deutschen Bibliothek

**Bödefeld, Gerda:**
Die Villen im Veneto: e. kunst- u. kulturgeschichtl.
Reise in d. Land zwischen Alpenrand u. Adriabogen /
Gerda Bödefeld; Berthold Hinz. – Köln: DuMont, 1987.
    (DuMont-Dokumente: DuMont-Kunst-Reiseführer)
    ISBN 3-7701-1838-3
NE: Hinz, Berthold:


© 1987 DuMont Buchverlag, Köln
Alle Rechte vorbehalten
Satz, Druck und buchbinderische Verarbeitung: Boss-Druck, Kleve

Printed in Germany    ISBN 3-7701-1838-3

# Inhalt

# Vorwort

Die Villen im Veneto wurden vor rund 30 Jahren von einem breiteren Publikum entdeckt; bis zu diesem Zeitpunkt waren sie kein Thema. Zwar haben auch schon vorher einzelne Forscher versucht, Interesse für die Rettung der Bauten zu wecken. Aber die Öffentlichkeit wurde erst nach dem Zweiten Weltkrieg wach, aufgerüttelt durch Ausstellungen der 50er Jahre, die eine Übersicht über den Bestand boten und dessen äußerste Gefährdung deutlich machten. Nun kamen Hilfsaktionen in Gang; von den 60er Jahren an gerieten die Veneto-Villen ins Blickfeld einer zunehmenden Zahl von Wissenschaftlern; 1980 schließlich, im 400. Todesjahr Andrea Palladios, wurden sie gar illustriertenfähig – die Villen Palladios wohlgemerkt. Ganzseitig und in Farbe schmückten sie die gehobene Presse und trugen so zu dem generellen Mißverständnis bei, es handele sich bei den Bauten von Bedeutung durchweg um Palladio-Bauten. Aber nicht einmal zwei Dutzend Werke des Meisters sind erhalten – und im Veneto stehen Tausende von Villen. Sie wurden in jenen 400 Jahren errichtet, in denen sich die Republik Venedig ihr oberitalienisches Hinterland unterworfen hatte und in denen die Bürger der Stadt dort nach und nach nahezu allen verfügbaren Grund und Boden aufkauften. Die Umgebung von Rom, die Toscana und Venetien sind die drei italienischen Landschaften, in denen die Villa besondere Bedeutung gewann – aber nur im Veneto wurde die *Villeggiatura,* das Leben in der Villa, zu einem ausgesprochenen Massenphänomen, das die gesamte besitzende Schicht erfaßte. 3200 bis 3500 Bauten zeugen noch heute davon, wenn auch vielfach völlig verwahrlost und durch architektonische Veränderungen entstellt.

Die Zahlen sind Schätzungen: die Vorstellung, der Bestand der ganzen Region sei inventarisiert oder wenigstens gleichmäßig registriert, ist – leider – falsch. Niemand weiß genau, wie viele Villen tatsächlich noch vorhanden sind, niemand kennt alle Standorte; ein zuverlässiger Überblick ist schwer zu gewinnen. Es gibt nur eine mehr oder weniger zufällig gewachsene, auf wenige Provinzen beschränkte katalogisierende Literatur, die zudem von unterschiedlichen Zielsetzungen geleitet ist; so bestehen große Lücken, zumal für die am dichtesten mit Villen bebauten Gebiete um Padua und Treviso nur Einzeluntersuchungen vorliegen, aber keine Gesamterhebungen. In wissenschaftlicher Hinsicht ist die Lage noch ungünstiger; nahezu nur jene Bauwerke, die sich mit großen Meisternamen verbinden lassen – ein Bruchteil des Gesamten – sind mehr oder weniger hinreichend erforscht. Verläßliche Bauaufnahmen liegen nur in Ausnahmefällen vor, desgleichen Quellenmaterial, das den Entstehungszusammenhang der einzelnen Werke dokumentiert. In den weitaus meisten Fällen ist man auf die Elementarübung des vergleichenden Sehens angewiesen, um zu Datierung, Einordnung und Zuschreibung zu gelangen. Eine Architekturgeschichte der Veneto-Villa ist noch nicht geschrieben.

Diese Situation prägt in gewisser Weise auch unsere Auswahl. Davon ausgehend, daß 100 bis 200 der vorhandenen Villen auch für den nicht *nur* wissenschaftlich interessierten Reisenden sehenswert sein dürften, haben wir uns zunächst an der vorhandenen Literatur orientiert. Wir haben alle auffindbaren Hinweise auf möglicherweise interessante Objekte gesammelt, sie dann im Verlauf längerer Aufenthalte im Veneto überprüft und diese Vor-Auswahl durch eigene Erkundungen ergänzt. Als Ergebnis der Besichtigung von rund 400 Bauten stellen wir in diesem Buch 106 Villen vor. Folgende Gesichtspunkte gaben in vielen Zweifelsfällen den Ausschlag:
- Wir wollten die gesamte Epoche der Villenkultur dokumentieren, von den frühesten noch vorhandenen Bauten des 15. Jahrhunderts bis zum Ende der Republik 1797,
- wir wollten alle Provinzen des Veneto berücksichtigen,
- ebenso sollten alle bedeutenden Architekten repräsentiert sein;
- die Vielfalt zwischen Regelwerk und Phantasie in der Architektur sollte sichtbar werden.

Wenn uns auch generell das Kriterium der architektonischen Qualität leitete, waren wir doch nicht frei von jenem Sachzwang, den die Unzugänglichkeit einer Villa darstellt, zumal dann, wenn sich zur Unzugänglichkeit auch noch Unsichtbarkeit gesellt: verschlossene Parktore, Mauern und Bäume, die den Blick verstellen. So haben wir manche hochrangige Anlage nicht in den Text aufnehmen können (siehe dazu auch unsere Hinweise ab Seite 297).

Zur Benutzbarkeit des Buches: Teil I und II bieten sich zur Vorbereitung der Reise an, Teil III gibt die nötige Information vor Ort. Hier sind sämtliche 106 zur Besichtigung vorgeschlagenen Villen steckbriefartig aufgeführt, und zwar alphabetisch nach Ortsnamen geordnet und durchnumeriert. Die Katalognummer begleitet jede Villa durch das ganze Buch hindurch, sie erscheint, wann immer der Name im Text auftaucht, und dient auch der Auffindbarkeit der Anlage in den Übersichtskarten in der vorderen und hinteren Umschlagklappe. Ist die Katalognummer durch einen Strich ersetzt (–), so handelt es sich bei der Erwähnung des Villennamens lediglich um einen kunsthistorischen Verweis; der Bau ist nicht in den Katalog aufgenommen.

Im Register am Schluß des Bandes sind alle Villen alphabetisch nach den Namen, unter denen sie bekannt sind – meistens den Namen der Erstbesitzer –, aufgeführt.

Zur Aufteilung der Sachgebiete zwischen den Autoren: Gerda Bödefeld war für den geschichtlich-kulturgeschichtlichen Teil zuständig, Berthold Hinz für die Kunstgeschichte. Beide möchten an dieser Stelle vielen für ihre Unterstützung danken: für wichtige Hinweise, für Kritik und Anregung, auch für die praktische Unterstützung, die vom Zusammenstellen des Glossars (Renate Hinz) bis hin zur Hilfe bei der Interpretation des statistischen Materials (Dr. Edith Aboderin-Bödefeld) und dem Beistand beim Übersetzen alter venezianischer Texte (Rudolf Freiherr von Unterrichter) reichte.

Unser ganz besonderer Dank aber gilt den Besitzern der Villen – Privatleuten, Behörden, Institutionen –, die uns mit unerwarteter Großzügigkeit ihre Häuser geöffnet haben, ebenso jenen zahlreichen italienischen Gemeinden, Pfarrämtern, Provinz- und Regionalbehörden, die geholfen haben, Besitzer ausfindig zu machen und deren Erlaubnis zu einer Besichtigung einzuholen. Nicht zuletzt danken wir allen Kustodinnen und Kustoden, die die Loyalität zu ihren Arbeitgebern nie verletzt, dabei aber doch unseren Einblick in die Villeggiatura unserer Tage durch so manche Anmerkung vertieft haben.

# I   Geschichte und Kulturgeschichte


## Venetien und Veneto – Vergangenheit und Gegenwart


Venetien, das Land zwischen Alpenrand, Adria und Po, zwischen Gardasee und Tagliamento, hat es als politische Einheit nie gegeben. Der Name Venetia taucht Jahrhunderte vor Christus in der Geschichtsschreibung auf, damals siedelten hier die Veneter, ein »sehr altes Volk«, wie der griechische Historiker Polybios berichtete. Später gliederten die Römer dieses Venetien ihrem Weltreich ein, Kaiser Augustus machte es zu seiner zehnten Region, und Hunnen und Germanen löschten es in den Zeiten der Völkerwanderung vollends von der Landkarte. Im frühen Mittelalter wurden nur noch die Laguneninseln, dann allein die Stadt *Venezia* genannt. Zwar war das Hinterland, das Venedig sich im 14. Jahrhundert zu unterwerfen begann und das 400 Jahre lang venezianisches Staatsgebiet blieb, zunächst identisch mit eben jenem historischen Venetien. Nur trug es nicht mehr den Namen. *Terraferma*, festes Land, hieß der neue Besitz, der als wichtigste Städte Padua, Rovigo, Treviso, Verona und Vicenza umschloß. Bald jedoch dehnte sich der Begriff *Terraferma della Repubblica di Venezia* weiter aus. Der sichere Grund und Boden der vordem hinterlandlosen Seemacht umfaßte schließlich nahezu das gesamte nordöstliche Oberitalien, reichte im Westen fast bis vor die Tore Mailands und schloß im Osten das Friaul mit ein.

Aber so weit die Republik ihren Machtbereich auch hinausschob: Venetien blieb – als Kernland der Terraferma – ihre eigentliche Interessensphäre, ihr Handlungsraum. Die lombardischen Besitzungen jenseits des Venetien im Westen vom Gardasee bis zum Po begrenzenden Flusses Mincio waren immer Randgebiete draußen vor der Tür. Auch das Friaul verlor trotz seiner engeren Bindung an Venedig nie so recht die Aura der Nicht-Zugehörigkeit. Venetien indes, das sich wie ein Fächer unmittelbar hinter den Sandbänken und Sümpfen der Lagune ausbreitet, wurde vom Zeitpunkt seiner Unterwerfung an zum Ziel der großen Bewegung aufs Land, die die Markusrepublik ergriff, und in deren Verlauf Tausende von Villen gebaut wurden. Wie nirgendwo sonst in Europa fand hier der alte städtische Traum vom einfachen Leben, dem Leben in der Natur, eine derart ausgeprägte Form. Daß und wie er 400 Jahre lang verwirklicht wurde, hat Venetien zum Kulturraum ohnegleichen gemacht.

Die Eingrenzung dieses Raumes war eines der Probleme dieses Buches: Die heutige Region Veneto deckt sich nur ungefähr mit den historischen Grenzen Venetiens. Das Veneto heute, die 1970 im Rahmen der Regionalisierung Italiens gebildete Verwaltungseinheit, schließt die sieben

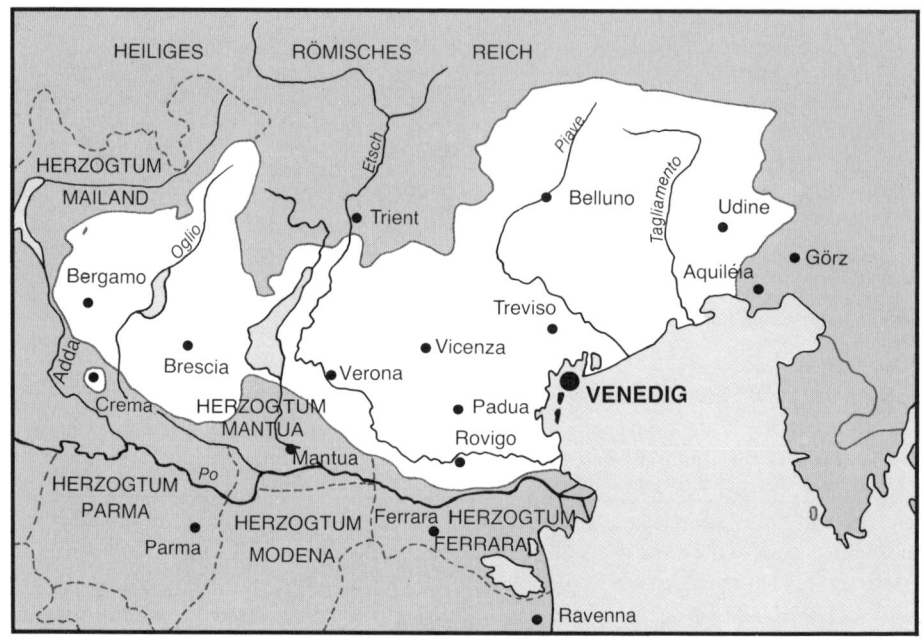

Die venezianische Terraferma: der Herrschaftsbereich der Republik Venedig auf dem Festland

Provinzen Venedig, Belluno, Padua, Rovigo, Treviso, Verona und Vicenza ein. Es faßt das alte Venetien im Osten allzu knapp, reicht dafür im Norden ein gutes Stück darüber hinaus, bis zur Marmolada und den Drei Zinnen. Die Zentren der Villeggiatura liegen jedoch innerhalb des Veneto. So beschränken auch wir uns mit unseren Beschreibungen auf diese Region und gehen nur mit einem Beispiel, der Villa Manin (72), im Osten in die Nachbarregion Friaul-Julisch Venetien hinein.

Das Veneto gehört mit knapp zwei Dritteln seiner Fläche zur Po-Ebene, dem Tiefland am Rand der Alpen, und vor allem das prägt seinen Charakter. Nicht die Dolomiten fallen einem ein, Cortina d'Ampezzo oder der Pordoi-Pass, wenn von Venetien die Rede ist, man denkt eher an das tellerflache Herzstück der Region, an die unter Dunst und Schwüle hingelagerte endlose Weite, das feuchte Schillern des Lichtes, den Himmel wie Perlmutt, die verschwimmenden Horizonte. Nur die beiden unvermittelt aufragenden Berggruppen, die Colli Euganei (602 Meter) und die Monti Berici (444 Meter), unterbrechen die Monotonie. Noch immer, obgleich mit Einschränkung, gilt eine Schilderung der venetischen Ebene aus dem Jahr 1867: »Da empfängt uns tiefes Gelände, feuchter Dunst, ein Labyrinth von Kanälen und Fluß-armen, … die Region der Fiebermoskitos und Frösche … Der Boden, erst im Lauf der Jahr-hunderte entstanden, anwachsend fast vor unseren Augen, ist von Menschenhand in allen Richtungen durchschnitten und umgestaltet, seine Wasser geteilt, zur Seite gebeugt, in neue

Bahnen gedrängt, seine auftauchenden Höhepuncte alsbald von der Cultur besetzt und durch aufgeworfene Wälle verwahrt. Dies sind die Niederlande Italiens ...« (Hehn).

Schnurgerade Kanäle und Dämme und ebenso schnurgerade, vielfach von Pappeln oder Platanen gesäumte Straßen durchziehen das Schwemmland und rastern die üppige Fruchtbarkeit: Wein und vor allem Mais, der – im Spätsommer meterhoch geschossen – allenthalben die Sicht verstellt. Der Po, Wirtschaftsachse Norditaliens, hat das Land zu einem der führenden Agrarräume Europas gemacht. Ein »freundlicher Fluß«, wie Goethe meinte, war er allerdings nie. Bis in die jüngste Zeit hinein haben sich immer wieder Überschwemmungen von katastrophalem Ausmaß ereignet. Die Gewalt des Wassers hat in der Vergangenheit zu häufigen Veränderungen des Flußlaufs und des Mündungsdeltas geführt. Solche Veränderungen verschieben auch die Strandlinie, denn Flüsse sind ›Landbauer‹, sie lagern ihre Sedimente vor der Mündung ab, so wächst die Küste immer weiter ins Meer hinaus. Die damit drohende Verschlammung und Verlandung der Lagune hatte seinerzeit die Venezianer gezwungen, das Bett des Po zu stabilisieren. Der Hauptarm des Po, der Po di Venezia, fließt auch heute noch dort in die Adria, wo man ihn 1604 einleitete.

Die Industrialisierung des Veneto mit seinen 4,3 Millionen Einwohnern erfolgte im Vergleich zur westlichen Po-Ebene spät. Noch bis in die 70er Jahre hinein war die Region Auswanderungsgebiet, die Probleme der Landwirtschaft, besonders der als Existenzgrundlage ungenügende Kleinstbesitz, trieben die Bevölkerung in Richtung Mailand und Turin, in das ›Ruhrgebiet‹ von Italien. Heute läßt sich die Zugehörigkeit Venetiens zu dem 30 bis 50 Kilometer breiten Industriegürtel, der sich am Alpenrand entlang von Westen nach Osten quer durch ganz Oberitalien zieht, nicht mehr übersehen: Auswuchernde Ortschaften, zersiedeltes Land, längs der Verkehrsadern metastasierende Industrie- und Gewerbebauten kennzeichnen vor allem die Achse Verona – Vicenza – Treviso. Malerische Einsprengsel – Gehöfte und Landwirtschaft, Dörfer und Kirchen, Bäche und Bäume – fristen hier ein immer engeres und bedrohteres Dasein. Zwar herrschen Klein- und Mittelbetriebe vor, flache Fabrikhallen, aber die Strukturen der Landschaft haben sich unwiederbringlich geändert. Dort, wo sich frühere Reisende vor Begeisterung kaum fassen konnten, findet sich heute die stärkste Agglomeration der Region, von Padua bis hin zur Industriezone von Porto Marghera mit ihrer Massierung von Werften und großen Werken der metallverarbeitenden Industrie. Das benachbarte Mestre, chaotisch wucherndes Geschwür an der Peripherie Venedigs, sei »ein kleines Versailles«, heißt es noch bei Carlo Goldoni. »Und soll Kayser Constantinus gesagt haben: Wenn er nicht wüßte, daß das vormahlige Paradieß in Asien gelegen wäre, so könnte er nicht anders glauben, als daß es in dieser Gegend um Padua müsse gewesen seyn ...« berichtet 1688 Maximilien Misson. Knapp hundert Jahre später beschreibt Goethe seinen Blick vom Observatorium von Padua aus nach Südosten: »... ein grünes Pflanzenmeer, ohne eine Spur von Erhöhung, Baum an Baum, Busch an Busch, Pflanzung an Pflanzung, unzählige weiße Häuser, Villen und Kirchen aus dem Grünen hervorblickend. Am Horizont sah ich ganz deutlich den Markusturm zu Venedig ...«

Wer dieses Arkadien noch heute sucht, wird enttäuscht. Auch die Brenta ist nicht mehr das, was sie einmal war, immer wieder geschildert, wie auch 1767 von dem Franzosen Lalande: »... ein charmantes Flüßchen zwischen einer doppelten Reihe von Dörfern und Häusern in ununterbrochener Folge, herrlichen Palästen, geschmückten Pavillons, Gärten ohne Zahl in schönstem Grün – mir scheint, lächelnde Ufer wie diese gibt es nicht noch einmal ...«. Es gibt sie nicht mehr. Auch die Villen, Zeugen einer großen Vergangenheit, sind nur noch Inseln in einer von Gewerbefleiß genutzten, aber streckenweise eben nachhaltig zerstörten Landschaft.


## Die Terraferma – ein Porträt


Die Terraferma war immer ein Land »voll von Flüssen und Sümpfen«. So hat sie der griechische Geograph Strabo schon zu Beginn unserer Zeitrechnung beschrieben, und so blieb sie nahezu bis in unsere Tage hinein. Noch 1964 berichtete der Kunsthistoriker Michelangelo Muraro aus seiner Heimat, dem Vicentino, daß bis in nicht allzu weit zurückliegende Zeit mehr oder weniger alle tiefliegenden Ebenen mit Wasser bedeckt waren: »Man braucht nur einen Meter zu graben, um auf die Ablagerungen der alten Sümpfe zu stoßen. Die ältesten Straßen durchquerten nicht das flache Land, sondern folgten auf sicherer Höhe dem Profil der Monti Berici.« (Das Gleiche gilt ohne Frage für die Euganeen.) »Alte Karten halten das frühere Bild fest: sie bezeichnen als Täler, Sümpfe, Inseln, was heute festes, fruchtbares Land ist ...«. 1688 schreibt der Franzose Maximilien Misson: »Gestern habe ich einen langen Discours mit Leuten gehabt, welche in den Gedancken stehen, Padua sey in denen alten Zeiten eine Seestadt oder Hafen gewesen ... weil offtmals, wenn man brunnen und fundamenten der Häuser aufgräbet, man annoch hin und wieder Ancker und Masten gefunden hat.« Allerdings hat Misson seine Zweifel an der Geschichte, »weil die Historie gantz nichts davon erwehnet« – womit er irrt. Eine der wichtigsten frühen Quellen, die Aufzeichnungen des Venezianers Marino Sanudo, berichten von den »weiten und tiefen Wassern der Brenta«, die Paduas Mauern umschließen. Wasser allenthalben, in Sanudos »Itinerario per la Terraferma Veneziana nell'anno 1483«, ebenso aber auch in den anderen Schriften jener Jahre. Alles fehle in der Tiefebene des südlichen Padovano, heißt es 1419, alles, außer Schlangen, Fröschen, Fliegen. Überschwemmungen folgten in diesen Gebieten einander wie Sonnenauf- und -untergang. Zwischen 1518 und 1525 beispielsweise kam es allein im Gebiet um Padua und Vicenza zu zehn verheerenden Überflutungen, alles Land südlich der Monti Berici stand unter Wasser. Die häufigen Deichbrüche von Etsch und Brenta sind schon 589 in die Geschichtsschreibung eingegangen, »als das Wasser die oberen Fenster von San Zenone in Verona erreichte« (Nissen). Kein Chronist, der nicht diese regelmäßig wiederkehrenden Katastrophen erwähnte, die den Tod für Abertausende von Menschen bedeuteten. Die Schilderung eines Deichbruchs des Po aus dem letzten Jahrhundert vermittelt ein Bild, das ähnlich auch für frühere Jahrhunderte gegolten haben könnte: »... so richtet sich ... der Andrang des Hochwassers ... trichterförmig wühlend gegen den Fuß der Dämme, die Alarmkanone erdröhnt, die Glocken läuten, reitende Wächter fliegen hin und her, die ganze Bevölkerung im Umkreis der bedrohten Stelle ist auf den Beinen, Faschinen und Säcke mit Sand werden unablässig in die unterminierte Tiefe versenkt und mit Steinen und allem, was zur Hand ist, beschwert. Entweder rettet dann, wenn Sturm und Regen beizeiten nachlassen, die Menschenhand die ... mit Dörfern und Wohnstätten übersäten Fluren – oder der Strom ist übermächtig ... reißt den geöffneten Spalt augenansehnlich weiter und weiter und bedeckt verheerend viele Quadratmeilen mit seinen trüben, wirbelnden Wogen, Bäume und Leichen umherspülend« (Hehn). Da gab es manchmal keine Rettung außer einer, gemäß dem Sprichwort »vita mia morte tua« für einen Deichbruch am anderen Ufer zu sorgen: »Das heimtückische Mittel, um der eigenen Sicherheit willen die Schutzwehr der Nachbarn anzubohren, ist verschiedentlich versucht und auch wirklich angewandt worden. Deshalb ward in früheren Zeiten der Po bei Hochwasser in förmlichen Kriegszustand versetzt, die Schiffahrt nachts untersagt, jeder unberufen sich nähernde Kahn mit Flintenschüssen empfangen« (Nissen).

Waren die Zeiten friedlich und die Wasser niedrig, diente das dichte Geflecht der Flüsse, der zahllosen Kanäle und kleinen bis kleinsten Wasserläufe als Verkehrsnetz. Wasserstraßen waren den Landstraßen bis zum 15. Jahrhundert an Bedeutung überlegen. Seit die Pflasterstraßen der Römer die Völkerwanderungszeit nur bruchstückhaft überlebt hatten, führten zwar Wege über Land, nutzbar für Lasttiere und kleinste Karren, aber jeder Transport, jede Reise bedeuteten

Getreideltes Boot. Buchillustration von 1654 aus: »Mariegola della fragia di barcaruoli da Moncelese«. Padua, Museo Civico

13

*Il carro,* das von Marino Sanudo 1483 beschriebene Schiffshebewerk bei Fusina. Aus: Sanudo, »Itinerario«, Ausgabe von 1847

eine Mühsal ohnegleichen. Erst seit dem Ende des 15.Jahrhunderts sind wieder mit Wagen befahrbare Straßen dokumentiert. So wurde etwa die Paßstraße über den Brenner, Jahrtausende alt und einer der wichtigsten Alpenübergänge, erst 1480 nach langer Vernachlässigung wieder für den Wagenverkehr hergestellt.

In der Ebene sah es nicht besser aus: »Von Vicens ein besen Weg bis gen Baduwa in 7 Stunden geritten«, vermerkt noch 1598 der herzoglich württembergische Baumeister Heinrich Schick-hardt in seinen Reisenotizen. In Padua endet der »böse Weg« für ihn, am übernächsten Tag geht es bequemer weiter: »Um 9 Uhr Vormitag zu Baduwa in Schiff gesessen. In 7 Stunden uff dem Wasser Brent gen Venedig khomen.«

Überall in Venetien reiste man gern zu Wasser. Von Venedig auf der Brenta über Padua bis Bassano, auf dem Bacchiglione bis Vicenza, auf der Etsch bis Verona und darüber hinaus, auf dem Sile, »dem schiffreichen Wasser« (Schickhardt), nach Treviso, auf dem Battágliakanal bis Monsélice und weiter auf dem Frassine bis Este, und auf der großen Straße des Po mit seinen

Nebenflüssen über Ferrara, Mantua und Cremona bis tief in die Lombardei. Landeinwärts wurden die Schiffe getreidelt, vom Ufer her von Pferden an Schlepptauen gezogen. Das Wasserstraßen-Netz der Po-Ebene war schon im Mittelalter, lang bevor die Venezianer ihren Fuß an Land setzten, in Europa ohne Beispiel. Die Bewohner wurden früh »die Lehrmeister der modernen Kultur in allem was die Kunst angeht, den Lauf des Wassers zu regeln. Durch die Erfindung der Kammerschleuse wußten sie das verschiedene Niveau des Wassers auszugleichen« (Nissen).

Das Paradebeispiel dafür, immer wieder zitiert, ist die Brenta zwischen Padua und Venedig – »manu facta«, handgemacht, sagt Marino Sanudo 1483 –, ein zum schläfrigen Kanal besänftigter, ehemals natürlicher Wasserlauf. Das, was man gemeinhin für den Fluß hält, ist der *Naviglio Brenta*, ein künstlich geschwächter Seitenarm, knapp 30 Kilometer lang. Nicht der einzige Brentakanal übrigens – zu Beginn unseres Jahrhunderts gab es über ein halbes Dutzend, und noch immer ist die Zahl in Bewegung, wie neueste Gebietskarten zeigen. Schon im 14. Jahrhundert hatten die Venezianer bei Fusina einen Damm gebaut, um zu verhindern, daß der reißende Fluß die Lagune weiterhin bedrohte. Nach der Eroberung der Terraferma gab es neue Umlei-

Das Städtchen Monsélice um 1600, nach einer Zeichnung von Bartolomeo Breda. Aus: A. Cittadella, »Descrittione di Padova et suo territorio«, 1605. Padua, Biblioteca Civica

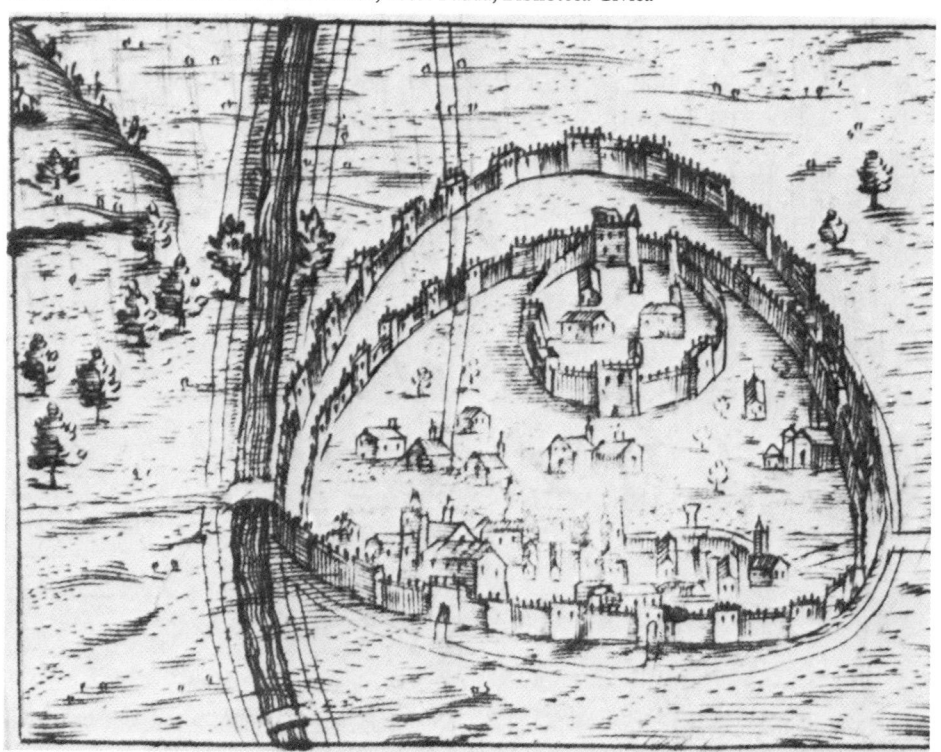

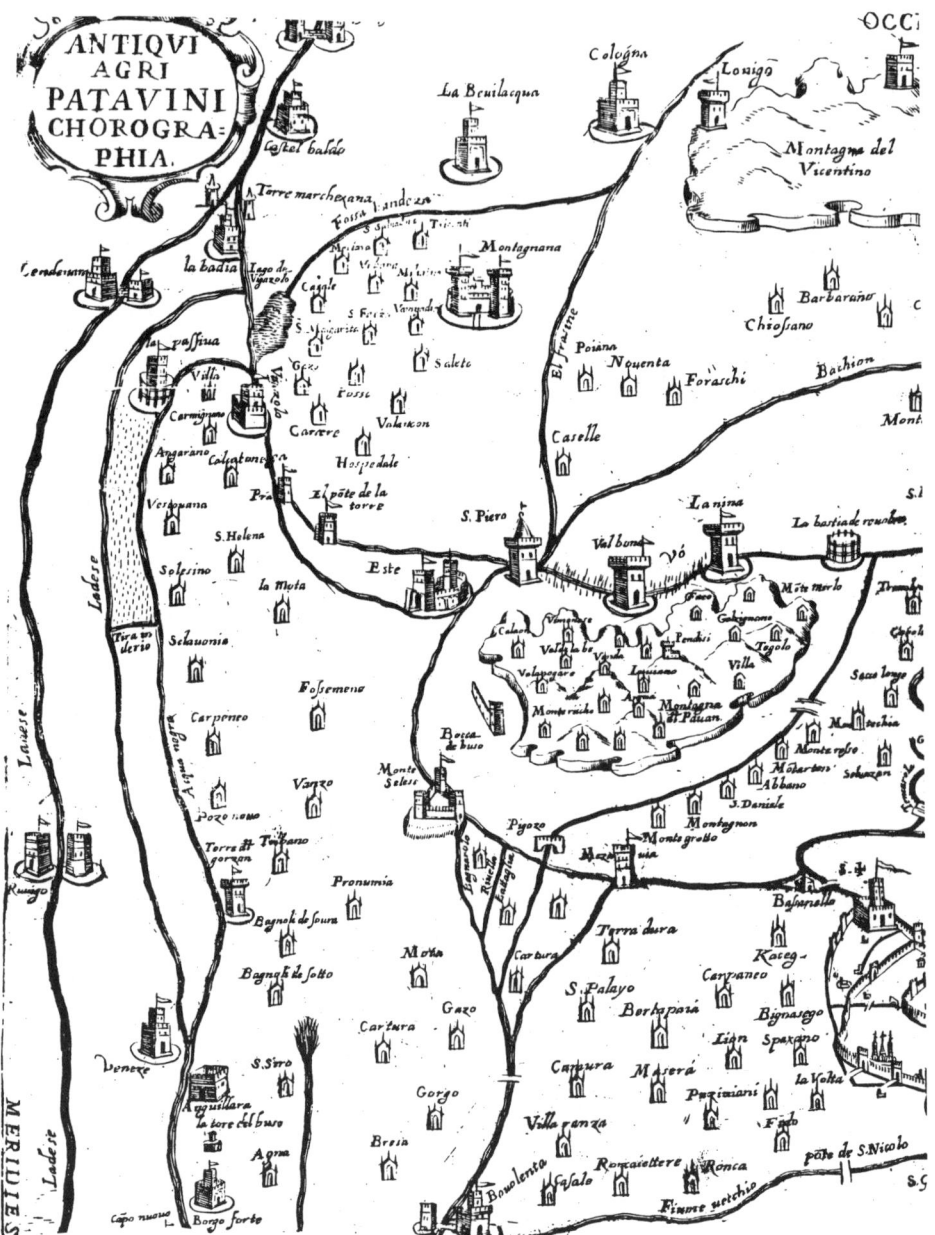

Das Padovano um 1465, vor seiner ›Venezianisierung‹. Kartenausschnitt aus: Sertorio Orsato, »Historia di Padova«, 1678

tungen (eine wahrhaft endlose Geschichte), deren wichtigste die an den Südrand der Lagune war. Die eigentliche Brenta mündet seit Mitte des 15. Jahrhunderts unterhalb von Chioggia, bei Bróndolo, in die Adria. Die Schiffe überwanden den Damm bei Fusina mit Hilfe eines hölzernen Schlittens. *Carro* hieß das kunstvolle Gerüst, das schon Marino Sanudo als »mirabelle ingegno« pries, als höchst geistreiche Erfindung (Abb. S. 14). Hundert Jahre später berichtet Michel de Montaigne über die auch von Ausländern viel bewunderte (und damals noch immer betriebene) Anlage. Baumeister Schickhardt beschreibt sie 1598 mit schwäbischer Gründlichkeit: In Fusina könne man »nicht gleich mit den Schiffen durch fahren, dieweil ein starck Wehr von Holtz daselbst gebauwen, welches verhütet, das der Canal (so umb etlich Schuch höher gelegen, dann das Meer) sich nicht ins Meer außlehre, über welches Wehr die Schiff in einem darzu gemachten großen Schlitten mit Rollen, durch ein Künstlichen Zug mit Pferdten biß auff das Meer hinüber geführet werden ...«.

Fusina war für die Reisenden, von Venedig aus gesehen, der Anfang der Terraferma. Oben im Norden hörte sie im gefürchteten Val Sugana wieder auf, »zwischen grausam hohem Gebürge«, in Primolano, »der Venediger letstem Dorff ... Hie fangen die Teutsche Meil und Teutsche Sprach wider an«, notierte Schickhardt. An Nachrichten über Wasserbewegungen und Wasserbau innerhalb dieser Grenzen ist kein Mangel – was den Charakter großer Ereignisse hat, ging schon immer in die Geschichtsschreibung ein. Jene kleinen Begebenheiten dagegen, denen der Historiker Braudel soviel Gewicht beimißt – weil gerade sie Aufschluß über eine ganze Gesellschaft geben –, sind für die Terraferma vor allem aus den Jahren ihrer Unterwerfung unter Venedig kaum überliefert. Über den Alltag ihrer Bewohner damals ist nicht viel bekannt. Wir wissen, daß die Pest im Acht- bis Zehnjahresrhythmus über das Land hinwegging und manchmal bis zu einem Drittel der Bevölkerung mitnahm. Wir wissen, daß Hunger und die Angst davor unzertrennliche Begleiter der Menschen waren – und daß Seuchen und Hunger ineinandergriffen wie ein Räderwerk. Der Verlust von Arbeitskräften bedeutete, daß nicht mehr gepflügt, gepflanzt, geerntet wurde. Fruchtbare Landstriche verödeten. Immer wieder machte der ›Schwarze Tod‹ die Kultur- und Siedlungslandschaft weiter Gebiete Europas zunichte; an ihre Stelle traten Wälder und Sümpfe. Der Teufelskreis Hunger–Unterernährung–Seuchen–Hunger war ausweglos. So makaber das klingen mag, er wurde auch dadurch in Gang gehalten, daß sich die Bevölkerung nach großen Epidemien sehr rasch vermehrte, und so wirken Landkarten aus jener Zeit recht belebt, wie etwa eine Darstellung von Padua und seinem Territorium, die vermutlich 1465 entstanden ist. Da stehen Kirchen dicht bei dicht – jede bezeichnet eine Ansiedlung –, dazwischen die zinnengekrönten Türme von Kastellen, Zeugen überkommener Feudalherrschaft, und die von schweren Mauern umgebenen Städte, befestigte Mittelpunkte des zugehörigen Umlandes (Abb. S.15/16). Eine solche Stadt war freilich nicht größer als heute ein Dorf. Wie Beloch allerdings erst für das Jahr 1548 errechnen konnte, lebten damals zum Beispiel in Este innerhalb des Mauerringes nur rund 3150 Menschen, im ganzen Gebiet, das 33 Dörfer einschloß, waren es 9000. Das Nachbarstädtchen Monsélice war noch viel kleiner, inklusive seiner sechs Dörfer hatte es 3000 Einwohner. In Padua lebten im Jahr 1411 vergleichsweise sehr viele Menschen, nämlich etwa 20 000. Nur Venedig selbst, eine der strahlenden »Sonnenstädte« (Braudel) der alten Welt, war mit rund 100 000 Einwohnern schon im 13. Jahrhundert geradezu riesengroß – wie groß, zeigt ein Blick auf die damals größten Städte im deutschen Sprachraum, Köln und Wien: jede zählte nur etwa 40 000 Einwohner. Im 16. Jahrhundert wollte die Serenissima genau wissen, wieviele Untertanen sie nun eigentlich auf der Terraferma hatte, nachdem sie sich bis dahin mit den mehr oder weniger pauschalen Berichten der Bürgermeister der Städte zufrieden gegeben hatte. So wurden also 1548 und 1557 die ersten umfassenden Erhebungen veranstaltet, bei denen, das nebenbei, noch unterschieden wurde zwischen »nützlichen Seelen«, nämlich arbeitenden Männern, und »unbrauchbaren«, alten Leuten, kleinen Kindern und wahrscheinlich auch Frauen. »Mit diesen Zählungen«, seufzt erleichtert der Gesellschaftswissenschaftler Beloch, »kommen wir endlich auf festeren Boden.« Auf dem stehen eine Menge Menschen: auf der ganzen Terraferma – im Osten das Friaul, im Westen die lombardischen Städte eingeschlossen – mehr als 1,5 Millionen. Venedig mit seiner inzwischen erheblich vermehrten Einwohnerschaft (158 000) dazugerechnet, ergibt für den gesamten Staat eine Bevölkerung von 1,7 Millionen. Die engere Terraferma östlich des Mincio und ohne Friaul, Venetien also, zählte annähernd 800 000 Menschen. Bis zum Ende des 18. Jahrhunderts stieg die Zahl hier auf fast 1,25 Millionen, in der ganzen Republik, der Stadt samt allen ihren italienischen Besitzungen, auf rund 2,4 Millionen.

# Blick in die Geschichte Venedigs

Als die Völkerwanderung Venetien und das Friaul erreichte, Hunnen und Germanen in die Po-Ebene einfielen, zogen sich die bedrohten Bewohner der Küstenstädte schrittweise in die Lagune zurück, das sichere Labyrinth. Das Jahr 421 gilt als offizielles Gründungsdatum der Stadt Venedig, aber die Überlieferung ist Legende. Zuverlässigere Nachrichten existieren über den Langobardeneinfall von 568 und seine Folgen: Von nun an werden die Laguneninseln, vorher Fluchtort, festes Siedlungsgebiet. »Die Häuser gleichen dort den Nestern von Wasservögeln«, schrieb Cassiodor. »Nur Fische besitzen die Bewohner im Überfluß.« Die Verwaltung dieses neu geschaffenen Venetien, das heißt der Sitz des *Dux*, des Dogen, findet sich von 811 an auf der Inselgruppe des Rialto, unweit der Stelle, wo heute der Dogenpalast steht. Damit beginnt die tausendjährige Geschichte der Stadt, die alsbald ein selbständiger, vom westlichen wie auch oströmischen Kaisertum unabhängiger Staat war und auch in der Folgezeit nie der Autorität eines Königs oder Kirchenfürsten oder der Herrschaft eines einzelnen Geschlechts erlag. Zwar brachte der Stadtadel nach und nach die Macht in seine Hand – aber als Gesamtheit, als geschlossene Gruppe. Der Aufstieg Venedigs war beispiellos: Mit Beginn des 13. Jahrhunderts fügte der Doge seinem Titel eines Herzogs von Venedig, Istrien und Kroatien den eines »Herrn über anderthalb Viertel des ganzen (Ost-)Römischen Reiches« hinzu (Hellmann). Im 14. Jahrhundert, dem ›goldenen‹, schuf Venedig die Grundlagen seiner politischen und wirtschaftlichen Macht, auf deren Höhepunkt sich sein Kolonialreich über die Ostküste der Adria, die griechische Küste und zahlreiche Inseln hin bis in den Orient ausdehnte.

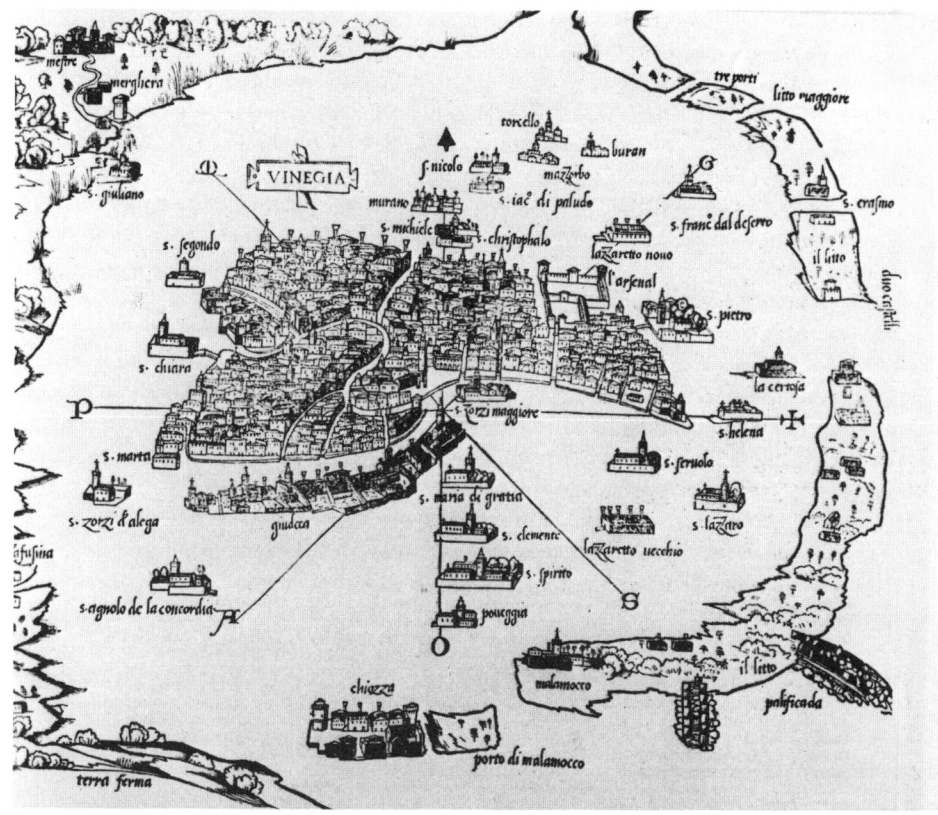

Venedig und die Lagune. Perspektivischer Plan von Benedetto Bordon von 1536

Die große Wende kam um die Mitte des 15. Jahrhunderts, eine Wende auf allen Gebieten: Die Türken hatten 1453 Byzanz erobert, ihr Druck wurde immer spürbarer, nach und nach sollte ihnen der gesamte venezianische Besitz im Mittelmeer zum Opfer fallen. Eine unaufhaltsame Verschiebung des abendländischen Wirtschaftsgefüges begann sich abzuzeichnen, und mit Beginn des 16. Jahrhunderts waren die Verfallserscheinungen nicht mehr zu übersehen. Venedig hatte die gefährlichsten Krisen seiner bisherigen Existenz zu bestehen; die Verlagerung der traditionellen Handelsrouten und der gleichzeitige Rückgang des Levante-Handels brachten schwere Rückschläge für die Wirtschaft der erfolggewohnten Republik. Die Entdeckung neuer Schiffahrtswege nach Indien und in die Neue Welt, dazu die türkische Vorherrschaft im östlichen Mittelmeer, hatten die Entwicklung ausgelöst. Ein verlorener Krieg kam hinzu, die sogenannte Katastrophe von Agnadello, der schwarze Tag des 14. Mai 1509: Venedig, seinen Feinden zu mächtig geworden, unterlag gegen die Liga von Cambrai, in welcher sich Frankreich, der Kaiser und fast alle italienischen Staaten, auch der Papst, zusammengeschlossen hatten. Ein

19

Krieg, der »beiläufig gesagt das Resultat eines hundertjährigen Geschreies über die Vergrößerungssucht Venedigs« war, merkt Jacob Burckhardt dazu an. Die Schlacht fand in den Niederungen des venezianischen Grenzflusses Adda bei Agnadello statt, nordwestlich von Crema. Die Venezianer erlebten die Niederlage »wie Tote in der gedemütigten und gequälten Stadt« (Girolamo Priuli); der Florentiner Machiavelli triumphierte, dieser Tag habe die Markusrepublik vernichtet, für immer. Er hatte sich getäuscht. Acht Jahre nach dem Kollaps war die Terraferma, das Herrschaftsgebiet auf dem italienischen Festland, dank der diplomatischen Kunstfertigkeit der Venezianer in annähernd unveränderten Grenzen zurückgewonnen. Aber die Rolle als europäische Großmacht war ausgespielt. Venedig »konnte fortan nur mehr leben, nicht mehr wachsen«, schreibt Kretschmayr über die so gründlich veränderte Situation, welche die Republik dazu zwang, sich nachdrücklich ihrer Ressourcen zu besinnen: Angesichts der sich nun »bis zur katastrophalen Bedrängnis steigernden Abhängigkeit der Lebensmittelversorgung von den feindlichen Auslandsmärkten (mußte Venedig) jeden Fleck urbaren Landes für die Stadt nutzbar machen«. Nie war die existentielle Bedeutung der Festlandsprovinzen für den Staat so offensichtlich gewesen; die Erkenntnis führte zu tiefgreifenden Reformen in der Verwaltung der Terraferma wie auch zu verstärkten Anstrengungen zu ihrer Erschließung.

So waren also die großen außenpolitischen Krisen des 16. Jahrhunderts begleitet von einer eindrucksvollen Konsolidierung der Macht und der Besitzverhältnisse im Inland, und damit ließ sich der Niedergang der Republik lange verdecken. Venedig blieb die von aller Welt bewunderte Serenissima, bis 1797 mit Napoleons Einzug das Ende kam. Die Stärke der Stadt resultierte nicht nur aus ihrer einzigartigen Schutzlage in den Lagunen – von der Gründung bis zum Untergang, tausend Jahre lang, hat es keine feindliche Besetzung Venedigs gegeben. Der Grund dieser Unerschütterlichkeit, so Jacob Burckhardt, lag »eher in einem Zusammenwirken von Umständen, die sich sonst nirgends vereinten. Unangreifbar als Stadt, hatte (Venedig) sich von jeher der auswärtigen Verhältnisse nur mit der kühlsten Überlegung angenommen ...«.

Auch seine Festlandspolitik, seine Strategien der Ausdehnung auf die Terraferma, die rund 170 Jahre vor der Schicksalsschlacht von Agnadello eingesetzt hatten, waren von Anfang an von kühlster Überlegung geleitet gewesen. Bis zur Mitte des 14. Jahrhunderts war Venedig sozusagen Ausland vor der italienischen Küste gewesen; jenseits der Lagune fing für die Venezianer fremdes Territorium an (die heute jugoslawische Adriaküste, seit dem 11. beziehungsweise 13. Jahrhundert unter venezianischer Verwaltung, wurde nicht der Terraferma zugerechnet). Zur Stadt selbst gehörte nur das Dogado, das Herzogtum – die sich bis ins Mündungsgebiet von Etsch und Po erstreckende Inselwelt mit ihren Gemeinden. »Coltivar el mar e lassar star la terra«, den Boden ruhen lassen, das Meer bestellen, war stets die politische Maxime Venedigs gewesen – es ging um Handelsstützpunkte, nicht um Landbesitz. Auch nicht in Oberitalien, über das die Republik ein Netz von Verträgen gezogen hatte. Erst Francesco Dandolo, Doge von 1329 bis 1339, scheint erkannt zu haben, daß es für die Stadt eine Frage des Überlebens war, sich den Rücken zu decken: 1339 brachte er Treviso samt dessen Territorium in venezianische Hand, als erste Festlandsprovinz des Staates. Damit begann eine Politik, die weniger geleitet war vom Bedürfnis nach Vergrößerung des Hoheitsgebietes, als vielmehr von der tödlichen Furcht der Stadt, von ihren Landverbindungen abgeschnitten zu werden, der Straße des Po, den Län-

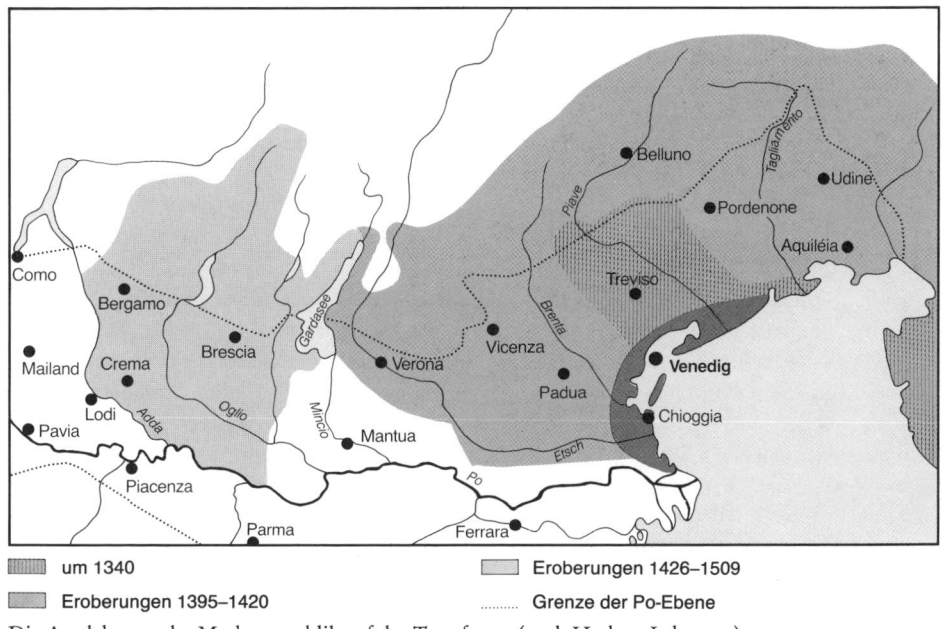

Die Ausdehnung der Markusrepublik auf der Terraferma (nach Herbert Lehmann)

dern hinter den Alpen. Mächtige Herrscher wie die Carrara, die Scaliger und vor allem die Visconti drohten, das gesamte venezianische Hinterland zu einer geschlossenen Front zu vereinen. Waren jedoch die Handelswege lahmgelegt, der Po gesperrt, die Etsch blockiert, war auch die Lebensmittelversorgung Venedigs aufs Höchste gefährdet. Neben der offenbar ständigen, wenngleich meist wohl unterschwelligen Angst vor Hungersnöten, ablesbar unter anderem an den ungeheuren Mengen von Schiffszwieback, die in Venedig lagerten, gab es noch eine andere Sorge: Über die Jahrhunderte hinweg hatten die Stadtherrscher des venetischen Küstenlandes immer wieder versucht, Flußläufe umzuleiten und Mündungen zu verlegen, um die Verschlammung und Versandung der Lagune zu fördern und so Venedigs Stärke zu brechen. Vor allem das verhaßte Padua manipulierte gern am Bett der Brenta herum – eine große Gefahr. Die Zeit war also reif für die Wandlung der Republik von einer bislang reinen Seemacht zu einer norditalienischen Landmacht. Venedig, schreibt Heinrich Kretschmayr, der gründlichste Biograph der Serenissima, werde von nun an »seine doppelte Geschichte haben, zu Wasser und zu Lande«.

Die Geschichte zu Lande, die Geschichte der venezianischen Terraferma, erlebte am 4. Januar 1406 mit der feierlichen Unterwerfung der Feindin Padua einen ersten Höhepunkt. In den beiden vorhergehenden Jahren hatte Venedig bereits die Stadtstaaten Vicenza (1404) und Verona (1405) in seine Hand gebracht, nachdem das noch einmal verlorengegangene Treviso ebenso wie Rovigo schon vor der Jahrhundertwende endgültig gewonnen worden waren. Mit Padua waren nun die Schlüsselstellungen im Hinterland venezianisch, der neue Staat annähernd komplett: seine Grenzen, die bis 1797 bestehen blieben, erstreckten sich vom Gardasee bis zum Tagliamento, vom Po bis hinauf nach Feltre und Belluno, umschlossen zunächst also das historische Venetien. Binnen weniger Jahre aber gab es noch einige bedeutende Gebietserweiterungen, 1420 gerieten das Friaul, 1426 und 1428 Brescia und Bergamo an Venedig; spätere Landgewinne waren nicht mehr von Dauer (siehe Karte Seite 21). Die beiden letzteren Städte, schon in der Lombardei gelegen, hatten mehr Autonomie als Venetien, wurden in eine Reihe von Maßnahmen nicht einbezogen. Verfügungen, die in den venetischen Provinzen galten, reichten häufig nicht bis nach ›drüben‹. Drüben, das war jenseits des Mincio, »di là del Mincio«. Die eigentliche Terraferma dehnte sich diesseits, östlich des Flusses aus, »di qua del Mincio«. Venedigs Siege über das unterworfene Land waren in der Mehrzahl unblutig. Viele Städte unterstellten sich dem Schutz der Serenissima freiwillig, froh, damit tyrannischen Herrschern zu entkommen, gewonnen durch die Zusicherung weitgehender Unabhängigkeit. Tatsächlich hat es niemals eine Zentralregierung für die Terraferma gegeben; die Staatsform blieb eine Art Föderation aus verschiedenen Städten, gekennzeichnet durch ein Dickicht verschiedenartiger Rechte, deren gemeinsames Band lediglich in der Unterwerfung unter die venezianische Herrschaft bestand (Procacci). Alles, was die Interessen Venedigs nicht berührte, sollte der Selbstverwaltung der Kommunen überlassen bleiben, freilich unter Kontrolle der Serenissima. Aber der Podestà, das heißt der Bürgermeister, und der Capitano, der Chef des örtlichen Militärs (falls vorhanden), kamen in der Folgezeit aus Venedig – und damit war ein Eingriff in das Leben auf der Terraferma jederzeit möglich, die Staatsmacht tägliche Realität. So also hat Venedig mit »kühlster Überlegung« scheinbar mild regiert. Es hat »sehr wohl seine Zentralgewalt in die Untertanslande hineinzubauen und mit nicht geringer Kunst deren herkömmliche Freiheiten äußerlich zu achten und innerlich zu entwerten gewußt« (Kretschmayr).

Die Früchte seiner Politik erntete Venedig nach der Schlacht von Agnadello. Nun zeigte sich, daß die Serenissima bei den Bewohnern der Terraferma große Sympathien genoß. Sie hatte – ganz anders als die meisten italienischen Staaten – die unterworfenen Gebiete nicht systematisch ausgeplündert und mit schweren Steuern belegt, sondern pfleglich behandelt (Goez). Wie alle Quellen übereinstimmend berichten, kehrten sowohl die gewerbetreibenden Bürger als auch die Bauern nach der Rückgewinnung der vorübergehend verlorengegangenen Provinzen nachgerade freudig unter die Herrschaft der Venezianer zurück. Nicht so der Adel der Terraferma. Von Venedig entmachtet, in seinen politischen und wirtschaftlichen Funktionen zurückgedrängt, hielt er spannungsreiche Distanz zur Dominante. »Die vornehmen Herren der Terraferma lieben Venedig nicht«, schrieb Machiavelli 1509, »aber Volk, Gesinde und Bauern sind Anhänger der Markusrepublik.«

# Die Inbesitznahme des Festlandes

Am 17. April 1345 stimmte der Große Rat von Venedig darüber ab, ob es den Bürgern der Stadt gestattet werden sollte, Grundstücke auf dem Festland zu kaufen oder nicht. 70 Jahre hatte ein gesetzliches Verbot gegolten – und 70 Jahre lang war es trotz Androhung strenger Strafen erfolgreich unterlaufen worden. Wer Geld hatte, der hatte häufig auch sein Stück Land in Lagunennähe, im Trevisano, im Padovano, im Gebiet von Ferrara. Die Abstimmung im Großen Rat brachte ein mühsam ausreichendes Ergebnis: von den 723 Stimmberechtigten befürworteten nur 366 die Aufhebung des Gesetzes, 315 wollten es beibehalten, 42 hatten ihre Zweifel und stimmten unentschieden. So fiel mit ganz knapper Mehrheit das letzte legale Hindernis für jene Umwandlung der venezianischen Wirtschaft, in deren Verlauf so große Vermögen in Grundbesitz investiert werden sollten (Lazzarini). Eine der Voraussetzungen für das Entstehen der Villenkultur des Veneto war geschaffen.

Bis zu diesem Zeitpunkt hatte Grundbesitz im Hinterland als Sicherheitsrisiko für den Staat gegolten. Dieses Hinterland war ja – noch – Ausland, politisch unberechenbar. Die dort in den Städten regierenden kleinen und größeren Gewaltherrscher hatten schon immer versucht, die an Grundbesitz interessierten, regierenden Adeligen Venedigs, Nobili mit Sitz und Stimme im Senat, für ihre Zwecke einzuspannen. Als Gegengabe für Schenkungen und Belehnungen war nicht selten – und nicht immer vergeblich – der Verrat von Staatsgeheimnissen erwartet worden. Venedig hatte mit einer Fülle von Gesetzen und Bestimmungen versucht, die Kontrolle zu behalten. So galt schon vor dem Kaufverbot – und noch Jahrhunderte nach dessen Aufhebung – der Ausschluß grundbesitzender Ratsmitglieder von sämtlichen Verhandlungen, in denen Privatinteressen dieser Herren berührt werden konnten. Der Moment, in dem die Nobili den Sitzungssaal zu verlassen hatten, war genau definiert. »Kann denn ein Patrizier«, schreibt der Historiker Vittorio Lazzarini, dem die Sichtung der alten Gesetze zu danken ist, »der Besitzungen außerhalb des Staatsgebietes hat, kann denn ein solcher Mann unvoreingenommener Teilnehmer an Ratssitzungen sein? Kann er für einen Krieg stimmen, der seine Ländereien zerstören wird? Kann er Beschlüssen zustimmen, die mit ganzer Wucht auch seinen Boden treffen werden?«

Nur war der Rat schließlich in manchen Fällen kaum noch beschlußfähig. So hätten beispielsweise 1488 bei einer Abstimmung über eine abermalige Umleitung der Brenta praktisch sämtliche Mitglieder aus der Sitzung verschwinden müssen. Wohl wegen der Dringlichkeit der Entscheidung – das Hochwasser drohte, weite Teile der Lagune niederzureißen – rang man sich dazu durch, die draußen Wartenden doch zur Beratung hereinzubitten, ausnahmsweise. Im allgemeinen wurde stets »mit den Übriggebliebenen entschieden – und war ihre Zahl auch noch so gering«. Der Senat sollte nicht zur Eigentümer-Lobby entarten. 1339 brachen neue Zeiten an: das erste Stück Ausland war venezianisches Staatsgebiet geworden, Treviso und sein Territorium. Zwar wurde der Ausschluß grundbesitzender Nobili beibehalten, aber für das Verbot von Landkäufen gab es keine politischen Gründe mehr. Diese Erkenntnis führte zum Abstimmungsergebnis von 1345.

Sitzung des Großen Rats in Venedig. Kupferstich. Aus: De Brosses, »Vertrauliche Briefe aus Italien«. 1739–40

Nun war das Hinterland freigegeben – aber die Vorstellung, es sei so einfach zu kaufen gewesen, ist falsch. Es gab keinen Immobilienmarkt, der mit den heutigen Verhältnissen vergleichbar gewesen wäre. Noch war das Land keine Ware, kein Handelsobjekt, sondern es wurde üblicherweise als Lehen vergeben und vererbt, das heißt, Grundbesitz war nahezu immer mit feudalen Rechten und Lasten verbunden, wenngleich er auch nicht annähernd die politische Macht beinhaltete, die den Feudalismus im übrigen Europa insbesondere des 10. bis 12. Jahrhunderts gekennzeichnet hatte. Zumindest Nord- und Mittelitalien, meint eine Reihe von Historikern, habe wirklichen Feudalismus nie kennengelernt, jenen nämlich, dessen Wesensmerkmal nach Marx »die Herrschaft einer militärischen, grundbesitzenden Aristokratie über den Rest der Gesellschaft – hauptsächlich Bauern – war«. Procacci: »Um noch wirklich intakte Lehensherrschaften zu finden, mußte man sich in die Randzonen begeben, in gewisse Teile Piemonts, nach Friaul und in die Täler der Alpen und des Apennin ... In den historischen Quellen (finden wir von der Mitte des 11. Jahrhunderts an) immer seltener Hinweise auf Fronabgaben und -dienste.« Schon früh traten auch in Venetien Vertragssysteme an die Stelle der persönlichen Abhängigkeit, die *Mezzadría*, die eher in Mittelitalien verbreitete Halbpacht, begann auch hier das Lehnswesen zu durchsetzen, Frondienste konnten vom ausgehenden Mittelalter an abgelöst werden, durch Naturalien – oder durch Geld. Und damit wurde das

Eigentum beweglich, denn nun ließ sich ja in gleicher Weise ein Preis in Geld für Grund und Boden festsetzen. Das förderte den Kauf und Verkauf von Land, machte – und das ist neu – den privaten Grundbesitz des Städters neben dem feudalen des landsässigen Adels möglich. Die jüngere Forschung (Muraro) weist jedoch darauf hin, daß zusammen mit dem Land auch die Feudalrechte samt zugehörigem Adelstitel – bislang nur als Erbe oder über eine Belehnung zu haben – auf den Käufer eines Lehens übertragen werden konnten. So ist also davon auszugehen, daß nicht Villenbesitz den überkommenen Feudalbesitz nach und nach ablöste, sondern daß er im Gegenteil die alten Strukturen weitertrug. Mag auch das Veneto ›wirklichen‹ Feudalismus – siehe oben – nie kennengelernt haben, so bestanden doch Lehen und Lehensherrschaft bis zum Ende der Republik fort. Vom 15. Jahrhundert an dürfte das Nebeneinander von Lehen und Privateigentum das Übliche gewesen sein.

Die fundamentale Frage, wie es jedoch den Venezianern gelang, sich derart viel Land anzueignen, daß sie die Terraferma förmlich mit einem Netz von Villen überziehen konnten, ist damit allerdings nicht beantwortet. Regulär war nämlich, in welcher Form auch immer, soviel Grund und Boden nicht zu erwerben. Aber schon 1446, nur 40 Jahre nach der Eroberung, gehörte den Venezianern ein Drittel (!) der gesamten Provinz Padua, wie der Rat der Stadt beklagte. Im folgenden Jahrhundert hatte sich ihr Besitz um ein knappes Fünftel der Provinz Treviso vermehrt. Alles in allem befanden sich nun schätzungsweise (zuverlässigere Statistiken existieren erst vom frühen 17. Jahrhundert an) 150 000 bis 160 000 Hektar Land in venezianischen Händen – und das war nur der Anfang. »Non hera alchuno citadino e nobele, over populare, quali havessenno il modo, che non havesse comprato almancho una possession et chaxa in terraferma, et maxime in Padoana et Trivixana, per esser lochi propinqui...«, 1509 geschrieben – ein gern zitierter Passus aus den Aufzeichnungen des venezianischen Chronisten Girolamo Priuli: Es habe keinen vermögenden Bürger, welchen Standes auch immer, keinen betuchten Adeligen gegeben, der nicht einen Besitz und ein Haus auf der Terraferma gekauft habe, vorzugsweise im Padovano oder Trevisano, der Nähe dieser Gebiete wegen – die Reise dorthin war nur ein Katzensprung, dauerte »einen oder zwei Tage«, nicht mehr. Schon vor Priuli, 1483, hatte Marino Sanudo befriedigt über das Städtchen Noventa an der Brenta berichtet: »Piena di caxe di muro de Venitiani nostri« – voll von aus Stein gebauten Häusern von unseren Venezianern.

Woher, um die Frage zu wiederholen, soviel Land in den Händen der neuen Herren der Terraferma? Jahrzehnte eines »Lebens in den Archiven« von Padua, von Venedig, haben den Historiker Lazzarini immer wieder mit dem Landerwerb der Venezianer, insbesondere im Padovano, konfrontiert: »Fortwährend kamen mir (Belege für) die zahlreichen Versteigerungen von Gütern unter die Augen, die Eigentum der Carrara gewesen und von der Republik beschlagnahmt worden waren, ebenso für die Verkäufe von Tälern und Feldern, die vormals den Grafen von Este gehört hatten...« – entmachteten Stadtdespoten also. Daneben fehlte es nicht an Dokumenten über die Versteigerungen von Ländereien kleinerer Rebellen. Sicher hatten die Venezianer ihren Grundbesitz häufig ganz regulär erworben. Aber vielleicht noch häufiger, so Michelangelo Muraro, sei die Herkunft zweifelhaft gewesen: Das Land stammte »aus Konfiszierungen und Enteignungen des Eigentums von Personen, die des Verrats oder der Ketzerei verdächtig waren; ... es war Gemeinde- und Kirchenland, das sich Venedig unter mehr oder weniger ungesetzlichen Vorwänden angeeignet hatte; es hatte säumigen Schuldnern gehört« (dazu wurde man schnell – bei einem Zinssatz der Venezianer von oft 25 Prozent). Bestätigungen der venezianischen Praktiken der Landnahme finden sich bei vielen Autoren, so auch bei dem Wirtschaftswissenschaftler Daniele Beltrami: »Die Republik betrachtete sich als Rechtsnachfolgerin in den alten Reichslehen; darüber hinaus hatte sie den Besitz jener Familien beschlagnahmt, die sich gegen die venezianische Herrschaft aufgelehnt hatten. Ein Teil aller dieser Güter, beispielsweise jener der Carrara..., wurde verkauft, sowohl an Venezianer als auch an Bürger der Terraferma, der Erlös ging an die Staatskasse. So kam außerordentlich ausgedehnter städtischer und ländlicher Grund und Boden in private Hand ... Im Verlauf eines Jahrhunderts gingen Hunderttausende von *campi* an die Einwohner der Dominante ...« (*Campo*, Feld, ist ein Flächenmaß – jedoch kein einheitliches: im Paduanischen entsprach ein Campo 0,386 Hektar, das trevisanische Campo dagegen war mit 0,52 Hektar fast anderthalb mal so groß).

Die vielleicht weitläufigsten Besitzungen, die auf der Terraferma je in den Händen einer einzigen Familie gewesen waren, denen der Carrara, Herrscher von Padua, bildeten die Basis der nun aufblühenden Villenkultur. 1406, gleich nach der Unterwerfung des Stadtstaates, war zügig mit der Versteigerung begonnen worden, 1417 war die Aktion im Großen und Ganzen beendet. Aber auch die Namen anderer entmachteter Großgrundbesitzer tauchen im Archivmaterial ständig auf. So verdankten die Pisani, eine der bedeutendsten venezianischen Patrizierfamilien, der Enteignung der schon erwähnten Grafen von Este mehr als 2000 Hektar zwischen Etsch und Monsélice, nämlich die Dörfer Boara, Solesino, Vescovana und Stanghella samt den zugehörigen Gebieten, versteigert am 12. August 1468. Landtransaktionen »per accusa di ribellione« waren gang und gäbe – Venedig war nicht zimperlich, wenn es um die Feststellung von Staatsfeinden ging. Die Folge war geradezu eine »Überflutung des Marktes mit beschlagnahmten Gütern« (Luzzatto). Aber der Bedarf war größer als das Angebot. Eine Intensivierung der Agrarproduktion im Hinterland sollte schwere Rückschläge für Handel und Wirtschaft der Markusrepublik ausgleichen. Es mußten also neue Wege gefunden werden, sich in den Besitz von Land zu bringen – und »die unglaublich schlaue Republik« (Misson) fand sie: Venedig begann, sich für die *Beni comunali* zu interessieren, gemeindeeigene Böden (in Deutschland Allmendeflächen), die den Bürgern seit undenklichen Zeiten als Weideland zur unentgeltlichen, kollektiven Nutzung überlassen waren. Im Lauf der Zeit wurde man sich im Senat, wenn auch unter zum Teil lebhaften Widersprüchen, darüber klar, daß diese Beni comunali im Grunde als Eigentum der Signoría zu betrachten seien, das man den Gemeinden freundlichkeitshalber zur Verfügung stellte – fortan jedoch unter Kontrolle des bereits 1530 eingesetzten Magistrato de' Beni Comunali, der neugeschaffenen Behörde für das Gemeindeland. Eine höchst delikate Angelegenheit, in der die Gemeinden verzweifelt auf ihren alten Rechten zu beharren versuchten – aber die Serenissima setzte sich durch: »Das Gemeindeland wurde schließlich bedingungslos der Macht des Magistrats untergeordnet« (Beltrami).

Bis zur Versteigerung und zum Verkauf verging freilich noch ein Jahrhundert. Erst einmal mußte ja festgestellt werden, wieviel und welche Art von Land überhaupt vorhanden war, eine mühsame Aktion, unterbrochen von den schweren Pest-Epidemien jener Zeit. Immer wieder von Neuem zogen also die Inspektoren von Gemeinde zu Gemeinde der Terraferma »al di qua del Mincio«. Sie »kamen in Begleitung von fähigen Feldmessern, und vermaßen Wälder und Böden und alles, was zum Gemeinschaftsbesitz rechnete, stellten Grenzsteine auf mit den Herrschaftszeichen von San Marco und verboten ... daß der einheimische Adel oder die Gemeinden die ihren danebenstellten« (Beltrami).

1637 konnte endlich dem Senat das Ergebnis der Vermessung präsentiert werden: rund 209 000 Hektar Gemeindeland, knapp elf Prozent der Agrarfläche der Terraferma, ohne lombardische Besitzungen und Alpenregionen, wurden der Serenissima unterstellt. Zum Verkauf war es nun nur noch ein Schritt. Er wurde getan, nachdem der sogenannte Candia-Krieg gegen die Türken um die Insel Kreta (Candia) ausgebrochen war und die Republik gewaltige Ausgaben auf sich zukommen sah. Eine bessere Gelegenheit, die leeren Staatskassen zu füllen, würde sich nicht bieten – so ordnete die Signoría 1646 an, daß der Gemeindegrund eines jeden Dorfes in sieben Teile geteilt und »Siebtel für Siebtel« meistbietend versteigert werden sollte, und das ohne jeden Ausgleich für die bisherigen Nutzer, denen damit häufig die einzige Existenzgrundlage entzogen war. Rund die Hälfte der Beni comunali, die besten der verfügbaren Böden, gingen im Verlauf der folgenden 80 Jahre in Privatbesitz über. Einen Bruchteil davon konnten die Gemeinden zurückkaufen.

Etwa parallel zur Versteigerung der Beni comunali versuchte die Republik, sich in mehreren großangelegten Erhebungen einen Überblick über die Besitzverhältnisse auf der Terraferma zu verschaffen, der Steuereinnahmen wegen. Landesweit gingen die Repräsentanten der Staatsmacht, begleitet vom örtlichen Pfarrer, dem Bürgermeister und weiteren Würdenträgern der Gemeinde, von Haus zu Haus und holten unter Schwur ausgesagte Auskünfte ein. Der Besuch der Delegation wurde jeweils vorher von der Kanzel verkündet und für die, die lesen konnten, an den Kirchentüren per Anschlag mitgeteilt. 1740 war das Grundstücksverzeichnis komplett, der erste Kataster, der ein ziemlich klares Bild gibt, obwohl auch hier Zahlen fehlen. Er zeigt eine beständige Zunahme des Privatbesitzes der Venezianer, weit überwiegend der Nobili, und er zeigt, daß sich dieser Besitz keineswegs gleichmäßig über die Terraferma verteilte. Insgesamt war nun, nach Abschluß der großen Landtransaktionen, annähernd ein Fünftel des Hinterlandes (immer östlich des Mincio), genauer gesagt der Agrarfläche des Hinterlandes, Eigentum von Bürgern der Dominante, Ländereien hauptsächlich in den fruchtbaren Ebenen, möglichst jenen, die von Venedig aus gut zu erreichen waren – die Tendenz, nah an der Hauptstadt zu bleiben, ist deutlich erkennbar. So konzentrierte sich der venezianische Privatbesitz auf das Padovano, das Trevisano und das Polésine. Die von Venedig aus gesehen hinter dem Padovano liegenden Territorien von Vicenza und Verona waren für Investitionen vergleichsweise uninteressant (im Veronese mag außerdem mitgespielt haben, daß es extrem versumpft war).

Die Besitzverhältnisse von 1740 im einzelnen:
Von der gesamten Agrarfläche gehörten jetzt den Venezianern im Padovano und im Polésine fast 50 Prozent, im Trevisano immerhin noch 36 Prozent, aber nur noch annähernd zehn Prozent im Friaul und den Gebirgsprovinzen Belluno und Feltre, und nur noch sechs Prozent im Veronese und Vicentino. Mögen diese Zahlen auf den ersten Blick *so* hoch nicht wirken, so gewinnen sie andere Umrisse, wenn man sich den scheinbar gleich hohen oder höheren

Privatanteil auf Seiten der Terraferma genauer ansieht – da nämlich sind vielfach Institutionen die privaten Eigentümer! Hospitäler, Schulen, Kirchen, Klöster, ja selbst die Gemeinden (2859 allein im Padovano) tauchen als ›Privatbesitzer‹ im Kataster auf und machen die Statistik ungleichgewichtig. Freilich gehörten auch den Venezianern entsprechende Einrichtungen, aber verschwindend wenige, so daß sich also zwei recht unterschiedliche Gruppen von Besitzern gegenüberstanden.

Begibt man sich an eine soziale Differenzierung und schaut sich einmal nur die Gruppe der venezianischen Eigentümer näher an, so stellt man ein nahezu totales Übergewicht der Adeligen gegenüber den nichtadeligen Bürgern Venedigs fest. In allen Provinzen war der Löwenanteil des venezianischen Besitzes in Händen der Nobili. Im Polésine war er mit 95 Prozent am höchsten, im Padovano, Veronese und Vicentino betrug er zwischen 80 und 90 Prozent, im Trevisano, im Friaul und in Belluno und Feltre lag er bei annähernd 70 Prozent (Beltrami). Betrachtet man nun die gesamte im Kataster von 1740 verzeichnete private Fläche, venezianische wie nichtvenezianische, hinsichtlich einer Differenzierung des Adelsbesitzes, so kommt man auf einen durchschnittlichen Anteil von 32 Prozent in Händen der venezianischen Nobili, wogegen der zahlenmäßig doppelt so umfangreichen Aristokratie der Terraferma nur 18 Prozent der Ländereien gehörten. Mit zunehmender Entfernung von Venedig gewinnen die einheimischen Adeligen allerdings an Boden. Wenige Zahlen veranschaulichen die Situation: Im Polésine zum Beispiel waren 58 Prozent des Privateigentums in Händen venezianischer, dagegen nur 14 Prozent in denen ortsansässiger Edler. Im Padovano betrug das Verhältnis 41 zu 16 Prozent, im Trevisano 34 zu 11 Prozent. An der Peripherie des Staates kehrt sich das Bild um: Patrizier aus Venedig besitzen im Veronese nur noch 11, im Friaul nur 17 Prozent des privaten Grund und Bodens, die Terraferma-Aristokraten dagegen 31 respektive 25 Prozent (Statistiken aus dem Vicentino fehlen).

Die oben genannten Durchschnittszahlen – 32 Prozent venezianischer, 18 Prozent einheimischer Adelsbesitz – ergeben addiert einen Adelsanteil am gesamten privaten Grundeigentum von 50 Prozent. Die Bedeutung dieser Tatsache wird klar, wenn man sich vor Augen hält, daß die Adelsschicht im ganzen Staat Venedig samt seinem Festland nur 0,7 Prozent der Bevölkerung stellte. Das heißt also, daß wenige Familien einen enormen Besitz ihr eigen nannten – und gerade dieses soziale Ungleichgewicht war *die* große Chance der Villenkultur. Denn nicht die Bürger, die auf der Grunderwerbswelle mitschwammen, waren die Auftraggeber der bedeutenden Architekten – die Adeligen waren es. Wo die Venezianer überwogen, ist auch die Mehrzahl der Villen venezianischen Ursprungs. In jenen Provinzen jedoch, die am Horizont des venezianischen Interesses rangierten, ließ der örtliche Adel bauen.

# Die Urbarmachung und Venezianisierung der Terraferma

Die im vorigen Kapitel erläuterten Besitzverhältnisse auf der Terraferma sind von grundlegender Bedeutung für die Entstehung der Villen, über die – von Ausnahmen abgesehen – nur spärliche Informationen vorhanden sind. Offen ist vielfach nicht nur die Frage, von wem und in wessen Auftrag welche Villa gebaut wurde, und welches über die Jahrhunderte hinweg ihr Schicksal war. Offen ist auch immer noch die Frage, welchem Zweck sie vorrangig dienen sollte, »ob der Adelige aufs Land ging, um sich zu erholen oder um sich mit seinem Grundbesitz zu beschäftigen« (Ventura). Warum, wozu eine derart massenhafte, über Jahrhunderte anhaltende Bewegung aufs Land? Warum kam es im Veneto zu einer so ausgeprägten Villenkultur – und anderswo nicht?

Mehrere Erklärungen dieses einzigartigen Phänomens scheinen plausibel, aber die Forschung ist über Hypothesen nicht hinausgelangt. Die Verfügbarkeit käuflichen Landes wie auch die von Seiten des Staates mit allen Mitteln unterstützte Urbarmachung waren die Voraussetzung für das Interesse der Bürger an Investitionen. Daß die vorhandenen Möglichkeiten dann jedoch in einem solchen Ausmaß genutzt wurden, hatte mit Sicherheit auch psychologische Gründe. So spielte ohne Frage der Inselcharakter der Stadt, die ausweglose Enge, eine nicht zu unterschätzende Rolle.

Ebenso schlüssig klingt die These, es habe zum Selbstbild der Venezianer gehört, ›eigentlich‹ auf dem Festland beheimatet zu sein, wenngleich schon in grauer Vorzeit durch die Völkerwanderung von dort vertrieben. »Genau hier liegen die tieferen Gründe dafür, daß Venedigs Bürger auf die Terraferma zurückkehrten. Aus solchen Motiven erklärt sich letztlich auch die Blüte der Villa im Veneto«, meint Michelangelo Muraro. Eine unbestätigte Vermutung – aber ganz von der Hand zu weisen als zumindest *eine* von mehreren möglichen Erklärungen des Phänomens ist sie nicht.

Andere Autoren, und sie sind in der Überzahl, machen den erhofften Profit als stärkstes Motiv für die Villeggiatura geltend: »The fundamental reason must surely be what profits the Venetians hoped to make from the land« (Stuart J. Woolf). Eine trügerische Hoffnung, denn wie sich zeigte (und in den folgenden beiden Kapiteln dargelegt wird), konnte die spätere Villeggiatura nur noch um den Preis höchster Verschuldung aufrechterhalten werden. Immerhin waren nahezu ausnahmslos allen Veneto-Villen Landwirtschaftsbetriebe angegliedert – einer der wesentlichen Unterschiede zur Villenkultur anderer italienischer Regionen –, und selbst die Prunkbauten des 17. und 18. Jahrhunderts, Repräsentationsvillen wie die der Pisani in Strà (93) oder die der Manin in Passariano (72), bildeten immer auch Zentren landwirtschaftlicher Produktion. Deren tatsächliche ökonomische Potenz war jedoch bislang kein Gegenstand der wissenschaftlichen Diskussion. Welche Vermögen investiert wurden, was die Villen an Rendite brachten, inwieweit sich die unternehmerische Initiative auf eine Hebung der Produktivität und eine Veränderung der traditionellen Wirtschaftsweise konzentrierte – das alles ist nicht hinreichend untersucht. Ebensowenig wie die Frage, welche Auswirkungen die venezianische Invasion nun eigentlich auf das Festland hatte. Beschrieben wird ihr Segen, und nur vereinzelt auch ihr Fluch. Im Vordergrund, negative Aspekte verdeckend, steht das Bild eines unter venezianischer Pflege aufblühenden, ehemals brachliegenden Landes, und zumindest für die Anfänge der Villeggiatura dürfte dieses Bild durchaus zutreffen. Ohne den beachtlichen, vor allem finanziellen Einsatz des Adels wäre die Entwicklung des Landes, die mit der Annexion durch Venedig einsetzte, nicht denkbar gewesen.

Im Veneto war mit jeder Villa eine Urbarmachung verbunden. Über Generationen hinweg haben die neuen Besitzer, von jeglichem Profit noch weit entfernt, erst einmal an der Erschließung ihres Grund und Bodens gearbeitet. Die venezianische Patrizierfamilie Garzoni bietet ein Beispiel dafür – es steht für viele andere (78): 22 Kilometer südöstlich von Padua hatte sie um die Mitte des 15. Jahrhunderts 1200 Hektar ersteigert. Da sich diese Landstriche kaum über den Meeresspiegel erheben, war hier die Wasserregulierung von besonderer Bedeutung; allein für die Überwachung der Kanäle und die Instandhaltung der Dämme standen auf dem Gebiet 20 Hütten, die ständig von Arbeitern bewohnt waren – und gebaut wurde noch lange nicht, wie Rupprecht schreibt: »Hundert Jahre lang haben sich die Garzoni um die Vergrößerung ihres Besitzes, um die Austrocknung von Sümpfen und um die Verbesserung der landwirtschaftlichen Erträge gekümmert, bis Alvise den Entschluß faßte, (dort) ein großes herrschaftliches Haus zu errichten ..., in der gleichförmigen Ebene zwischen Padua, dem Po und der Adria; lange Sonnenuntergänge und herbstliche Nebelstimmungen sind die kargen und meist melancholischen Reize dieser Gegend.« Das klingt nicht nach ›Sommerfrische‹, wie das Sprachlexikon das Wort *villeggiatura* übersetzt, und tatsächlich liegen viele Veneto-Villen so, daß man den Begriff Erholung nicht unbedingt mit ihnen verbindet. Urbarmachung, Kultivierung assoziiert man entschieden schneller mit ihnen, zumindest soweit es sich um die frühen Villen handelt, die des 15. und 16. Jahrhunderts. Das gilt auch für die Werke des Andrea Palladio. »Haben Sie sich je gefragt«, schreibt Muraro, »warum sich alle (seine) Villen in so einsamer Lage finden, viele Monate des Jahres unter den Nebeln der Po-Ebene begraben?« Auch sie waren wie die anderen Bauten aus dieser Zeit Stützpunkte für die Bestellung des Landes.

Wieviel der einzelne Grundbesitzer unternahm, war zunächst ihm selbst überlassen, obwohl die Herren vom Markusplatz die Arbeiten sehr genau im Auge behielten und Druck ausübten, wenn das öffentliche Interesse es erforderte. Beispiele dafür finden sich vor allem im wasserreichen Süden des Padovano und im Polésine. So bewahrt das städtische Archiv von Monsélice ein Schreiben vom 16. Januar 1416: Der Doge Tommaso Mocenigo sagt dem Bürgermeister seine Meinung zur Beschwerde einiger Grundbesitzer aus Padua, die verpflichtet worden waren, sich an der Regulierung des Gorzon zu beteiligen, eines Flusses, der immer wieder verheerend über die Ufer trat. Der Doge gab der Beschwerde nicht etwa nach, im Gegenteil, er bekräftigte die städtische Anordnung, die Arbeiten zum Schutz des Gebietes hätten über dem Eigeninteresse der einzelnen Besitzer zu stehen und seien mit größtmöglicher Anstrengung aller fortzuführen, natürlich unter vorrangiger Beachtung des »Gleichgewichts in der Lagune«.

Mit Beginn des 16. Jahrhunderts bildeten die Venezianer Sachverständigenkommissionen, die sich ausschließlich mit den Problemen der Wasserregulierung und der Urbarmachung der Terraferma zu befassen hatten. 1501 gründeten sie den *Magistrato alle acque*, das Wasseramt, weitere Behörden folgten, aus denen 1556 schließlich als Dauereinrichtung für die nächsten

Ansicht der Villa Foscarini (92) mit der alten Brücke von Strà, um 1750. Stich von Gianfrancesco Costa

200 Jahre die Inspektorenkommission für die Kultivierung brachliegender Ländereien hervorging, die *Provveditori ai Beni inculti*. Ein Notstand war erkannt worden: »Von 800 000 Campi im Trevisano, Padovano, Veronese und Polésine sind 200 000 versumpft«, hatte Alvise Cornaro als einer der von Venedig beauftragten Experten berichtet. Noch immer waren also rund 25 Prozent des Bodens nicht nutzbar, und das 150 Jahre nachdem die Venezianer ins Land gekommen waren. »Die Signoría hat die Aufgabe«, so Cornaro, »aus häßlichem Land schönes zu machen, aus trostlosen Gebieten üppige, aus unfruchtbaren fruchtbare.« Das gelang nicht vollständig: Bis zum Ende der Republik, 1797, war nur etwas mehr als die Hälfte des von Cornaro bezeichneten Bodens gewonnen (Beltrami), obwohl unter dem scharfen Blick der Provveditori zunächst an allen Ecken und Enden gearbeitet wurde. Venedig gab Vorschüsse und Steuererleichterungen, verpflichtete die Gemeinden aber auch zu unentgeltlichen Leistungen und schickte technische Hilfe. Nirgendwo in Italien stand zu dieser Zeit ». . . die Ingenieurskunst so hoch im Kurs . . . Traktate über Wasser-Hebewerke, Dammbau, Flußregulation und Landtrockenlegung (wurden verfaßt). Selbst ein vielbeschäftigter Architekt wie Palladio fand die Zeit, sich intensiv mit der Entwicklung archimedischer Schöpfschrauben zu befassen . . .« (Bentmann/Müller). Das Instrument der *Provveditori ai Beni inculti* waren neugebildete, freiwillige oder auch obligatorische Konsortien, denen die großräumige Überwachung der Arbeiten oblag. Ausschüsse traten zusammen, wählten – meistens drei – Vorsitzende, und leiteten alle

…nen ein. Sobald der Kostenvoranschlag vorlag, steuerte jedes Mitglied des …itrag in festgesetzter Höhe bei, darüber hinaus waren alle betroffenen …r Beteiligung aufgerufen. Wer zahlte, behielt später das trockengelegte …, verlor die Hälfte davon: Der Boden verfiel dem Staat und wurde ver-

…und Befriedigung«, schrieb Alvise Cornaro, »erlebe ich den Erfolg dieses …ichtigen Unternehmens … etwas, was ich in meinem Leben nicht mehr zu schauen geglaubt hatte … denn ich habe ja gesehen, was vorher war – zusammen mit den (anderen) Gewählten des Ausschusses – in den sumpfigen Gebieten, zur Zeit der größten Sommerhitze …«. Cornaro, der wort- und schriftgewaltige Förderer der Urbarmachung, die Symbolfigur der Villenbewegung, fand aber nicht nur ungemein poetische Formulierungen, etwa wenn er von der nun »wunderbar befreiten« Landschaft berichtete, von den »lächelnden Wiesen voll der lieblichsten Blumen«, den »lächelnden Wassern und Brunnen, klarer, als sie es je gewesen sind« – er wußte durchaus auch den Geschäftssinn seiner Mitbürger anzusprechen, um die Bereitschaft zur Urbarmachung zu fördern. So rechnete er ihnen beispielsweise eine sechsfache Wertsteigerung des trockengelegten Bodens vor: ein Campo, im Paduanischen knapp 4000 Quadratmeter, brachte kultiviert 60 Dukaten, versumpft hingegen nur sechs, die Trockenlegung kostete vier Dukaten, macht zusammen zehn …

In den Zentren der Urbarmachung verdreifachte sich die Bevölkerung – eine Folge der Austrocknung der Sümpfe –, während sie in den übrigen Gegenden der Terraferma bis zum Ende der Republik nur um 50 Prozent wuchs (Beloch). Auf den Äckern erschien der Mais, um die Mitte des 16. Jahrhunderts eingeführt, setzte er sich nun rasch in der venetischen Ebene durch und blieb hier fortan eine der wesentlichen Kulturpflanzen. Fernand Braudel nennt den hohen Ertrag als unübersehbaren Vorzug: »Hat er nicht den ständig wiederkehrenden Hungersnöten ein Ende bereitet?«

Allenthalben war eine außergewöhnliche Expansion der landwirtschaftlichen Aktivitäten zu beobachten, Folge der bereits erwähnten Wende, die mit der Niederlage von Agnadello eingesetzt hatte und anhielt bis zur großen Pest von 1630, die ganz Norditalien zum »landwirtschaftlichen Notstandsgebiet« (Wallerstein) machte. In der rund hundertjährigen Phase außerordentlicher Prosperität zwischen beiden Daten bekam die Terraferma ihr venezianisches Gesicht, auch in den Städten, die »das Vorbild der Durchlauchtigsten Hauptstadt so treu wie möglich (nachahmten) … so daß zur Ähnlichkeit mit Venedig nichts fehlte als das Wasser«, schreibt Ippolito Nievo. »Auf allen öffentlichen Gebäuden geflügelte Löwen in Menge.«

Die Abkommen, die den Cambrai-Krieg beendeten (Vertrag von Brüssel, 1517, und Frieden von Bologna, 1529/30) lösten eine Hinwendung der Venezianer zum Land aus, wie das vorhergehende Jahrhundert sie nicht gekannt hatte. Nun gewann die Villenkultur feste und deutliche Konturen; die Grundstückskäufe nahmen zu; ein regelrechter Bauboom setzte ein (ein zweiter folgte im 18. Jahrhundert). Wie Muraro anmerkt, war diese Blüte jedoch auch deshalb möglich, weil sich Venedig seiner Festlandsgebiete jetzt sicher fühlen konnte: Noch während des Cambrai-Krieges zum Teil in habsburgischer Lehensabhängigkeit und somit im Konflikt zwischen Kaisertreue und Republiktreue, hatten sich die Provinzadeligen zahlreich auf kaiserliche Seite gestellt. Erst 1516 bestätigte Maximilian I. nach Erhalt hoher Ablösungssummen die Befreiung aller venezianischen Territorien aus kaiserlicher Lehenshoheit, und erst damit hatte Venedig die Terraferma-Aristokratie endgültig unter Kontrolle. Es ließ zudem im ganzen Land die Burgen, Schlösser und Festungen der Unbotmäßigen schleifen – auch solche Maßnahmen dienten einer ›Venezianisierung‹ der Terraferma.

## Santa Agricoltura: Höhenflug und Niedergang

»Man darf nicht in den von Bergen begrenzten Tälern bauen, da die Bauten, die zwischen den Tälern versteckt liegen, abgesehen davon, daß sie keinen Blick in die Ferne freigeben, selbst nicht gesehen werden können und somit ohne Würde und ohne jedwede Majestät dastehen.« Was auch immer beim Bau einer Villa zu beachten gewesen sein mochte – Andrea Palladio teilte es in seinen 1570 in Venedig erschienen »Quattro libri dell' architettura«, den Vier Büchern zur Architektur, verbindlich mit. Das Interesse an einem Besitz auf der Terraferma war schon seit Jahrhundertbeginn in einer Weise offenkundig, daß erste kritische Stimmen in der Stadt vor einer Vernachlässigung der Handelsgeschäfte, Basis des venezianischen Reichtums, warnten. So tadelte der Chronist Girolamo Priuli seine Mitbürger ob der neuen Unsitte, Grundstücke und Häuser »zu Überpreisen, ja zum Doppelten des eigentlichen Wertes« zu kaufen, um sich im Grünen zu ergötzen, anstatt ernsthafter Tätigkeit im Kontor nachzugehen. »Sie geben viel Geld aus, brauchen auch Dekorationen und Möbel für die Häuser, eine Kutsche und erstklassige Pferde mit Zubehör, das alles steigert die Ausgaben. Kaum sind die Häuser eingerichtet und die Pferde angeschafft, wird es nötig, angemessen zu leben und Gesellschaften zu geben, und somit werden die Einkünfte dieser Besitzungen für Essen, Kurzweil und den täglichen Unterhalt verbraucht, und Kapital muß hinzugefügt werden ...«. Priulis Besorgnis nahm die spätere Entwicklung der Villeggiatura vorweg; 1509, als er dies niederschrieb, war sein Argwohn sicherlich verfrüht. Andere Quellen jener Zeit lassen eine Begeisterung für die neue Lebensform erkennen, die mit Leichtsinn und Vergnügungssucht wenig oder nichts gemein hatte. Immerhin kam ja damals die Urbarmachung der Terraferma eben erst in großem Umfang in Gang, und die Villen bildeten die Zentren der Arbeit. Das vordem als rohe Natur verachtete Land war zum Gegenstand geradezu andächtiger Bemühungen geworden, Ackerbau galt als die von allen denkbaren Beschäftigungen moralisch wertvollste, erlebte eine Aufwertung zur *Santa Agricoltura*, zur heiligen Landwirtschaft, wurde »Instrument zur Erschaffung des wahren Menschen« (Rupprecht). Wer sich dem Land zuwandte, so die öffentliche Meinung, zog daraus sittlichen Gewinn; dafür, daß diese Zuwendung in der rechten Weise erfolgte, sorgten Publikationen wie unter anderem Andrea Palladios Bücher zur Architektur. Weil schon der Standort der Villa über Glück und Erfolg des Unternehmens entschied, drang Palladio darauf »mit allem Eifer und ohne Mühen zu scheuen« nach dem passenden Bauplatz zu suchen, angenehm, gesund und »in möglichst günstiger Lage zu den Besitzungen oder gar mitten in ihnen ... damit die Herrschaft ohne Mühe die ihr gehörenden umliegenden Felder überwachen sowie Verbesserungen einleiten kann und damit ihre Feldfrüchte, wie es sich gebührt, von den Arbeitern ins Herrschaftshaus getragen werden können. Wenn man die Villa an einem Fluß errichten kann, ist dies eine sehr schöne und angenehme Sache, da mit geringen Kosten die Erträge zu jeder Zeit mit Booten in die Stadt gebracht werden können ... In jedem Fall halte man sich aber von toten und stehenden Gewässern fern ... was wir mit Sicherheit vermeiden können, wenn wir an hochgelegenen und heiteren Stellen bauen, also dort, wo die Luft durch das unausgesetzte Wehen der Winde bewegt wird. Dort ist die Erde durch das abfallende Terrain von feuchten und schlechten Dämpfen gereinigt, weshalb die Bewohner gesund und fröhlich sind und eine gesunde Hautfarbe besitzen ... Da das Wasser eine grundlegende Voraussetzung für das menschliche Leben ist ..., so achte man mit dem größten Bedacht darauf, daß das Wasser nahe dem Gebäude keinen seltsamen Geruch ausströmt und nicht getrübt, sondern daß es klar und fein ist und daß es, wenn man es auf ein weißes Leinen tropft, keine Flecken hinterläßt ...«.

Andrea Palladio schrieb für eine gebildete und finanzkräftige Leserschaft – »edle Venezianer« sowie »Edelleute auf der Terraferma«. Neben dieser anspruchsvollen Lektüre gab es eine auf das breite Publikum zugeschnittene, regelrechte Ratgeber-Literatur, sogenannte Villenbücher, die in immer neuen Auflagen erschienen. »Die Melisse ist gut gegen die Pest, und sie schmeckt auch im Salat. Die Blüten des Rosmarin, eingemacht, helfen gegen Schwermut und Zitronenessenz gegen die Bisse von Schlangen und Skorpionen.« Solcherlei Hausrezepte, deren Wirksamkeit heute nur noch mit gewissen Einschränkungen überprüfbar ist, verrät der aus Brescia stammende Agostino Gallo, dessen berühmtes Tagebuch der Landwirtschaft und der Freuden der Villa erstmals 1550 erschien. Kein Problem, auf das er nicht eingeht. Der Grundbesitzer muß sich sachkundig machen, und Gallo hilft ihm dabei: »Unselig die Felder, deren Herren nicht wissen, was diesen not tut, die sich allein auf die Berichte und den guten Willen der Arbeiter verlassen.« So erfährt der Leser daß es günstig sei, Bäume bei Neumond zu pflanzen, und wichtig, einen Weinkeller zu pflegen: »Die Deutschen sind zu loben, weil sie ihre Keller so sauber halten wie man bei uns die Zimmer macht, und so sind wir zu schelten, weil wir sie schmutziger lassen ...«. Seitenlang befaßt sich der Autor mit der Behandlung des Personals, denn nur Untergebene mit menschenwürdigen Arbeitsbedingungen, so seine Erkenntnis, seien willig: »Weise ist es, liebenswürdig, höflich und großzügig gegenüber jenen zu sein, die einem dienen ... Auch soll man ihnen pünktlich ihr Essen geben und nicht beim Essen zugegen sein, damit es nicht so aussieht, als ob man ihnen die Bissen in den Mund zähle ...«.

Die Villa – ein irdisches Paradies, in welchem man gemeinsam einem ehrlichen und gleichermaßen gesunden Tagewerk nachgeht, sich gemeinsam vergnügt, gemeinsam an der Tafel sitzt, wo man die Gespräche mit Freunden genießt, die Schlichtheit der Bauern, die Lieder der Mädchen aus dem Dorf ... »O Glückseligkeit des süßen Lebens auf dem Land«, schreibt Gallo, »das sich ständig guter Luft erfreut, des Grüns der Bäume, der Vielfalt der Früchte, der Reinheit des Wassers, der Heiterkeit des Waldes, des Anblicks fruchtbaren Landes, üppiger Weinstöcke und herrlicher Gärten!«

Ansicht einer Veneto-Villa mit charakteristischen Gartenanlagen, 2. Hälfte 16. Jh. Aus dem »Codex Maggi«. Paris, Bibliothèque Nationale

Natürlich darf über all dieser Begeisterung für das einfache Leben der andere Aspekt der Villeggiatura nicht vergessen werden, »mit Hilfe der Kunst der Landwirtschaft sein Vermögen wachsen zu lassen« (Palladio).

Für den Adel und das wohlhabende Bürgertum Venedigs bot die Terraferma die Möglichkeit, das mit dem zunehmenden Rückgang der Seehandelsgeschäfte brachliegende Kapital zu investieren. Im Vergleich mit dem immer stärker eingeschränkten, immer riskanter werdenden Handel auf den Weltmeeren schien die Landwirtschaft zumindest als die sicherere Einnahmequelle. Dem Absatz der Produkte in Venedig drohte keine Gefahr – im Gegenteil: Die Versorgung aus dem Hinterland reichte für die Stadt nicht einmal aus. Eine Steigerung der Erträge schien jedoch mit den damals zur Verfügung stehenden Mitteln nicht möglich. »Bei allen guten Worten und Taten kann man die Bodenpflege ... nicht befriedigend nennen«, schreibt Kretschmayr. »Es fehlte an der richtigen Erfassung der verschiedenen Produktionsmöglichkeiten des Bodens ..., wenn auch ... die Kulturen halbwegs sorgfältig bestellt wurden.« Die Vernachlässigung der als minderwertiges Land geltenden Weideflächen führte zur Abnahme der Tierbestände, und damit mangelte es den Äckern an Dünger; andere Fehler, wie etwa die ahnungslose Abholzung der Wälder, kamen hinzu; auch das Bewässerungssystem blieb

Ansicht der Villa Farsetti (85) in Santa Maria di Sala, 1833. Kupferstich von A. Lazzari. Venedig, Museo Correr

trotz aller Bemühungen unzureichend. So war schon im 17. Jahrhundert der Niedergang der Landwirtschaft auf der Terraferma nicht mehr zu übersehen; die Einrichtung eines mit einer Versuchsstation verbundenen Lehrstuhls für Landwirtschaft an der Universität Padua kam – 1765 – zu spät. Sie konnte die Talfahrt nicht aufhalten.

Die Begründungen für das lange ökonomische Siechtum, das den so hoffnungsvollen Anfängen folgte, sind unterschiedlich. Häufig, weil naheliegend, wird die sinkende Moral der saturierten venezianischen Großbürger für den Mißstand verantwortlich gemacht, der damals von den Betroffenen selbst kaum als solcher empfunden worden zu sein scheint. Ob es jedoch gerechtfertigt ist, von einer »nobiltà parassitaria di ›rentiers‹« (Ventura) zu sprechen, einer parasitären Nobilität, die nur noch ihre Einkünfte verzehrte, ihren Reichtum anstrengungslos genoß, darüber sind sich die Wissenschaftler vorläufig noch nicht einig. Immerhin war schon um die Mitte des 17. Jahrhunderts keine Anstrengung zur Verbesserung der Anbautechniken und Steigerung der Erträge mehr erkennbar, dabei nahmen die Landkäufe der Venezianer bis zum Ende der Republik ständig zu. Aber die Investitionen blieben unproduktiv, dienten oft nur noch dem Bau von Villen wie auch der Vermehrung von ineffizient genutztem Grundbesitz. Eine Figur wie Filippo Farsetti, der um die Mitte des 18. Jahrhunderts Unsummen in landwirtschaftliche Experimente steckte und in Santa Maria di Sala (85), einem Dörfchen bei Mirano östlich von Padua, einen vielgerühmten botanischen Garten unterhielt, dürfte damals eher eine Ausnahme

von der Regel gewesen sein. Monsieur habe, berichtet der Franzose Lalande 1765/66, »Bäume aus aller Herren Länder kommen lassen, und Weinstöcke aus Burgund samt einem Winzer und sogar der Erde, in der sie dort wachsen. Er will versuchen, ob es nicht möglich ist, Wein aus Burgund in Italien zu ziehen«.

Grundbesitz größten Ausmaßes war beschränkt auf den venezianischen Adel, die Ländereien der lokalen Nobilität waren weniger ausgedehnt, auch weniger in sich geschlossen. Alte venezianische Häuser wie die Contarini oder die Pisani, insgesamt rund ein Dutzend Familien, besaßen jeweils zwischen 5000 und 15 000 Hektar; weitere hundert Patrizier nannten immerhin noch zwischen 1000 und 5000 Hektar Land ihr eigen. Riesige Besitzungen waren das, die zum Teil Hilfskräften zur Verwaltung und Bearbeitung überlassen, zum anderen Teil verpachtet wurden, und zwar, wie in Venetien Tradition, aufgeteilt in kleine und kleinste Einheiten. Wirtschaftswissenschaftlern, die Entwicklungen weniger vom moralischen denn vom ökonomischen Standpunkt aus betrachten, gilt nicht das Desinteresse der Grundbesitzer, sondern diese Zersplitterung der Ländereien als eines der wesentlichen Hindernisse einer Gesundung der Agrarwirtschaft auf der Terraferma. Daniele Beltrami hat festgestellt, daß ein Drittel der Miniatur-Pachtgründe einen halben Hektar und weniger maß, ein weiteres Drittel erreichte bis zu zweieinhalb Hektar; nur 25 Prozent der Flächen waren größer als fünf Hektar. Allein diese Statistik enthüllt die Unmöglichkeit von Fortschritt: Ein derart armselig ausgestatteter Pachtbauer kann sich keine Experimente leisten. Er muß an den vertrauten Methoden festhalten, in der Hoffnung, daß sie ihn selbst und seine Familie überleben lassen und dabei die jeweils fällige Pachtzahlung ermöglichen. Diese mußte in Form von Naturalien – Weizen und Wein – oder Geld geleistet werden. Verschuldung beim Pachtherrn war nahezu unumgänglich; sie brachte den Pächter in eine Abhängigkeit, die, wie manche Autoren meinen, der Leibeigenschaft unter Umständen zum Verwechseln ähnlich sah. Der Hunger zwang zur Einwilligung in fast jegliche Arbeitsbedingung, und Hunger und Unterernährung gehörten zum Leben der Landbevölkerung. Ihr ausschließliches Grundnahrungsmittel war vom späten 16. Jahrhundert an Mais; die damalige Statistik teilte die Bevölkerung in drei bislang unbekannte Gesellschaftsschichten ein, in Ernährungsklassen: Wohlhabende, die sich von Getreide ernährten, eine zweite Klasse, die ›gemischt‹ aß, das heißt Getreide und Mais, und eine dritte, die ärmste, die von Mais allein satt werden mußte. Selbst im reichen Padovano waren das 75 Prozent der Landbevölkerung.

Wohl und Wehe der dritten Klasse hing ab vom mehr oder weniger guten Herzen des Padrone. Trotz seiner offensichtlichen Allmacht war dieser Padrone oder Signore etwas anderes als der Feudalherr alten Typs mit seinen quasi göttlichen Rechten über Land und Leute. Die Venezianer waren pragmatische Leute, gelernte Händler – nüchternes Kalkül lenkte auch ihre Beziehungen zu ihren Untergebenen, den Angestellten und Arbeitern, wie zu ihren Schuldnern. Diese »neue Aristokratie des Talents und des Willens anstelle der alten der Geburt und des Standes« (von Martin) bot eine Art von versachlichter Partnerschaft, die bei der Bevölkerung auf große Sympathien stieß. Der von Ventura anschaulich geschilderte Typ des kleinen einheimischen Grundbesitzers sticht unangenehm von dem in der vorhandenen Literatur durchweg als großzügig geschilderten venezianischen Signore ab. Aber im Gegensatz zu ihm lebte ja der lokale Adelige oft ausschließlich von seinem Grund und Boden. Der venezianische Patrizier erwarb seinen Reichtum auch bei sinkenden Gewinnen weiterhin überwiegend aus dem Handel, der Provinznobile jedoch hatte keine solche Einnahmequelle; kein Wunder also, daß er sich mit viel größerem Nachdruck um die Bewirtschaftung seiner Güter kümmerte – ein »kleiner Landedelmann, aufgeblasen und knickerig, der einerseits sparen mußte, andererseits doch locker und liberal erscheinen wollte, gezwungen, samt seiner Familie persönlich die Erträge einzutreiben, wobei er Frau und Söhne den Flüchen und Verwünschungen der Dorfbewohner aussetzen mußte ... Eine Nobilität, der es mühselig gelang, die Erfordernisse ihres Standes mit den knappen Einkünften aus wenigen Dutzend Hektar Land in Einklang zu bringen«.

Aber trotz wesentlich bescheidenerer Mittel fühlte sich diese Aristokratie den Nobili aus Venedig überlegen. Denn der venezianische Adel war Geldadel, Stadtadel – ein Adel zweiter Wahl. Grundeigentum galt als entscheidendes Kriterium für gesellschaftliches Ansehen, und Grundbesitzer waren diese Signori nun eben erst neuerdings, mochten sie auch noch so bemüht sein, ihr blaues Blut von jenen Urahnen herzuleiten, die zur Zeit der Völkerwanderung von ihrem Festlandssitz in die Lagune geflüchtet waren. »Was eigentlich der Adel von Venedig sey, ist nicht wol zu beschreiben. Ihr müsset wissen, daß dasjenige, welches allda der Adel genennet wird, sowol allda als anderswo eine Sache ist, die bloß allein in dem Gehirn von einer Menge Leute bestehet«, spöttelt der deutsche Reisende Heinrich von Huyssen 1701. Auch in Machiavellis berühmter Beschreibung klingt das verächtliche Staunen des alten Adels über die venezianischen Emporkömmlinge an: »Die Edelleute dieser Republik sind es mehr dem Namen als der Sache nach ... Ihr großer Reichtum beruht auf Handel und beweglicher Habe; außerdem besitzt keiner von ihnen Burgen oder Gerichtsbarkeit über die Leute, sondern der Name Edelmann ist bei ihnen ein Titel und Ehrenname, beruht aber auf nichts von dem, weswegen man anderswo Edelmann heißt.« (Wie auf Seite 25 erwähnt, weisen neuere Forschungsergebnisse abweichend von Machiavellis Angaben darauf hin, daß Lehen mit allen dem Lehensherrn zustehenden Rechten – einschließlich demjenigen der Gerichtsbarkeit und einschließlich dem Adelstitel – käuflich waren und von den Venezianern gekauft wurden.) Daß die Signori aus Venedig Sitten und Gebräuche der feudalen aristokratischen Welt übernahmen, zu der sie sich mit Hilfe ihres Geldes Zugang verschafft hatten, konnte die tiefe Kluft nicht überbrücken. Nie und nirgends scheint Sympathie zwischen ihnen und dem alteingesessenen örtlichen Adel geblüht zu haben. Die Abneigung der führenden Gesellschaftsschicht der Terraferma gegenüber den venezianischen Nobili stand in scharfem Gegensatz zu der Treue, die die Landbevölkerung den neuen Herren entgegenbrachte. Die Gründe dafür liegen auf der Hand: Die Unterschicht hatte durch die Unterwerfung unter die Serenissima gewonnen, die Oberschicht hatte verloren. Der Ausschluß von jeglicher Teilhabe an den venezianischen Regierungsgeschäften stellte die große und andauernde Kränkung des Terraferma-Adels dar, eine Quelle beständiger Spannungen und Feindseligkeiten. Ohnmächtig mußte sich die lokale Aristokratie die Dominanz der Venezianer gefallen lassen, und ohnmächtig mußte sie mit ansehen, wie immer mehr und stets das bessere Land in deren Hände kam, Grund und Boden, der früher in einheimischem Besitz gewesen war. Wo sich die Venezianer derart ausgebreitet hatten wie etwa im Padovano, schlug die Abneigung nachgerade in blanken Haß um. Einen Haß, so groß, wie Girolamo Priuli berichtete, daß die ortsansässigen Adeligen »den Namen (der Venezianer) nicht mehr hören konnten«.

## Vita in Villa: Das Leben in der Villa

Wenn auf den folgenden Seiten die Villeggiatura, Villenleben und Villenkultur, als sozusagen rein venezianisches Phänomen dargestellt wird, so hat das seinen Grund nicht allein darin, daß die Venezianer mit ihrer Überzahl von Villen das Bild beherrschten. Wesentlich ist ebenso, daß im schwerreichen Venedig das viele Geld einen Aufwand erlaubte, der den Provinzstädten nicht möglich war. Ohne Frage zogen auch Paduaner und Veroneser, Vicentiner und Trevisaner zur Zeit der sommerlichen Hitze mit Vergnügen ins Grüne, genügend Landsitze zeugen davon. Aber die Villeggiatura dürfte sich dort in weit bescheidenerem Rahmen abgespielt haben als in den Häusern der venezianischen Nobili. Vermutlich ist aus diesem Grund nicht viel darüber bekannt – was unauffällig ist, entzog sich wohl auch damals schon der Berichterstattung. Die Quellen sind dürftig, während sie sprudeln, sobald es um Leben und Treiben der Venezianer geht. Insbesondere von der Mitte des 17. Jahrhunderts an nimmt die Literatur zu; immer zahlreicher strömten ausländische Besucher nach Venedig, und häufig veröffentlichten sie, in die Heimat zurückgekehrt, ihre Reisetagebücher. Den umfangreichsten Beitrag zur Kenntnis der Verhältnisse in der Markusrepublik lieferten – soweit es um Reiseliteratur geht – die Franzosen. In Venedig selbst setzten sich im 18. Jahrhundert die Komödiendichter, allen voran Carlo Goldoni und Carlo Gozzi sowie dessen Bruder Gasparo Gozzi, der erste italienische Journalist, kritisch mit der Villeggiatura auseinander. Damit verhalfen sie den sich immer stärker ausprägenden lächerlichen Aspekten des Landlebens endgültig zu einer Publizität, die das Bild möglicherweise verzerrt. Allzu wenig ist im Vergleich dazu sowohl von der frühen Villeggiatura bekannt, als auch von jener, die mit Zurückhaltung geübt wurde.

In dem Maß, in dem die Enge in Venedig wuchs, sich die Gärten in der Stadt verminderten und die Grünflächen verbaut wurden, gewann die Villeggiatura an Beliebtheit. Beim Adel und zunehmend auch beim wohlhabenden Bürgertum wurde der Wunsch nach dem eigenen Landhaus nachgerade unbezwingbar. Vor allem die von Venedig aus bequem erreichbaren Kanäle

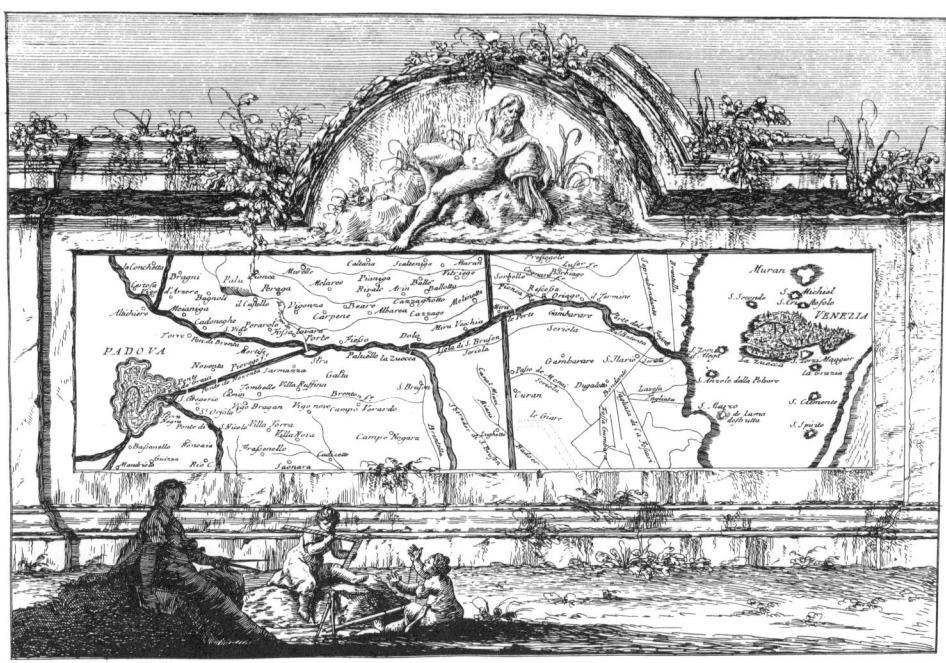

Phantasieansicht der Topographie des Brentalaufs zwischen Padua und der Lagune, um 1750. Stich von Gianfrancesco Costa

und Flüsse entwickelten sich vom 16. Jahrhundert an zu regelrechten Villenstraßen, in ununterbrochener Kette gesäumt von »prächtigen Lusthäusern, die denen Venetianischen Edelleuten zugehören und davon die meisten nach des Palladii Bau-Kunst auffgeführet seynd«, schrieb Heinrich von Huyssen 1701. Der Brentakanal muß, zeitgenössischen Kupferstichen zufolge, wie eine ländliche, architektonisch aufgelockerte Fortsetzung des Canal Grande ausgesehen haben, aber auch die Ufer des Flüßchens Sile oder des Battágliakanals boten kein anderes Bild. Vom Gardasee bis zum Po, von der Lagune bis hinein ins Friaul wurde gebaut; der erste Boom hielt bis etwa 1630 an, dann zwang die Pest zu einer Unterbrechung. Die großen Bevölkerungsverluste – 33 Prozent der Einwohner Venedigs und 40 Prozent der Landbevölkerung auf der Terraferma starben – führten nicht nur zu einer wirtschaftlichen Stagnation, sondern auch zur drastischen Verminderung der ländlichen Arbeitskraft und spürbaren Erhöhung der Löhne. Aber schon in der zweiten Hälfte des 17. Jahrhunderts wurde in großem Stil weitergebaut. Begonnene, unfertig gebliebene Villen wurden vollendet und die bereits existierenden dem Zeitgeschmack entsprechend erneuert. Der Aufschwung war zu einem Teil vom Ehrgeiz des allerjüngsten Adels getragen. Um seinen durch Kriege ruinierten Finanzhaushalt zu sanieren, hatte Venedig 127 bürgerliche Familien der Stadt geadelt – für 100 000 Dukaten pro Titel (Beltrami). Die Visitenkarte dieses neuen Patriziats war die Villa. Inzwischen standen pro Palast in Venedig, das heißt also pro Familiensitz, zwei bis drei, manchmal bis zu zehn Landhäuser auf der Terraferma. An erster Stelle rangierten hier die Reichsten der Reichen, alter Adel, die vielverzweigten Familien Contarini und Pisani; sie hielten die Spitze in Bezug auf Anzahl und Qualität ihrer Villen: Während den Pisani vier Villen von Palladio und zwei von Scamozzi gehörten, nannten die Contarini 18 (!) Landsitze ihr eigen (Brunelli/Callegari).

Wenn auch die vorhandene Literatur den Eindruck erweckt, als seien insbesondere die Besitzungen in der Nähe Venedigs weniger als Einnahmequelle denn als Sommerfrische genutzt worden, so war dennoch auch ihnen stets ein landwirtschaftlicher Betrieb angegliedert. Mit dem unmittelbar zum Haus gehörenden Grundstück, dem *brolo*, bildete jede Villa eine geschlossene kleine Welt. Innerhalb des zwei bis drei Meter hohen Mauerringes wohnten etliche Bauern- und Arbeiterfamilien, Privilegierte mit der Sicherheit fester Arbeit in Haus und Hof. Sie hatten sich an die ihnen zugewiesenen Bereiche zu halten; daneben gab es die geheiligten Reservate der Besitzer, wie etwa den sorgfältig gepflegten Garten. Er war die eigentliche Attraktion der Villa für die, wie Muraro schreibt, »zwischen Marmor und Meer in ihrer Stadt eingezwängten Venezianer«.

Heute sind diese Gärten nahezu ausnahmslos verschwunden. Die eindrucksvollste noch erhaltene Anlage findet sich in Valsanzíbio (97); Schilderungen wie jene von Pompeo Gerardo Molmenti, Verfasser des 1880 erschienenen Hauptwerks der venezianischen Gesellschaftsgeschichte, vermitteln ebenfalls ein Bild der einstigen Pracht. Da gab es »Springbrunnen, künstliche Fischteiche, labyrinthische Laubgänge, unter Gebüsch verborgene Einsiedeleien, hohe Buchsbaumhecken, welche die Schere des Gärtners zu Vasen, Bogen, Pyramiden und hunderterlei anderen Gestalten zugestutzt hatte, und an die sich schöne Marmorstatuen lehnten. Die Blumenbeete waren in regelmäßige Felder geteilt, die Gänge symmetrisch und mit weißem Sand bestreut, die schnurgeraden Alleen mit Bögen von Hagebuchbäumen überdacht, die in eine lauschige Laube ausliefen. Fast in jedem Park befand sich eine Umzäunung für seltene Tiere . . .«.

Ansicht der Villa Allegri Arvedi (29) in Cuzzano, Anfang 18. Jh., aus: Volkamer, »Ville, giardini . . .«

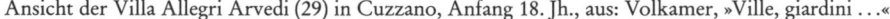

41

Mittelpunkt der Villa und Herz des ganzen Organismus ist die Sala im Piano nobile, dem ersten Stock, ein Saal von enormer Weite und Höhe, der sich in der Regel über die ganze Tiefe des Hauses erstreckt – der Ort, an dem sich die Villa hochherrschaftlich gibt. Hier wurde repräsentiert, hier wurden Gastmähler und Familienfeste gehalten, Bälle veranstaltet, Theater und Konzerte aufgeführt, hier vergnügte man sich im Kreis der Freunde – während an den Eingängen, so schildert es Palladio, jene standen, »die darauf warten, daß der Hausherr das Gebäude verläßt, um ihn dann zu grüßen oder mit ihm zu verhandeln ... oder eine Gunst von ihm zu erbitten«.

Besucher von heute, die die sanitären Einrichtungen von damals besichtigen wollen, werden kaum fündig – in einigen Häusern existierten sie tatsächlich überhaupt nicht, in anderen wurden sie in Abseiten versteckt. Palladio brachte sie neben und unter den Treppen unter; »wenngleich sie im Gebäudekörper selbst liegen«, schreibt er, »bewirken sie so doch keinerlei üblen Geruch, da sie an Stellen angebracht sind, die weit von der Sonne entfernt liegen.« Die Küche verbannt er an die »tiefste Stelle eines Gebäudes, die ich immer etwas unter die Erde lege«, ins Souterrain also. Dort ist es kühler als in den höheren Stockwerken, aber weniger dieses Motiv scheint ihn bewegt zu haben, als vielmehr »alle Häßlichkeiten des Hauses und all jene Dinge, die einen in Verlegenheit bringen und die die schönen Teile häßlich machen würden« den Blicken zu entziehen. Im Lauf der Zeit kam jedoch bescheidener Glanz in das Schattendasein der »unedlen« Räumlichkeiten, und so berichtet Molmenti nicht ohne Verwunderung über spätere Villen: »Selbst die Küchen machten mit ihren bemalten Decken und dem schmucken Kochgeschirr aus Konstantinopel einen freundlichen, einladenden Eindruck.«

Im Unterschied zum Gutshof nördlicher Länder – ein Vergleich, der naheliegt – war die Villa nur während einiger Sommer- und Herbstmonate vom Padrone bewohnt, der ja seine urbane Existenz nicht aufgab. Er kehrte samt Familie und dem Troß von Bediensteten in die Stadt zurück, wogegen der landwirtschaftliche Betrieb das ganze Jahr hindurch weiterging. Saison war von Mitte Juni bis Ende Juli und dann noch einmal von Anfang Oktober bis Mitte November. Venedig muß in dieser Zeit förmlich leergefegt gewesen sein, denn nicht nur die Reichen, auch die weniger Reichen schlossen sich dem gewaltigen Exodus an. Schon nach einer Stunde Fahrt im Boot war die Küste der Terraferma erreicht, von dort ging es nach Möglichkeit über Flüsse und Kanäle weiter bis vor die Haustür. Noch heute lassen sich die Spuren einstiger Aufgänge und Wege vom Ufer zum Portal erkennen. Es habe keine Villa gegeben, die mehr als 100 Meter von einem zumindest zu Hochwasserzeiten schiffbaren Wasserlauf entfernt gewesen sei, schreibt Muraro. Wo nötig, wurden Kanäle angelegt und zur Villa geführt, deren Fassade oft dem Wasser zugewandt war. So konnte der Hausherr Gäste, deren Boot festmachte, schon von der Loggia aus grüßen. Diese Boote waren, nicht anders als heutzutage ein Auto, Privateigentum, man nannte sie *burchiello*, wie auch das auf der Brenta verkehrende, komfortabel mit Ledertapeten, Spiegeln und Bildern ausgestattete Passagierschiff *burchiello* hieß. Zeitgenössische Berichte werden nicht müde, die Freuden einer solchen Fahrt zu loben. So schreibt Heinrich Schickhardt um 1600 über eine Reise von Padua nach Venedig: »Es ist ein so lustige und kurtzweilige Gelegenheit, alß man finden mag, dann zu jederzeit so tags, so nachts, auff der Brenta Schiffe auff und nider gehen, da in einem ein liebliche Musica, im andern mancherley Saitenspiel, jetz dise, baldt ein andere Kurtzweil gehört wird.« Nun war die Brenta ein Modekanal, die

*Burchiello, che viaggia sopra la Brenta.*

*Barca detta da Padova, o della Volta, che viaggia per La Brenta.*

Die Fahrgastschiffe auf der Brenta, um 1700. Stich von Vincenzo Coronelli

Reise über andere Wasserwege, etwa in den weniger belebten Osten der Republik, sicher längst nicht so unterhaltsam. Die typische Ankunft eines Besitzers in seiner Villa sah vermutlich eher so aus, wie sie Ippolito Nievo schildert, eine Ankunft »nach langweiliger, mückengeplagter Fahrt auf Sümpfen und Kanälen ... Der Landsitz ... lag am Ufer (des) Flüßchens, und der Herr Senator und die Frau Gemahlin standen, wenn sie das Boot verließen, sogleich in ihrem Garten. Am Ufer war zu ihrer Freude das Beste, was die Stadt zu bieten hatte, nach Rang und Würden aufgereiht; der Bischof,... der Bürgermeister ..., der Steuerinspektor und der Zollaufseher mit den entsprechenden Ehehälften ... und schließlich der Adel in Scharen und die Bürger aus dem Städtchen in hellen Haufen.« Die Freude an der Villeggiatura steigerte sich im Lauf der Jahrhunderte nachgerade zur Manie. Die Fahrt aufs Land wurde zum gesellschaftlichen Ritual, dem sich nicht entziehen konnte, wer auf sich hielt. War der Städter anfänglich in die Natur geflohen, um die stille Beschäftigung mit den einfachen Dingen zu suchen, so floh er nun nur noch in lärmender Gesellschaft. Repräsentationssucht prägte den Lebensstil. So wie der Venezianer in der Stadt danach strebte, seinen Reichtum zu zeigen, so verzichtete er auch auf seinem Landsitz nicht auf glanzvolle Selbstdarstellung. Vorbei die Zeiten eines Alvise Cornaro, der noch Mitte des 16. Jahrhunderts mit seinem Traktat vom mäßigen Leben die ganze Republik für die Freuden der Landwirtschaft hatte begeistern wollen. Schon im 17., vollends aber im 18. Jahrhundert steigerte sich der Luxus zu sinnloser Verschwendung, wie die vorhandene Literatur übereinstimmend berichtet. Die heilige Begeisterung der Anfänge entartete zum permanenten Spektakel. Ein nur einmonatiger Aufenthalt in der Villa, meinte Goldoni, habe soviel gekostet wie vier Monate in der Stadt. Allmählich scheinen auch jene intellektuellen Treffen seltener geworden zu sein, die in der Literatur unter dem Begriff *giardino filosofico* auftauchen – philosophischer Garten. Schon im 14. Jahrhundert hatte man sich, antiker Tradition folgend, in den Gärten der Stadthäuser wie auch auf den nahegelegenen Inseln – der Giudecca, Murano – zum

»Barco« della Regina (4), der Palast der Caterina Cornaro in Altívole. Zeichnung. Asolo, Museo Civico. Heute existiert nur noch ein Teil des rechten Flügels mit der Loggia

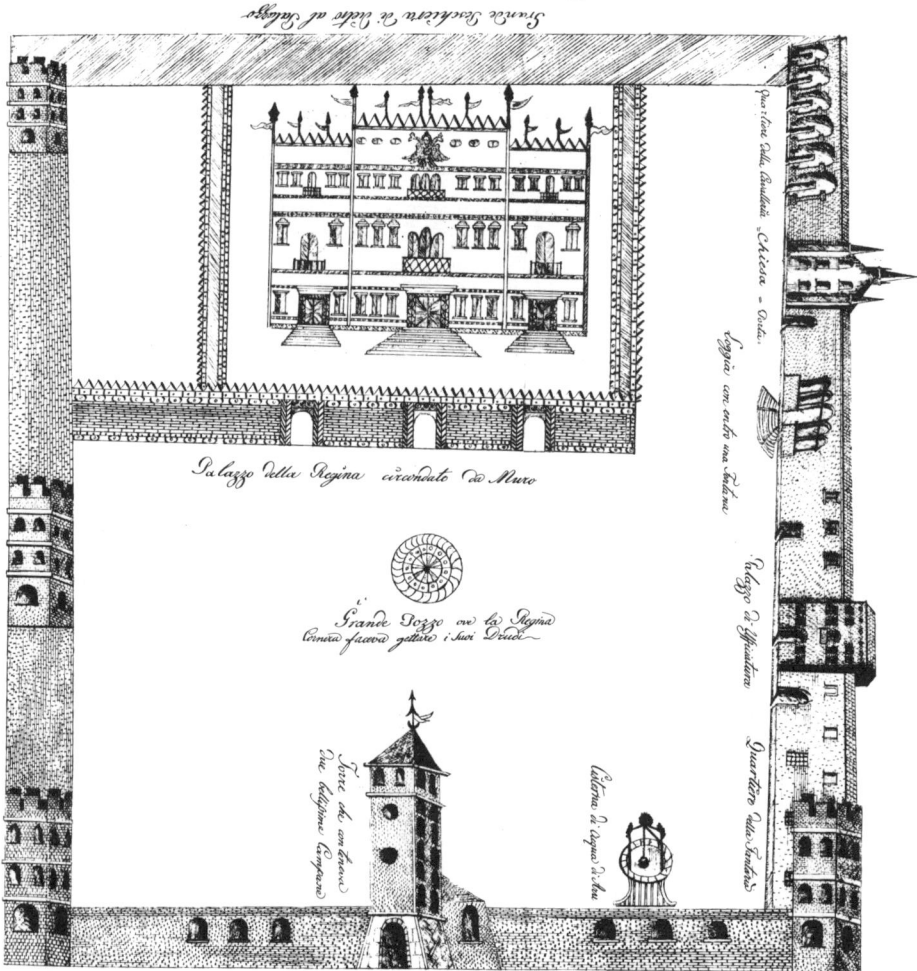

Caterina Cornaro. Porträt von Gentile
Bellini. Budapest, Museum für Bildende
Künste

erbaulichen Gespräch getroffen. In der Villa des 15. und 16. Jahrhunderts fanden diese gelehrten
Zirkel ihre Fortsetzung. Unter Lorbeerbäumen und im Schatten von Laubengängen wurde
über lateinische und griechische Klassiker diskutiert, über Kunst und Literatur und über die
Frage, was das Leben sei. Die bedeutendsten Dichter, Gelehrten und Künstler der Zeit hingen
hier gemeinsam ihren Gedanken nach; so wird etwa in Asolo der Palast der entthronten Königin von Zypern, der geborenen Venezianerin Caterina Cornaro, geradezu als Musenhof geschildert. Der Literat Pietro Bembo hat in seinem Buch »Gli Asolani« einen Besuch in der heute
nicht mehr existierenden Villa festgehalten, auch die Gespräche unter der Pergola von Wein-
laub – Gespräche über die Liebe, denn Anlaß des Besuchs, 1495, war die Hochzeitsfeier für
Fiammetta, die schöne Hofdame der Caterina. Dieser gebildete Zeitvertreib verlor sich im Lauf
der Jahrhunderte weitgehend, so daß die Gräfin Justina Wynne-Rosenberg 300 Jahre später in
ihrem kleinen Werk »Alticchiero« eher die Ausnahme denn die Regel beschreibt. 1787 berichtet
sie da über ganz andere Freuden einer Villeggiatura, als sie in dieser dekadenten Spätzeit
üblicherweise gesucht und gefunden wurden: »Wer hier lustwandelt, ist mehr von der Konver-
sation gefesselt als von Gegenständen, die er bewundern müßte ... Hier läßt die Philosophie
ihre sublime und dabei einfache Sprache hören.« Alticchiero liegt am nördlichen Stadtrand von
Padua; die von der Gräfin geschilderte Villa des Senators Querini, eines Mannes, der weniger
reich als gebildet war, ist verschwunden.

Das Bild, das Carlo Goldoni annähernd gleichzeitig von der damaligen Villeggiatura zeichnet, kam der Realität vermutlich näher als die Idylle der Gräfin: »Tutti gode un'intiera libertà, dorme chi vol dormir, mangia chi ha fame, balla chi vol ballar, canta chi sa...«. Jeder genießt völlige Freiheit, wer schlafen will, schläft, wer Hunger hat, ißt, wer tanzen will, tanzt, wer singen kann, singt. In seinen Erinnerungen beschreibt Goldoni sein Erstaunen über Luxus und Prachtentfaltung in den Villen an der Brenta: »Dorthin gingen unsere Vorfahren, sich Vermögen zu sammeln, und heutzutage gehen wir hin, es zu verschwenden ...« »Wo wir hinkamen, gab es Feste, Lustbarkeiten und Schmausereien; wo wir den Abend halt machten, gab es Bälle, welche die ganze Nacht hindurch dauerten«, heißt es an anderer Stelle und, sehr kritisch, 1761 einleitend zur Komödie »Le Smanie per la villeggiatura« (Die Villenmanie): »Die ›villeggianti‹ bringen Lärm und Luxus aus der Stadt mit aufs Land; sie haben den Seelenfrieden der Bauern und Hirten vergiftet; durch ihren Hochmut haben sie ihnen gezeigt, wie groß ihr Elend ist.«

Die ausführlichsten Schilderungen der Üppigkeit der späten Villeggiatura finden sich

Frontispiz aus dem Werk »Le Smanie per la Villeggiatura« von Carlo Goldoni

bei Molmenti. Ihnen zufolge sah ein recht normaler Villen-Alltag etwa so aus: »Nach der unentbehrlichen Morgen-Chocolade folgte ein kurzer Spaziergang in den Alleen; darauf wartete man am Spieltisch das auserlesene Gabelfrühstück ab. Der französische Koch war längst unentbehrlich geworden. Auch hier wie in der Stadt war die Tafel mit einer Unzahl feinster, kostspieligster Gerichte besetzt ... Sonderbar war die Sitte, das Mahl in drei verschiedenen Sälen aufzutragen. Im ersten wurden die Suppe und das Kochfleisch, im zweiten die Braten und übrigen Gerichte, im dritten die Früchte und Süßigkeiten gereicht ... Den Schluß des Mittagsmahles machten der schwarze Kaffee und feine Liqueure. Dann empfing man im Garten, in einem mit bunten Glasfenstern versehenen Kiosk die Besuche, machte gegen Abend einen kleinen Spaziergang und durchschwärmte die Nacht bei Tanz, Musik und Kartenspiel.«

Luxusverbote, die bislang keine allzu große Rolle gespielt hatten (ein erstes derartiges Gesetz war bereits 1299 erlassen worden), sollten in immer verschärften Varianten und immer größerer Zahl die Ausschweifungen zügeln. Luxus- und Modemagistrate walteten nun als Hüter von Vorschriften, die die Höhe der Schuhabsätze ebenso festlegten wie die erlaubte Anzahl der Perlenreihen um den Damenhals oder die Art und Farbe der Saucen, die gleichzeitig auf den Tisch kommen durften. Eine Mahlzeit sollte sich entweder auf Fleisch oder auf Fisch beschränken und nicht beides bieten, der Verbrauch von Fasanen, Schnepfen, Pfauen und anderem edlen Geflügel wurde verboten, so daß die Köche schließlich, um einer Bestrafung zu entgehen, mit dem Gesetzbuch in der Hand hätten am Herd stehen müssen. 1685 tadelte der Senat die Verschwendungssucht mit strengen Worten: »Der Aufwand und die Eitelkeit übersteigen gegenwärtig alle Grenzen; das ist ein Zeichen für die Erschlaffung des Geschlechts: Die Männer gehen mit der Vergeudung ihres Besitzes zugrunde.« Aber die Drohungen fruchteten nichts, wie denn überhaupt »die freundliche Nichtbeachtung der allzu reichlichen und eingestandenermaßen oft nur probeweise gegebenen Regierungserlasse« in der Weltstadt Venedig zur vaterländischen Gepflogenheit gehörte (Kretschmayr).

Man kann sie sich vorstellen, diese Venezianer, »bianco, biondo e grassotto«, weißhäutig, blond und dicklich, wie sie von Goldonis Zeitgenossen Gozzi beschrieben wurden, daneben ihre Damen in geradezu abenteuerlichen Garderoben, auf dem Kopf die gewagtesten Aufbauten. Eine Mode, die zum Witz wurde: »La minor cosa in essa era la donna«, der geringste Teil darin war die Frau. Der halbtägige, Molmenti meint bis zu siebenstündige, Aufenthalt am Toilettentisch scheint durchaus üblich gewesen zu sein. Dazu kamen ausgedehnte Sitzungen in der Sonne, um die mit allerlei Mixturen präparierten Haare zu bleichen. Je nachdem, was der letzte Schrei gerade forderte, hielten entweder ein kleines Messinggestell, goldene Haarnetze oder ausladende Hüte die hoch aufgetürmte Frisur in Form, oder es bot sich das Bild, das Charles de Brosses 1739 bespöttelt: »Hier bestecken sie den Kopf mit vier- bis fünftausend Nadeln mit großen Zinnköpfen, so daß sie täuschend aussehen wie mit Gewürznäglein besteckte Zitronen.« Die heute noch erhaltenen Inventare der Schmuck- und Drogengeschäfte der Lagunenstadt geben einen Einblick in die Art, wie sich Putzsucht und Luxusbedürfnis der Venezianerinnen befriedigten. Wertvolle Spiegel jeglicher Größe in üppigen Rahmen, Kämme und Bürsten, Seidenschnüre, Spangen und Zierfedern wurden da in Hülle und Fülle verkauft, kostbare Halsketten wie auch weniger kostbare Imitationen, daneben Parfums, Salben und heilsame Öle aus dem Orient. Kosmetik war der Venezianerin wichtiger als Sauberkeit; es gab Hunderte von gedruckten Rezepten für Schönheitsmittel jeglicher Art. Die Haut mußte weich und zart bleiben, denn man ließ viel davon sehen. Schon der Venedigreisende Pietro Casola hatte 1494 an den bereits zu dieser Zeit seit langem üblichen Dekolletés Anstoß genommen: »Die Frauen, besonders die hübschen, entblößen Hals, Busen und Schultern soweit es nur möglich ist, und oft steigt, wenn ich sie ansehe, in mir die Befürchtung auf, die Kleider möchten ihnen vom Leibe fallen.« 250 Jahre später äußert sich der Franzose de Brosses sehr viel anerkennender als der Mailänder Priester über das Dargebotene. Er schreibt an seine Freunde in Dijon: »Daß man nicht weit von Venedig ist, spürt man außerdem an den vielen großen und schönen Frauengestalten, die sehr vollfleischig, ja fett sind und eine sehr weiße Haut haben, gerade so, wie auf den Gemälden des Paolo Veronese, dem es an Modellen nicht gefehlt hat, haben doch die Venezianerinnen noch heute den Ruf der schönsten Frauen Europas.« Diese »vollfleischigen« weißhäutigen Modelle, ob nun von Veronese gemalt, von Zelotti oder von Vater oder Sohn Tiepolo, schauen in so mancher Villa von der Wand. Eine der eindrucksvollsten Darstellungen

Der Spaziergang. Fresko von Giandomenico Tiepolo, ehem. Villa
Tiepolo in Zianigo. Venedig, Museo
di Ca' Rezzonico

ist sicher die der Elena Barbaro Giustiniani in Masèr (54), wie sie sich offenherzig in der *Stanza dell'Olimpo* aus dem Gewölbefresko beugt.

Ob nun die großzügigen Blößen der Damen und ihre ungezählten Schminkutensilien, ob der niemals fehlende, schmarotzende Begleiter und platonische Liebhaber der Schönen, der vielbespöttelte *cicisbeo*, ob Skandälchen, ob Skandal: was immer zu diesem Luxusdasein in der Villa gehörte, zu diesen Sommertagen, die dahinflossen wie ein Traum – es füllt so manches Kapitel der Geschichtsschreibung, vor allem aber auch die Komödien und Operetten jener Zeit. Das Theater und das Musikleben blühten im damaligen Venedig; die leichten Musen des Lustspiels, des Tanzes und Gesanges kamen dem anscheinend unersättlichen Vergnügungsbedürfnis der Gesellschaft nur entgegen, obwohl gerade auf der Bühne an Spott über die Villeggiatura nicht gespart wurde. »Villeggiatura ridicole«, die lächerliche Landpartie, nennt sich eine 1765 erschienene Oper von Antonio Boroni, und an anderen Bühnenstücken vergleichbaren Inhalts, ob mit Musik, ob ohne, mangelte es nicht. Selbst Vivaldi komponierte für die Villa. An der Spitze der Spötter steht der zwar damals in der Publikumsgunst von Carlo Gozzi überrundete Carlo

Goldoni, der inzwischen jedoch längst als intimster Kenner und Schilderer des venezianischen Bürgertums gilt. Er beobachtete und schrieb auf – und gelegentlich wurden seine Komödien auch in Musik gesetzt. Trotz seiner Sehschärfe und seinem geschliffenen Witz war er in den Villen ein wohlgelittener Gast, und dann und wann bedankte er sich mit einem artigen Gedichtchen für die genossenen Vergnügen. Auch in seinen Lebenserinnerungen bewahrt er den eigenen Landpartien ein freundliches Andenken. »Den Sommer verbrachte ich in Bagnoli, einem prächtigen Landgut im Distrikt von Padua« schreibt er, »das dem Grafen Widmann gehört, einem venezianischen Nobile ... Dieser reiche und freigebige Herr nahm jedesmal eine zahlreiche und auserlesene Gesellschaft mit sich dahin. Man spielte Komödie, er spielte selbst mit, und so ernsthaft er übrigens war, so konnte man sich doch keinen lustigeren, flinkeren Harlekin denken ... Ich gab kleine skizzierte Stücke, wagte es aber nicht, selbst aufzutreten. Die Damen nötigten mich, eine Liebhaberrolle anzunehmen, was ihnen denn reichlichen Stoff gab, auf meine Kosten zu lachen und sich lustig zu machen.« Die von Longhena errichtete Villa Widmann (11) mit dem Theater, von dem Goldoni spricht, ist heute noch in gutem Zustand. In dem gepflegten Park stehen Bonazzas steinerne Figuren, die als Akteure einer immerwährenden Commedia dell'arte Goldonis Epoche zurückzurufen scheinen.

Viele der größeren Villen hatten damals ein eigenes Theater, das sich da und dort durchaus mit den Bühnen der Hauptstadt messen konnte. So berichten venezianische Zeitgenossen wie auch ausländische Besucher von den mit geradezu unglaublichem Aufwand in Szene gesetzten Aufführungen in Piazzola sul Brenta (74). Der weitläufige Palast, einer der größten Villen-Komplexe im Veneto, war im 17. Jahrhundert mit mehr Pomp als Geschmack umgebaut und ausgestattet worden. Der ungeschlacht ausgemalten Säle, der Terrassen, Gärten, Glashäuser ist kein Ende; um allen Bedürfnissen gerecht zu werden, gab es nicht nur *ein* Theater sondern deren zwei und auch eine Musikschule für junge Mädchen. Marco Contarini, Prokurator von San Marco und somit einer der obersten Würdenträger der Republik, empfing dort im August 1685 als Hausherr hohen deutschen Besuch: Ernst August Herzog von Braunschweig wurde in Piazzola drei Tage lang mit einem prunkvollen Zeremoniell gefeiert, wie es kaum ein Fürstenhof zu bieten gehabt hätte. Das noch im gleichen Jahr erschienene »Stundenbuch des Vergnügens« (»L'Orologio del Piacere«) von Francesco Maria Piccioli beschreibt die schauspielerischen und musikalischen Darbietungen zu

Frontispiz aus »L'Orologio del Piacere« von Francesco Maria Piccioli, publiziert in Piazzola 1685

Empfang des Herzogs von Braunschweig. Aus: »L'Orologio del Piacere«, 1685

Wasser und zu Lande – von der Auffahrt eines Triumphwagens mit 34 Sängerinnen bis hin zur gespielten Seeschlacht zwischen einer türkischen und zwei venezianischen Galeeren. Die venezianische Bühnentechnik, in ganz Europa berühmt, war zu vielem fähig: sie ließ Flüsse über die Bühne strömen, die Sonne in den Kulissen aufgehen und allerlei geflügeltes Volk vom Himmel schweben. So wirkt auch der von dem Franzosen de Cremailles beschriebene Personalaufwand mancher Aufführung in Piazzola durchaus glaubhaft: »Man zählte bis zu 500 Darsteller, darunter 100 Lanzenträger, 100 Ehrenjungfrauen, 100 Ritter auf gerüsteten Pferden, 60 Hellebardiers, des weiteren Jäger, Fahnenschwinger, Pagen ...« (Mazzotti).

War die Prachtentfaltung von Piazzola im 17. Jahrhundert noch einzigartig, ohne Beispiel, so fand sie im 18. Jahrhundert vor allem in den Brenta-Villen erfolgreiche Nachahmung. Dort gaben 1784 die Pisani König Gustav von Schweden in Strà (93), dem ›Versailles des Veneto‹, ein Fest, welches, wie er sagte, zu erwidern er weder das Geld noch die Phantasie besitze. Die Selbstdarstellung der Nobili geriet immer mehr zum Salto mortale, denn um die stetig wachsenden Ausgaben bestreiten zu können, mußten bei reichen Klöstern gegen hohe Zinsen enorme Summen aufgenommen werden – die Tilgung blieb den Nachkommen überlassen. Diese verkauften die Besitzungen schließlich notgedrungen zu Spottpreisen: nach dem Sturz der Republik und der anschließenden Auflösung der religiösen Einrichtungen gab es kein Pardon – die Kredite mußten ohne weiteren Aufschub zurückgezahlt werden.

So also steuerte diese 400jährige Kultur in den Untergang. Er kam im Frühjahr 1797 mit Napoleon und seinem Marsch auf Venedig, das er schlimmster Verbrechen gegen Frankreich beschuldigte. Der Waffenstillstand, zu dem sich der General am 2. Mai bereit fand, brachte den Venezianern eine Atempause von nur wenigen Tagen: Am 12. Mai 1797 verkündete der Große Rat das Ende der Republik von San Marco.

Lodovico Manin, der Doge, ging in seine Gemächer und legte die Dogenmütze ab. »Er weinte wie ein Kind«, weiß George Sand in ihren aus Venedig geschriebenen Briefen. Fünf Monate später unterzeichnete Napoleon in seinem Hauptquartier, der Villa Lodovico Manins in Passariano im Friaul (72), den Friedensvertrag zwischen Frankreich und Österreich, der die Markusrepublik von der Landkarte löschte. Unter falschem Namen und falschem Datum ist dieser Handel in die Geschichte eingegangen: der sogenannte Friede von Campoformio müßte nach dem wenige Kilometer entfernten Dorf richtig Friede von Campoformido, noch richtiger allerdings Friede von Passariano heißen, und nicht am 17. Oktober 1797 setzte Napoleon seinen Namen unter das folgenreiche Papier, sondern in der ersten Stunde des 18. Oktober.

Venedig und seine östlichen Staatsgebiete wurden österreichische Provinz, der westliche Teil der Terraferma fiel an die neue Cisalpine Republik. 1866, nach dem Sieg Preußens über Österreich, kam Venedig mit Venetien und dem westlichen Friaul an das soeben gegründete Königreich Italien. Aus Venezianern wurden Italiener.

◁ Empfang in der Villa Contarini in Piazzola sul Brenta mit zweierlei Gästen: solchen, die essen, und solchen, die zuschauen. Aus: »L'Orologio del Piacere«, 1685

# Das Schicksal der Villen nach dem Ende der Republik

»Die Adeligen leben auf ihren Gütern vergraben, viele Paläste verfallen, und manche sehen verödet aus. Auf 120 000 Einwohner gibt es 40 000 Arme, 30 000 davon empfangen Almosen ...«, berichtete der französische Historiker und Geschichtsphilosoph Hippolyte Taine 1864 aus Venedig, knapp 70 Jahre nach dem Untergang der Republik. Zu den Armen gehörten auch zahlreiche Nobili. Ihre Landsitze waren längst verkauft; die Transaktionen hielten seit Jahrhundertbeginn ununterbrochen an. Waren die Villen früher innerhalb der Familien weitergegeben und vererbt worden, so wurden sie jetzt zum Handelsobjekt. Prominentester Immobilienkäufer war Napoleon höchstselbst, 1807 erwarb er von den Brüdern Alvise und Francesco Pisani den Palast in Strà (93); er bezahlte 973 048 Franken dafür. Andere Villen verfielen, wurden geplündert, ihrer Fresken beraubt, teilweise niedergerissen, wie Palladios »Malcontenta« (50), deren trauriges Schicksal exemplarisch ist. Österreichische Soldaten machten 1848/49 in dem damals noch sehr weitläufigen Gebäudekomplex Quartier, sie zerstörten den Park, fällten die Bäume als Brennholz, demolierten die Anbauten und damit auch den von Laubengängen umgebenen großen Innenhof. Die mittellosen Besitzer, die venezianische Adelsfamilie Foscari, konnten die Villa nicht retten noch erhalten und verkauften, was das Militär stehengelassen hatte. Einer der folgenden Eigentümer verhandelte mit einer französischen Firma über die Abnahme und den Weiterverkauf der Fresken, ein Geschäft, das zum Glück nicht zustande kam. Die Fresken blieben, zumindest zum Teil, unter der Kruste von Schmutz erhalten, die die Nutzung der Räume als Scheune und Geräteschuppen über die Wände legte. Als der Verfall kaum noch aufzuhalten schien, schickte der Himmel einen brasilianischen Palladio-Kenner als Käufer – Rettung in allerletzter Minute (Brunelli/Callegari). Heute ist die Villa wieder in den Händen der Familie Foscari.

Nicht viel anders erging es der ehemaligen Dogenvilla in Passariano (72), von welcher Napoleon geringschätzig gesagt hatte, sie sei »zu groß für einen Grafen und zu klein für einen König«. Nur trat hier kein reicher Ausländer als Deus ex machina auf, sondern der italienische Staat. 1962 ließ er die nahezu zur Ruine verkommenen Bauten in zehnjähriger Arbeit restaurieren. In anderen Fällen wendeten vermögende Käufer aus dem italienischen Norden den drohenden Zusammenbruch ab und machten die Villa zu ihrem der Besichtigung oft nicht mehr zugänglichen Sommersitz. So geschehen in Lughignano di Casale sul Sile mit der Villa Corner dall'Aglio (46), einem der schönsten frühen Bauten des Veneto, vermutlich dem Hochzeitsgeschenk von Caterina Cornaro, 1495, an ihre Hofdame Fiammetta. Als Schuppen für Holz und Mais ging die Villa ihrem Ende entgegen, bis sie in den sechziger Jahren in die rettenden Hände einer in Mailand und Genua ansässigen Familie geriet. Auch Gemeinden wurden, wenngleich seltener als private Käufer, initiativ. So bemühte sich das kleine Caldogno bei Vicenza bis an die Grenzen seiner Möglichkeiten um die Instandsetzung der vor wenigen Jahren »in stato di grave degrado e abbandono«, hoffnungslos verwahrlost, von ihm aufgekauften, immer wieder Palladio zugeschriebenen Villa (21) in der Ortsmitte. In Fiesso Umbertiano im Polésine verhinderte ebenfalls die Gemeinde den Untergang eines bedeutenden Bauwerks, des ehemali-

Ansicht der Villa Valmarana Minguzzi (56) in komplettem Zustand, um 1750. Stich von Gianfrancesco Costa

gen Palazzo Vendramin (33). Schon 1923 war sein hoher historischer und künstlerischer Wert offiziell erklärt worden, dennoch diente das Gebäude noch bis 1961 »verschiedenen Zwecken«, teilt eine Schautafel mit, nämlich als »deposito di granaglie, ospedale, ricovero di truppe di tutti i colori e razze, alloggio per sinistrati, sfollati, profughi e, da ultimo, trampolino di passaggio per l'assegnazione di alloggi popolari«, als Getreidespeicher, Krankenhaus, Quartier für Soldaten aller Hautfarben und Rassen, Unterkunft für Kriegsgeschädigte, Evakuierte, Flüchtlinge, und, letztendlich, Durchgangsstation für Obdachlose. Seit Beendigung der Restaurierungsarbeiten 1966 ist der Palazzo Rathaus des Städtchens.

Das sind wenige Zeugnisse für die geglückte Erhaltung unersetzlicher Kunstwerke. Wie die Alternative aussieht, mag ein kurzer Auszug aus einem Gespräch mit dem Besitzer der Villa dal Verme (2) in Agugliaro zeigen. Die Villa ist ein Bau von unschätzbarem Wert, eines der seltenen im Veneto erhaltenen Beispiele venezianischer Gotik, ein Stück Venedig aus dem 15. Jahrhundert, auf die Wiesen des Vicentino verpflanzt (Zoppé). Der Besitzer ist Bauer, er hat bis 1970 mit seiner Familie in der Villa gewohnt, ist dann in ein neues Haus umgezogen und wartet nun darauf, daß die Villa weiter verfällt, um sie möglichst rasch abreißen zu können. Das Gespräch mit ihm fand Anfang Mai 1986 statt. »Natürlich lasse ich das Gebäude verfallen, was soll ich anderes damit machen? Ich wollte es ja restaurieren, ich wollte eine Pizzeria daraus machen, aber

55

Dem Verfall preisgegeben: Villa Da Porto Barbaran (–) in Montorso, Provinz Vicenza

die Gesetze lassen das nicht zu, ich bekomme dafür keine Zuschüsse. Ich weiß auch nicht, an wen ich mich wenden soll. Ich habe verschiedene Anträge gestellt, aber niemand erklärt sich für zuständig. Ich war in Venedig, ich war in Vicenza – ich bekomme nirgends Unterstützung für einen Umbau, der mir erlauben würde, die Villa tatsächlich zu nutzen – wozu also restaurieren mit enormen Kosten? Da ist ja nur dieses dreibogige Fenster, Sie sehen es ja selbst, mehr ist an dem Bau nicht dran, die Fassade ist ganz nackt, und drinnen ist schon alles heruntergebrochen. Ob sich ein Käufer dafür finden würde? Das bezweifle ich. Höchstens ein Ausländer würde sich für so ein Objekt interessieren, aber auch das glaube ich nicht. Die Renovierungskosten wären viel zu hoch. Ich lasse die Villa verfallen, dann baue ich was anderes an die Stelle . . .«.

Bis in unsere Tage hinein mißbraucht als Scheunen, Magazine, Notunterkünfte, Steinbrüche, Feuerholzspender (in der Villa del Bene in Volargne di Dolcé bei Verona, 106, wurden 1944 Kassettendecken, Türen und Gebälk herausgebrochen), scheint das Schicksal ungezählter Veneto-Villen nicht mehr abwendbar. Ein Trauerfall reiht sich an den anderen, und selbst wenn Palladio der Architekt war, erhöht das die Überlebenschancen des Gebäudes kaum. Seine Villen in Finale di Agugliaro (34) und Cessalto (25) stehen leer, als erbarmungswürdige Halbruinen in verwahrlosten Grundstücken, seine Villa in Bertésina (16), Eigentum eines Vicentiner Barbesitzers, wird als landwirtschaftlicher Betrieb genutzt. Von der Fassade dieses ersten klassischen

Baus von Palladio blättert der Putz, das Mauerwerk, von breiten Rissen durchbrochen, ist stellenweise völlig freigelegt, elektrische Leitungen ziehen sich über die Wände und von dort zu den Masten am Straßenrand, auf den Giebeln und in den Mauernischen wuchert Unkraut. Im Hof eine nagelneue Halle für den Traktor – sie läßt ahnen, wie bald auch die Villa einem modernen Zweckbau Platz machen muß. Eine Frage von vielleicht noch wenigen Jahren.

Die Zahl der Villen in Privatbesitz ist heute größer als die der Bauten, die Gemeinden, Provinzen oder der Region gehören. Was ein Privatbesitzer mit seiner Villa macht, ist ihm selbst überlassen. »Niemand greift ein«, sagt der Vicentiner Kunsthistoriker Renato Cevese, dessen lebenslanges Engagement den Villen gehörte. Seit die ehemalige Körperschaft für den Schutz und die Erhaltung der Veneto-Villen, die *Ente per le Ville Venete* nicht mehr besteht, wird nicht mehr enteignet, obwohl gesetzliche Möglichkeiten dafür vorhanden wären. Aber keine Behörde fühlt sich zuständig; sowohl das Geld für Ankäufe als auch das Personal fehlen. Die überregionale, staatliche *Ente per le Ville Venete* wurde 1979 umgewandelt in ein Regionalinstitut mit Sitz in Venedig, das *Istituto regionale per le Ville Venete;* seine Aufgabe ist die Gewährung von zinsgünstigen Darlehen und Zuschüssen für Restaurierungswillige, es befaßt sich jedoch nicht mit den Restaurierungs*un*willigen. Die Zuschüsse zur Instandsetzung einer Villa hängen ab vom historischen und künstlerischen Wert des Gebäudes und sind an strenge denkmalpflegerische Auflagen gebunden; sie liegen gegenwärtig bei etwa zehn Prozent des beantragten Kredits, der 50 Prozent der entstehenden Kosten nicht überschreiten darf. Der Besitzer muß somit in der Lage sein, sowohl rund die Hälfte des gesamten Aufwandes aus eigenen Mitteln bereitzustellen, als auch das Darlehen binnen 20 Jahren zurückzuzahlen. Das Schicksal der in öffentlicher Hand befindlichen Villen ist nicht unbedingt rosiger als das der privaten. Manchmal wird gerade noch mit Mühe und Not die Restaurierung geleistet, mindestens der weitere Verfall gestoppt, dann jedoch bereiten die hohen Unterhaltskosten Probleme, zumal eine angemessene Verwendung des Gebäudes oft nicht gegeben ist. Ein prominentes Beispiel: die der Region gehörende Palladio-Villa in Poiana Maggiore (76) wurde zwar instand gesetzt, verwahrlost aber nun zusehends. Ein finanzkräftiger privater Interessent wurde abgewiesen; die Region, so will es ein neues Gesetz, darf an Provinzen und Gemeinden verkaufen, nicht jedoch an Privatpersonen.

Renato Cevese, Leiter des *Centro Internazionale di Studi di Architettura ›Andrea Palladio‹* in Vicenza: »Eine Villa nach der anderen bricht zusammen, und der Staat schaut zu. Er tut nichts. Niemand tut irgend etwas, von privaten Initiativen abgesehen, die jedoch nicht ausreichen. Die Situation ist extrem ernst, extrem schmerzhaft.« Zwar hat die Beschäftigung mit dem künstlerischen und historischen Rang der Villen im Veneto von den späten 50er Jahren an zugenommen – aber es handelt sich vorwiegend um eine Beschäftigung am Schreibtisch. Sie sollte nicht darüber hinwegtäuschen, daß praktische Hilfen fehlen.

# II Eine Architekturgeschichte der Villa –
## dargestellt an ausgewählten Beispielen

Im folgenden Architekturteil ist besonderer Wert auf Bauanalyse und Baukritik gelegt. Das soll vor allem auf der Reise dabei helfen, die Bauten einer längst vergangenen Epoche ›sehen‹ und ›lesen‹ zu lernen, aber auch das Rüstzeug für das eigene Urteil schärfen. Die eingehende Arbeit am Einzelwerk kann überdies eine Vorstellung von der heute daniederliegenden Übung der Architekturkritik geben, die zur Entstehungszeit der Villen in hoher Blüte stand.

Dem künstlerischen Subjektivismus, der seit dem 19. Jahrhundert, nach Ende der Villen-epoche, allgemein Raum griff, entspricht notwendigerweise ein subjektivistischer Betrachter-standpunkt, der sich die Begründung seiner Urteile letztlich schenken und so eine sinnvolle Diskussion verhindern kann. Das mag in den freien Künsten noch angehen, bei der Architektur aber, wo es (nahezu) immer erst um materielle Zwecke und Bedürfnisse geht und wo sich gesell-schaftliche Normen und öffentliches Recht weitreichend einmischen, greift das spontane Geschmacksurteil sicherlich zu kurz. Dieses sollte indessen nicht etwa unterdrückt, aber anhand einer eingehenden Sichtung überprüft und gegebenenfalls zur Diskussion gestellt werden.

Dem Nachteil dieses Weges entlang der Einzelwerke, der den Verlust des Überblicks bedeu-ten könnte, soll durch zusammenfassende und verbindende Zwischentexte und durch ausgie-biges Verweisen begegnet werden; wenn etwa bei einem Bau eine wichtige Neuerung erscheint oder sich durchgesetzt hat, wird das zum Anlaß einer breiteren Erörterung des Motivs an dieser Stelle genommen. So soll zur Vorbereitung einer Reise mittels kontinuierlicher Lektüre zu Hause bereits ein gewisses Gesamtbild der Geschichte des Gegenstandes ermöglicht werden.

## Das 15. Jahrhundert – Entstehung und Frühzeit

Von der Architekturgeschichte ist die Veneto-Villa erst in jüngerer Zeit wahrgenommen wor-den. Lange bestimmte vor allem die Prominenz des einzelnen Autors oder Werks das fachliche Interesse, das seine Maßstäbe vorzugsweise von den römischen Villen (der Päpste und Kardi-näle) und den toscanischen Villen (der Medici) ableitete. In ihnen sah man fürstliche Souveräni-tät und künstlerische Autonomie exemplarisch zum Einklang und Ausdruck gebracht – um so mehr als die Villa, im Gegensatz zum Palast in der Stadt, die der Kunst günstige Freiheit von den

Notwendigkeiten des Alltags zu gewähren schien. Eine gattungsgeschichtliche oder gar typologische Sicht verbot sich dabei gleichsam von selbst.

Erst das wiedererwachte Interesse an Andrea Palladio, einem der bedeutendsten und dem – über die Jahrhunderte hinweg – sicherlich einflußreichsten Baumeister der Spätrenaissance, dem wir rund 20 Villen verdanken, lenkte den Blick auch auf das architektonische Umfeld. Dabei trat zutage, daß die für namhafte Meister bezeugten Bauten nur einen Bruchteil des gesamten, in der Region Venedig auf – noch heute! – annähernd 3500 Exemplare geschätzten Gesamtbestandes ausmachen. Das löste zwar Meistersuche und einen Zuschreibungsschub aus, führte aber letztlich zu der Einsicht, daß künstlerische Originalität und extravagante Resultate nicht die einzigen oder überhaupt maßgeblichen Qualitätskriterien der venezianischen Villa sind. Neben die singularisierende trat so die generalisierende Sehweise, die es mit den Ursprüngen, Traditionen und Typen, also den gattungsbildenden Momenten zu tun hat. Um solche Bestimmungen auf einen sicheren Boden zu stellen, bedurfte es gründlicher Exkurse in außerkünstlerische Bereiche: Selten ist ein einschlägiger Gegenstand der Kunst intensiver auf seine materiellen Bedingungen befragt worden als die venezianische Villa in der italienischen Kunstwissenschaft. Dabei konnten überraschend präzise – zeitliche und räumliche – Grenzen gezogen und plausible – politische, ökonomische und soziale – Konditionen namhaft gemacht werden; sie und der künstlerische ›Überbau‹ begründen eine Architekturgattung, die nunmehr nicht dem geläufigen Bauwerk auf dem Lande, weder dem Kastell, dem Lustschloß, dem Bauernhaus, noch einer Eremitage oder dem Guts- und Herrenhaus nördlicher Länder gleicht. Sie dient weder ausschließlich der Herrschaft, dem Vergnügen, der Wirtschaft, noch allein der Muße und dem Wohnen, hat aber an allem Anteil. Die Mischung entsteht aus der Interessenlage des Besitzers, nahezu stets eines Patriziers oder (nichtadeligen) Bürgers aus der Stadt, der die nötige und rentable Bewirtschaftung seines Landes mit dessen angenehmen Seiten verbinden möchte, ohne die eigene urbane Existenz aufzugeben. Von urtümlichem Landleben ist das ebenso weit entfernt wie von bukolischer Idyllik. Die Veneto-Villa wird so zu einem differenzierten, multifunktionalen Gebilde, dessen Zentrum – das Wohnhaus – in hierarchischer Gliederung die Räume der Repräsentation, der Herrschaft und der Diener sowie der Versorgung enthält; der Dachraum dient als Kornspeicher *(granaio/granaro)* bereits der Ökonomie. Hinzu kommnen der Betriebshof *(cortile)*, die Gutsgebäude *(fattorie)*, Meierei, Kellerei *(cantina)*, Stallungen *(scuderie)*, Scheunen und Garten, das Gästehaus *(foresteria)*, die Kapelle, gegebenenfalls Fischteiche, Taubenhäuser *(colombaie)* und so weiter. Die Vielfalt von Zwecken forderte zweckmäßige Organisation und förderte organismische Konzeptionen, die sich seit dem 16. Jahrhundert im Bauen veranschaulichten. Das Regiment der immer gleichen Zwecke, die sich in Jahrhunderten kaum wandelten, sorgte aber auch dafür, daß die baulichen Muster bis zur Stereotypie konstant blieben: Im Grundriß unterscheidet sich ein ausufernder, etwa ein ›Sanssouci‹ vorspiegelnder Settecento-Bau (wie beispielsweise die Villa »Barbariga« [–] in Strà) in kaum einem Detail von dem Kubus der Frührenaissance. Nur die als Geschoßstufe sichtbare Zäsur zwischen Casa und Barchessen ist verschliffen, und die Fassade scheint rokokoartig auszugreifen.

Aber auch solche Anpassung an herrschende Stile und Moden hält sich in Grenzen; vor allem im Außenbild der Villa reproduzieren sich die geläufigen Kunstepochen oft nur marginal,

Villa Paltinieri (–) in Poiana Maggiore. Beispiel für einen villenähnlich genutzten Kastellturm des 15. Jh.

was der leichten und zuverlässigen Datierung recht hinderlich sein kann und den exklusiven Gattungscharakter noch unterstreicht.

So ist über die bau- und typengeschichtlichen Ursprünge der Veneto-Villa eine lebhafte Diskussion entstanden, die allerdings nicht immer berücksichtigt, daß ein fester Entstehungszeitpunkt – die Unterwerfung und Befriedung der Terraferma durch Venedig zu Beginn des 15. Jahrhunderts – gegen die Annahme einer allzu tief in der Vergangenheit wurzelnden Genese spricht. Beziehungen zur antiken römischen Villa können bis zu dem Moment, als sie im Laufe der Renaissance von einzelnen Liebhabern bewußt und mit quasi archäologischer Zielsetzung – meist irrig – rekonstruiert wurden, sicherlich ausgeschlossen werden. Und ein unerkanntes, gleichsam unterschwelliges Fortdauern provinzialrömischer Bauformen als Voraussetzung für ihr Aufleben im 15. Jahrhundert anzunehmen, wie es, unter anderem gestützt auf afrikanische und britannische Funde, vorgeschlagen wurde (Ackerman), kann mangels signifikanter und genuiner Merkmale ebenso wenig angefochten wie bestätigt werden.

In den ersten Jahrzehnten der neuen Landniederlassungen dürften vorhandene Baulichkeiten genutzt worden sein. Vor allem wird die Verwendung, der Um- und Ausbau der zahlreichen ihrer Aufgaben beraubten Kastelle und Türme den ersten Bedarf gedeckt haben. Als eine Reminiszenz an diese in vielen Fällen belegte Initiative könnte sich die im Veneto langanhaltende Vorliebe für die Armierung der Villen mit Zinnen und flankierenden Türmen erklären lassen. Auch das gewöhnliche Bauernhaus *(casa rustica)* muß als Inkunabel der Villa in Betracht gezogen werden. Noch heute findet sich, vor allem im Norden (Verona, Treviso, Belluno), eine anscheinend sehr alte Spielart des *rustico* (gleichfalls Bauernhaus), das einige der Merkmale aufweist, die dann und wann auch den Villenaufriß kennzeichnen. Es sind zumeist zweigeschossige Gebäude, die im Parterre zum Hof geöffnet sind: Wand-, Pfeilerarkaden, seltener Kolonnaden schaffen gedeckten Raum für den landwirtschaftlichen Betrieb und führen zu den dahinter liegenden Ställen und Scheunen; die Wohnräume befinden sich – manchmal hinter einer Loggia – im Obergeschoß oder an einer Seite des Baukörpers, was dann das typische asymmetrische Bild erzeugt. Die Bedürfnisse, die der neue Besitzer aus der Stadt aufs Land trägt, scheinen die entscheidende Verwandlung zur Villa auszulösen: Eine Sala, im gehobenen Stadthaus unentbehrlich, wird jetzt verlangt und sogleich durch geeignete Dekoration im Außenbild kenntlich gemacht.

Ein schönes Beispiel dieses Schwebemomentes zwischen rustikaler und verfeinerter Existenz bietet die Casa Quaglia in Paese (71), deren bäuerlicher Physiognomie ein zierliches städtisches Biforium implantiert ist; ein weiteres auf der linken Seite und ein Triforium in der Mitte sind heute zugemauert. Ein aufgemaltes Teppichmuster – in den letzten Jahren stark verblaßt – sorgte für eine durchaus festliche Erscheinung. Der Dekor spricht für eine Entstehungszeit um die Mitte des 15. Jahrhunderts – ein Datum, vor dem die Nachweise rar werden. Das früheste

Casa Quaglia in Paese

Villa Spinola in Bussolengo

bekannte Datum für einen sehr ähnlichen, etwas anspruchsvolleren Bau findet sich mit dem Jahr 1444 an einem Pfeiler der Villa Capra (–) in Carré.

Von der Casa rustica scheint sich indes eine Gruppe früher, nunmehr authentischer Villen ableiten zu lassen, die – überwiegend aufs Veronese beschränkt – um 1500 zu einem eigenen Höhe- und Schlußpunkt findet. Die obligate Hofarkatur der wenig tiefen Gebäude ist hier gemeinsam mit der obenliegenden Loggia über die volle Breite ausgedehnt, wobei die betriebliche in dekorative Zweckmäßigkeit umschlagen kann. Im Zusammenhang mit Flanken- oder Flügelbauten bleibt, bei aller Steigerung des Eindrucks, doch noch der ursprüngliche Hofcharakter gewahrt; fehlen diese jedoch, kann sich das ›Innen‹ unversehens in ein ›Außen‹, in eine Fassade wandeln.

Dieser Sprung in die nach außen gerichtete Repräsentation läßt sich beim Vergleich der Villen Spinola (20) und Bertoldi (66) augenfällig nachvollziehen: Die Villa Spinola besitzt die gewohnten Arkaden gleich dreifach gestapelt, wobei sich die fünf pfeilergetragenen Erdgeschoßbögen in den oberen Etagen – nunmehr säulengestützt – in der Weite halbieren und der Anzahl verdoppeln. Rechts an einen älteren Turm gelehnt, der linke Abschluß ist nicht authentisch, bietet der Bau das gewohnte Bild eines Innenhofes der Frührenaissance. Die Schauseite ist jedoch infolge des Innenraumdenkens auf Nahsicht angelegt und wirkt schon aus geringer Entfernung wegen des abschüssigen Geländes entscheidend abgewertet. So gesehen muß die prächtige Lage auf dem hohen Ufer der Etsch, zu der sich die vernachlässigte Kehrseite wendet, als verschenkt gelten, – um so mehr als die Rücksichtnahme auf die Landschaft und Ausnutzung ihrer Vorzüge literarisch längst ein Kriterium des Landhauses war. Es ist nicht auszuschließen, daß die heterogene, am Gutshof orientierte Bautradition einer Wendung zu den Zwecken der Villa im Wege gestanden hat.

Gleichsam durch eine bloße Drehung des Baues um 180 Grad scheint das bereits erzielbar; denn ohne im großen und kleinen wesentlich abzuweichen, verkörpert die Villa Bertoldi allein durch ihre landschaftliche Disposition den neuen Geist. Bau und Baudekor bestimmen, ins Tal zu sehen, und sind bestimmt, am Berg gesehen zu werden; die eigens aufgeschüttete Terrasse dient als zusätzlicher Belvedere und versagt sich jeder betrieblichen Nutzung. Der solcher Art von Präsentation ureigene Zug zum Symmetrischen ist hier zur Vollendung gelangt. Im Innenbau wurde die überraschende Wendung zum Repräsentativen nicht nachvollzogen, es blieb bei der vom Rustico gewohnten flachen Raumreihung entlang der Bogengänge, von denen aus zumeist auch die Erschließung erfolgt.

Die Villa Bertoldi ist, obwohl sie sich zwanglos einer Gruppe von mehreren Dutzend vergleichbarer Häuser in der Umgebung zuordnet, als besonderer Beleg für die anhaltende respektive wiedererwachte Tradition der antiken »Portikus-Villa mit Eckrisaliten« (Swoboda) genommen worden. Aufgrund faszinierender Fassadenvergleiche mag es verführerisch sein, neben die ideelle Brücke zwischen der antiken und der neuzeitlichen Villa auch eine materielle zu setzen. Dabei wird jedoch die Tragfähigkeit der nötigen Zwischenglieder (Fondaco dei Turchi, Venedig) im maßstäblichen und gattungsgeschichtlichen Zusammenhang vernachlässigt. Insgesamt erwies sich der immer ausschließlicher ins Nur-Dekorative tendierende Arkadenbau ohnehin

Villa Bertoldi in Negrar

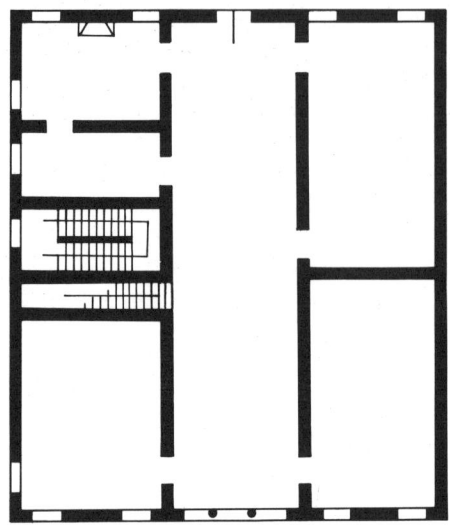

Typischer Grundriß eines venezianischen Hauses

als eine Sackgasse in der Evolution der Villa. In Form gesonderter oder zusätzlicher Annexe (Barchessen, Belvedere) vermochte sich die fortlaufende Arkatur in die Architekturgeschichte der Villa einzuhängen, deren Bestimmung indes generell weniger nach dekorativen als zweckdienlichen Lösungen verlangte.

Es mag zunächst befremden, daß sich, wie zu zeigen sein wird, ausgerechnet das Stadthaus gegenüber den lokalen Provisorien, landgebundenen Initiativen und Spontanarchitekturen als Muster der künftigen Villa durchgesetzt hat, ist man doch gewohnt, sie als den Gegenentwurf zur städtischen Existenz schlechthin zu begreifen! Die Bedingung ihrer bewußt gegensätzlichen, ja stadtfeindlichen Konstruktion kann jedoch nichts anderes als die Stadt selbst sein: Villa und Villeggiatura sind stets und überall nur *ihr* Produkt, niemals das der bodenständigen Lebensform. So kann es letztlich nicht überraschen, wenn die Familien aus Venedig und den Terraferma-Städten nach Konsolidierung ihrer landwirtschaftlichen Investitionen ihre städtischen Wohnformen aufs Land verpflanzten; ihre Architekten werden dem Verlangen kaum widersprochen haben, konnten sie doch beim Hausbau auf die gediegenen Traditionen und einschlägigen Erfahrungen von Jahrhunderten zurückblicken.

Tatsächlich hat das venezianische Haus *(casa veneziana)* in dem überschaubaren Zeitraum (seit etwa 1200) weniger strukturelle als dekorative Wandlungen durchgemacht. Stets besitzt es einen kubischen, manchmal um Höfe und Annexe vermehrten Körper, der aufgrund der hier wie überall in der mittelalterlichen Stadt beengten Verhältnisse eher tief als breit, im Idealfall quadratisch gebildet ist. Zwischen der Fassade, ausnahmslos einer Traufe mit geradem Abschluß, und der rückseitigen Wand des Hauses erstrecken sich vier parallele Mauern, die drei, oft annähernd gleich dimensionierte Raum-›Scheiben‹ entstehen lassen. Anfangs zwei, später drei Hauptgeschosse, die in den beiden äußeren Partien zu Mezzaninen halbiert sein können, rastern diese Struktur in der Horizontalen. Die mittlere Raumflucht auf Erd- oder Wasserniveau ergibt in ganzer Länge eine Diele (Portego oder Entrata), die dem Ein- und Ausgang von Mensch und Ware, vorzugsweise den Geschäften dient. Das Schema wiederholt sich exakt in der darübergelegenen Privatzone; hier liegt in der Mitte, gleichfalls das Haus in ganzer Tiefe durchmessend, die Sala, von der die Wohn- und Schlafräume in den flankierenden Fluchten betreten werden. Seit Ende der Gotik sind es nicht mehr applizierte Treppenspindeln, die zwischen den Etagen

1 Der Markus-Löwe, Symbol der Republik Venedig, Villa Duodo in Monsélice (58) ▷

2 Villa dal Verme in Agugliaro (2)

3 Villa Corner dall'Aglio in Lughignano di Casale sul Sile (46)

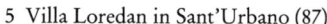

4 Villa Piovene Bettanin in Sarmego di Grúmolo delle Abbadesse (90)

5 Villa Loredan in Sant'Urbano (87)

6  Ca' Querini Stampalia in Pressana (79)

7  Castello Giustinian in Roncade (81)

8 Villa della Torre in Fumane (37)
9 Villa Emo Capodilista in Montécchia (61): Loggia mit
  Fresken von Varotari

10 Im Garten der Villa Emo Capodilista (61)

11 Villa »del Principe« in Este (30)

12 Villa Morosini Cappello in Cartigliano (24)

13 Castello Da Porto Colleoni in Thiene (95)

14 Ca' Brusà in Lóvolo di Albettone (45)

16 Villa Garzoni in Pontecasale di Candiana (78)

◁ 15 Villa Priuli in Oriago di Mira (70)   18 Villa Piovene Porto Godi in Lugo di Vicenza (48) ▷

17 Villa Sarego in Santa Sofia di Pedemonte (86)

19 Villa Poiana in Poiana Maggiore (76)

20 Villa Saraceno in Finale di Agugliaro (34)

21 Villa Agostini in Cusignana (28)

22 Villa Magrin in Grisignano di Zocco (38)

23 Villa Manin in Passariano (72): Wirtschaftsgebäude ▷

vermitteln, sondern eigene Stiegentrakte, die – meist tonnengewölbt, ein- oder zweiläufig – in einem der Seitenteile stecken und Portego und Sala verbinden.

Das Innen- gibt sich im Außenbild nur sehr modifiziert zu erkennen. In jedem Fall aber sind Mittel- und Seitenteile im Aufriß registriert. In vorgotischer Zeit dominierten, mit Zäsuren an den Raumabschnitten, in jeder Ebene kontinuierliche Bogenarkaden, von denen man die Schauseite der erwähnten Villa Bertoldi abzuleiten versucht hat. Davon war bereits die Rede. Die *gotische* Fassade aber wirkte, unabhängig von ihren stilistischen Merkmalen, in der Unterscheidung von Wand und Öffnung nachhaltiger auf den Villen-Riß; im Erd- beziehungsweise Wassergeschoß verbleibt ein einziger Portalbogen vor dem Portego, meist von rechteckigen Fenstern begleitet; die Front der Sala ist darüber in voller Breite durchfenstert, die der seitlich anschließenden Räume jedoch nur neben den Ecken, so daß dort auffällige Wandpausen entstehen. Sie geben – eine technische und zivilisatorische Neuerung – den zum Einbau von Kaminen erforderlichen Platz und tragen – mit ihnen – zum unverwechselbaren Eindruck der venezianischen Architektur nicht wenig bei. Das Gruppieren und Pausieren in der Außendekoration überstand sogar den gewissermaßen im Gleichschritt daherkommenden Regelgeist der Renaissance, dem die wechselnden Achsen ein Greuel sein mußten, und ist noch an Palästen und Villen des 18. Jahrhunderts zu beobachten.

Die Schemata von Grund- und Aufriß lassen sowohl Varianten als sogar gänzliche Amputation zu. Dann fehlt gegebenenfalls, wie etwa bei der gefeierten Ca' d'Oro in Venedig, eines der beiden Seitenteile vollständig, und die Fassade wird asymmetrisch. Das widerfuhr der Villa, deren Anlage kaum je von Grundstücksproblemen beeinflußt war, nur selten und nur zu Beginn ihrer eigenständigen Geschichte. Im übrigen konnte die Sala ein T oder L bilden, je nachdem ob einer der angrenzenden Räume aufgrund unterschiedlicher Bedürfnisse integriert wurde. Die Portalzone endlich, deren venezianischer Typus sich der Wasserfront verdankte, konnte bei festländischen Stadthäusern auch als Laubenarkade gestaltet sein. Solche Portici sind ihrer Natur als überdachte Fußwege zufolge zusätzlich an den Seiten geöffnet.

Jede dieser Erscheinungsweisen des venezianischen oder des Terraferma-Hauses und sämtliche Detailvarianten sind auch in der frühen Villenarchitektur anzutreffen. Das Muster in seiner lapidarsten Form dominiert jedoch und verfestigt sich im Verlauf der Gattungsgeschichte nachgerade zum Standard.


## Villa dal Verme (2)

Unter den ältesten noch bestehenden Monumenten verdient die Villa dal Verme besondere Beachtung, denn sie vermag, trotz ihrer heutigen Verwahrlosung, den Anfang des ›ideellen‹ Entwicklungsgangs am überzeugendsten zu illustrieren. Die Ansicht des Gebäudes ist allerdings durch eine spätere Deichaufschüttung stark beeinträchtigt (Abb. 2). Die ursprüngliche Situation – allseits frei in der Ebene zwischen den Euganeen und den Monti Berici – mochte die

◁ 24 Villa »La Rotonda« in Vicenza (99)

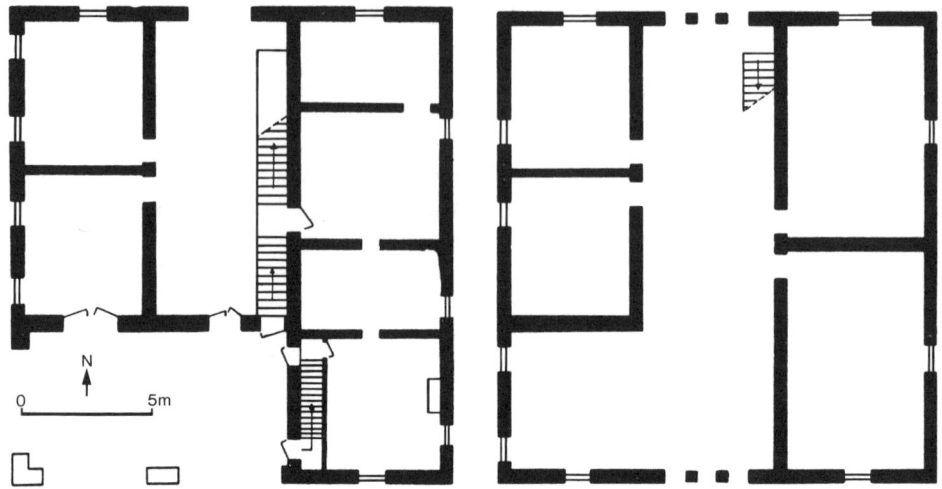

Grundriß der Villa dal Verme, Erd- und Zwischengeschoß (l.) und Obergeschoß (r.)

kubische, in Breite und Tiefe nahezu ausgeglichene Erscheinung noch verstärkt haben. Vorder- und Rückseite weisen, denkt man sich die späteren Vermauerungen weg, dasselbe Fassaden- schema auf, woraus auf einen regelmäßigen, um die mittlere Längsachse symmetrisch angewie- senen Grundriß zu schließen ist. Davon weichen die links plazierten und um die Ecke reichen- den Pfeilerarkaden ab, die sicherlich, wie bei der Casa Quaglia (71), vorwiegend betriebliche Zwecke erfüllten. Die rechte der beiden Frontalarkaden nimmt jedoch in der förmlichen Mitte des Hauses auch den Eingang auf und bildet demnach zugleich einen Portikus, der sich in der anschließenden Diele fortsetzt. Im Inneren ist vieles, vermutlich auch die Treppe, verändert; authentisch verblieb jedoch die Form der Sala, die zwischen prächtigen Triforen den gesamten Block durchdringt und die Zimmerfluchten scheidet. Um den Raum über den Arkaden im linken Teil des Erdgeschosses vermehrt, ist die Sala in diesem Fall L-förmig gebildet.

Das Schema der Casa veneziana, die dekorative Durchführung, die Ausdehnung des Baues mit mehr als 300 Quadratmetern über dem Grund sprechen eine rein städtische Sprache; der landwirtschaftliche Teil blieb – alte Barchessen sind nicht nachweisbar – auf einem Raum von der Größe des Festsaals der Casa inkorporiert. Das Gesamte und die Details lassen beispielhaft auf eine Entstehungszeit im dritten Viertel des 15. Jahrhunderts schließen.

## Villa Corner dall'Aglio (46)

Eine Generation später, um 1490, dürfte die jüngst vorbildlich restaurierte Villa Corner dall'Aglio (Abb. 3) entstanden sein – lokaler Überlieferung zufolge als Morgengabe der Caterina Cornaro an ihre scheidende Hofdame Fiammetta. Tatsächlich ist die stilistische Nähe zwischen dem eigenen Landsitz der Exkönigin von Zypern in Altívole (4) und dem eleganten Bau am Flüßchen Sile nicht von der Hand zu weisen. Hier wie dort herrscht die fürs Veneto und dieses Datum eigentümliche Mittellage zwischen Gotik und Renaissance. Die Verwendung von Rundbögen, zunehmende Beachtung eines einheitlichen Kämpferniveaus und axialer Bezüge schaffen ›Ordnung‹ auf den Fassaden, während sich vor allem die Baudekoration nach wie vor gegen die neuen Normen sperrt. Von ähnlicher Zweideutigkeit ist die typologische Situation: Während die Landfassade dem insularen Aufriß entspricht, folgt die Wasserseite dem festländischen Stadthaus mit dem üblichen Laubengang. Der aber schreitet nicht von Ecke zu Ecke, sondern ist wie ein bildartiges Motiv, vergleichbar der üblichen venezianischen Fenstergruppe, in die stehende Wand eingepaßt. Dadurch verliert er, trotz der Bogenöffnungen an den Flanken, den Charakter der Passage und wird zur eingehegten Villenloggia. So tritt ein ähnlicher Funktionswandel gegenüber dem baulichen Vorgang ein wie schon bei der Loggia an der Villa Bertoldi (66). Eine betriebliche Nutzung der Loggia, wie bei der Villa dal Verme (2), kann nunmehr ausgeschlossen werden; das bestätigt die Ansicht eines alten Liegenschaftsplans, der an der Nordostecke der Villa eine frühere Barchesse verzeichnet.

Augenscheinlich aufgrund eines größeren Raumbedarfs im nordöstlichen der drei Raumteile ist die Längsachse merklich aus der Mitte gerückt. Die negativen Auswirkungen konnten auf der Landfassade geringer gehalten werden als auf der Uferseite, wo die unabhängig von der Raumstruktur plazierte Säulenloggia mit der Obergeschoßgliederung in einen Ordnungskonflikt gerät; die ehemalige Außenfreskierung mochte das einst gemildert haben.

Villa Corner dall'Aglio mit ehem. Barchesse. Detail eines Lageplans, 18. Jh., Venedig, Archivio dello Stato

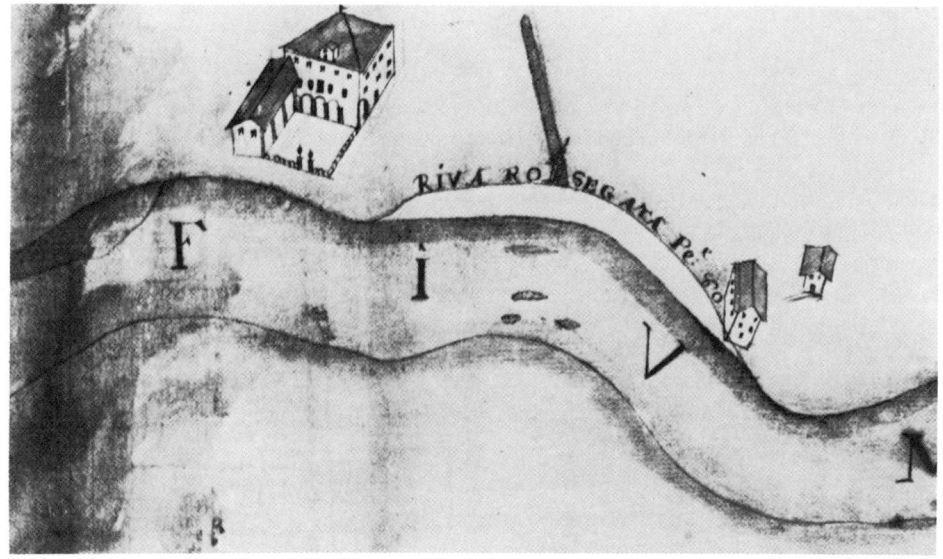

Dennoch wird deutlich, daß die Renaissance im Veneto nicht wie ein strenges Programm, sondern eher wie eine exotische, ferne Mode aufgenommen wurde, der man nicht so bald das eigene Naturell zu opfern bereit war. Daß selbst fortgeschrittener Renaissancedekor den eigenständigen Charakter der Häuser kaum alterierte, bestätigt ein Blick auf die sehr ähnliche Villa Trissino (26) in Cornedo Vicentino, die als ausgesprochene Stadtvilla erneut die Austauschbarkeit der Muster bezeugt.

Der Grundriß der Fiammetta-Villa weicht im Rahmen der Toleranz von der Regel ab: Sala und Diele bilden ein T, dessen (kurzer) Stamm auf die südwestliche Längsseite ungefähr in der Mitte trifft, wo er im Erdgeschoß in ein weiteres, drittes Portal mündet und im Obergeschoß eine geräumige Abseite bildet, die sich für Orchester- und Theaterspiel geeignet haben dürfte. Ein unterhalb der Balkendecke aufgemalter Fries verbindet die drei Arme zu einem kontinuierlichen Raumbild. Zusammen mit der gegenüberliegenden zweiläufigen Treppe bildet sich ein Raumkreuz, wie es bisweilen in Villen der Spätrenaissance wiederkehrt, dann als Crociera gänzlich auf einer Ebene.

Es zeigt sich, daß viele und bleibende Kriterien dafür, was eine Villa sei und wie sie aussehe, schon zu Abschluß ihrer Frühzeit um 1500 festgelegt sind. Das Modell des Stadthauses dominiert gegenüber ländlichen Ansätzen, wartet aber noch auf seine Wendung zum Regelhaften und seine gattungsspezifische Interpretation.

# Das 16. Jahrhundert – Vielfalt und Regelwerk

## Frührenaissance

Als die in der Toscana und Rom geborene Renaissance um Jahrzehnte verspätet im Veneto – zunächst in Padua und dann in Venedig selbst – Eingang fand, war der Bau von Landhäusern durch städtische Bauherren auf der Terraferma in vollem Gange. Allein in der Provinz Vicenza sind heute noch rund 125 solcher Bauten aus dem 15. Jahrhundert nachweisbar. Die stilistischen Auswirkungen der epochalen Wende beschränkten sich, nuanciert nach ihren zeitlichen und regionalen Bedingungen wie denen des persönlichen Geschmacks, anfangs vorwiegend auf den Bauschmuck (Kapitelle, Gesimse, Tür- und Fensterrahmen und so weiter). Die grundständigen Hausformen blieben weitgehend unangetastet. Erst nach dem Ende des Krieges gegen die Liga von Cambrai, als auf dem Festland nach jahrelangen Verheerungen wieder Sicherheit eingekehrt war, lieferte eine neue Welle von Villengründungen auch konzeptionelle Varianten, die nicht im (antikischen) Dekor allein das künstlerische Ziel der Epoche sahen, sondern auf der Basis antiquarischer Kenntnisse das Bauen und Wohnen auf dem Lande in vielfältigem Ansatz zu reformieren suchten.

Gleichwohl hat bereits die erste Berührung von Renaissancebewegung und eigenständigem Villenbau ebenso reizvolle wie zweckmäßige Resultate gebracht, die während des gesamten Villenzeitalters nie in Vergessenheit fielen.

## Villa Loredan (87)

Ein musterhaftes Beispiel dafür ist die Villa Loredan in Sant' Urbano (Abb. 5); sie repräsentiert in seltener Reinheit einige der nachgerade immanent zu nennenden Regeln des venezianischen Landhauses.

Das isoliert stehende und heute sicherlich zu tief im Boden steckende Haus ist von einfachster kubischer Gestalt. Gegliedert ist es lediglich durch die vertikale und horizontale Abfolge der Wandöffnungen, Türen und Fenster, die eine präzise, die Innenmaße projizierende Markierung der (drei) Geschosse und (sieben) Achsen ersetzen. Die als vage empfundene traditionelle Dreiteilung ist indessen von geometrischer Exaktheit: Im mittleren Fenstertableau, einer Art Serliana, die sich zu einem kleinen Balkon öffnet, bildet sich die Stirnseite der durchlaufenden Sala, respektive die mittlere der drei gleich breiten Raumfluchten ab. Die anschließenden Wand- und Raumzonen werden in ihrer Breitenausdehnung von je zwei der Fenster begrenzt, die demzufolge im Inneren nach venezianischer Art hart an die Zimmerecken gedrängt sind.

Das Untergeschoß, mit ihm das Haus, wird durch eine bescheidene Tür betreten: Man findet in der Dimension der Sala ein Vestibül vor, von wo aus sich vier Türen in die vier regelmäßig

Der Doge Leonardo Loredan. Porträt von Giovanni Bellini. London, National Gallery

Villa delle Trombe in Finale di Agugliaro

angelegten Eckzimmer öffnen. Zwischen ihnen führt linker Hand eine schmale, tonnengewölbte Stiege zum Hauptgeschoß, in dem sich die Anlage wiederholt. Hier legte die vor kurzem
erfolgte Restaurierung eine überraschend reiche Ausmalung mit den villenüblichen Motiven
frei: Szenen aus Ovids »Metamorphosen«, die Jahreszeiten, pastorale Landschaften, Grotesken
und Ähnliches von Malern aus dem Umkreis Paolo Veroneses. Prunk und Pracht sind nach
innen gekehrt.

Die sachliche Schlichtheit im Äußeren und im Raumkonzept, der Verzicht auf Baudekor und
Ornament geben der Architektur eine Zeitlosigkeit, die sich als Modus des Selbstverständlichen
und Natürlichen verstehen läßt und sich so in der Empfindung der folgenden Generationen
tatsächlich bewährt hat. Für den Historiker aber bringt das, wenn – wie hier – die Quellen
schweigen, Datierungsprobleme mit sich. Gewiß sind die Grundregeln dieser Kunst alt, aber
mit einem neuen Sinn fürs Systematische interpretiert. Das mag man Renaissance nennen, die
aber aus ihrem Formenschatz kaum etwas Auffälliges beigetragen hat. Allenfalls läßt sich das
unter der Traufenkonsole umlaufende Band, an dem die oberen Fenster befestigt scheinen, als
Allusion auf einen Architrav deuten, wie er an solcher Stelle ausdrücklich (dorisch) bei der Villa
delle Trombe (–) in Finale di Agugliaro vorkommt und dem unscheinbaren Dachansatz eine
architektonische Form gibt. Der Familienname Loredan erinnert an jenen Dogen Leonardo
(1501–21), in dessen Dogat der Krieg mit der Liga von Cambrai fiel; sein Bildnis (s. Seite 85) ist
als eines der eindrucksvollsten Meisterwerke des alten Giovanni Bellini bekannt. Ob die Villa in

diesen Jahren, als ländlich-modester Gegenentwurf zum prächtigen Familienpalast der Loredan (heute Palazzo Vendramin-Calergi) am Canal Grande in Venedig entstand, muß offenbleiben; das gleichsam Archetypische läßt ebenso spätere Datierungen zu, wie es die Stellung hier zu Beginn eines neuen Entwicklungsschubes nahelegt.

In ihrer Villa jedenfalls genügte den Bewohnern als Zeichen ihres Standes und Geistes die Inschrift auf dem Türsturz: INGENVITATE – Von freier (adliger) Geburt, mit Freimut.

## Villa Piovene Bettanin (90)

Näherliegend als solch puristische Auffassung war sicherlich, das vorgegebene Muster (der Casa veneziana) mit zeitgemäßem Dekor zu bekleiden und zu nobilitieren. Das vermag die Villa Piovene Bettanin in Sarmego anschaulich zu illustrieren (Abb. 4). Wiederum ist eine zweieinhalbgeschossige Fassade vor allem durch Wandöffnungen charakterisiert: Axial gestapelt, symmetrisch und mittelzentriert. Infolge der wechselnden Fensterabstände ist indes das Innere im Äußeren kaum ersichtlich: Just am schmalsten Wandstück – zwischen dem zweiten und dritten Fenster von rechts und links – setzen die Mauern an, die das Haus in der Tiefe regelmäßig dritteln und so die traditionelle Raumaufteilung herstellen.

Es sind allein die Fenster- und Türrahmungen sowie die z. T. unkonventionell plazierten Balkone, die den Bau stilistisch an die Epoche binden. Offensichtlich sollte damit, über die Erfüllung des sehr zeitgemäßen Schmuckbedürfnisses hinaus, systematischen Ansprüchen genügt werden. Dafür spricht auch, daß die Fassade auf der Gegen- (Feld-)Seite wiederholt wurde – nicht nur im Aufriß, sondern – was ungewöhnlich ist – im Dekor. Die buchstäbliche Perforierung des Baukörpers fördert den Eindruck einer zunehmend gebotenen Transparenz im Dienste einer mehr und mehr von Regeln anstatt von Not und Willkür regierten Architektur.

Wie wenig die Regeln aber im einzelnen beherrscht sind, lehrt ein Blick auf die Mittelachse (beider Fassaden): Während im Obergeschoß die rundbogige Balkontür infolge ihrer vermehrten Breite unbekümmert über die horizontalen Fensterprofile hinausschießt, ist darunter das ansonsten anspruchsvoll gestaltete Portal um die Stärke des (nur) hier eingesetzten Architravs schier in den Boden gedrückt. Das Fassadenzentrum scheint in seiner gewollten Prominenz nachgerade karikiert. Weder früher noch später hat man sich bei der Bewältigung solcher, durch die Verwendung gerader *und* halbrunder Fensterabschlüsse nicht eben erleichterter Probleme so schwer getan wie in dieser Übergangszeit. Gefragt war augenscheinlich ein würdiges, auch humanistischen Ambitionen genügendes Portal, das schon zur Aufnahme der in klassischen Majuskeln eingegrabenen Grußformel eines Architravs bedurfte. Das lief – auch die bemerkenswert artifiziellen Balkone bestätigen es – mehr auf Spolienwirkung hinaus als auf den Eindruck eines schlüssigen Entwurfs. Ein urkundlich überliefertes Datum 1498 könnte den Baubeginn betreffen.

## Ca' Querini Stampalia (79)

Einen auf den ersten Blick gänzlich abweichenden Eindruck vermittelt ein anderer bemerkenswerter Bau aus dieser Zeit: Man nähert sich der Villa Querini Stampalia durch einen zinnenbesetzten Torbogen und meint, einem Tiroler Ansitz gegenüberzustehen. Das macht die in Italien ungewöhnliche Giebelfront mit gestaffelten (ghibellinischen) Zinnen. Steilere als die hierzulande üblichen Dächer – so wurde gelehrt – seien nur als witterungsbedingte Lösungen zu vertreten, die aber nicht durch Giebelbildung aufgewertet sein sollten. Die Norm war die umlaufende Traufe, die in der Regel ein Zelt- oder Walmdach voraussetzte. Die Giebelfassade war und blieb seltene Ausnahme, bis sie sich in der Gestalt eines Tempelgiebels legitimieren konnte. Noch merkwürdiger berühren die (gestaffelten) Zinnen, deren Verwendung am Privathaus Leon Battista Alberti als »Zeichen gehegter Furcht oder begangenen Frevels« verwirft.

So kommt es, daß der applizierte Renaissancedekor trotz seiner bemerkenswerten Regelmäßigkeit noch fremdartiger wirkt. Das Auge wird von den Details der Werksteinarbeit beschäftigt und begegnet dabei der Harpyien-Blick der figürlichen Balkonkonsolen. Dabei mag entgehen, daß der Balkon drei Achsen umfaßt und so die Ausdehnung des einst gänzlich durchfensterten Mitteltraktes anschaulich macht. Das wiederholt sich auf der Rückseite noch markanter (Abb. 6): Hier finden sich vorgeblendet im starken Relief der Halbsäule zweifach gestapelte Arkaden, die gemäß den oberen Ordnungen (jonisch/korinthisch) instrumentiert sind. Doch hat es sich hier augenscheinlich nicht von vornherein um eine tableauartige Schauwand gehandelt, denn die in der ›jonischen‹ Zone sichtbaren Gurtbogenansätze lassen auf eine ehemalige, räumlich ausgebildete Portalanlage schließen, die dem Piano nobile eine weitere, rückwärtige Balkonfläche geboten hat. Das erinnert in der Idee sowie der möbelartigen Ferti-

Ca' Querini Stampalia, oberes Treppenportal in der Sala (l.) und Balkonkonsolen der Südfassade (r.)

gung an den Portikus beziehungsweise den, ebenfalls abgetragenen, rückseitigen Torbau der Villa Giustinian (81, Abb. 7), ein Bauwerk, das in der Evolution der Terraferma-Villa eine volle Etappe fortgeschrittener ist. Zwischen dem aufgrund stilistischer Merkmale auch auf die Vorderfront des Hauses zu beziehenden Datum des Hofportals (1501) und dem partiellen Hantieren mit den Säulenordnungen auf der Rückfassade dürften mindestens zwei Jahrzehnte liegen.

Im Inneren hält gar die Hochrenaissance unvermuteten Einzug: Ein pompöses jonisches Portal rahmt im Vestibül den Zugang zur tonnengewölbten Stiege (dritte Tür linker Hand), darüber ein ebensolches in korinthischem Kleid ihre Einmündung in die Sala. Hinter dem etwas oberflächlichen Zitat aus der respektabelsten Formensprache der 40er Jahre (etwa nach Art von Sansovinos Libreria oder Sanmichelis Palazzo Grimani – Säulenkannelierung! –) stecken auch architektonische Folgerungen aus der erstarkenden Vorstellung von dem, was schicklich sei (Decoro): Was zur Zumutung für Hausherrn und Gäste wird, nämlich den Weg ins bevorzugte Geschoß durch inferiore Räume zu nehmen, verlangt nach Abhilfe durch Planung repräsentativer Wege, die entweder als Freitreppen gleich von außen ins Piano nobile führen, oder doch zumindest die Signifikanz besitzen, die davor schützt, den Weg nach oben im Vestibül hinter zahlreichen gleichförmigen Türen zu suchen und zu verfehlen.

Dieses Nachbessern auf den Spuren einer fortschreitenden Architektur illustriert – partikulär wie es ist – besonders schlaglichtartig deren momentane Tendenzen. Bis es nach der Jahrhundertmitte zu einer typologischen Festigung der Villa kommt, folgt eine Generation phantasievoller Entwürfe.

## Renaissance

Der folgende Abschnitt befaßt sich mit der Renaissance-Villa anhand einiger Hauptwerke, die entweder vor Palladio beziehungsweise unabhängig von seinem Einfluß entstanden sind. Wie kein anderes Zeitalter haben die wenigen Jahrzehnte der Renaissance Eigenwilliges und Selbständiges im Villenbau geleistet. Für einen Moment schien sogar die ansonsten verbindliche Anlage der Casa veneziana zur Disposition zu stehen. Die künstlerische Subjektivität, sei sie Sache des Bauherrn *oder* des Architekten, konnte dem Gattungswesen sichtlich in die Quere kommen.

Es gab sowohl interessante Variationen und Entwicklungen des vorhandenen Schemas (etwa die Villa Giustinian, 81, oder die Villa Trissino, 27) als auch neuartige Vorschläge (so die Villa Garzoni, 78, auch die untergegangene Villa Soranza in Treville von Sanmicheli) sowie Rekonstruktionen *all'antica* (Villa dei Vescovi, 49) – Villen, die anschließend ausführlich vorgestellt werden. Es herrscht kein Mangel an weiteren, nicht minder beachtlichen Beispielen, die zum Teil jedoch nur schwer oder überhaupt nicht zugänglich sind: So ist die überraschendste Konzeption der Villa della Torre (37, Abb. 8) eigen, die aus zwei getrennten, parallelen Case besteht: den Raum zwischen ihnen nimmt ein offenes Atrium ein, das die Gebäude verknüpft und zugleich erschließt. Die Details – Architrave (!) über Bossenpfeilern – und das Ganze mit der stupenden Blickachse durch das Nadelöhr der drei Torbögen über den Garten, das Atrium mit dem Brunnen und den rückwärtigen Wassergarten verkörpern schönsten Hochmanierismus, wie er in dieser Region wohl nur mit Giulio Romano in Verbindung zu bringen ist. Seine Handschrift ist auch den raffinierten Gewölbeformen und der Gestaltung der Kaminöffnungen als Mäuler von riesigen Ungeheuern anzumerken; die ähnlich erdachten Portale des (späteren) Palazzo Zuccari in Rom bilden bis heute eine Attraktion.

Auf dieser Liste der Extravaganzen darf auch die allseits regelmäßig konzipierte Villa Emo Capodilista (61, Farbabb. 14, Abb. 9 u. 10) nicht fehlen, die anstelle der Sala eine Treppenkreuzung besitzt, sowie die nicht minder eigentümliche Villa »del Principe« (30, Abb. 11) in Este. Ein Unikum besonderer Art bildet der Peripteros – unten Bögen über Pfeilern, darüber (jonische) Säulen und Architrav – der Villa Morosini Cappello (24, Abb. 12), mit welchem das gesamte ausgedehnte Gebäude in nicht weniger als 52 Achsen umstellt ist.

Eine derart exponierte, den traditionellen Standards abgeneigte Haltung kommt in der weiteren Geschichte der Villa kaum noch zum Zuge. Die Zukunft gehörte den subtilen Neuerungen, dem Regiment der Nuancen, das sich mit und nach Palladio vollends durchsetzte.

## Villa Giustinian (81)

Der Marktflecken Roncade war bereits um 1400 Mittelpunkt bedeutender gewerblicher und landwirtschaftlicher Interessen der altvenezianischen Familie Badoer. In den erhaltenen Testamenten des Hauses ist vor allem immer wieder von den – offensichtlich ertragreichen – Mühlen (Sägewerke und Getreidemühlen) die Rede, die am Fluß Musestre betrieben wurden. Ausgedehnte Ländereien kamen hinzu, zusammen mit der verkehrsgünstigen Lage in der Nähe der venezianischen Lagune die typischen Voraussetzungen eines Villenstandortes. Der kleine Familienpalazzo aus dem 15. Jahrhundert am Marktplatz und das mittelalterliche Kastell hätten zur Verwaltung und Bewirtschaftung des Besitzes sicherlich auch künftig ausgereicht; so kann die seit Ende des 15. Jahrhunderts anstelle des Kastells errichtete Villa – hier wie anderswo – vor allem der Befriedigung überwiegend kultureller Bedürfnisse zugerechnet werden.

Ausnahmsweise kann hier über die allgemeinen Bedingungen hinaus ein Anlaß für den Neubau genannt werden. Die kurz zuvor begünstigte Erbin des Besitzes in Roncade, Agnesina Badoer, heiratete um 1497 in zweiter Ehe. Die standesgemäße Verbindung mit dem im venezianischen Staatsdienst rasch (bis zum Prokurator) aufsteigenden Gerolamo Giustinian und der Zusammenfluß beider Vermögen schien den in dieser Epoche auffälligen Wandel von Haus- in Hofhaltung gefördert zu haben. Jedenfalls trägt die neue, nur wenig vom Ortskern entfernte Anlage, die übrigens bis zur Erblassung an die gemeinsamen Nachkommen in der Hand Agnesinas blieb, in besonders plakativer Weise die Züge einer landsässigen Residenz.

Als Außenstehender nimmt man von ihr nicht etwa die Casa, sondern nur das mächtige, regelmäßige, von einem Wassergraben umgebene Mauergeviert wahr, dessen Bewehrung mit ghibellinischen Zinnen, Ecktürmen und doppeltürmiger Toranlage an eine Festung oder – aufgrund der Ortsnähe – an eine Zwingburg denken läßt. Nähert man sich indes, die (permanente)

Brücke passierend, der rundbogigen Toröffnung, erscheint – von ihr gerahmt – ein überraschendes Szenarium: Zunächst der überaus leichte und offene Portikus, sodann die gesamte Casa, die in der Tat alle Kennzeichen einer Villa besitzt: den allseits frei konzipierten Baukörper, den umgebenden Garten, die durch Portikus, Portego und rückwärtiges Portal gewährte (Blick-) Verbindung mit der Feldseite, die Anbindung der Wirtschaftstrakte, die den flankierenden Umfassungsmauern vorgelegt sind, die obligatorische Kapelle (Farbabb. 1, Abb. 7).

Der Gegensatz resultiert nicht etwa aus unterschiedlichen Baudaten; denn das gesamte Ensemble ist authentisch und zeitgleich. Er ist auch nicht auf ein besonderes Schutzbedürfnis der Erbauer zurückzuführen, denn für Verteidigungszwecke sind die wehrganglosen und schwachen Mauern wertlos. Die nordwestliche Bastion war gar von Anfang an zur Wohnung des Pfarrers bestimmt. Derartige Wappnung, die den Zwecken der Villeggiatura widerspricht und einen sichtbaren ästhetischen Widerspruch produziert, tritt in dieser Weise nur vereinzelt, wie etwa auch bei der Villa Da Porto-Colleoni (95, Abb. 13), und stets als ein Motiv der Bauikonographie auf: Der Harnisch um das Leben auf dem Lande ist, als Bild altfeudaler Zustände vom Kastell zitiert, womöglich ein dekorativer Ausgleich dafür, daß die venezianischen Nobili seit alters her gehalten waren, keine fremden Titel und Herrschaften anzunehmen.

Das Selbstverständnis des ökonomisch und kulturell dem Lande zugewendeten Stadtbürgers scheint noch nicht gesichert, wo man die Gewährleistung des Respekts einer bedeutungsträchtigen Blendarchitektur anvertraute. In ihrem Schutze hingegen ist die werdende Idee der Villa in schöner Weise entwickelt. Es sind die Maßverhältnisse und architektonischen Systemansätze zu erkennen, die dann die Gattung definieren sollten, die man aber bei den meisten zeitgenössischen oder benachbarten Bauten noch vergebens sucht, wie zum Beispiel bei der Ca' Brusà (45, Abb. 14) oder der Villa Corner dall'Aglio (46, Abb. 3). Zwar weist auch die Villa Giustinian den gleichen Baukörper auf, aber der risalierende, die ganze Gebäudehöhe von zweieinhalb Geschossen durchgreifende Portikus bildet hier den sichtbaren Maßstab für die exakte Fassadendrittelung, die auch in räumlicher Hinsicht – im Untergeschoß als Portego, im Hauptgeschoß als Sala – aufrechterhalten wird. Die Arkaturen setzen sich auf den anschließenden Wandfeldern als gemalte Scheinarchitektur fort, treten dort aber in Achsendivergenz zu den vom Innenraum her konzipierten Fenstern. Wie hier im *Vertikalen* ist aber auch die im Prinzip angestrebte *horizontale* Konsequenz der gliedernden Elemente – wie im Untergeschoß zu sehen – noch nicht gänzlich durchgehalten.

Der große zukunftsweisende Wurf ist indessen der (zweigeschossige) Mittelrisalit selbst, für den es anscheinend keine einschlägigen Vorbilder gab. Die Öffnung respektive Erschließung eines Baues mittels integrierter ein- oder zweigeschossiger Arkaden, die auch dreiachsig sein konnten (Villa Giona Fagiuoli [–] in San Pietro in Cariano), war im Palast- und Villenbau der Region zwar eher die Regel als die Ausnahme, als eigenständiger und maßgebender Bauteil aber war der Funktionsbereich Eingang und Loggia nicht ausgebildet. Das ist hier in Form eines Risalits verwirklicht, der mit der Autonomie einer Tempelfassade, die er zu zitieren sucht, das gesamte Bauwerk aus dem Zentrum heraus subordiniert und ein für den Villen- und Schloßbau künftig gültiges Gesicht prägt. Es mindert die Überzeugungskraft dieser Erfindung wenig, daß die Interkolumnien nicht, den klassischen Regeln folgend, von Gebälken, sondern von altertümlichen Bögen überbrückt sind. Palladio bereinigt dies und kanonisiert das Schema vom Standpunkt des Systematikers aus in etlichen Variationen, unter anderem an der Villa Cornaro (75, Abb. 30) in Piombino Dese.

Das Motiv der Säulenarkade an sich ist zu geläufig, als daß man über seine Quellen diskutieren müßte; dem Italienreisenden dürfte es vornehmlich von Brunelleschis und Michelozzos zwei, drei Generationen älteren Florentiner Bauten bekannt sein. Die Anregung für ihre derartige Verwendung dürfte der unbekannte, jüngst vorschlagsweise mit Tullio Lombardo (wenig überzeugend) identifizierte Architekt in den Lauben und Loggien italienischer Kommunalgebäude gehabt haben (vergleiche unter anderem die Loggia del Papa, Siena; oder – zweigeschossig – die Loggia dei Mercanti, Macerata Feltria). Zentrale Plazierung, Angürtung mittels Bändern und Gesimsen, Umdeutung des Dachmezzanins in eine Attika, die Bekrönung mit dem Tempelgiebel, das macht die Laube zur repräsentativen Dominante. Feldseitig überdauert diese Herkunft: Einachsig und eingeschossig dem Bau appliziert, deckte dort ehemals eine herkömmliche schlichte Laube den Austritt. Dort genehmigte man sich auch Tür und Fenster zum Souterrain, das die Küche und die Wirtschaftsräume enthielt.

Die gewisse Unbequemlichkeit dieses Raumkonzepts mildern die beiden Brücken zu seiten der Loggia, die den Austritt aus den Wohn- und Schlafzimmern – ohne den Weg durch die Sala – gestatten. Ein Spalier qualitätvoller Statuen (18. Jahrhundert), zum Teil Slaven und Türken vorstellend, verbindet zwischen den Tortürmen und der Casa, die sich im übrigen fremd gegenüberstehen. Allein die auffälligen Kamine scheinen den Festungscharakter der Rahmung zu reflektieren. Der Krieg gegen die Liga von Cambrai, der zur Bauzeit auf der Terraferma tobte, ist allerdings lediglich für die Verzögerung des Baus verantwortlich zu machen, über den es in der Steuererklärung von 1514 heißt, er sei »noch nicht halb« gebaut. Der Gelehrte Pietro Bembo konnte aber am 27. 8. 1527 seinem Neffen mitteilen, er sei am Vortage in Roncade gewesen, das sei die »Villa oder das Kastell des Hieronimo Giustiniano, des Procurators«. Der erhaltene Liegenschaftsplan von 1536 gibt die komplette Anlage in einem Zustand wieder, der dem heutigen weitgehend entspricht.

## Villa Trissino (27)

Immer wieder ist die Villa Trissino in Cricoli als Ausgangspunkt der Architektenlaufbahn Palladios in Anspruch genommen worden. Das ist vermutlich insoweit richtig, als der Bauherr, der Vicentiner Aristokrat und Humanist Giangiorgio Trissino (1478–1550), während des Umbaus der Villa zwischen 1530 und 1538 den dort beschäftigten jungen Steinmetz Andrea di Pietro kennenlernte und sich seiner als Freund und Mentor annahm. Den Entwurf des Hauses hat er mit hoher Wahrscheinlichkeit selbst zu verantworten; als Laienarchitekt, wie überhaupt als ein Anreger des Villenlebens, ist er Alvise Cornaro vergleichbar, ohne jedoch dessen Souveränität im Umgang mit der Antike zu besitzen, noch dessen Praxisnähe.

Was Trissino als Humanisten und Antikenfreund kennzeichnet, ist die philologisch antiquarische Haltung, die zum Kopieren und Imitieren neigt: Eine Tugend zwar beim Studium der

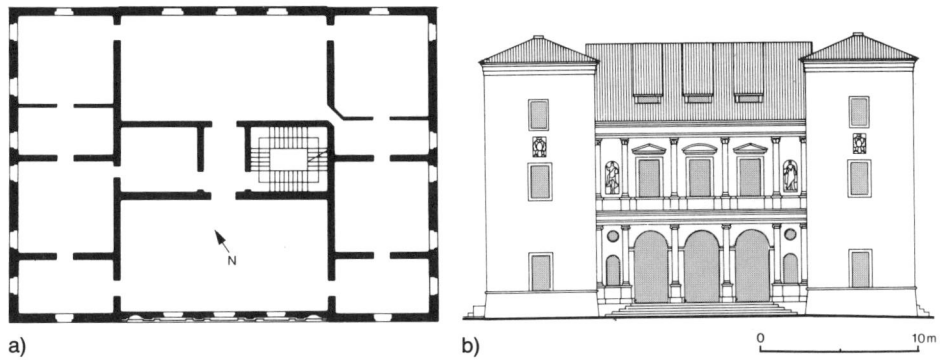

a)                                                    b)

Villa Trissino, a) Grundriß 1. Stock, b) Frontansicht, nach Cevese

Antike, deren Ruinen penibel aufzunehmen er Palladio anläßlich gemeinsamer Romreisen mit
Erfolg veranlaßte, aber nicht sonderlich geeignet als Rezept für schöpferische Arbeit. In die
Literaturgeschichte ist Trissino eingegangen als Autor eines von Homer inspirierten Versepos'
»L'Italia liberata dai Goti« (1547), »einem enormen Gedichte von tadelloser Sprache und Versifi-
kation, wo man nur im Zweifel sein kann, ob die Geschichte oder die Poesie bei dem unglück-
lichen Bündnis übler weggekommen sei« (Burckhardt). In ihm wird die Rückeroberung Italiens
durch den oströmischen Feldherrn Belisar (ab 535, unter Kaiser Justinian) als Rettung der klassischen Werte Italiens gefeiert. Mit der Überwindung des gotischen Stils durch die Renaissance
ist für Trissino in der Gegenwart die Brücke zum endgültigen Besitz und Bestand der Klassik
auf italischem Boden geschlagen. Das gelehrte, mit dem gesamten Wissensschatz der Epoche
beladene Werk ist aber in seiner zwanghaften Programmatik blind für die geschichtliche Wirklichkeit – so hatte überhaupt erst Justinian die Kontinuität mit der hellenischen Antike endgültig zerschnitten – und vermochte deswegen die Zeitgenossen kaum zu orientieren. Immerhin
trägt der baukundige Schutzengel, den der Autor dem oströmischen Feldherrn gegen die trick-
reichen Befestigungen der Barbaren an die Hand gibt, unter Anspielung auf Pallas Athene und
ihr Kultbild, das *Palladium*, den Namen – Palladio. Und seit 1540, als das Epos weit fortgeschrit-
ten war, tritt der Schützling des Autors, Andrea di Pietro, unter dem Humanistennamen Palladio an die Öffentlichkeit.

In dieser Zeit war die Villa in Cricoli am nördlichen Stadtrand von Vicenza bereits fertiggestellt. Ein älterer Bau mit vier Ecktürmen war vollständig entkernt und nach des Bauherrn
Entwurf in eine vermeintliche *Casa degli Antichi* (das Haus der Alten, der Antike) umgewandelt
worden (Farbabb. 2). Die Türme, die sich, wie man mutmaßte, durch die spätrömische »Portikusvilla mit Eckrisaliten« legitimieren ließen, blieben bestehen und geben nun an der Fassade
den Rahmen für einen zweigeschossigen Portikus im Stil der römischen Bramante-Schule. Er
ersetzt sicherlich eine ältere, im Prinzip nicht unähnliche Schauseite, die aus zwei übereinandergestellten, unterschiedlich weiten Arkaturen bestanden haben dürfte, wie sie noch vielfach

anzutreffen ist (zum Beispiel Villa Piovene, 18, in Bréndola; Ca' Brusà, 45, in Lóvolo; Villa Guantieri-»La Fasanara« [–], in Marano di Valpolicella).

Mit dem verwendeten klassischen System wurde die frühere Willkür vertrieben und klare Ordnung geschaffen. Dabei dekorierte man die beiden Geschosse mit der in der Abfolge der Superpositio mittleren (jonischen) und oberen (korinthischen) Ordnung. Die vertikale Gliederung übernehmen drei breitere Joche, welche die Portikusarkaden und die alternierend bekrönten Fenster aufnehmen, sowie rechts und links anschließend zwei schmale, nischenbesetzte Achsen. Das Muster dafür, wie wiederholt betont wurde, habe die Nachahmung der Gartenfassade von Raffaels Villa Madama (Rom) in Serlios 3. Buch (»Regole generali di architettura ...«) geliefert, das allerdings erst 1540, nach Abschluß der Bauarbeiten, erschienen war. Trissino konnte aber während seiner Romreisen durchaus das Original studiert haben. Naheliegend ist auch der Blick auf Cornaros Loggia im Hof seines Paduaner Hauses, 1524 von Falconetto errichtet – ein benachbarter Bau von benachbartem Geiste –, der sozusagen physisch überzeugen konnte, wenn er auch in Details abweicht.

Gegenüber diesen Beispielen mutet Trissinos Werk wie hölzerne Schreinerarbeit an – zu flach, zu klein, zu schmal sind die Pilaster, die äußersten gar überschnitten, um den Standards der Hochrenaissance zu genügen. Die herbeizitierte Antike wirkt wie ein Implantat in fremdem Körper, vergleichbar dem Unterfangen des Autors, italienische Literatur mit antiker Zunge zu buchstabieren.

Zukunftsweisend ist allerdings die Grundriß- und Raumdisposition: So setzt sich das zwischen den Türmen und der Mittelzone bestehende Verhältnis 1:2:1 in der räumlichen Tiefe fort; dabei entsteht ein breiter, die Hälfte des gesamten Grundrisses messender Mitteltrakt, der durch räumliche Einschnürung in der Mitte in zwei querrechteckige Einheiten geteilt ist. Rechts und links liegen die flankierenden Zimmerfluchten, deren Räume sich von vorn, wo das Grundmaß der Türme herrscht, nach hinten ungefähr im Verhältnis 1:2:3 ausdehnen. Die dialogische Symmetrie und der planmäßige Wechsel der Raumformate – queroblong, quadratisch, längsoblong – wird so selbstverständlich mit Palladios Lehre identifiziert, daß man ihn hier, zumindest beratend, immer wieder hatte am Werk sehen wollen. In der Tat existiert von seiner Hand ein früher, nahezu gleicher Grundrißentwurf (für die Villa Valmarana [–] in Vigardolo di Monticello del Conte Otto), und selbst noch die späte Villa Emo (32, Farbabb. 15, Abb. 28) weist ein ähnliches Schema auf.

Im Grunde aber ist es noch das alte venezianische Schema, an das hier, anders als in Rom, wo es keine Gattungstradition gab, modifizierend und modernisierend angeknüpft wurde. Die auf meßbaren Proportionen beruhende Harmonie der Räume sollte sich den Anwesenden mitteilen und die Einstimmung auf die berufenen Tugenden fördern: »Genio et studiis«, »Otio et Musis«, »Virtuti et quieti« war über drei Zimmereingängen zu lesen. Das Haus wurde später als »Accademia Trissiniana« Sitz einer vom Vicentiner Adel favorisierten Akademie.

## Villa dei Vescovi (49)

»Chi vuol fare un palazzo da prencipe, pur fuor della terra, vadi a Luvigliano, dove contemplarà un albergo degno d'esser abitato da un pontifice o da un imperatore« – »würdig eines Papstes oder Kaisers« wird die Villa der Bischöfe von Padua in Luvigliano am Rande der euganeischen Hügel 1544 in einer Widmung an den Erbauer, Alvise Cornaro, genannt (F. Marcolini an diesen in Sebastiano Serlio, »Regole generali . . .«, Bd. 4, 4. Aufl. Venedig 1544).

Dieser äußerst rührige Protagonist der Villenbewegung hat, wie schon andere Humanisten, auch in der Architektur dilettiert und die Villa vermutlich selbst entworfen. Als Baudaten kommen die Jahre 1529–1538 in Frage, während derer Cornaro als Administrator des Bischofs Francesco Pisani wirkte.

Weithin sichtbar für den Reisenden, weite Sicht gewährend dem Bewohner, krönt die Villa einen hügeligen Ausläufer am Nordrand der Euganeen. Die Lage, die künstliche Form und die auffallende Farbigkeit – das warme Rotbraun im sommerlichen Grün des Weinbergs – rufen das Bild eines prachtvollen Solitärs herauf und lassen keinen Zweifel über die Bestimmung des Hauses aufkommen: Es handelt sich ausnahmsweise wohl wirklich nicht um einen landwirtschaftlichen Betrieb, sondern eine eher fürstliche Villa *di spasso,* zum Vergnügen, zur Unterhaltung.

Der Bau berührt an keiner Stelle unmittelbar das Land und die Landschaft; er ist auf ein künstliches Plateau gestellt, dessen oberes Niveau eine ausgedehnte umlaufende Terrasse bildet, die berg- und hangseitig vermittels zweier Treppenanlagen betreten wird. Sie gehören zum Aufwendigsten, was in dieser Art und Epoche geschaffen wurde, und tragen sowohl durch ihre Dimension wie auch dadurch, daß sie sich in der Freitreppe des Hauses sichtlich fortsetzen, zur Fassadenbildung bei. So kommt das eigentliche Untergeschoß in der Gesamtsicht kaum zur Erscheinung, wodurch seine Rustika aus der Nähe und im Kontrast zur aufgesetzten Ordnung um so gewaltsamer hervortritt; mehr als der Eindruck eines bloßen Sockels des im Prinzip *ein*geschossigen Baues kommt dabei nicht zustande. Das weicht von der einschlägigen Tradition ebenso überraschend ab wie der quadratische, der Zentralbau-Idee verpflichtete Grundriß, der die Möglichkeit für vier gleiche Fassaden, somit Allansichtigkeit bietet. Dem Stadthaus, das der Villa bislang mehr oder minder zum Vorbild gedient hat, ist die Eingeschossigkeit und ein derart regelmäßiger Grundriß naturgemäß fremd. Die Enge der an zumeist mittelalterliche Straßenführungen gebundenen Parzellen schloß eine Breitenausdehnung sowie eine regelmäßige Fassadenbildung von vornherein aus und machte auch bei Neubauprojekten den Wunsch nach der idealen Konzeption zunichte.

Hierin konnte die Villa dem Palast überlegen und zu höherer architektonischer Konsequenz befähigt sein, was einen Mann wie Cornaro beflügeln mußte. Ein Kompromiß nach Art der etwa gleichzeitigen Villa Garzoni (78, Abb. 16) von Sansovino war seine Sache nicht. Im Garten seines Paduaner Stadthauses hatte er bereits eine Villa, das sogenannte Odeo, auf einem zentralen Grundriß errichtet, der einem antiken Bau entlehnt war. Dieser hatte irrtümlich als die – von Cicero erwähnte – Villa des Gelehrten Marcus Terentius Varro (1. Jahrhundert v. Chr.) gegolten, der Cornaro als Autor eines 1472 in Venedig nachgedruckten Ackerbau-Traktates

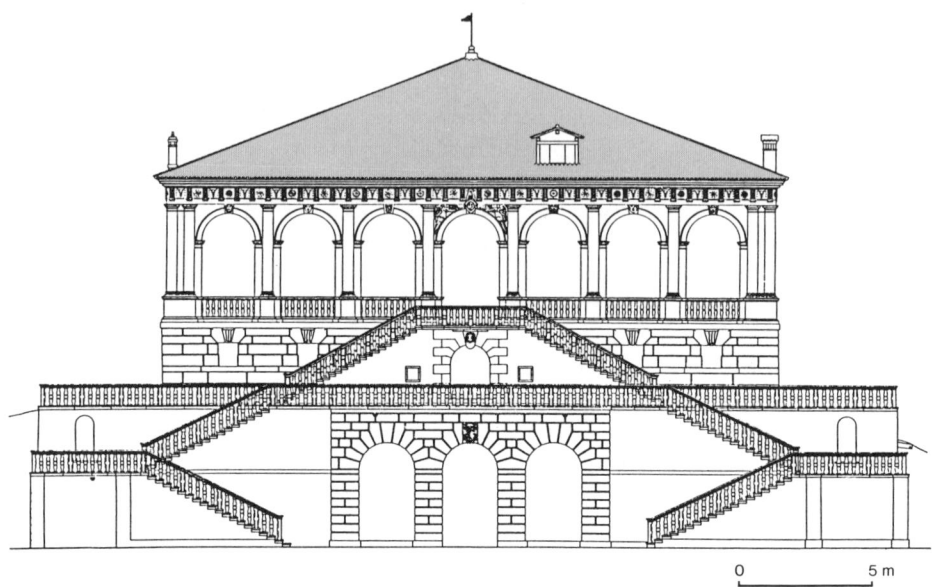

Villa dei Vescovi, Ostseite. Aus: »I rilievi delle fabbriche di G. M. Falconetto«, Padua 1980

(»De re rustica«) bekannt und teuer war. Das Zitat des Grundrisses war ihm von zweifachem Wert, als Beispiel einer, wie man meinte, genuinen antiken Villa und zugleich als klassisches Zeugnis für seine Agrarmetaphysik. Die *Casa degli Antichi,* um deren Rekonstruktion man sich seit Alberti unentwegt bemühte, blieb bis zum Beginn der modernen Archäologie, bis zur Ausgrabung von Pompeji Mitte des 18. Jahrhunderts, eine spekulative Größe. Namentlich für die Aufrisse konnte man sich nicht auf erhaltene Monumente, sondern ausschließlich auf Phantasie stützen. So wählte Cornaro eine römische Bogenkonstruktion mit vorgelegter Säulen- (Pilaster-) Ordnung, wie man sie von öffentlichen Gebäuden der Antike kannte. Die dorische Instrumentierung soll im Sinne Vitruvs dabei das die rohe Natur (der Buckelquader) überwindende, männliche Prinzip symbolisieren; dieser Gedanke war bereits in Sanmichelis Palazzo Canossa in Verona verwirklicht worden. Die Konstruktion von Pfeilern und Bögen mit der applizierten Dorica erscheint auf der Berg- und der Hangseite, wo die Treppen liegen, als offene Loggia. Sieben laufende Arkaden, deren mittlere kaum merklich weiter ist, sind einzeln von je einem Pilaster flankiert, insgesamt aber von je zweien gerahmt; der äußere von ihnen führt als ein Pfeiler um die Ecke des Hauses und bildet dort erneut den Auftakt zur Rahmung der nächsten Fassade. Das Konzept verlangt nach regelmäßiger Allansichtigkeit. Die Südfassade kommt dem noch nahe, wenngleich hier der Arkadentrakt durch Innenbögen weitgehend geschlossen und seines Loggiencharakters verlustig gegangen ist. Die Nordseite ist indessen schmucklos geblieben, aber doch zu einem gewissen Abschluß gebracht, insofern die längsfluchtend in sie mündenden Loggien, nunmehr beidseitig von *Doppel*pilastern gerahmt, ein paarweises Triumphbogenmotiv abgeben. Die Mängel in der Realisierung der Zentralbauidee, die auf nutzungsbedingte Planänderungen während der Bauzeit schließen lassen, haben nicht ihren Wert als Modell einer idealen Villa beeinträchtigen können. Es folgt im Laufe von zwei Generationen eine kleine, aber erlesene Gruppe von Villen, die sich am Ehrgeiz des Entwurfs und der Ausführung mit Cornaros ingeniösem Exempel messen läßt (Villa Emo Capodilista, 61; »La Rotonda«, 99; »La Rocca Pisana«, 44; Villa Selvatico, 15). Architekturgeschichtlich allerdings blieb im Villen- wie im Kirchenbau der zentrale Grundriß seltene Ausnahme und Episode. Einen Siegeszug verhinderten schon die praktischen Probleme, die er aufwarf; das wohl empfindlichste war die Belichtung der inneren Räume, die im städtischen Palast durch einen Innenhof gewährleistet war. An dessen Stelle im Zentrum des Bauwerks aber verlangte die Villennutzung kategorisch die repräsentative Sala. Tatsächlich war in der Villa dei Vescovi ein quadratischer Hofraum, der im Kellergrundriß noch erkennbar ist, offen oder mit überhöhtem Aufsatz vorgesehen, aber der traditionellen, den Baukörper längs durchdringenden Sala geopfert worden.

Eine architektonische Antwort auf die vom Zentralbau gestellte Lichtfrage versuchten Serlio und – anfangs – auch Palladio mittels eines durchfensterten Dachaufsatzes zu geben, wie er als seltenes Beispiel in Anlehnung an Thermenarchitektur später in der Villa Molin (51, Farbabb. 17) von Scamozzi verwirklicht wurde. Die einzig überzeugende Lösung indessen war die zentrale Kuppel, die aber in jeder Hinsicht zu exponiert war, als daß sie ein gängiges Muster hätte werden können.

So blieb Cornaros Bau eher eine Eskapade denn ein Meilenstein in der Evolution der Gattung. Wegweisend für die Zukunft ist aber gegenüber der älteren, dem Palastbau folgenden Regel, daß der Zutritt nunmehr – über Außentreppen – unmittelbar ins Hauptgeschoß führt; ein steingewordener Gestus, der in der vollendeten Trennung der Sphären menschlicher Bedürfnisnatur und Freiheit der wachsenden Neigung nach Stilisierung des gesellschaftlichen Verkehrs entgegenkam. Als Manifest gegen den noch lange nicht überwundenen venezianischen Geschmack darf auch die symmetrische Fassade mit gleichbreiten laufenden Achsen in ungerader Zahl verstanden werden. Auch sie hatte nur wenig Einfluß auf die künftige Formgebung des Villenäußeren, wurde aber für den Palast auf der Terraferma verbindlich.


## Villa Garzoni (78)

Die Villa Garzoni in Pontecasale (Abb. 16) vermittelt heute noch weitgehend den ungestörten Zusammenhang mit Landwirtschaft und Dorf, der in den zentralen venezianischen Provinzen vielfach verlorengegangen ist. Das monotone, jeglicher Attraktionen bare Deltaland bot indessen den Hintergrund umso augenfälligerer Bauleistungen, wie sie dieser einzige Villenbau Jacopo Sansovinos (1486–1570) darstellt.

Die Garzoni hatten bereits um die Mitte des 15. Jahrhunderts mit dem Erwerb beträchtlicher Ländereien in diesem und benachbarten Gebieten begonnen. Aber erst nach nahezu einem Jahrhundert der Vermehrung – eine Steuererklärung des Bauherrn spricht von »wenigstens dreitausend Campi«, das sind rund 1160 Hektar –, Kultivierung (Entwässerung) und Bewirtschaftung

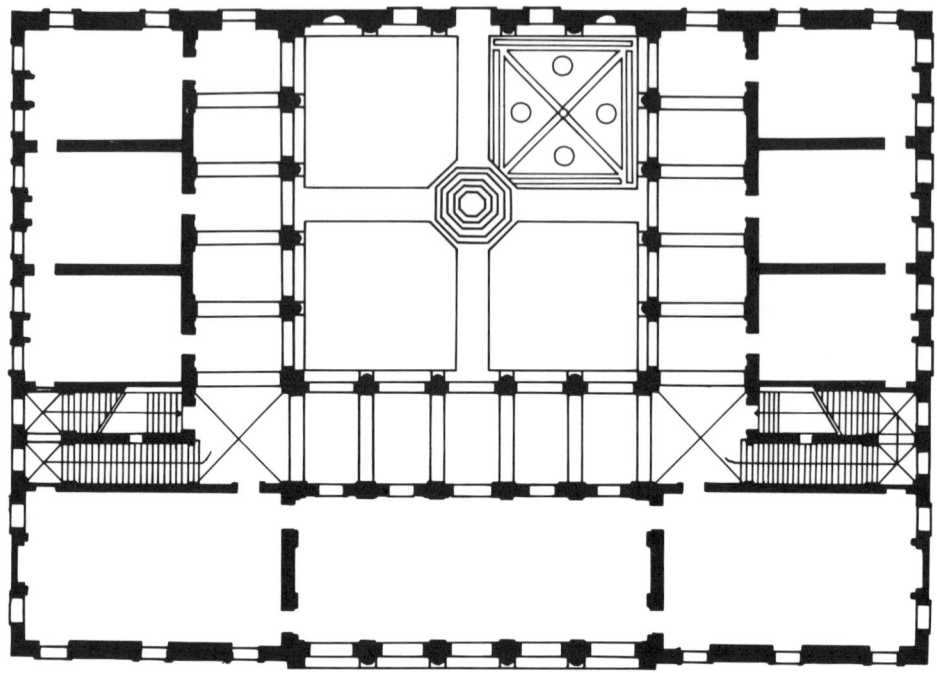

Villa Garzoni, Grundriß Erdgeschoß

dieses Besitzes ging es an die Errichtung seines repräsentativen Zentrums, urkundlich »Pallazzo grando« genannt. Einst war er durch einen Kanal etwa im Verlauf der heutigen Dorfstraße mit den Wasserstraßen zur Lagune verbunden.

In der Tat gibt sich der Bau – von der Fassade her – eher als Palast denn als Sommerwohnsitz auf dem Lande; nie zuvor und selten später ist das bauliche Anspruchsniveau der Metropole für eine Villa so bestimmend gewesen wie hier, und niemand war für eine solche Aufgabe in diesem Moment geeigneter als Sansovino, der aus seiner Heimat Florenz und von seinen römischen Studien die Idee der klassischen Baukunst nach Venedig (ab 1527) gebracht und als Stadtbaumeister vielfach realisiert hatte. Dabei vermochte er die venezianischen Bautraditionen, Ursache seines Erfolgs, sensibel zu integrieren (unter anderem Libreria, Zecca, Palazzo Corner, sämtlich ab 1537). Sansovinos für die venezianische Architektur epochemachende Bedeutung wurde schon von Vasari deutlich erkannt: »Diese Art zu bauen wurde Anlaß, daß man in Venedig begann, nach neuen Zeichnungen *(disegni)* und besseren Regeln *(ordini)* Gebäude zu errichten und bei den öffentlichen wie den privaten nunmehr die Vorschriften des Vitruv *(l'antica disciplina di Vitruvio)* beachtete, während man vorher in dieser Stadt alle Häuser und Paläste immer in gleicher Art nach den gewöhnten Maßen und Gepflogenheiten gebaut hatte, ohne in Rücksicht auf die Lage oder die Zweckmäßigkeit etwas daran zu ändern« (1568).

Des Florentiners stets wiederkehrendes Motiv sind die Säulenordnungen nach Art ihrer Verwendung am römischen Kolosseum: Je eine Ordnung (dorisch/tuskisch, jonisch, korinthisch/komposit) in Superpositio übereinander gestellt, verbunden mit eingesetzten Arkaden, wobei die Säulen entweder (zum Teil paarweise) gereiht oder rhythmisiert sind. Er hatte das am Kolosseum selbst, am Marcellustheater oder auch schon an zeitgenössischen Repliken, etwa am Innenhof des Palazzo di Venezia (um 1466) in Rom, sowie in der Theorie bei Vitruv studieren können.

Eben dieses Schema, gegenüber dem venezianischen Renaissancepalast auf zwei Geschosse reduziert, findet sich im mittleren Abschnitt der Fassade wieder, dem Kolosseumsmuster gemäß unten dorisch, darüber jonisch instrumentiert. Rechts und links setzt sich die Fassade über je drei Fensterachsen wandflächig fort, in einer so ungewöhnlichen Ausdehnung (rund 50 m), wie sie in der Stadt kaum zu realisieren war. Darunter ist der leicht gebösche Sockel sichtbar, auf dessen Niveau eine breite Rampe führt.

Für sich genommen ist der herkömmlichen venezianischen Palast- und Villenarchitektur kein Detail fremd: weder die Dreiteilung der Ansicht in der Vertikalen, noch die Öffnung der mittleren Partie in gelegentlich ebenfalls fünf (Villa Corner dall'Aglio, 46) Bogenstellungen, weder die Zweigeschossigkeit – auch im Portikus (Villa Giustinian, 81) –, noch die rundbogigen, in der Fläche etwas verloren wirkenden Wandfenster. Auch auf antikischen Baudekor war man im Veneto nun schon seit etwa zwei Generationen eingeübt.

Das Epochemachende an der Villa Garzoni ist indes der Versuch, kraft eines kanonischen Motivs den Maßstab für die Verhältnisse und Dekorationen der anschließenden Bauteile, tendenziell des gesamten Baues zu setzen. Das hatte bereits Alberti gefordert angesichts der im Quattrocento, sonderlich in Venedig, gängigen Beliebigkeit in den Proportionen und der vagen, ›schwimmenden‹ Verwendung der Dekoration. Als normatives Element eignete sich das Kolosseumsmotiv aufgrund der integrierten Säulenordnungen und der in geometrischer Hinsicht relativen Definiertheit der Einzelachse (hier ca. 2:1 im Arkadenaufriß).

Sind auch die Seitenpartien – eine venezianische Eigenart – vom Regiment der Ordnungen dispensiert, bleiben sie doch an diese angegürtet durch die mächtigen fortlaufenden Gebälke. Ein weiteres Maß fällt mit der Kämpferebene an. Sie und die der Säulenplinthe (im Obergeschoß) gewährleisten denn auch als durchgehendes Band – im selben Maß aufs Erdgeschoß übertragen – die horizontale Systematik.

Überdies konnte so die in Venedig seit Jahrhunderten übliche Mittelarkatur sowohl gewahrt als auch nach Maßgabe der klassischen römischen Architektur legitimiert werden. Man blieb auch vom Tadel (Albertis) verschont, Gebälke (Architrave) – mit oder ohne Konsolen – auf Bogenstellungen zu legen, gleichsam schweben zu lassen: Gebälke hatten auf Säulen oder Pilastern zu liegen!

Mußte man bislang hinter der Fassade einen palastartigen Baublock gewärtigen, bemerkt man nach Durchschreiten des Portego anstelle der erwarteten Hofarchitektur einen eingeschossigen Laubenbau. Er ist an das, wie man nun erkennt, dreiflügelige Baumassiv geschmiegt, also ebenfalls dreiflügelig, und feldseitig durch eine Mauer geschlossen. Die umlaufende Balustrade läßt auf eine Terrasse in Höhe des Obergeschosses schließen. Man hat es folglich an allen drei Flügeln mit einem außerordentlich schmalen Baukörper zu tun, der – wie ein Gang durch die Geschosse oder der Blick auf den Grundriß lehrt – lediglich *einer* Zimmerflucht Raum gewährt, so daß die Erschließung von außen durch den Laubenportikus beziehungsweise die darüber gelegene Terrasse erfolgen muß. Eine Rangordnung oder Gruppierung der Räume, wie sie dann Palladio in jeder seiner Villen variationsreich durchspielt, blieb außer Betracht. Das Fehlen von Zwischengeschossen gibt diesen kleineren Räumen eine enorme Steilheit und mindert um ein weiteres die Bequemlichkeit, die man von einem Stadtpalast zu fordern gewohnt war. Groß- zügigkeiten dieser Art schien die Saisonnutzung der Villa zu erlauben. In der Außenansicht von vorn ein wahrer Palast, im Inneren räumlich und rückseitig zugunsten umfangreicher Frei- flächen reduziert, stellt sich der Bau als Kompromiß zwischen Stadt und Land dar.

Das wird keineswegs geleugnet: Blickt man rechts oder links der Fassade auf die Flanken des Baues, sieht man das dorische Mittelgebälk und damit das für die Wandstruktur bedeutendste Motiv just an der Stelle abbrechen, wo der massive Teil des Vordertraktes endet und im Hof die Lauben anschließen.

Es folgen mit den Stiegenhäusern, die sich hinter dieser Fraktur verbergen, die gewisser- maßen privaten, der Sicht entzogenen Seitenflügel, denen im Inneren die Lauben und Terrassen entsprechen. An dieser als Grenze verstandenen Stelle schließt auch die mit Zinnen armierte Gartenmauer unbefugten Zutritt und Einblick ab. Denkt man sich das Haus an dieser Stelle durchschnitten, erscheint an der Schnittstelle im Bereich des Vestibüls eine Projektion des Fassadensystems: Auf flaches Pilasterrelief reduziert, mit den zu Fenstern – den gleichen der Außenwand – transformierten Seitenarkaden, ist die Eintrittssituation am Austritt zum Hof wiederholt. Das Motiv durchdringt den Bau in dieser, der zentralen Achse noch einige Male: in der anschließenden Laube wiederum mit Pilastern, sodann auf ihrer Außenseite und gegen- über an der Abschlußmauer mit Halbsäulen instrumentiert.

Das fünfachsige Kolosseumsmotiv hat somit nicht nur in der Fläche Geltung, sondern bewährt sich überzeugend auch als Vorgabe der räumlichen Dimension; die Anlage in der gesamten Tiefe quasi szenisch – Palast, Laube, Hof, Abschlußwand – durchdringend, gewährt es sowohl theoretische Genugtuung wie auch anschauliches Vergnügen. Es bleibt sich zu ver- gewissern, daß derselbe Aufriß auch die Flankenportici des Hofes bestimmt, wodurch eine regelmäßig begrenzte quadratische Freifläche entsteht; ein gepflastertes Achsenkreuz, dessen Schnittpunkt der Brunnen besetzt, vervierfacht und intensiviert die Quadratur. So wird ein weiteres Mal demonstriert, daß der (dorische) Fassadenportikus auch der Hof- und Gebäude- tiefe das Maß gegeben hat.

Das Systemdenken der Hochrenaissance, das den Gebrauch der Antike als bloßen Zitat- und Formenschatz hinter sich läßt, bemächtigt sich mit diesem Bau der venezianischen Villenarchi- tektur. Der Zugriff war freilich zu konstruiert, als daß er ein Konzept für die gesamte Gattung abgegeben hätte; Form und Inhalt sind zu nicht konfliktfreier Liaison gemauert. Was haben Palast und römische Ordnung auch in dem Bauernland zu suchen?

Die ausgedehnte Fattoria bildet östlich in der Flucht der Villenfassade eine im übrigen durch Gartenmauer und herrschaftliches Portal abgesonderte Dreiflügelanlage mit einem Turm im nordöstlichen Winkel. Auch sie ist von der Portikusordnung abgeleitet, somit standesgemäß dekoriert. Die Korridore, die auch größten heutigen landwirtschaftlichen Maschinen bequemen Unterstand bieten können, münden auf die Dorfstraße durch zwei der damaligen Festungsarchitektur nachempfundene Tore, die in den gigantischen Mauerring integriert sind, der sich um den gesamten Grundbesitz (nach Auskunft des jetzigen Eigentümers rund 25 ha) spannt. Der maßlose Aufwand für dieses nicht erforderliche Bollwerk scheint nicht eben für eine souveräne Handhabung der jetzt in großem Umfang vorgenommenen historischen Einfriedungen zu sprechen, die auch eine Voraussetzung der Villenepoche sind.

## Andrea Palladio

Keine Geschichte der Villa und ihrer Architektur kann umhin, Andrea Palladio den prominentesten Platz einzuräumen. Tatsächlich existiert keine andere Baugattung, die so selbstverständlich, so innig und unbedingt mit nur einem einzigen Namen verbunden wäre. Des Meisters

Idealporträt Palladios von 1716. Stich von Picart

nicht minder magistrale Paläste (in Vicenza) und Kirchen (in Venedig) waren und sind dagegen weit davon entfernt, so selbstverständlich als Muster ihrer Gattung akzeptiert zu werden. So scheint die einer jeden geschichtlichen Gestalt eingeborene Bedingtheit in dieser, einer eher marginalen Aufgabe der Baukunst außer Kraft gesetzt. Wie anders wäre die Geltung der palladianischen Villa zu beschreiben, die dann so nachhaltig über die örtlichen und zeitlichen Grenzen ihrer Entstehung hinausschoß und in der Alten, der Neuen und den noch jüngeren Welten der Erde bis an die Schwelle dieses Jahrhunderts manifest wurde?

Dabei muß der immense Nachruhm Verwunderung auslösen: Denn von einigen Bauten Vincenzo Scamozzis und einiger zumeist wenig oder unbekannter Zeitgenossen und Nachfahren abgesehen, verflüchtigen sich Palladios Spuren in der venezianischen Landschaft bis zu seiner Rekapitulierung am Ende des Villenzeitalters im Werk Muttonis, Calderaris oder Bertotti-Scamozzis. Nicht einmal die eigene Epoche und Region hat er mit seinem Villen-Œuvre uneingeschränkt dominieren können. Dabei hat er mit rund 20 Bauten den weitaus größten Beitrag eines einzelnen (bekannten) Autors beigesteuert.

Wenn um den Preis, daß die numerischen Proportionen verzerrt werden, hier dennoch die Mehrzahl dieser Villen exemplarisch gesichtet wird, so geschieht das wegen des augenfälligsten Kriteriums, das allen diesen Bauten gemeinsam ist: weitgehend einzigartig oder besser ›individuell‹ zu sein. Nicht zwei der Häuser gleichen einander; serielles Denken scheint abwesend. Deswegen läßt sich bei Palladios Villen nicht ohne weiteres von einem oder verschiedenen Typen sprechen, die er geprägt und gewissermaßen zur Wiederholung angeboten hätte. Das Werk nötigt zur Einzelbetrachtung.

Die Auswahl an dieser Stelle ist von dem Versuch bestimmt, eine gleichsam ideelle Entwicklungslinie der zumeist un- oder umstritten datierten Villen Palladios zu zeichnen. Dabei wird seine Arbeit an der Bauaufgabe der Villa aus der Perspektive der Nachwelt wie ein kodifizierendes Programm gesehen, dessen Ergebnis vielen als eine Mustersammlung gilt. Werke, die sich diesem Kriterium offenbar entziehen, wie die Villa Thiene (80) in Quinto oder die Villa Sarego (86) in Santa Sofia di Pedemonte, sind nicht berücksichtigt. Sie zählen mit einigen der zuvor besprochenen Villen eher zu den phantasievoll-phantastischen ›Pilot‹-Projekten der Epoche, die an den strikten Gattungsgrenzen aufliefen. Beide blieben sie bezeichnenderweise fragmentarisch.

Die Literatur über den Vicentiner Architekten, die nach langer ruhiger Vermehrung seit einer Generation sturzflutartig anschwillt, ist kaum mehr zu überblicken; kaum ein Detail im Œuvre, das nicht zu monographischen Ehren kam und kommen wird. Ein 1958 von Staat, Wirtschaft und Wissenschaft inauguriertes Institut, *Il Centro Internazionale di Studi di Architettura ›Andrea Palladio‹* (CISA), mit Sitz in der Vicentiner Basilica ist gewissermaßen hauptamtlich, vor allem in den jährlichen *Corsi* (Tagungen), *Bollettini* (Verlautbarungen, Jahrbüchern) und durch die andauernde Edition des »Corpus Palladianum« um Leben und Nachleben des Meisters bemüht. Mit Erfolg: Wohl keinem Architekten jedweder Epoche und Nation dürfte je eine so überbordende Zuwendung widerfahren sein.

Titelseite Band II »I quattro libri dell'architettura« von Andrea Palladio ▷

REGINA VIRTVS

# IL SECONDO
## LIBRO
### DELL'ARCHITETTVRA
Di Andrea Palladio.

NELQVALE SI CONTENGONO I
diſegni di molte caſe ordinate da lui
dentro, e fuori della Città,

*ET I DISEGNI DELLE*
*caſe antiche de' Greci, & de' Latini.*

IN VENETIA,
Appreſſo Dominico de'
Franceſchi.
1570.

In den Debatten über die Vor-, Mit- und Nachläufer des Villenschöpfers ist auch einiges zur restlichen Villenarchitektur abgefallen. Dennoch herrscht nach wie vor ein groteskes Mißverhältnis zwischen dem Informationsstand über die meisten der an die 3500 Villen im Veneto und jene 20 des Vicentiner Meisters. Die Diskrepanz kann hier nicht geschlossen, soll aber auch nicht vertieft werden; so soll der folgende Abschnitt nicht mit spezialistischer Palladio-Problematik überfrachtet werden. Auch nicht sein Anteil an der Weltarchitektur, sondern der erfolgreiche Beitrag zu einer zeitlich und örtlich begrenzten Bauaufgabe ist das Thema dieser Seiten.

Am Andreastag, dem 30. November 1508, in Padua geboren, wurde der Sohn des Müllers Pietro della Gondola und seiner körperbehinderten Frau Martha auf den Namen Andrea getauft. Andrea di Pietro arbeitete nach einer Steinmetzlehre in einem Vicentiner Steinmetz- und Baubetrieb und wurde noch in einer Notiz des Jahres 1542 *lapicida* (Steinmetz) genannt. Nach seinen Erfolgen als Architekt des Vicentiner Adels und mit dem Humanistennamen Palladio ausgestattet (vergleiche Villa Trissino, 27), breitete er über diese Herkunft Schweigen aus.

Vom Prinzip des Handwerklichen, dessen Lob aus vielen Zeilen seines theoretischen Werks (»I quattro libri dell'architettura«, Venedig 1570) klingt, distanzierte er sich allerdings ganz und gar nicht; es machte in der Praxis vielmehr seine eigentümliche Stärke aus. Darin unterscheidet er sich von seinen älteren Kollegen wie Bramante, Michelangelo, Peruzzi, Raffael, Giulio Romano, die – von der *Kunst* zur Architektur kommend – den Typus des modernen Künstler-Architekten ausgebildet hatten. Der Vorrang der Idee und des Entwurfs, die durch nichts als das persönliche Genie begründbar sind, verliert bei Palladio zugunsten einer auf Lehr- und Lernbarkeit fußenden Vorstellung der Architektur. Deren Kern ist weniger das Künstlersubjekt, als des Objektes Zweckbestimmung. Zur Verwirklichung bedarf es des Zusammenwirkens von praktischem Menschenverstand, Sachkenntnis und der Anspruchshaltung der Auftraggeber. Diese und ihre Bedürfnisse scheinen des Architekten erstes Augenmerk zu sein. *Comodità* – Bequemlichkeit, Zweckmäßigkeit – wird zum durchgängigen Orientierungsdatum, – noch tief zu Lebzeiten Michelangelos (gestorben 1564), der als *divino*, der Göttliche, eines Auftraggebers nur zur Verwirklichung der *eigenen* Zwecke bedurft zu haben schien.

Es ist müßig, die Gründe für Palladios abweichenden Habitus im Psychologischen oder Charakterlichen, im Persönlichkeitsbild zu suchen, wo der Blick auf das gesellschaftliche Umfeld hinreichende Erklärung verspricht. In diesem Jahrhundert sich allenthalben konsolidierender Fürstenherrschaft und Hofkunst hatte es der Künstler auf dem Boden der Republik Venedig, falls er nicht wie Tizian auswärtige (Hof-)Engagements unterhielt, weitgehend mit einer homogenen Bestellerschicht zu tun. Waren Fürst und Hofkünstler in gegenseitigem Wechselspiel an der Vergewisserung ihrer Singularität und Autonomie interessiert, so daß der (prätendierten) fürstlichen Einzigartigkeit ein Höchstmaß an künstlerischer Freiheit entsprechen konnte, vermochte sich die regierende Aristokratenklasse Venedigs Einzigartigkeit nur als Gruppe zu konzedieren; ihren Mitgliedern mußte es als einzelnen verwehrt sein, eine Partnerschaft mit einem Künstler einzugehen, die dem Modell der Hofkunst hätte gleichen können. Nach außen abgeschlossen, im Inneren um Marginalien, nie ernstlich um Macht oder gar persönliches Primat konkurrierend, waren die Adeligen auf eine Standardisierung ihrer Lebensformen angewiesen, was auch der Künstler zu berücksichtigen hatte.

Was für die Oberschicht Venedigs galt, war bei der staatspolitisch machtlosen Aristokratie der Terraferma-Städte erst recht der Fall. So teilte sich der Vicentiner Adel, der seiner angestammten feudalen Herrschaftsrechte durch die Markusrepublik beraubt war, mit seinen 500 Sitzen im Großen Rat von Vicenza in die bescheidene kommunale Herrschaft der Provinzstadt. Die politische Entfaltungsenge ließ dem einzelnen zwar den Weg der kulturellen Kompensation, übergebührliche Exponierung aber war zur Schonung des oligarchischen Prinzips und zum Schutz der gemeinsamen Interessen nicht angebracht. Der Loyalitätsdruck, der die rivalisierenden Impulse überwog und individuellen Eskapaden den Spielraum nahm, mußte auch hier die Möglichkeit abweichender Partnerschaften im Verhältnis Künstler/Auftraggeber außerordentlich beschränken.

Die Freiheit des Künstlers, das ist die künstlerische Freiheit, multiplizierte und vermehrte sich gegenüber der des Hofkünstlers nicht mit der Anzahl seiner (potentiellen) Partner, sondern wurde durch sie gewissermaßen dividiert. Eines jeden Auftraggebers Haus/Villa mußte erkennbar der Gruppe zuzuordnen sein, die er selbst repräsentierte – eine Situation, die manche Züge späterer, bürgerlicher Gesellschaften vorwegnahm und Palladios nachträgliche Wirkung erklären mag. Des Hofkünstlers Freiheit dagegen maß und bewährte sich an des Fürsten ungeteilter Souveränität. Das ermöglichte singuläre Resultate und erlaubte zugleich eine exponierte und variable Formensprache. Nicht zufällig waren Palladios namhafteste Altersgenossen – Giulio Romano (* 1499), Pirro Ligorio (* um 1500), Vignola (* 1507), Ammanati (* 1511), Vasari (*1511) – aufgrund ihrer mehr oder minder stabilen, wenn auch manchmal wechselnden Hofanstellungen befähigt, den epochalen Manierismus auszubilden und zu dessen markantesten Exponenten zu werden.

Palladio ist demgegenüber mit stilgeschichtlichen Kriterien schwer beizukommen; von Sonderfällen abgesehen, die unter seinen Villen noch seltener als in seinem übrigen Werk sind, bewegte er sich auf einer gewissermaßen mittleren Stillage, die gern als klassisch-klassizistisch, vor allem als sachlich genommen wird. Die soziologischen Bedingungen im Veneto verlangten weniger nach einer spektakulären, dafür um so differenzierteren und nuancenreichen Kunst: In Palladio fand sich die dafür geeignete Person im richtigen Moment.

Mit seinem *künstlerischen* Erfolg allerdings hat unter diesen Verhältnissen der *wirtschaftliche* nicht Schritt halten können. Immer wieder auf Vorschüsse der Bauherrn angewiesen, wurde er nie so unabhängig, daß er, falls er es gewollt hätte, seinem Leben eine andere Richtung hätte geben können. Er, der ein Leben lang Wohnhäuser plante und baute, war nicht einmal in der Lage, sich ein eigenes Haus zu errichten. Man blicke nur über die Landesgrenze nach Mantua, wo – im Dienste der Gonzaga – sich Giulio Romano eines der aufwendigsten Künstlerhäuser (um 1544) der Epoche leisten konnte!

Nichtsdestoweniger erfuhr auch Palladio die Gunst der Stunde: Der Krieg gegen die Liga von Cambrai hatte ganze Landstriche verwüstet zurückgelassen; der Wiederaufbau und eine neue Gründungswelle, ausgelöst durch den infolge der zahlreichen Enteignungen habsburgischer Parteigänger freigewordenen Grundbesitz, boten dem Architekten außergewöhnliche Chancen, und er nutzte sie.

## Villa Godi Valmarana (47)

Am östlichen Talhang des Astico, wo die südlichen Voralpen in die venezianische Tiefebene gegen Vicenza auslaufen, findet sich Palladios erster Bau in eben der Lage wie es später seine »Quattro libri« fordern: aussichtsreich, in gesunder, frischer Luft und der Nähe eines Flusses. Aus der Entfernung als ein blockartiges, helles Gebilde wahrnehmbar, kontrastiert der frühe Bau auffällig und lehrreich mit der Tempelfront der benachbarten, etwas höher gelegenen Villa Piovene (48, Abb. 18), einer jener Villen, die sich die Nachwelt – ohne den Nachweis der Urheberschaft – als typisch palladianisch eingeprägt hat.

Der Gegensatz der beiden, in rechtem Winkel einander begegnenden Fassaden scheint unüberbrückbar: An der Stelle des vorspringenden, sechssäuligen Tempelmotivs weist der frühe Bau gewissermaßen ein bauliches Vakuum auf, einen tiefen Rücksprung, der zusammen mit der Freitreppe, Terrasse und der Pfeilerarkatur den Eingangskomplex bildet. Sicherlich läßt sich auch so – ex negativo – die Mitte betonen, wenn man bereit ist in Kauf zu nehmen, daß die einladende Arkade bei seitlicher Ansicht hinter der flankierenden Ecke verschwindet. Und das ist aufgrund der Geländesituation notgedrungen die Perspektive des nahenden Besuchers.

Man hat diesen frühen und einzigen Bau, der spätestens 1540, *vor* seines Urhebers erster Romreise, begonnen wurde, naturgemäß eng an die grundständigen Bautraditionen anschließen wollen. Aber auch häufige Wiederholung machte den Hinweis auf Zusammenhänge etwa mit der Ca'Brusà (45) nicht überzeugender: Es handelt sich da um Häuser mit Ecktürmen (-risaliten), die einen, wenn auch rudimentären, Hof mit Binnenfassade besitzen. Das Erscheinungsbild der Villa Godi Valmarana erlaubt dagegen schon aufgrund der Verteilung der gemauerten Massen keineswegs, von Risaliten, also Partien, die aus dem eigentlichen Baukörper herausspringen, zu sprechen.

Man kommt aber der mutmaßlichen Idee des Baumeisters auf die Spur, wenn man entweder vom Garten her oder mit Hilfe eines Grundrisses feststellt, daß dem Rücksprung der Vorderseite ein Vor-Sprung der Rückseite von etwa gleichem Volumen entspricht. So läßt sich die merkwürdige Kluft zwischen den Baublöcken aus der Vorstellung deuten, der Mitteltrakt sei durch den Baukörper geschoben und rage demnach um dieselbe Spanne hinten heraus. Denkt man sich das rückgängig gemacht, sähe man sich einem außerordentlich massiven Körper gegenüber, dem mächtigsten unter des Meisters erhaltenen Villen; im Zentrum befände sich ein konventioneller zweigeschossiger Portikus.

Veranschaulichen läßt sich die Fiktion durch einen Blick auf die Villa Grimani (–) in Pressana: Dort findet sich an einem Bau der Frührenaissance ein solcher dreiteiliger Portikus, der im Obergeschoß durch eine spätere Freitreppe erschlossen wird. Diese Art des Zugangs unmittelbar ins Hauptgeschoß, welche die zunehmende Empfänglichkeit für Decoro und Etikette verlangte, war im Veneto noch ungewohnt (frühe Beispiele bieten die Villa Agostini, 28, Abb. 21, und die Villa dei Vescovi, 49), für Palladio aber, wie man sieht, von Anfang an verpflichtend. Wollte man jedoch bei der traditionellen Zweigeschossigkeit des Landhauses eine volle Geschoßhöhe überwinden, hätte die erforderliche Treppe jedes vertretbare Maß sprengen und das Postulat der *comodità* verletzen müssen. So mußte der Architekt seine Zuflucht in Kompromissen und Kunstgriffen suchen: In diesem Fall so, daß die Treppe, zur Hälfte *vor,* zur Hälfte

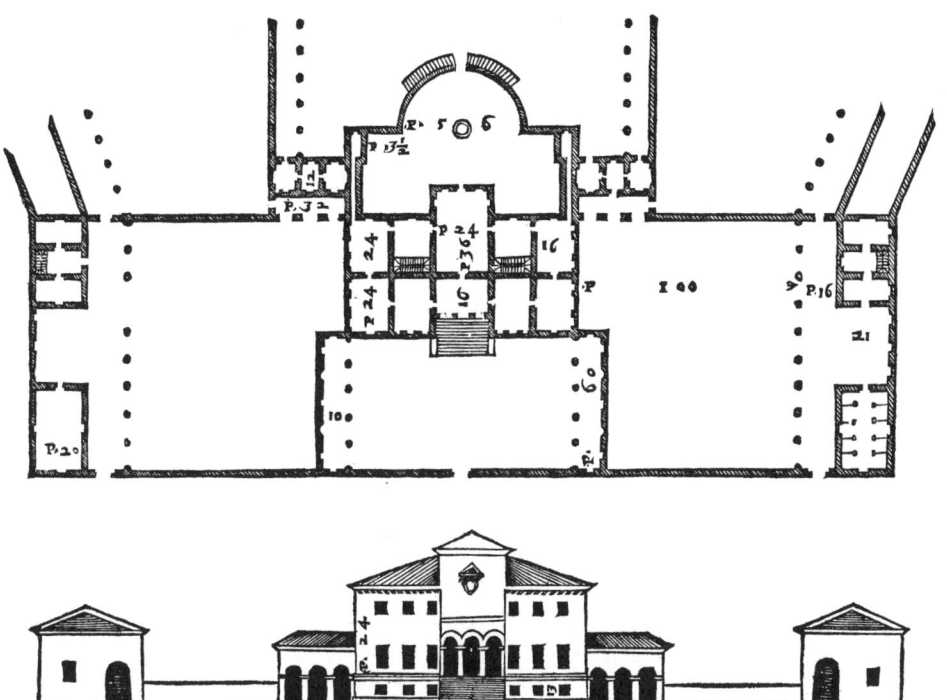

Villa Godi Valmarana, aus: Palladio, »I quattro libri dell'architettura«, II

*in* den Bau, das heißt den Rücksprung gelegt, eine akzeptable Erscheinung macht; und so, daß das Untergeschoß gedrückt, weder Sockel noch vollwertige Etage scheint.

Die Publikation der Villa in den »Quattro libri« läßt sich im Verhältnis zum stehenden Werk mehr als 30 Jahre nach dessen Errichtung wie eine Autorenkorrektur verstehen. Ein nunmehr auf sein Maß reduziertes Sockelgeschoß gestattet der Treppe die fällige Bequemlichkeit; die seltsame Überhöhung der mittleren Mauer, hervorgerufen von der recht eigensinnigen Absicht, ein durchgehendes Dach mit gleichbleibender Schräge zu verwenden, ist in einen autonomen Giebelaufsatz umgedeutet. Zugleich wurde die rhythmische Fensterdisposition im Sinne der einschlägigen Lehre reguliert und die Front um das Maß je einer Fensterachse gerafft.

Das Raumkonzept ist im Vergleich mit Trissinos Haus in Cricoli (27) nur wenig differenziert. Je vier, zumeist ähnlich oder gleich geschnittene Zimmer, die in der Flucht längs der Fassade eine Enfilade ausbilden, flankieren den Mittelpart, der hinter dem Andito, dem einzigen gewölbten Raum, zur Sala wird und zweigeschossig in die Höhe steigt. Die Rückwand öffnet sich in einer Serliana.

Im Garten schließt eine halbkreisförmige Terrasse an, deren Mittelpunkt der *pozzo* (Brunnen) bildet. Er trägt eine Inschrift, die ostentativ den Aufwand des Bauherrn mit der Arbeit an den

Pyramiden vergleicht; sicherlich etwas hochgegriffen, aber geeigneter Anlaß für die Gegenbe-
merkung, daß es für Naturstein, dem Material der Pyramiden, außer bei den Tür- und Fenster-
einfassungen keine Verwendung gab. Die Villa ist wie fast alle folgenden Bauten Palladios aus
Backstein gemauert.

Die nördliche Barchesse nimmt mit ihrer Bogenstellung sichtbar Bezug zur Fassade – eine
fragmentarische Ankündigung der von nun an als Einheit von Wohn- und Wirtschaftshäusern
entworfenen Villa.

Es bleibt das Erstaunen, daß jetzt um 1540, als endlich das Formengut der Renaissance in der
Region heimisch geworden war, weder Säule noch Pilaster, weder Gebälk, Profil noch jedwede
antikische Dekoration erscheint, an deren Premiere in der Vicentiner Baukunst der Autor am
Hause Trissinos schließlich selbst mitgewirkt hat. Ob sich der Architekt selbst oder der Bauherr
dem Architekten die Verwendung nicht zugetraut hat? Oder war es die seltene, aber immer
wieder im Veneto auflebende Neigung zur Bildung und Variation schmuckloser, wandflächiger
Baublöcke? Man fühlt sich angesichts der lapidaren Erscheinung an Bauten wie die Villa Magrin
(38, Abb. 22) in Grisignano oder die – weit spätere – Casa Rezzonico (14, Abb. 37) in Bassano
erinnert, die diese Gesinnung repräsentieren.

## Villa Pisani in Bagnolo (12)

Bei seinem vermutlich zweiten Landhausprojekt trat Palladio erstmals mit einer venezianischen
Familie in Kontakt: Die Pisani, die ihren Namen noch an manch weiteren Terraferma-Ort
hefteten, konnten 1523 in Bagnolo umfangreiche Ländereien zu einem Spottpreis aus Staats-
hand erwerben, nachdem der Vorbesitzer wegen republikfeindlicher Haltung im Krieg gegen
die Liga von Cambrai enteignet worden war.

Der Bau, der erheblich abgewandelt in den »Quattro libri« wiederkehrt, dürfte zwischen 1542
und 1545 ausgeführt worden sein. Heute werden Grundstück und Haus über den Hof betreten.
Die Hauptansicht gegen das Flüßchen Guà ist durch eine neuere Eindeichung regelrecht zuge-
schüttet; ältere Abbildungen geben den ursprünglichen Eindruck aus der Sicht vom jenseitigen
Flußufer wieder: Altertümliche Flankentürme mit einer dazwischen gestellten Rustikafront;
eine – sicherlich so gemeinte – geharnischte Pose, in der sich die neuen Besitzer und Titular-
grafen gefielen. Die seltsame Konstellation täuscht darüber hinweg, daß hier zum ersten Mal in
der Renaissance einem profanen Bauwerk eine Tempelfassade zuerkannt ist. Daran rührt auch
nicht der Mangel an Klassizität und der Umstand, daß es andernorts gewisse Vorformen gibt.
Der Tempelfront gehörte von nun an die Zukunft in der Evolution der palladianischen Villa;
ihr früher Höhepunkt bei der »Badoera« (Fratta Polésine, 35, Farbabb. 5) soll dann Anlaß sein,
das Phänomen eingehender zu erörtern.

Hier indes vermittelt das Motiv nicht eben die ihm eigene oder abverlangte Souveränität;
Rustika wird sonst eher gleichsam dienstleistend an Sockeln oder Grotten, nicht in einem
Hauptgeschoß schwebend eingesetzt; auch die Verwendung der Dorica an dieser Stelle ist
befremdlich. Wenn auch die gegenüber dem Erstling (Villa Godi Valmarana) vorgenommene

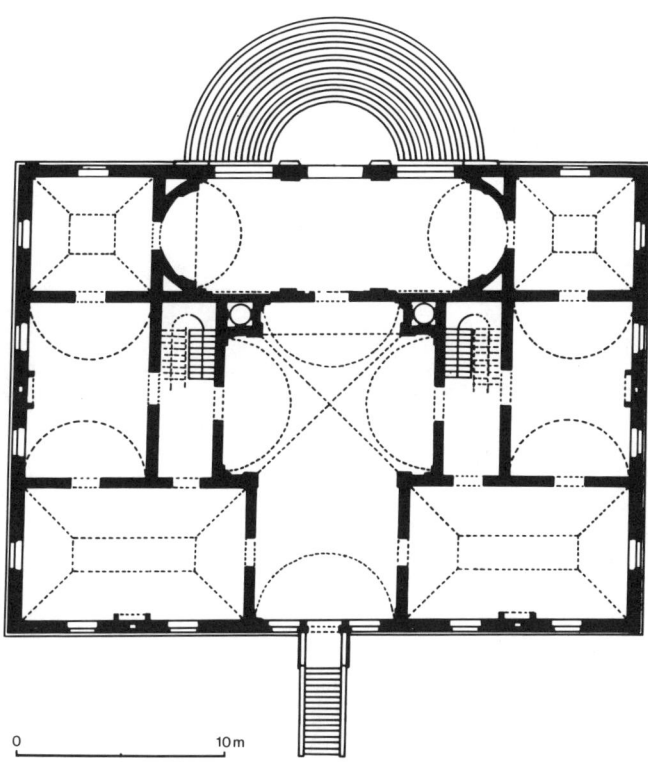

Villa Pisani in
Bagnolo, Grundriß
Hauptgeschoß,
nach Heinemann

0 ⊢————————⊣ 10 m

Schließung der Mitte die künftige Prominenz des Portikus anbahnt, ist hier die architektonische Integration mißlungen: Die Quertonne (in den äußeren Bereichen ihres Scheitels) und die Giebelschräge sind sich gegenseitig im Wege und machen die unansehnliche Auffütterung des Tympanons erforderlich.

Das Innere ist durch Um- und Einbauten weitgehend verunstaltet. Man kann sich noch die kreuzförmige Sala vergegenwärtigen, für deren Beleuchtung sich Thermenfenster anboten, und bemerkt, daß die dorischen Pilaster der Eingangsloggia auch das Innere zieren: In der Folge hat Palladio die Innenräume stets vom Instrumentarium des Außenbaues freigehalten.

In glücklicherem Zustand und von größerem Geschick ist die Hoffassade. Aus der eigentümlichen Tradition des venezianischen Hauses hat sie sich – verglichen etwa mit der Casa delle Trombe (Abb. S. 86) in Finale di Agugliaro – kaum merklich, aber doch zu neuen Selbstverständlichkeiten gelöst: Fenster und Wandpausen wechseln in regelmäßigem Takt, und die Hausecken finden zu ihrer normalen, stabilisierenden Funktion.

Zwei Jahrzehnte später errichtete Palladio die Wirtschaftsgebäude, nicht, wie die »Quattro libri« zeigen, als Annexe des Wohnhauses, sondern in beträchtlichem Abstand. Der größte Teil der imposanten Anlage ist Kriegseinflüssen zum Opfer gefallen.

109

Villa Gazzotti

## Villa Gazzotti (16)

In dieselbe Zeit (um 1542) fällt der Bau der Villa Gazzotti in Bertésina. Das in Palladios Liste nicht registrierte Haus kann aufgrund erhaltener Entwürfe jedoch zweifelsfrei für den Meister in Anspruch genommen werden. Auftraggeber war Taddeo Gazzotti, ein Spekulant, der sich infolge seines Bankrotts schon bald von seinem Besitz trennen mußte; bereits 1550 geraten das Anwesen und der Neubau, der sicherlich noch nicht fertiggestellt war, an den Venezianer Girolamo Grimani.

Die Villa ist durch ihre Nutzung als Wohnung für Landarbeiterfamilien im Innern verbaut und heute (1985) so verwahrlost, daß ein Besuch nur aus kunsthistorischem Interesse lohnt.

Ein Fortschritt im Fassadensystem ist nicht von der Hand zu weisen. Die nun schon obligatorische Bogentriade ist mit Hilfe des korinthischen Instrumentariums folgerichtig zu einer (flachen) Tempelfront stilisiert – doch so, daß deren horizontale und vertikale Daten auf die anschließenden Wände über je zwei weitere Achsen ausgedehnt sind. Das strahlt römische Souveränität aus, die indes über Padua vermittelt scheint: Es ist die Loggia Cornaro, die, gewissermaßen ins Eingeschossige und Breite übersetzt, auch hier ihre beispielhafte Rolle spielt. Dafür spricht auch ein unscheinbares Detail, die bei Pilastern unübliche Verkröpfung des Gebälks, die im Obergeschoß der Paduaner Loggia und an den Wänden der Villa Gazzotti in gleicher Weise erscheint.

Das um diese Zeit bereits überholte Motiv, eine Fassade durch Wiederholung des Dekors sozusagen im Gleichschritt abzumessen, mochte gegen die notorische Willkür des venezianischen Aufrisses noch immer angebracht sein. Dafür, daß diese Art der Gliederung sich nicht ins Unübersehbare addierte, sorgte vermutlich die Insolvenz des Bauherrn; eine Entwurfzeichnung sowie das Fehlen von Eckverstärkungen – doppelte Pilaster – sprechen für eine noch ausgedehn-

tere Planung. Der wichtige Schritt zur dominanten Mitte mag sich so einem Provisorium verdanken; auf jeden Fall provisorisch ist der Zugang, denn der Portikus verlangt in voller Breite
nach einer angemessenen Treppe.

Zu verantworten hat der Baumeister allerdings die mangelhaften Proportionen: Die Pfeilerarkaden, an sich schon viel zu hoch, sind überdies nicht nur Ursache der leeren Wandflächen,
mit denen die schönen Fenster ästhetisch nicht fertig werden, sondern auch des schon bekannten, mühsam beschwichtigten Konflikts zwischen dem Eingangsgewölbe und dem Dachstuhl.
Erst die Hinzufügung einer Attikazone zwischen Gebälk und Traufe vermochte in der Zukunft
dieses Dauerproblem endlich zu bereinigen.

Von der Eingangsloggia gelangt man entweder durch elegante, nun segmentförmig überdachte Türen in die (quadratischen) Seitenräume oder geradewegs in die Sala, die durch Wölbung ausgezeichneten Räumlichkeiten. Der Saal beschreibt vermöge eines rückwärtigen Risalits ein vollkommenes Raumkreuz, dessen Querarm mit den rechts und links anschließenden
kleineren Zimmern eine Enfilade bildet. Das zunehmend zentralistische Prinzip des Fassaden-
risses hat so seine Entsprechung im Raumkonzept gefunden, eine Idee, die allmählich zum Ideal
stilisiert wurde.

Villa Saraceno (34)

Aus: Palladio, »I quattro libri dell'architettura«, II

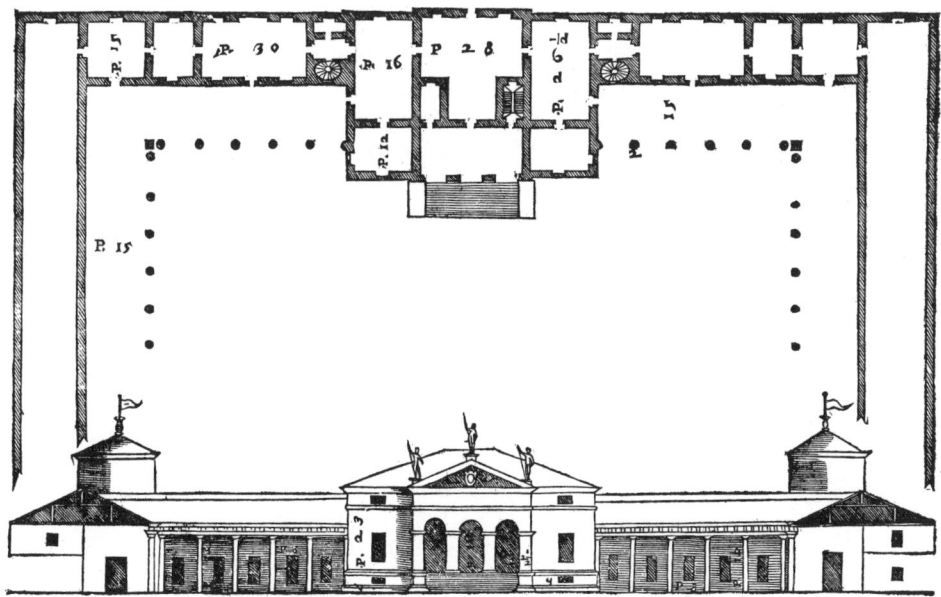

Wenn sich in den didaktischen Schritten bei der Vermittlung des Villen-Œuvres die tatsächlichen genetischen Prozesse widerspiegelten, wäre die Villa Saraceno (Abb. 20) jetzt auch chronologisch an der Reihe. Da die Bauzeit jedoch, wie vielfach bei Palladio, umstritten ist, bieten sich für die Begründung der gewählten Reihenfolge nun vermehrt Vermittlungskriterien an, die entlang einer sozusagen idealtypischen Linie, und sei sie fiktiv, die weitere Sichtung leiten sollen.

Unter dieser Perspektive ist es ein Fortschritt, wenn auf die Pilaster als zusätzlichen Zierat verzichtet ist; sie werden, von der Wand befreit, als Säulen (gegebenenfalls Halbsäulen) mit der für die überzeugende Tempelallusion nötigen Autonomie bei anspruchsvollen Projekten wiederkehren. So verbleibt die lapidare, gleichsam durch Ausschnitt der Wand hergestellte dreifache Pfeilerarkade und empfiehlt sich als die schlichtere Fassadenvariante des Landhauses.

Eine Attika ist hinzugekommen; sie hebt den Giebelaufbau, schafft Raum für die Wölbung der Eingangsloggia und klare Verhältnisse in der Disposition der eineinhalb Geschosse. Schnell ist man sich sicher, nicht bloß einer vorgeblendeten Schauwand, sondern einem strukturierten Baukörper zu begegnen – ein Eindruck, der sich sogleich bestätigt, wenn man beim Umgehen des Hauses registriert, daß sich alle wesentlichen Gliederungsmotive allseits fortsetzen beziehungsweise wiederholen. Das gibt zwar keine spektakulären Effekte, doch die Genugtuung, in der Berechenbarkeit der Erscheinungen des Baumeisters berechnendes Wirken wiederzuerkennen.

Das tönende Bekenntnis zur Antike, wie es u. a. aus den Werken Cornaros, Trissinos und – zurückhaltender – aus Palladios Häusern in Bagnolo (12) und Bertésina (16) spricht, ist verklungen. Das klassische Vorbild bleibt, doch weniger zum Zweck seiner Nachahmung denn als Anleitung für den selbständigen und zweckmäßigen Entwurf. Nur wem das verborgen bleibt, kann sich über die augenscheinliche Verwandtschaft wundern, die zwischen der Saraceno-Villa und der alten, bodenständigen Hausform des Veneto besteht. Man erinnere sich etwa der Casa Loredan (87), um der immanenten Macht des Zweckmäßigen einsichtig zu werden, die sich nach mehr als einer – überaus wandlungsfähigen – Generation wieder Geltung verschafft. Das ließe sich wohlfeil im Sinne der von den Lobrednern der Agricoltura besungenen, nur im Landleben gewährten Stabilität der menschlichen Dinge deuten. Palladio, für den es – auch beim Bau der »fabrica del Signor Biagio Sarraceno« – nur praktische Gründe zu geben schien, hat durch den Verzicht auf ideologische Begründungen das Problem der Kontinuität offengelassen und dadurch seinen langfristigen Erfolg zweifellos gefördert.

Inzwischen ist die Projekteinheit von Casa und Wirtschaftstrakten selbstverständlich geworden, wenn auch, wie hier, nicht gleichzeitig realisiert. Auch dieses Haus ist heute in erbarmungswürdigem Zustand; an seiner Stelle kann man die aufs Engste mit ihr verwandte Villa Caldogno (21) aufsuchen und besichtigen.

25  Villa »La Malcontenta« in Malcontenta (50)  ▷

26  Villa Barbaro in Masèr (54): Deckenfresko von Veronese in der *Sala dell'Olimpo*

27  Villa Barbaro in Masèr (54) ▷

28  Linker Taubenturm der Villa Emo in Fanzolo (32)

29  Die »Rocca Pisana« in Lonigo (44) ▷

30 Villa Cornaro in Piombino Dese (75)

31 Villa Ferramosca in Barbano di Grisignano di Zocco (13)

32 Villa Verlato in Villaverla (103)

34 Villa Barbarigo Rezzonico in Noventa Vicentina (69) ▷

33 Villa Ferretti Angeli in Sambruson del Dolo (82)

36 Villa Pesaro in Este (31)

◁ 35 Villa Selvatico in Battáglia Terme (15)

37 Villa Rezzonico in Bassano (14)

38 Villa Valmarana-»Dei Nani«, Vicenza (100)

39  Villa Valmarana-»Dei Nani«(100): Fresko »Vorbereitung zur Opferung der Iphigenie« von Giambattista
    Tiepolo im Mittelsaal

40/41  Villa Fattori Mosconi in Novare di Negrar (67): Bäuerliches Pärchen an der Einfahrt zu den Barchessen

42  Villa Fattori Mosconi in Novare di Negrar (67)

43 Villa Pisani-»La Nazionale« in Strà (93)

44 Villa Morosini Valmarana in Altavilla Vicentina (3)

45  Villa Cordellina Lombardi in Montécchio Maggiore (62)

46  Villa Franceschini Pasini in Arcugnano (6)

## Villa Poiana (76)

Die lakonische Formensprache der Villa Poiana (Abb. 19) hat viel Verwirrung gestiftet; sie scheint ebenso überzeugend für schlichtes Beginnen wie für gereifte Einfachheit zu sprechen. Vergleicht man sie gar mit der vermutlich zur selben Zeit entstandenen Villa »Rotonda« (99), bleibt Ratlosigkeit über das Ausmaß des Unvergleichbaren. Die beiden Extreme mag man sich indessen für den Augenblick in der Vorstellung vermitteln, bei der Villa Poiana seien in äußerster Reduziertheit dieselben Prinzipien maßgebend, welche auch die »Rotonda« unter ihrer glänzenden Aufmachung bestimmten; es komme folglich auf die Zwecke an, in welche Richtung man bei der Ausführung zu schreiten habe.

Gegenüber der Villa Saraceno sind, wie man sich schnell überzeugt, die tragenden Grundsätze bei der Fassaden- und Grundrißplanung aufrechterhalten. Was das Auge so verunsichert, ist, daß es die geläufige Figur der Portikusloggia vermißt und an ihrer Stelle ein differenziertes Arrangement von Wandöffnungen wahrnimmt. Dominierend zeichnet sich ein Portal ab, dessen vier Pfosten, von zwei Halbkreisbögen konzentrisch überfangen, drei Durchlässe gewähren, zwei schmale an den Seiten und einen privilegierten in der Mitte. Es handelt sich seiner Zeichnung nach um eine sogenannte Serliana, nur in gewissermaßen unbearbeitetem Zustand vorgestellt: als seien in den Pfosten, dem Sturz und den Bögen – noch unbefreit – die Säulen, Architrave und Profile versteckt, die zur Abbildung der konstruktiven Funktionen fällig wären. Ohne den Ausdruck des Tragens und Lastens wird so die Serliana zu einer abstrakten und formalen Erscheinung, verglichen mit ihrer verschwenderischen Existenz an den Loggien der Vicentiner Basilika, dem frühen Hauptwerk des Meisters, das diesem schon der Antike bekannten Säulen/Bogen-Konstrukt auch den Namen »Palladio-Motiv« eingetragen hat.

Im übrigen Werk dieses Meisters ist es selten. An gleicher Stelle, doch plastisch modelliert, tritt es an der Fassade eines der *progetti giovanili* (Jugendentwürfe) auf, der annäherungsweise in der Villa Valmarana (–) in Vigardolo di Monticello del Conte Otto von unbekannter Hand realisiert worden ist. Auch der Villa Cerato (–) in Montécchio Precalcino, die vielen als ein weiteres Frühwerk Palladios gilt, wäre zu gedenken, und dann auch wieder jener Villa Loredan (87), in der sich die autochthone Tradition vollendet.

Allen diesen Häusern ist gemeinsam, daß die Dreierform die Ausdehnung des anschließenden Raumes, folglich den Mitteltrakt definiert. Hier jedoch mißt der – querliegende – Andito darüber hinaus die volle Breite der risalierenden Giebelfront – zur Irritation des Beschauers, der sich fragt, ob die angrenzenden Fenster, die zusammen mit den restlichen eine Zeile bilden, zu den Seitenwänden oder zum Mittelteil gehören, wie es der Giebel suggeriert, ob das Haus drei oder fünf Achsen besitzt.

Man hat derartige Zweideutigkeit als Merkmal manieristischen Bauens, als geistreiches Verwirrspiel innerhalb des unausweichlichen, normativen Regelwerks der klassischen Architektur zu verstehen gelernt. Solch ein Anflug von Übermut spricht sich gewiß auch hier aus: erfrischend angesichts der notorischen Strenge des Urhebers.

Doch was den Zeitgenossen architektonischer Witz war – die inszenierte Zweideutigkeit –, wird durch des Meisters Stringenz zu planmäßigem Doppelsinn: Die beiden fraglichen Fenster

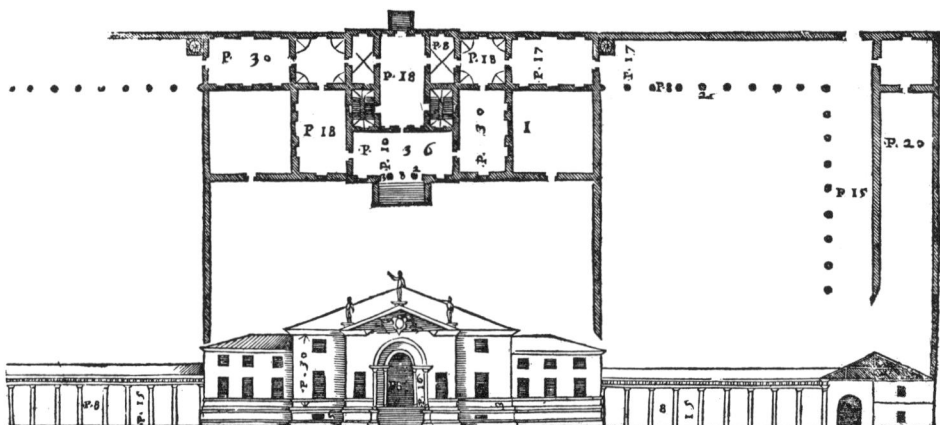

Ansicht (oben) und Entwurf aus: Palladio, »I quattro libri dell'architettura«, II

gehören im Verhältnis zur breitgelagerten Loggia gewiß zum Mittelteil, im Verhältnis zur Sala jedoch, die wie der Stamm des Buchstabens T im (schmalen) Querschnitt des äußeren Serliana-bogens tonnengewölbt in die Tiefe fluchtet, entsprechen sie den Flanken. Das war die Situation der bis in die Renaissance hineingeretteten Casa veneziana, bei der – im besten Falle – das Innere im Äußeren und das Äußere im Inneren sich spiegelte. Die kontrapostische Raumfolge der Villa Poiana ließ sich jedoch nicht gleichsam durch einen einzigen Schnitt bezeichnen, sie verlangte nach einer Projektion, deren Sinnfälligkeit sich im Zweideutigen ausdrücken mußte. Geschnit-ten, wie die Serliana wirkt, reproduziert sie allerdings den Schnitt der Sala und kündigt sie, die erst nach gedehnter Raumpause (Vestibül) betreten wird, von außen an. Das bekräftigen die in den Fassadenbogen eingesenkten Okuli: Sie wiederholen sich über dem rückseitigen Ausgang zum Feld mit der Sensation eines Licht-Bildes, das sich dem modernen Besucher wie eine Vision der Telefonwählscheibe aufnötigt; als plastische Dekoration war das Motiv schon Bramante bekannt.

Der ›durchdringende‹ Effekt muß dem Architekten so wichtig gewesen sein, daß er – gewiß nicht in voller Übereinstimmung mit seiner Regel – das untere Giebelgesims öffnete; er wiederholte dies später, ähnlich begründbar, noch einmal an der Landfassade der Villa »Malcontenta« (50).

Schule machte das Konzept der Villa Poiana nur ausnahmsweise, so in der Villa Caldogno Pagello (–), heute Rathaus der Gemeinde Caldogno.

Wiederum registrieren die »Quattro libri« nicht exakt den gebauten Bestand. Von den geplanten, zurückgesetzten Flügeln ist der linke in späterer Zeit im Sinne der Planung ergänzt worden. Muttoni berücksichtigt ihn bereits in seiner Aufnahme von 1740.

## Villa Badoer-»La Badoera« (35)

Auf halbem Wege zwischen Montagnana und Rovigo liegt mitten in der seiner Kanäle und Deiche wegen auffallend niederländisch anmutenden Landschaft des Polésine der Marktflecken Fratta. Die Fruchtbarkeit des Bodens bewirkte eine besondere Konzentration landwirtschaftlicher Interessen und sorgte so für eine stattliche Anzahl herrschaftlicher Niederlassungen in engster Nachbarschaft.

Hier, an südlichster Stelle seiner Wirksamkeit, baute Palladio für den venezianischen Senator und Capitano von Bergamo Francesco Badoer (1512–1572) eine Villa, die infolge ihrer Vollständigkeit und sensiblen Organisation schon immer zu seinen Meisterwerken gerechnet wurde (Farbabb. 5).

Die Anlage, umgürtet von einem zinnenbesetzten Mauerkranz (nach Art der Villa Garzoni, 78), wendet ihre Fassade und ihren ehrenhofartigen Garten der Dorfstraße entgegen, von der sie zusätzlich durch einen Seitenarm der nahen Etsch, den Canal Scortico, geschieden ist.

Hoch aufgesockelt erhebt sich das Herrenhaus über die weit abgesetzten Flügel; eine dreiläufige Treppenanlage vermittelt den ebenso von der Würde des Hauses wie dem bedrohlichen Grundwasser geforderten Niveauunterschied. Eine weitere Treppe überwindet das Kellergeschoß und leitet den Besucher in die Eingangsloggia, die nunmehr zu einer vollendeten Tempelfront ausgebildet ist. Ihr »Hauptgesims umgibt, einer Krone gleich, das ganze Haus« (»Quattro libri«, II) und integriert es allseitig.

Man ist der späteren wahllosen Verwendung der Tempelfassade – an Kirchen und Schlössern, Regierungen, Theatern und Börsen, Museen, Fabriken und Wohnhäusern aller Herren Länder – so bis zum Überdruß gesättigt, daß rückwirkend auch ihre nachantike Stiftung durch Palladio einen faden Beigeschmack auslöst. Nicht die Häupter der Renaissance, Alberti oder Bramante, Michelangelo oder Sansovino, haben die Lawine ausgelöst, sondern der Steinmetz und Bau-

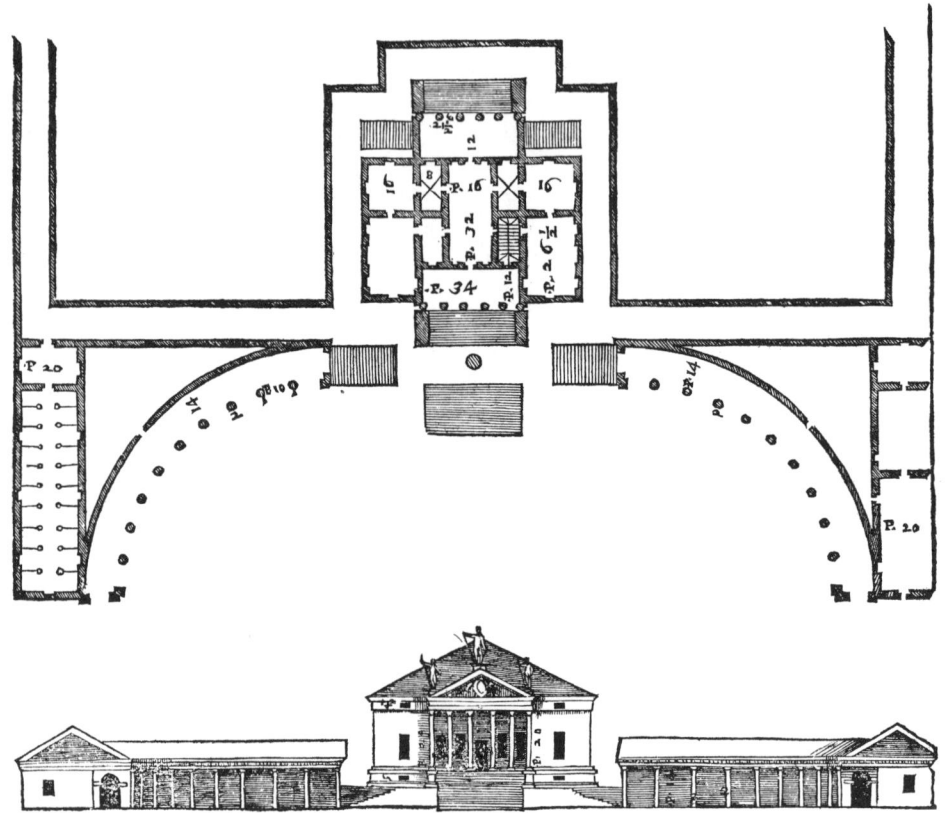

Villa »La Badoera«, aus: Palladio, »I quattro libri dell'architettura«, II

meister aus der entlegenen, venezianischen Provinz. Dabei hatte er sich nicht auf die einschlägige Architekturtheorie berufen und kaum auf gebaute Werke stützen können. Alberti, dem templum gleich Gotteshaus war, verlangte, daß »der Giebel bei privaten Häusern« nicht so gemacht werde, »daß er irgendwie an die Hoheit des Tempels (heranreiche)« (Buch IX, 4); und aus der Anschauung konnte sich Palladio allenfalls des gänzlich anders disponierten Portals der Medicivilla in Poggio a Caiano (um 1480, von Giuliano da Sangallo) oder der mit Bögen instrumentierten Portici der Villa Giustinian (81) beziehungsweise der Gartenseite des Palazzo del Te (1525, von Giulio Romano) in Mantua erinnern.

Er erklärt sich dazu ebenso offen wie theoriefern: »Ich habe den Tempelgiebel bei allen Villen und auch einigen Stadthäusern verwendet ... weil solche Giebel den Eingang des Gebäudes betonen und viel zur Vornehmheit des Werkes beitragen, da so die Front weit über das Übrige herausgehoben ist. Sie sind auch sehr geeignet, die Wappen oder Embleme der Besitzer anzubringen, deren gewöhnlicher Platz in der Mitte der Front ist« (»Quattro libri«, II).

Was zunächst, vom Praktischen geleitet, recht plausibel klingt, ist nichts weniger als eine folgenreiche Abkehr von geltenden Wertvorstellungen. Man war, nicht erst seit Alberti, der es formulierte, gewohnt, daß sich die Formensprache der Architektur nach den Bauaufgaben zu richten hatte. Nur so ließ und läßt sich die gesellschaftliche Rangordnung oder Binnendifferenzierung baulich abbilden und ein gleichsam sprechendes Stadt-Bild erzeugen – noch heute die Kernfrage jeglicher Stadtplanung.

Indem Palladio den Tempelgiebel zur Disposition stellte, leitete er einen Prozess ein, an dessen Ende Amtsgericht und Bankfiliale nicht mehr voneinander zu unterscheiden waren. Die irrige Annahme, daß am Anfang allen Bauens das Privathaus, entwickelt aus dem persönlichen Unterschlupf, gestanden habe, somit Voraussetzung und Vorbild der öffentlichen Bauten sei, mochte ihn zur Umkehrung ermutigt haben: den – wohlbekannten – Tempel zu Vorbild und Voraussetzung des – unbekannten – (antiken) Privathauses zu nehmen, das er zu rekonstruieren suchte. Der Beifall des Bauherrn, der solchem Beginnen sicher war, konnte, zum Maßstab genommen, am Ende das Motiv zum Bauliberalismus geben, der auf der kolonisierten und machtlosen Terraferma einen günstigeren Boden fand als in den festgefügten Stadt- oder Fürstenstaaten.

Die Hierarchie der Bauformen, die so im gesellschaftlichen Zusammenhang angefochten ist, kehrt im privaten Interesse freilich gleich wieder. Die Tempelfront unterwirft das System der Villa von der Mitte und von oben herab bis zum letzten ihrer dienstbaren Bestandteile. Zu dem Zwecke scheut sich Palladio nicht einmal, die Antike nachzubessern, indem er den mittleren Säulenzwischenraum seiner Tempelportici zugunsten einer herrschaftlichen Perspektive, einer *via sacra* gleich, privilegiert und »ein wenig größer als die anderen (macht), damit man um so besser die Türen und Eingänge sieht, die man gewöhnlich in die Gebäudemitte legen soll« (»Quattro libri«, I): Die Säulenintervalle antiker Tempel sind dagegen grundsätzlich gleich, nur das römische Pantheon macht eine Ausnahme von der Regel.

Eine wohlbedachte Verwendung der Säulenordnungen steigert die Prominenz des Herrenhauses um ein weiteres und regelt gleichsam die sozialen Verhältnisse der Villa. Aus Vitruvs Architekturbuch hatte man in der Renaissance eine allegorische Bestimmung der Ordnungen herausgelesen: Von der toscanischen über die dorische, jonische, korinthische bis zur kompositen Ordnung entfaltet sich demnach – sichtbar an der Gestalt der Säulen und der Erscheinung des gesamten jeweiligen Apparates (Architrav, Fries, Gesims, Fenster- und Türöffnung, Ornament) – eine Steigerung von ländlicher Schlichtheit zu höchster urbaner Würde und sakraler Weihe (vgl. S. 303ff.).

Für die Villa auf dem Lande, das heißt die *Casa del padrone*, empfahl sich die jonische als die mittlere der Ordnungen, die gewissermaßen den Ausgleich zwischen den Extremen der Toscana und der Composita herstellte. Sie glänzt zugleich durch die besondere – weil mittlere – Ausgewogenheit im Verhältnis von Säule und Pause (Interkolumnium), die als Eustylos (»wohlbemessener Säulenabstand« des zweieinviertelfachen unteren Säulendurchmessers) bezeichnet wird. Demgegenüber sind die ebenerdigen Hofloggien durch die Verwendung der toscanischen Ordnung signifikant untergeordnet. Das sei zugleich auch sehr zweckmäßig, denn man »kann die Interkolumnien sehr groß machen, werden die Architrave doch nur aus Holz gemacht«, so daß man bequem »Wagen und andere bäuerliche Geräte unterstellen« kann (»Quattro libri«, I); die toscanische Ordnung repräsentiert die mit dem vierfachen des unteren Durchmessers weiteste Säulenstellung, den Aräostylos.

Die praktische Erwägung des Autors trifft die vorliegende Situation doch wohl nur nebensächlich, denn die zwei viertelkreisförmig ausgreifenden Kolonnaden verdanken sich vor allem künstlerischen Kriterien: Sie sind nicht etwa, wie zu erwarten, selbst Teil der Wirtschaftsgebäude, sondern bilden, diese maskierend, eine selbständige und elegante, mit zwei Brunnen besetzte Hof-Exedra. Die eigentlichen Barchessen, die rechtwinklig zum Wohnhaus angelegt sind, werden in ihrer Benutzbarkeit eher behindert. Es entsteht aber, möglicherweise inspiriert von der Gartenseite der wenig früheren Villa Giulia in Rom (von Vignola und Ammanati), ein Architektur-Bild, das für künftige, zumal barocke Platzgestaltung vorbildlich wurde. Ins Große übersetzt, finden sich in regionalem und verwandtem Zusammenhang abgeleitete Hof-/Platzanlagen etwa in dem trevisanischen Örtchen Badoere (10) und der Villa Manin in Passariano (72, Farbabb. 21, Abb. 23).

Den Angaben in den »Quattro libri« zufolge sollte dem eingezogenen »Frontispiz«, wie Palladio es nennt, ein um das gleiche Maß hervortretender Portikus auf der Rückseite des Hauses entsprechen, – eine Rekapitulierung der Idee, welche die frühe Villa Godi Valmarana (47) auszeichnet. Die abweichende Realisierung macht sich jedoch in der Raumstruktur nicht als Mangel bemerkbar. Die Zimmersuiten, bestehend aus *camera, anticamera* und *postcamera* haben mit der Sala das Grundmaß 16 (Vicentiner Fuß) gemeinsam, das – falls nicht quadratisch – auf je einer Raumseite in einfachen Verhältnissen vermehrt oder vermindert ist.

In Sichtnähe liegt eine weitere, einheimischer Überlieferung zufolge ebenfalls von Palladio entworfene Villa (Mocenigo Avezzù, 36), die aber nur seine Villa Foscari (50), genannt »La Malcontenta«, wiederholt und als frühes Beispiel des entstehenden Palladianismus gelten kann.

## Villa Almerico Capra-»La Rotonda« (99)

Es ist kaum vermeidbar, die Villa Almerico Capra, genannt »La Rotonda«, mit den Augen Goethes zu sehen, der sie unter dem 22. September 1786 für alle Zeiten seinem Zitat und Urteil unterwarf: »Heute besuchte ich das eine halbe Stunde von der Stadt, auf einer angenehmen Höhe liegende Prachthaus, die Rotonda genannt. Es ist ein viereckiges Gebäude, das einen runden, von oben erleuchteten Saal in sich schließt. Von allen vier Seiten steigt man auf breiten Treppen hinan und gelangt jedesmal in eine Vorhalle, die von sechs korinthischen Säulen gebildet wird.« Hier stockt der aufmerksame Leser, denn tatsächlich sind es – und wie sollte es anders sein! – sechs *jonische* Säulen.

Seinem Tagebuch hatte der Dichter keine exakten Daten anvertraut, aber die in Vicenza gekaufte Palladio-Ausgabe hätte er zu Rate ziehen können, als er Jahrzehnte später (1814/16) an die Veröffentlichung ging. Auch ein zweiter Besuch in der Villa (am 25. Mai 1790) hatte wohl nur den früheren Eindruck vertiefen können, der im anschließenden Satz der »Italienischen Reise« aufleuchtet: »Vielleicht hat die Baukunst ihren Luxus niemals höher getrieben«; und

134

diese Empfindung veranlaßte wohl die Einbildung, es mit der festlichsten der Säulenordnungen, nämlich der korinthischen, zu tun gehabt zu haben.

Tatsächlich spiegelt die »Rotonda« (Farbabb. 4, Abb. 24) die theoretische Vorstellung vom Zentralbau als dem idealen Gotteshaus wider – eine Idee, die sich in den besten Köpfen der Renaissance nachgerade zur Obsession verdichtet hatte, ohne daß sie sich in der Baupraxis überzeugend durchsetzen ließ. Die Vorstellung, daß der Kreis oder seine Ableitungen als die einfachste und idealste Form der Schöpfung zugleich das schlechthin zweckmäßige Bild zur Verherrlichung ihres Schöpfers sei, rechtfertigte die Zentralkirche als eine symbolhaltige Architektur, und so hatte sie Palladio selbst in seinem letzten Werk, dem Tempietto Barbaro in Maser, verstanden.

Was aber rechtfertigt den Zentralbau, wenn er in seiner vollendetsten Verwirklichung als weltlich-allzuweltliche Villa aufersteht? Was mag er symbolisieren? Etwa den geistlichen Stand des Auftraggebers Paolo Almerico, ehedem Referendar des Papstes Pius IV.?

Wo die Form nichts Angemessenes zu symbolisieren findet, muß sie sich nach ihrer Zweckmäßigkeit fragen lassen. In diesem Sinne räsoniert Goethe: »Der Raum, den die Treppen und Vorhallen einnehmen, ist viel größer als der des Hauses selbst; denn jede einzelne Seite würde als Ansicht eines Tempels befriedigen. Inwendig kann man es wohnbar, aber nicht wöhnlich nennen. Der Saal ist von der schönsten Proportion, die Zimmer auch; aber zu den Bedürfnissen eines Sommeraufenthalts einer vornehmen Familie würden sie kaum hinreichen.«

Weil zur »Rotonda« ursprünglich kein Landbesitz gehörte, zählte sie ihr Urheber auch nicht zu den Villen, für deren Begriff das Ökonomische unentbehrlich war, sondern zu den Stadtpalästen (»Quattro libri«, II, Kap. 3). Als suburbanes, in unmittelbarer Nachbarschaft der Stadt gelegenes Haus ist es, nach Auskunft des Architekten, zur Erholung des ledigen Hausherrn bestimmt und wird – als Bauwerk – ausschließlich von der landschaftlichen Gunst begründet. Geradezu poetisch schildert der sonst eher lakonische Autor die Örtlichkeit, die »zu den anmutigsten und erfreulichsten (gehört), die man finden kann«, als verdiene sie gleichsam die Krönung durch eine »Rotonda«.

Eine vergleichbare Inspiration durch den Genius loci mag bereits in der Villa dei Vescovi (49) des Alvise Cornaro zu spüren sein; die »Rocca Pisana« (44), die Villa Emo Capodilista (61) in Montécchia di Selvazzano und die gleichnamige alias Selvatico (15) bei Battáglia Terme werden später folgen. Und jedesmal wird man das Haus zwar »wohnbar, aber nicht wöhnlich nennen« können, was jedesmal der ideale, nach vier Fassaden verlangende Grundriß zu verantworten hat.

Befreit vom Gebot der Symbolisierung und dem Diktat der Nützlichkeit, bleibt der Baukunst nur mehr ihre Künstlichkeit. Die Balance zwischen den Kriterien gilt nicht mehr, und die verselbständigte Kunst triumphiert über die (Bedürfnis-) Natur. Dieses allgemeine Merkmal manieristischer Kunst wird augenfällig pointiert durch das Motiv der Allansichtigkeit: »Von allen Seiten gleich schön« zu sein, ist ein ästhetisches Programm der Epoche, dem sich vor allem die Skulptur, sich lust- und leidvoll windend, unterzieht. Die Malerei, die mit der Umkreisung ihre Schwierigkeiten hat, läßt statt dessen ihre Figuren im Nebeneinander (scheinbar) rotieren; und der Architekt zitiert unter derselben Devise gegebenenfalls vier Tempelfassaden herbei!

In letzter Konsequenz ist das autonome Architektur – ein in sich widersprüchlicher Begriff, der an das Ende der Architektur im Denkmal grenzt. Hier löst sich die Villa von ihrem landwirtschaftlichen italischen Boden in die Universalität eines Modells, bei dem sich Architektur und Leben, ihrer Pflichten dispensiert, gegenseitig bespiegeln; und dieses Modell hatte Zukunft.

Gegenüber den Grundrissen der anderen Villen bedingte der zentrale Saal eine vollkommene Raumrahmung, die viermal von den Korridoren unterbrochen ist. Der Rundgang durch die Zimmer begegnet somit viermal einer Einladung in die Sala oder die vier Portikusloggien. Die zwischen dem Kreis und seinen Tangenten anfallenden Zwickel nehmen nach dem Muster römischer Thermen die Treppen auf. Der runde Saal, der gegen des Urhebers Überzeugung üppig dekoriert wurde, ist naturgemäß auf Oberlicht angewiesen und auf der Ebene des Mezzaningeschosses von einer Galerie umgürtet. Die abschließende Kuppel gibt nur von innen ein vollendetes Bild; äußerlich ist sie, abweichend von der Veröffentlichung in den »Quattro libri« mit einem flachgetreppten Kegeldach gedeckt und ihrer möglichen Fernwirkung beraubt. Vincenzo Scamozzi, der den Bau in den 90er Jahren weiterführte, hatte möglicherweise auf die Laterne verzichten wollen und eine Kuppelöffnung nach Art des römischen Pantheons vorgesehen; dafür sprechen der kunstvolle Wasserabfluß im Boden der Rotunde sowie das Beispiel seiner eigenen »Rocca Pisana«.

Der Besuch des großen englischen Architekten Inigo Jones (1573–1652) am 24. September 1613 markiert den Beginn der überregionalen Wirkung des Bauwerks.

1591 erwarb ein Graf Capra den Bau für 18 500 Dukaten; weitere 12 127 Dukaten mußten für Renovierung und Fertigstellung aufgewendet werden. Eine Landwirtschaft kam hinzu. Der neue Eigentümer verewigte sich in der Art eines Vermächtnisses auf den vier Giebelarchitraven, die als umlaufendes Gesims Attika- (Mezzanin-) und Giebelzone gemeinsam ausschei-

Villa »Rotonda«, aus: Palladio, »I quattro libri dell'architettura«, II ▷

Villa »Rotonda«, Fassade, nach Heinemann

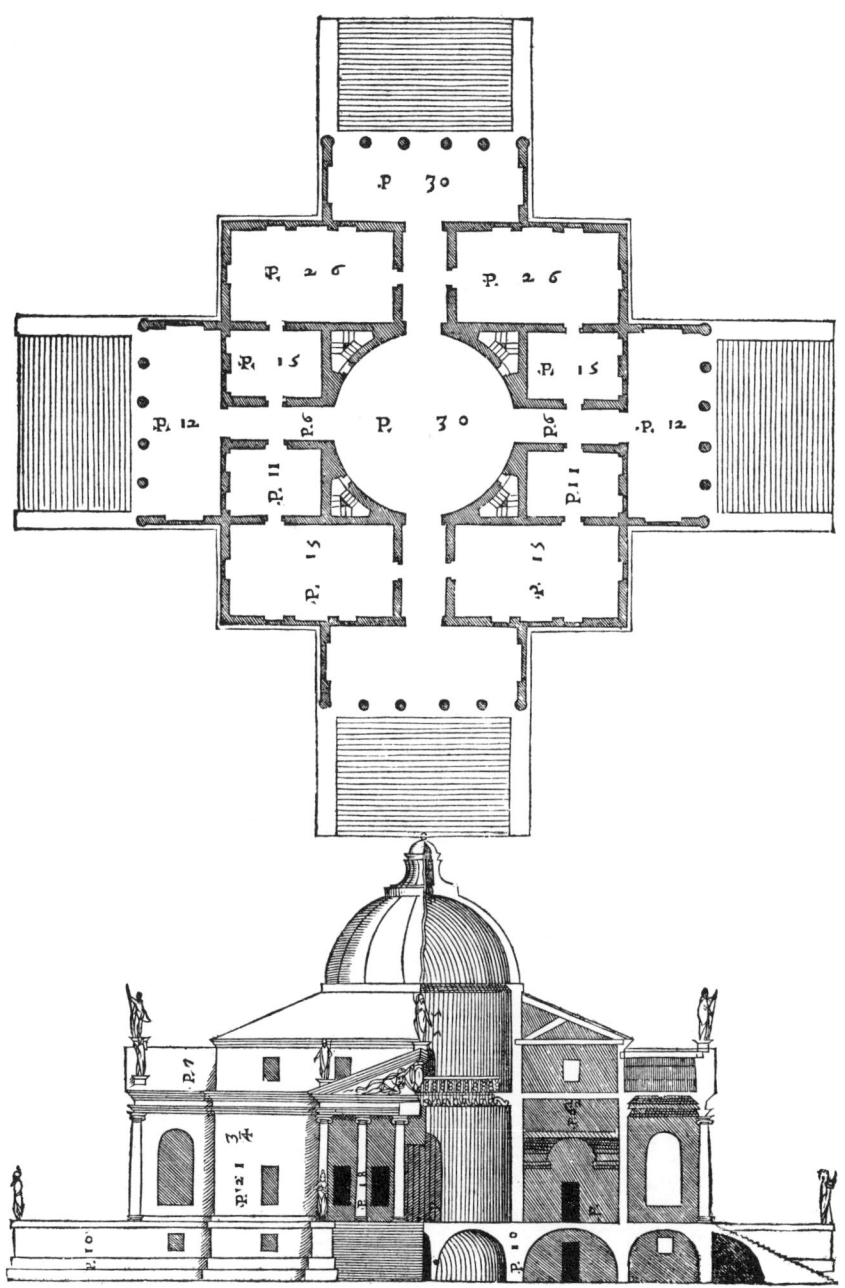

137

den, mittels vierer Inschriften, »die zusammen eine ganze ausmachen«: MARIUS CAPRA GABRIELIS F./QUI AEDES HAS ARCTISSIMO PRIMOGENITURAE GRADUI SUBIECIT/UNA CUM OMNIBUS CENSIBUS AGRIS VALLIBUS ET COLLIBUS CITRA VIAM MAGNAM/MEMORIAE PERPETUAE MANDANS HAEC DUM SUSTINET AC ABSTINET (Marius Capra, Gabriels Sohn, der dieses Haus dem engsten Grad der Erstgeburt zusammen mit allen Einkünften, Feldern, Tälern und Hügeln diesseits der großen Straße unterstellt hat, dies zum ewigen Gedächtnis, während er selbst duldete und Entbehrung litt). Angesichts eines solchen Werkes dulden und entbehren zu müssen, wundert sich Goethe und endigt seinen Besuch: »Das kann man mit geringerem Aufwand lernen.«

## Villa Foscari-»La Malcontenta« (50)

Die Villen am Brentakanal zwischen seiner Einmündung in die Lagune bei Fusina und der Stadt Padua behaupteten von Anfang an gegenüber jenen des Hinterlandes eine gewisse Sonderstellung. Da die Besucher der Metropole normalerweise den Schiffsweg über diesen Brentalauf wählten, wurde die Passage schon früh »quasi borgo della Città di Venezia« – sozusagen als Vorort Venedigs – empfunden.

Die Häuser wenden ihre Fassaden nach Art und Weise Stadtvenedigs durchgängig dem Verkehrsweg, also dem Wasser zu und bilden dabei lockere Zeilen aus. Die infolge der lebhaften Nachfrage naturgemäß engere Grundstücksparzellierung stand der landwirtschaftlichen Nutzung im Wege und förderte den Charakter der *Villa di spasso,* des Lusthauses, erlaubte aber auch die Tradition des Stadtpalastes.

Den östlichen Prolog des vielbeschriebenen und -gepriesenen Brentaszenariums macht, in vergleichsweise ländlich gebliebener Umgebung, die Villa Foscari in Malcontenta, Palladios einziger Bau in der heutigen Provinz Venezia (Farbabb. 6, 7, Abb. 25).

Im Vergleich mit der verwandten »Rotonda«-Fassade ist der Portikus zu einem eigentlichen Pronaos, einer Tempelvorhalle ausgebildet, auf deren Flanken sich die Säulenfolge zweiachsig fortsetzt. Für die zusätzliche Exposition des Motivs sorgt der ausnehmend hohe Sockel, der, unkaschiert von einer an dieser Stelle üblicherweise geforderten Treppe, einen brüsk abweisenden Eindruck macht. Bei Umschreiten des Hauses nimmt man, erneut befremdet, das Äußere weniger als Wand denn als aufgespannte Epidermis wahr, die ungerahmte Fensteröffnungen freiläßt. Aufgrund seines flachen und artifiziellen Zuschnitts läßt sich das Fugenwerk kaum noch als Rustika interpretieren, es verleugnet nicht seine eigentliche Natur als nur aufgeputztes Muster.

Die makellose Erscheinung der Bauten Palladios, sofern sie sich in gepflegtem (Außen-) Zustand befinden, regt kaum zum Nachdenken über die verwendeten Baumaterialien an. Um so größer ist das Erstaunen, wenn man sie – von zwei Ausnahmen abgesehen – samt und sonders als verputzte Ziegelwerke erkennt, was sogar für die Säulen gilt. Giulio Romano hatte in dieser, zwar der Antike geläufigen aber unklassischen Bauweise den Palazzo del Te in Mantua errichtet und damit erstmals gezeigt, daß klassische Architektur nicht von klassischen, das heißt edlen

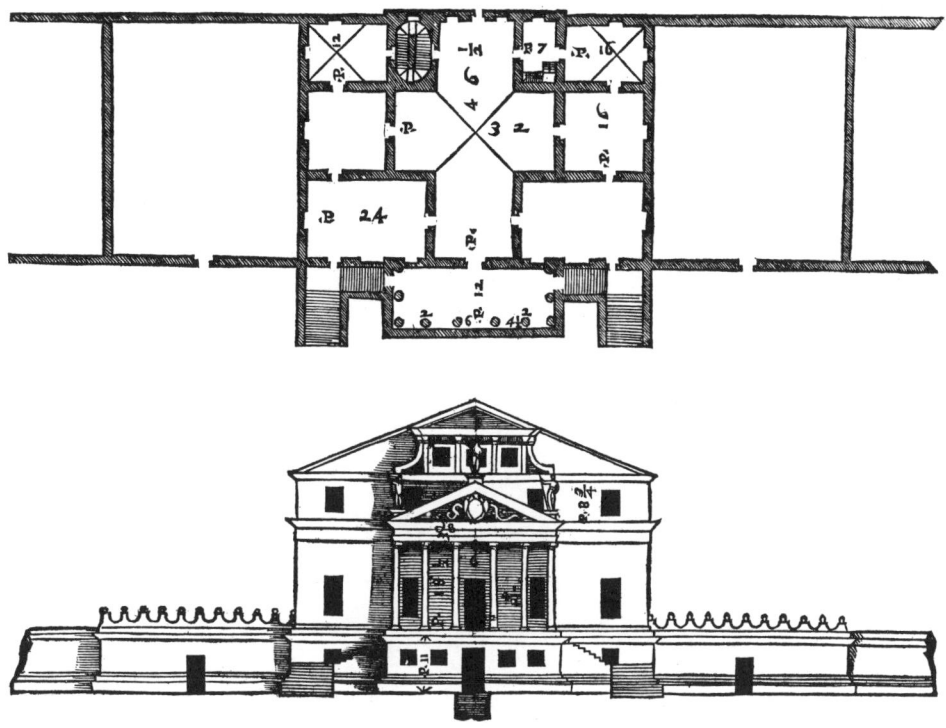

Villa »La Malcontenta«, aus: Palladio, »I quattro libri dell'architettura«, II

Materialien abhängig sei. Die damit verbundene Entmaterialisierung der Architektur förderte den Blick fürs Prinzipielle und kam der Rationalität eines Mannes wie Palladio entgegen. Das Angewiesensein auf die Verarbeitung von Naturstein hätte den Spielraum möglicher Inventionen und Variationen vielleicht bis zum Verlust seiner künstlerischen Identität einengen müssen.

Die Form, nicht das Material, hatte Geltung zu beanspruchen; deshalb vermochten Ziegel, Putz und Stuck, ja sogar Holz die Ansprüche an den Baustoff voll zu befriedigen. Die Schonung ihrer Etats konnte die Bauherren, die vom Stofflichen gelöste Übertragbarkeit des Musters die Nachfolger in aller Welt überzeugen, was sowohl den zeitgenössischen als auch den späteren Erfolg mitbegründen half.

Außen und Innen begegnen sich, auf der Gartenseite, in der mittleren (Thermen-)Fenstergruppe des flach aufgeblendeten Giebelrisalits: Sie bildet den Querschnitt der Längstonne ab, die zusammen mit einer kürzeren quergelagerten eine *Sala a crociera* (Saal in Kreuzform) abgibt. Die Raummaße erklärte bereits Bertotti-Scamozzi als die exaktesten, die im Werk des Meisters ausgewiesen seien. Aus dem Grundmaß des Quadrates von 16 × 16 Fuß ergeben sich durch Veränderung einer Seite im Verhältnis von 1:2, 2:3 oder 3:4 die Daten der übrigen Räume: 12, 16,

24, 32, 48 Fuß, wodurch, wie man bemerkt hat, »Harmonie sichtbar« (Forssman) gemacht sei. Von den Flächenmaßen wiederum ist die Deckenhöhe und -form abhängig, so daß zum Beispiel über den kleinen Kammern Raum für Zwischengeschosse abfällt.

Merkwürdig und konzeptionell nicht erklärbar sind die Dachhäuser, die über der Attika keinen Sinn machen. Sie sind hier vielleicht auf besondere Anforderung der Bauherren, der Brüder Nicolò und Luigi Foscari, zustande gekommen, werden dann aber zur Regel vor allem bei den Trevisaner Villen und bleiben beliebt bis ans Ende des Villenzeitalters.

Von den umfangreichen Höfen und Nebengebäuden, die in mehreren Ansichten Costas überliefert sind, ist nichts erhalten.

## Villa Pisani in Montagnana (60) und Villa Cornaro in Piombino Dese (75)

Beide Villen haben Gemeinsamkeiten, mit denen sie sich von den übrigen Landhäusern Palladios auffällig unterscheiden. Erstaunt nimmt man die altüberkommene Zweigeschossigkeit zur Kenntnis, deren Schleifung zu diesem Zeitpunkt bereits geradezu programmatisches Ausmaß zeigte. Wenn auch Palladio mit der Forderung Albertis nach völlig ebenerdiger, treppenloser Anlage nie gänzlich ernst gemacht und auf Zwischen- oder Dachgeschosse kaum je verzichtet hat, war er es doch, der mit der Privilegierung *einer* Etage als Hauptgeschoß Maßstäbe gesetzt hat.

Das prägte, auch wenn hoher Sockel und hohe Attika zusätzliche Höhe schufen, mit der anschaulichen Hilfe der eigens konzipierten ›großen‹ Ordnung das gewohnte Bild einer typischen Villa. Den Anblick zweier gleichrangiger Geschosse war man vom Stadthaus und der von ihm abgeleiteten Quattrocento-Villa gewohnt. Anders als in Rom, wo unter dem Eindruck von Bramante und Michelangelo sich die Kolossalordnung durchsetzte, der sich Palladio im übrigen nicht verschloß, blieb in Venedig bis zum Ende der Republik die durch den Wechsel der Ordnungen klar ausgewiesene Stapelung der Geschosse verbindlich.

Das mag dem Landhaus ausnahmsweise verordnet worden sein, vielleicht auf Wunsch der Bauherren, altvenezianischer Nobili, findet sich indes auch in der heute verstümmelten Anlage der Villa Valmarana (–) in Lisiera und weiteren Projekten, so daß die Anerkennung als eigene Variante zu rechtfertigen ist. In beiden Fällen, zumal in Montagnana, wo das Haus an die Stadtbefestigung stößt, ist der suburbane Charakter nicht zu verkennen, aber in der Beschreibung der »Quattro libri« nicht berücksichtigt.

Im übrigen rührt die Verdoppelung der Geschosse nicht an die einschlägigen Errungenschaften des vorangegangenen Villen-Jahrzehnts: Portikus und Loggia werden – unter dem Giebeldach – einfach verdoppelt und im Sinne der Säulenordnungen aufsteigend instrumentiert, dorisch-jonisch (vierfach) in Montagnana, jonisch-korinthisch (sechsfach) in Piombino Dese. Das kann Palladio nicht der römischen Baukunst abgesehen haben; der freie Umgang mit den Formen der Antike zum Zwecke gegenwärtiger Bedürfnisse hat hier gleichwohl ein Motiv wiedererweckt, das mit der hellenistischen Architektur längst versunken, beziehungsweise dem Blick entzogen war: So kann das zweigeschossige antike Propylon (Torhalle), wie es etwa in

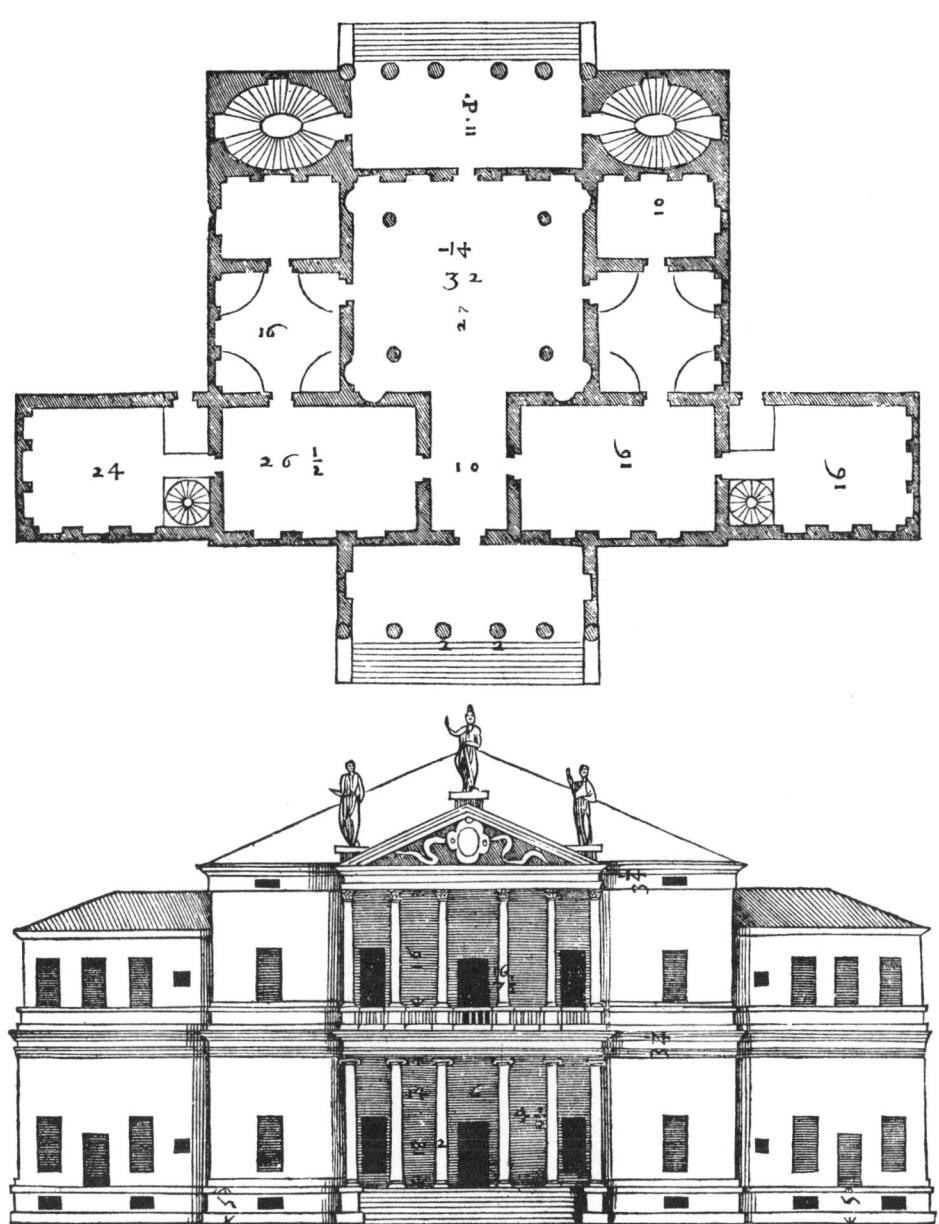

Villa Cornaro, aus: Palladio, »I quattro libri dell'architettura«, II

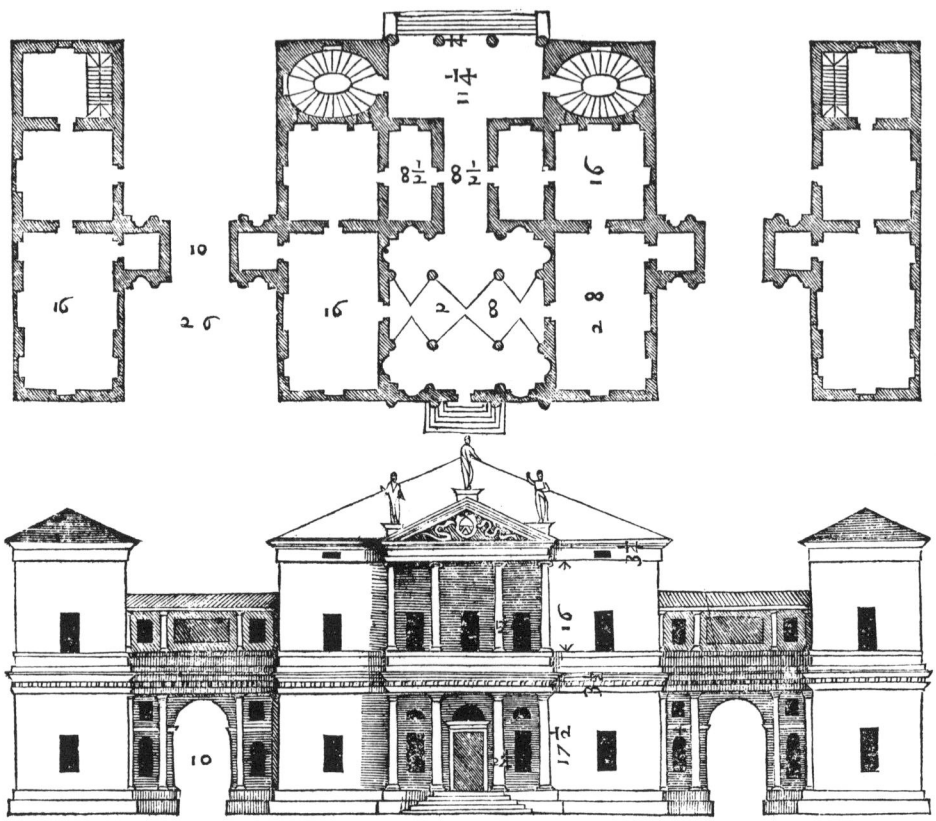

Villa Pisani, aus: Palladio »I quattro libri dell'architettura«, II

Pergamon gefunden wurde (heute Pergamonmuseum, Berlin/Ost), nur als gleichsam ideeller Prototyp verstanden werden.

Möglicherweise hat sich der Architekt auch des heimischen Beispiels der Villa Giustinian in Roncade (81) erinnert und es im Sinne seiner Lehre korrigiert: Das verdoppelte oder gar verdreifachte Frontispiz (vergleiche die Villa Pacchierotti in Límena, 43) ist von nun an aus der venezianischen Landschaft nicht mehr wegzudenken.

Das Gebälk der unteren Ordnung setzt sich als Gesims fort und bildet etwa in halber Höhe des Baukörpers einen straffen Gürtel, der sich auf der gegenüberliegenden Giebelseite wieder schließt. Die Loggien an der Gartenseite sind eingezogen; sie wiederholen sich in paralleler Projektion auf der Straßenfront; im flachen Relief der Halbsäule in der Villa Pisani in Montagnana, wo die alte Straße weitere Ausdehnung nicht zuließ, und als freier Risalit im Vorgarten der Villa Cornaro.

Grund- und Wandaufriß der *Sala di quattro colonne,* aus: Palladio, »I quattro libri dell'architettura«, II

Hier in Piombino Dese finden sich auch die Seitenflügel verwirklicht, die – von Straßen unterführt – auch in der Veröffentlichung der Villa Pisani erscheinen, aber vermutlich nie ernstlich projektiert waren. Sie enthalten, erläutert der Autor, »auf der einen Seite (...) Küche und Vorratskammern, auf der anderen Räume der Dienerschaft«.

Der zentrale Raum im Untergeschoß ist nun jeweils als *Sala di quattro colonne* (als Viersäulensaal) ausgelegt und, gemäß der Absicht des Autors, durch die je vier freistehenden Säulen besonders vorteilhaft unterteilt (»Quattro libri«, II, Kap. 8). In der Villa Cornaro (Abb. 30) tragen sie Deckenbalken, in der Villa Pisani ein Gewölbe. Es korrespondieren in den Ecken vier beziehungsweise acht Nischen und die in ihnen befindlichen Figuren. Die oben liegende Sala, wo die Stützen entbehrlich sind, wird über die Gartenloggia, die (beiden) ovalen Treppen, sodann die obere Loggia recht umständlich erreicht. In der alten Casa veneziana war die Passage, ohne den Umweg durchs Freie, weitaus schneller und bequemer. Des Meisters Rigorismus, der sich die

Grundrisse nur in geometrischen Gestalten und arithmetischen Verhältnissen vorstellen konnte, schien hier eine von Zweckmäßigkeit geleitete Entwicklung der häuslichen Verkehrs- wege zu verhindern.

Von dieser baulichen Situation aus führt kein Weg zur barocken Treppe, welche, in das Raum- gefüge integriert, bequem und elegant oft den räumlichen Höhepunkt des Hauses bildet. Bei den Bauten, die sich nur auf *ein* Hauptgeschoß beschränken, konnte auf diese an anderem Ort voll- zogene Entwicklung verzichtet werden. Das mag zur Entschuldigung des Architekten angemerkt sein, der sich in diesem Punkt vom mittelalterlichen Denken nicht hat lösen können, daß nämlich Innentreppen keinen eigenen räumlichen Wert besäßen und sozusagen nur der Notdurft dienten.

## Villa Barbaro (54)

Neben der Villa Almerico Capra (»La Rotonda«, 99) wertet man gern die Villa Barbaro in Masèr als den zweiten Höhepunkt im Villen-Œuvre Palladios (Farbabb. 12, 13, Abb. 26, 27). Dabei wird leicht übersehen, daß in beiden Fällen außergewöhnliche Umstände zu außergewöhnlichen Resultaten führten, die einer besonderen Beurteilung bedürfen. Während aber die »Rotonda« das einschlägige Villenkonzept, gewissermaßen ins Absolute gesteigert, zwanglos erkennen läßt, weicht die Villa Barbaro so weit von des Meisters Gewohnheiten und Grundsätzen ab, daß sie schwerlich als deren ideale Verkörperung gelten kann. Wäre sie nicht in den »Quattro libri« registriert, würde man ihr nur unter großen Bedenken Authentizität zuerkennen.

Die nunmehr die gesamte Fassade ausfüllende Tempelfront, ein selten wiederholtes Motiv (etwa an der Villa Pisani in Monsélice, 59), mag als weiterer Schritt in die beanspruchte Auto- nomie begriffen werden, der allerdings die Loggia geopfert wird, was singulär im Werk Palladios ist. In dem gegebenen Raster lassen sich indessen ein Halb- und ein Hauptgeschoß nicht ansehn- lich unterbringen, so daß gegen die vom Autor selbst inaugurierte Tendenz die alte Zwei- geschossigkeit wiederkehrt. Anders aber als etwa in Montagnana, wo die Etagen durch die Ver- wendung der Superpositio sozusagen natürliche Ebenen bilden, sind hier die gleichsam schwe- bend plazierten Fenster außerstande, die Geschoßgrenzen überzeugend zu markieren. Wie Palladio normalerweise mit einem solchen Problem umzugehen wußte, zeigen der Entwurf der Villa Angaran in den »Quattro libri«, oder – mit Abänderungen – die Fassaden seiner venezia- schen Kirchenbauten. Doch es ergeben sich noch weitere Konflikte: Da auch bei Gleichwertig- keit der Etagen nur eine, nämlich die obere Etage, für die Sala in Frage kam, war es wegen deren obligater Höhe unvermeidlich, das Giebelgebälk zu sprengen, ein sonst von Palladio getadelter Regelverstoß, den er sich wie bei der »Malcontenta« (50) nur ausnahmsweise und in unkano- nischem Dekorationszusammenhang gestattet hat. Nicht nur die Höhe, auch die Breite des Baukörpers wirft im Verhältnis zum Dekor Probleme auf: Obwohl die jonische Ordnung nach weitaus engerer Säulenstellung (Eustylos) verlangt, mußten hier die Zwischenräume gemäß den vorgegebenen (und erforderlichen) Dimensionen des Hauses gestreckt werden.

Regulär wird das Haus durch die verdeckten Eingänge beziehungsweise Treppen über die seit- lichen Portici betreten. Man gelangt in einen Korridor, der sich als der hintere Arm eines Raum-

Daniele Barbaro mit seiner Vitruv-
Ausgabe. Bildnis von Paolo Veronese. Amsterdam, Rijksmuseum

kreuzes erweist, dessen drei weitere Arme an die drei freistehenden Fassaden des Baukörpers
stoßen und in Fenstertüren (unten) oder Balkone (oben) münden. Das wäre ein nicht unüb-
licher Grundriß, wenn die Crociera nicht allenthalben an die Außenmauern stieße und so die
dialogische Integration der kleineren Räume verhinderte. Diese sind, was Palladio sonst stets
vermieden hat, zu ausgegrenzten Einzelräumen geworden.

Die Abweichungen von den durch Dutzende Bauten und Projekte erhärteten Regeln nehmen
kein Ende. So bemerkt man im Banne der verschwenderischen Innendekoration Veroneses
kaum, daß die Suiten über die Grenzen des markanten Baublocks in die Zone der Barchessen
führen, in denen man von außen – wie sollte es anders sein! – die Wirtschaftsräume gewähnt hat.
In gleicher Weise kollidieren die respektablen Blendfassaden vor den Ställen und den Tauben-
schlägen mit der ästhetisch ausdifferenzierten, sozialen Hierarchie der palladianischen Villa und
verstoßen gegen das Dekorum.

Das angesichts der Villa Barbaro immer wieder bekundete Entzücken kann sich kaum am
Rang der Architektur entzünden, wohl aber am malerischen Reiz der farblichen Kontraste und
der sorglosen Komposition, die mit der Vorgebirgslandschaft zu einem vollkommenen *Locus
amoenus* verschmelzen und einen Anflug von Rokoko verspüren lassen. Der rückwärts gegen
den Hang gelegene Ninfeo (Nymphäum), ein apsisartig angelegter, plastisch überquellender
Garten-Bau mit Grotte und Brunnen, kommt der Neigung für verwunschene Stimmung um ein
weiteres entgegen. Vollends Veroneses Freskenschmuck, der die Raumgrenzen, vielfach ohne

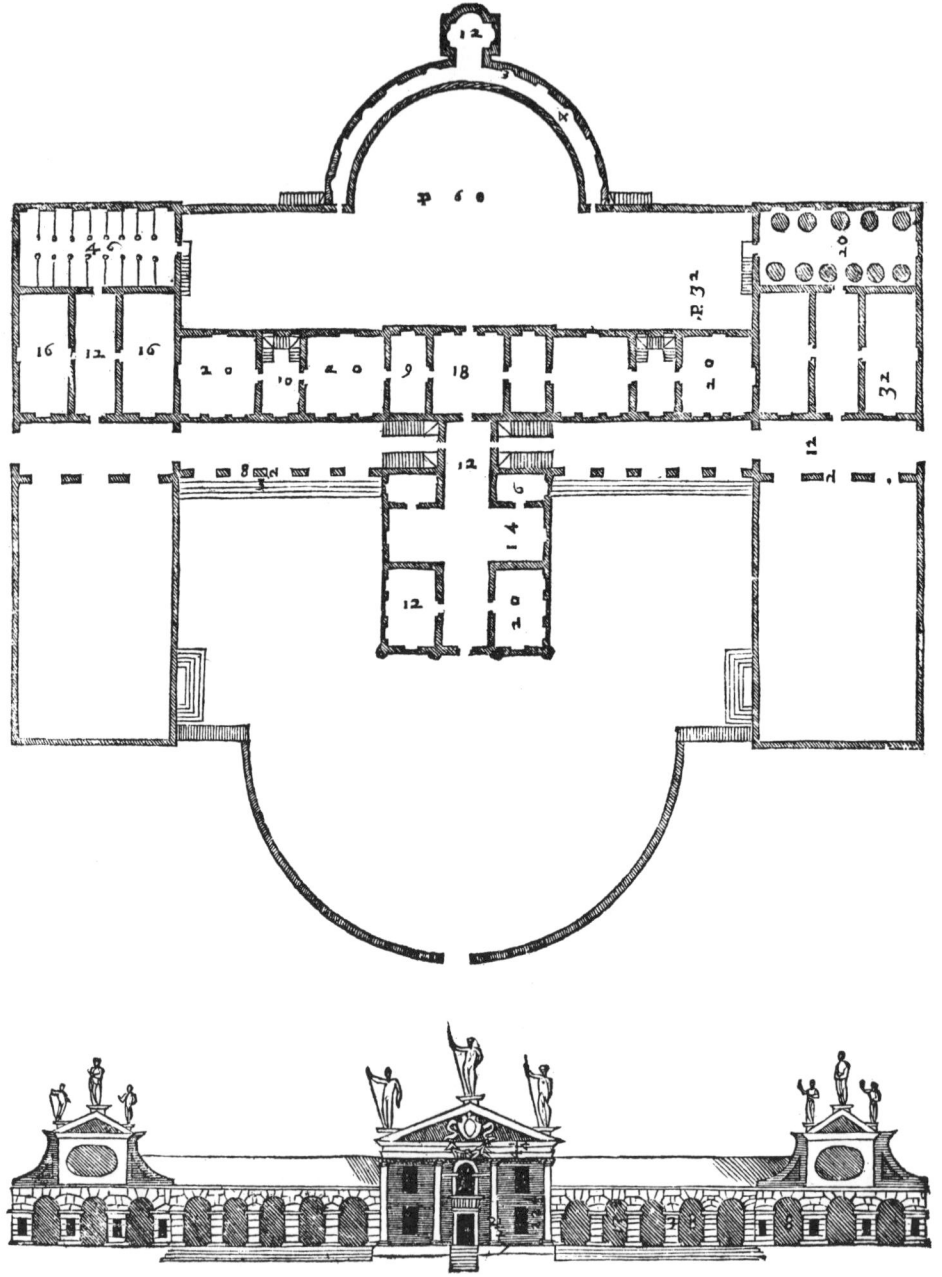

Rücksicht auf die bauliche Struktur, illusionistisch überspringt und sein phantasievolles Spiel mit dem Innen und Außen, den Sinnen des Besuchers treibt, verdient gewiß den begeistert gespendeten Applaus.

Palladio, der diese Attraktion schweigend übergeht, ist sicherlich nicht um seine Zustimmung zur Innendekoration gebeten worden; auch nicht für den strotzenden Stuck, aus dem – gänzlich gegen des Architekten Art – Kamine, Türrahmen und Innengebälke geformt sind.

Wie soll man sich dieses von der Gunst der Lage und des Publikums getragene Opus erklären, das so gar nicht die Handschrift seines Autors trägt?

Bauherren waren, wie die Inschrift im Architrav meldet, die Brüder Daniele und Marc'Antonio Barbaro, hochrangige und durch namhafte Leistungen und Ämter ausgezeichnete Mitglieder der venezianischen Aristokratie. Mit Daniele, vormals Gesandter der Republik in England und späterer Patriarch von Aquileia, war Palladio besonders über das Studium Vitruvs verbunden: Die Übersetzung und Kommentierung des Vitruv'schen Textes durch den vielseitig gebildeten Kleriker, eine der bedeutendsten Editionen des Zeitalters, hatte Palladio selbst mit Illustrationen versehen (Venedig 1556). Die Zusammenarbeit muß freundschaftliche Züge gehabt haben, denn am Ende seines Lebens bedachte der inzwischen zum Kardinal Erhobene seinen Architekten – »nostro amorevole architetto« – sogar in seinem Testament.

Marc'Antonio, ebenfalls Gesandter, Senator und schließlich Gouverneur der Terraferma, dilettierte ebenfalls, nicht wie sein Bruder in der Architektur, sondern als Bildhauer. Ihm schreibt man einige der zahlreichen Plastiken in Masèr zu, für die der immer wieder beanspruchte Name Alessandro Vittoria sicherlich zu hoch gegriffen ist.

Die bereits zu Beginn der neueren Palladioforschung (Burger 1909) geäußerte (und lange vergessene) Vermutung, der Bau in Masèr gehe möglicherweise auf literarische Quellen (Plinius) zurück, muß angesichts der bestürzenden Ungereimtheiten ernst genommen werden. Tatsächlich beschreibt Plinius das Triclinium (Speiseraum) seiner Villa Laurentinum, vergleichbar dem risalierenden Mittelblock, als einen – zum Meer gerichteten – Vorbau mit Ausblicken nach drei Seiten. Dieses in Scamozzis Traktat rekonstruierte Modell mochte den Brüdern Barbaro als antiquarische Rechtfertigung eines Humanistenhauses vorgeschwebt haben, dem sich das Regelwerk des zeitgenössischen Architekten nur unter Einbußen anbequemte.

Die drei freien Arme der Sala a crociera gäben so mittels ihrer Öffnungen/Austritte die gewünschte segmentierte Panoramasicht, verhinderten zugleich die nötige Wohnlichkeit und machten zusätzliche Raumbauten erforderlich. Die Illusionsmalerei, die zusätzliche, antikische Ausblicke schafft, bestätigt das literarische, nicht-architektonische Konzept der Villa, an deren Durchführung der hier besonders wortkarge Baumeister nicht nur keine große Genugtuung gehabt haben, sondern im Detail auch kaum beteiligt gewesen sein dürfte.

Wie die Bauten Alvise Cornaros und Trissinos scheint auch die Villa Barbaro vor allem ein Exempel humanistischen Dilettantentums zu sein.

◁ Villa Barbaro, aus: Palladio, »I quattro libri dell'architettura«, II

## Villa Emo (32)

Das für Leonardo Emo, Patrizier und Angehöriger einer der ältesten venezianischen Familien, errichtete Landhaus wird meist mit der Villa in Masèr in Zusammenhang gebracht. Der block-artige Hauptbau macht mit seinen *come braccia* (gleich Armen) ausgebreiteten Flügeln und den begrenzenden Taubenhäusern tatsächlich eine ähnliche Figur und repräsentiert eine in Palladios (gebauter) Hinterlassenschaft selten anzutreffende originäre Vollständigkeit (Farbabb. 15, Abb. 28).

   Die Situation inmitten des flachen, monotonen Ackerlandes und der vorrangig landwirt-schaftliche Zweck weisen allerdings mehr in die Richtung der Villa Badoer (35) im Polésine. Im Unterschied zu ihr steht die Villa Emo in der Hierarchie der Säulenordnungen jedoch an der untersten, der toscanischen Stelle, die ländlich-agrarische Zweckmäßigkeit ausdrücken soll. Das von der Regel für die Toscana vorgesehene breitere Interkolumnium gestattet die Vermin-derung der Säulenzahl von sechs auf vier, ohne daß die Proportionen der Tempelfront nachteilig beeinflußt werden. Zugleich aber führt die Reduzierung des Apparates zu einer Klarheit des Aufrisses, an der es nichts mehr zu deuten, zu rechtfertigen oder zu räsonieren gibt, die aber auch der Phantasie keinen Spielraum läßt.

   Solch formalistischer Rigorismus war seiner Zeit weit voraus und kam erst zwei Jahrhunderte später, im Zeitalter der Aufklärung und Revolution, zu seinem geschichtlichen Recht; auf diesem Umstand beruht, vielleicht mehr noch als auf der lokalen Tradition, auch Bertotti-Scamozzis und Calderaris Werk, das teilweise der Villa Emo wie aus dem Gesicht geschnitten scheint (vergleiche die Villen Franceschini in Arcugnano [6], Abb. 46, und Da Porto Barbaran [–] in Montorso, Abb. S. 56).

Villa Emo, aus: Palladio, »I quattro libri dell'architettura«, II

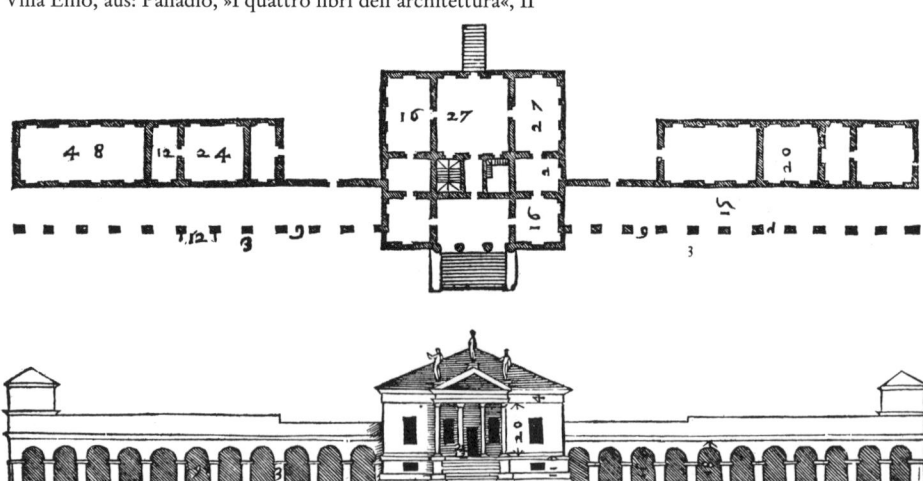

Allegorie der Architektur mit dem Grundriß der Villa Emo von Giambattista Zelotti

Ein der Villa Badoer (35) vergleichbares Ranggefälle zwischen Herrenhaus und Barchessen waltet auch hier, wenn man die Pfeilerarkade noch als unterhalb der tuskischen Ordnung stehend begreift; und das ist buchstäblich und sichtbar der Fall, denn der Gebäudesockel gibt das Maß für die Bogenpfeiler, sein oberes Profilband setzt sich plausibel in den Kämpferplatten fort. Mit ihren elf Bögen zu jeder Seite wirkt die Anlage zwar ausgedehnt, aber doch nicht überdehnt, wozu die abschließenden Columbarien beitragen, die in der Flucht der zurückliegenden Wirtschaftstrakte die Dächer turmartig durchdringen.

Die Abweichungen von der Publikation in den »Quattro libri« sind gering: Der Abstand zwischen Herrenhaus und Nebengebäuden – hinter der vorgeblendeten Arkatur – ist auf eine Achse reduziert; die durch ihre Rahmung hervorgehobene Tür linker Hand führt zu der dort untergebrachten Kapelle. Anstelle der Freitreppe leitet eine stattliche Rampe auf das Niveau des Hauptgeschosses. Das Giebelfeld füllen nach Alessandro Vittorias Art lässig gelagerte Genien mit der Wappenkartusche des Hausherrn.

Unter den durch die Wandbilder Giambattista Zelottis thematisch dekorierten Räumen ist der südwestliche den Künsten gewidmet, deren eine, die von einer Frau personifizierte Architektur, in geistreicher Geste den Rang des Hauses und seiner Gattung demonstriert: Die allegorische Figur weist mit dem Finger auf ein geöffnetes Buch, zugleich in dem dort aufgeschlagenen Grundriß ebendieses Hauses just auf die Stelle, wo sie sich selbst (gemalt) befindet. Da die herkömmlichen Attribute der Architettura – Zirkel, Richtscheid, Lot etc. – fehlen, definiert sich die Baukunst einzig durch die Villa, nobilitiert sie so als Bauaufgabe und als an diesem Ort vorbildlich realisiertes Exemplar.

# Vincenzo Scamozzi

In der Nachfolge Palladios dominiert unbestritten sein enger Landsmann Vincenzo Scamozzi (1552 Vicenza – 1616 Venedig). Durch seinen Vater Domenico (1526–1582), dessen Villa Ferramosca (13, Abb. 31) um 1560 ein frühes Zeugnis für die wachsende Autorität Palladios abgibt, darf er gewissermaßen als Enkelschüler des großen Architekten gelten. Vor allem aber legitimiert Vincenzo Scamozzi dieses Ansehen durch die Fortsetzung und Fertigstellung solch magistraler Werke Palladios wie des Teatro Olimpico in Vicenza und der Villa »Rotonda« (99).

Die Reichweite seiner Tätigkeit, der die Ideal- und Festungsstadt Palmanova im Friaul (neuerdings infragegestellt), die Neuen Prokuratien in Venedig ebenso wie das Salzburger Domprojekt zu verdanken sind, muß hier zugunsten seiner Villen vernachlässigt bleiben. Ein reichliches Dutzend dieser Spezies wird mit seinem Namen in Verbindung gebracht, von denen einige der noch Bestehenden – nach Palladios Beispiel – vom Autor selbst dokumentiert und publiziert sind. Das geschah im dritten der sechs erschienenen Bücher seines theoretischen Lebenswerks »L'idea della architettura universale« (1. Aufl. Venedig 1615). Scamozzi erweist sich hier wie in seinem gesamten Œuvre als geschickter Eklektiker, der vor allem Serlio, den sein Vater ediert hatte, Sansovino und Palladio ausgewertet hat, und repräsentiert eine bemerkenswerte Architektur-Parallele zur Carracci-Familie, die mit ihrem programmatischen Eklektizismus die zeitgenössische italienische Malerei beherrschte.

Die von ihm selbst beanspruchte universale Zuständigkeit in allen Fragen des Bauens war nicht frei von dogmatischen Zügen; das äußert sich lebensgeschichtlich auch in der Stiftung eines Architektenstipendiums, dessen Nutznießer den Namen des Stifters zu dessen Nachruhm anzunehmen hatte. Ottavio Bertotti-Scamozzi, einer der letzten namhaften Villenbaumeister und Palladioherausgeber, den Goethe noch konsultiert hatte, war einer von ihnen.

## Villa Verlato (103)

Kennzeichnend für Scamozzis nicht immer sensibles Formgefühl ist die nach seinem frühen Entwurf (»secondo di nostri giovanili disegni«, lib. III), unter dem Datum 1574 genannte, für Leonardo Verlato in Villaverla gebaute Villa (Abb. 32). Auf altem Familienbesitz, von dessen früherer Bebauung unter anderem noch die schöne Kapelle von 1488 existiert, erscheint der Form und Lage nach ein Bauwerk, das unter allen Villen des Veneto wohl am meisten einem veritablen Palazzo gleicht. Die enorme Front mißt 13 Achsen, die in strikter, gänzlich unvenezianischer Reihung auftreten. Ein Sockelgeschoß, das lediglich durch den Fugenschnitt der Pseudorustika und zwei dezentrale Blendportale dekoriert ist, und ein Hauptgeschoß halbieren den Aufriß in der Horizontalen. Beide enthalten je ein Mezzanin, dessen unteres in den blinden Fensterflächen illusionistisch freskiert ist: Hinter Gittern erkennt man Blumensträuße, Haustiere und ein kleines Kind.

Titelseite von Scamozzis »L'idea della architettura universale« ▷

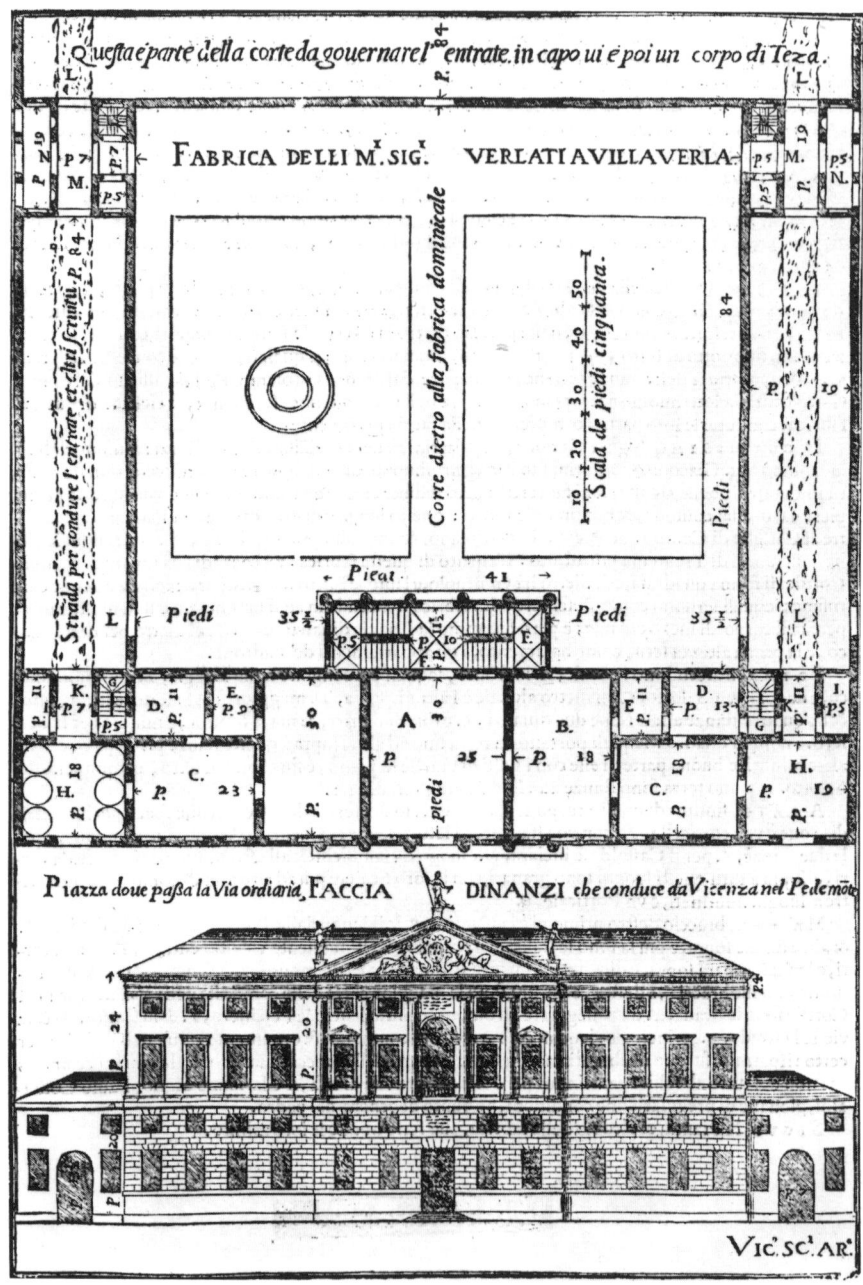

Über fünf Achsen springt ein Mittelrisalit hervor, der im Hauptgeschoß eine Tempelfront in jonischer Ordnung mit Halbsäulen bildet. Der dazugehörige Giebel bedeckt ihn auffälligerweise nicht in voller Breite, sondern nur über die drei mittleren Achsen, die tatsächlich auch die Ausdehnung des Saales im Inneren markieren, ein Abusus, ein Regelverstoß, der – abweichend von Scamozzis Zeichnung – vielleicht den Vorzug hat, ein wenig von der vorgetragenen Herrlichkeit zurückzunehmen. Elemente des römischen Palastes mischen sich mit Palladio-Zitaten zu einem Monument, das weniger die künftige Villenarchitektur als, möglicherweise, klassizistische Schloßfassaden zu inspirieren vermochte.

## Villa Ghellini (102)

Es ist lehrreich, im Anschluß an die Villa Verlato den Blick auf die in nächster Nachbarschaft jenseits der Straße gelegene Villa Ghellini (Farbabb. 16) zu lenken, ein Hauptwerk von Antonio Pizzócaro (ca. 1600–1680), der als Scamozzis engster Nachfolger gelten kann. Die Hofanlage verdient ihrer Einzigartigkeit wegen bereits Interesse, während überdies die Casa padronale, die – zwischen 1664 und 1679 errichtet – nie vollendet wurde, als eine außerordentlich geglückte Übersetzung der Formensprache Scamozzis ins Barocke zu werten ist.

Als erstes nimmt man eine gesteigerte Plastizität wahr, ein malerisches Wechselspiel von Licht und Schatten, wie es die stets etwas trockenen Fassaden Scamozzis nie geben konnten. Dabei ähneln sich die Bauten in ihrer Disposition so auffällig, als wollte der jüngere dem älteren Meister eine posthume Konkurrenz unter gleichen Bedingungen liefern; denn längst war jetzt, im Zeitalter Longhenas, die ausgedehnte Palastfassade auf dem Lande obsolet geworden. Dennoch hat Pizzócaros Bau bei gleichbleibender Höhe dieselbe Achsenzahl (13), deren fünf

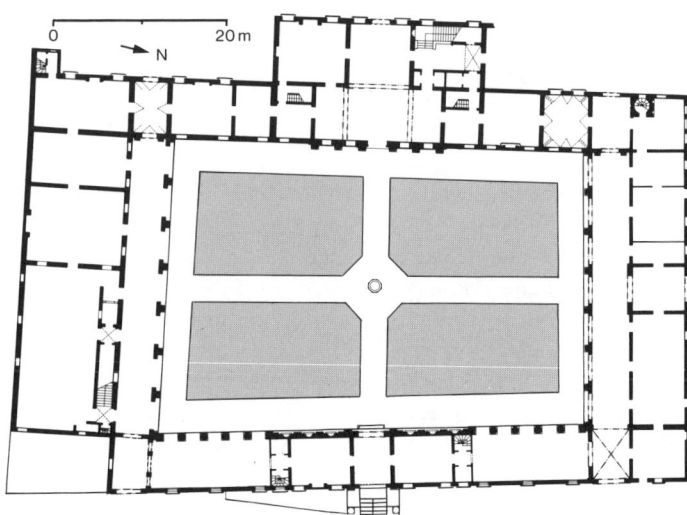

Villa Ghellini, Grundriß Erdgeschoß, nach Cevese

◁ Villa Verlato, aus: Scamozzi, »L'idea della architettura universale«

mittlere ebenfalls den Mittelrisalit ausmachen; in der Horizontalen bemerkt man wiederum die Halbierung in zweimal anderthalb Geschosse.

Im Unterschied zu Scamozzi werden jedoch zwei Ordnungen übereinander verwendet, geschieden durch ein verkröpftes Gebälk, das zusammen mit den Halbsäulen ein kräftiges Relief erzeugt. Das beim Vorläufer so merkwürdig undefiniert belassene Giebelfeld baut sich hier klar über den drei mittleren Interkolumnien auf, während die äußeren Achsen mit ihren Halbsäulen unbelastet bleiben und zwischen der Tempelfront und den Flügeln eine Übergangszone schaffen. Mit diesen Mitteln sowie der deutlichen Betonung der Mitte wird, unbeschadet der wirklichen Breite, eine außerordentliche Konzentration erzielt, die möglicherweise für eine bestimmte Perspektive kalkuliert ist: Denn der Anblick, auf den Bauherr und Architekt so sichtlich Wert legten, müßte als verschenkt gelten, wäre er nicht durch das schmale Portal in den Hofgebäuden, die im übrigen eine hermetische Blickbarriere bilden, ehemals doch gestattet gewesen. Das wäre dann eine Inszenierung, wie sie der Barock besonders geschätzt hat.

## Villa Pisani-»La Rocca Pisana« (44)

Als das Meisterwerk unter Scamozzis Landhäusern gilt zu Recht die Villa Pisani bei Lonigo, nach ihrem Standort auf einem ehemaligen Burgberg »Rocca Pisana« genannt (Abb. 29). Des Autors Publikation, die weitgehend mit dem Baubestand übereinstimmt, überliefert das Datum 1576. Die Verwandtschaft mit der damals im Bau befindlichen »Rotonda« (99) ist zu offensichtlich, als daß sie erneut betont werden müßte; mehr Aufmerksamkeit verdienen die Besonderheiten, durch welche die »Rocca Pisana« einen eigenständigen Charakter beanspruchen kann. Der geöffnete und ausgreifende Eindruck, den die vier vorspringenden Loggien der Vorgängerin verbreiten, und das schwimmend unbestimmte Ortsgefühl, das sie mit ihren vier gleichen Ansichten vermitteln, ist einer blockartigen, hermetischen Erscheinung gewichen, deren Hauptansicht nunmehr Weg und Blick dirigiert. Der Portikus ist kaum vom Baukörper gelöst, und die drei übrigen Seiten werden durch die zugangslosen Serlianen weniger geöffnet als bloß dekoriert. Im Inneren wirkt die Villa noch weniger »wöhnlich«, als es Goethe für die »Rotonda« notierte; dazu trägt das geminderte Wechselspiel zwischen den rahmenden Suiten und dem Kuppelsaal bei, vor allem aber dessen besondere Form: Nach Vorbild des römischen Pantheons besitzt die Kuppel in ihrem Scheitel ein kreisrundes Opaion, das mit dem Licht, das es günstiger als die übliche Laterne gewährt, zugleich dem Wetter freien Zutritt erlaubt. Dekorationen empfahlen sich hier schon deshalb nicht; ihr Fehlen wie auch der Verzicht auf die Galerie auf halber Höhe, an deren Stelle ein starkes, achtfach gebrochenes Konsolgesims getreten ist, fördert den Eindruck ›reiner‹, Behausungsbedürfnisse negierender Architektur. Anstelle der ausgegrenzten Zwickel, in denen Palladio die Treppen anordnete, kommen hohe, leere Nischen jetzt dem Saal zugute und geben der Rotunde ein gleichsam onduliertes Grundrißbild. In der Mitte befindet sich der Wasserablauf, ein kunstvoll geschnittener Steinrost, der aus dem kryptaartigen, gewölbten Kellergeschoß gegen die Kuppelöffnung als lichtes Ornament erscheint. Die Anlage des Opaions, des zentralen Motivs der Villa, verlangt die einschalige Kuppel,

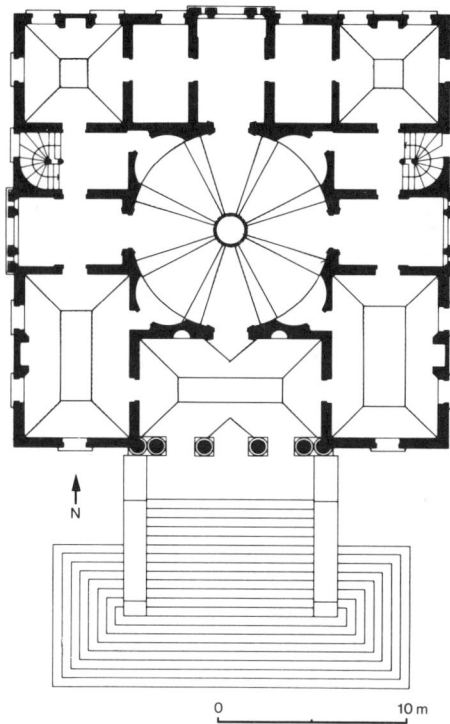

↑
N

0           10 m

Die »Rocca Pisana«, Grundriß des Piano nobile, nach Cevese

wie sie – ohne diese Ursache – auch für die »Rotonda« geplant war; dort solite die erwünschte Außenwirkung durch größere Höhe zustande kommen. Als Scamozzi die Fertigstellung der »Rotonda« übernahm, änderte er dies und wählte hier die zweischalige Konstruktion, die er binnenseitig auf das Niveau seiner eigenen, inzwischen wohl vollendeten Pisana absenkte, aber außen auf der ursprünglichen Höhe beließ. Dieses Vorgehen darf, denkt man sich das beeinträchtigende Kegeldach weg, als überlegt und schlüssig gelten und bestätigt den durchaus andersartigen Ansatz beider Bauten. Da sich bei der »Rocca Pisana« eine eigentliche Kuppelwirkung ohnehin ausschloß, mochte es naheliegen, auf eine beschränkte Erscheinung zu verzichten und die vorhandene Halbkugel mit einer eigenen achteckigen Attika zu kaschieren, die den kugeligen Aufsatz um ein weiteres dem Baukörper assimilierte. In der Fernsicht, die allein den vollständigen Anblick bietet, ergibt sich ein integrales Bild, wobei die perspektivisch verkürzten Flächen des Oktogons mit den ungewöhnlich gedoppelten Säulen zu seiten des Portikus übereinzugehen scheinen. Das leitet über das additive Denken Palladios hinaus und ruft barocke Ahnungen herauf, die sich im weiteren Werk Scamozzis jedoch nicht bestätigen sollten.

## Villa Molin (51)

In der Villa Molin (Farbabb. 17) in Mandriola am Battágliakanal, um 1597 für den Venezianer Nicolo Molin, Bruder eines Bischofs von Treviso, errichtet, ist ein altes Idealkonzept mit den Erfahrungen aus Palladios Villen-Werk verbunden. Im Außenbild weist nur der das Dach überragende Kubus, die Lichtzone eines würfelförmigen Saales, auf einen Zentralbau hin, weil der Eindruck von der inzwischen landläufig gewordenen Tempelfront bestimmt wird, die – hier besonders mächtig hervorspringend – dem Bau eine Richtungsdominante zu geben pflegt. Tatsächlich gibt erst der Blick auf den Grundriß sicheren Aufschluß über die Bauidee: Er ist aus zwei Quadraten gebildet, einem äußeren und einem – zentrierten – inneren, dessen Seite die

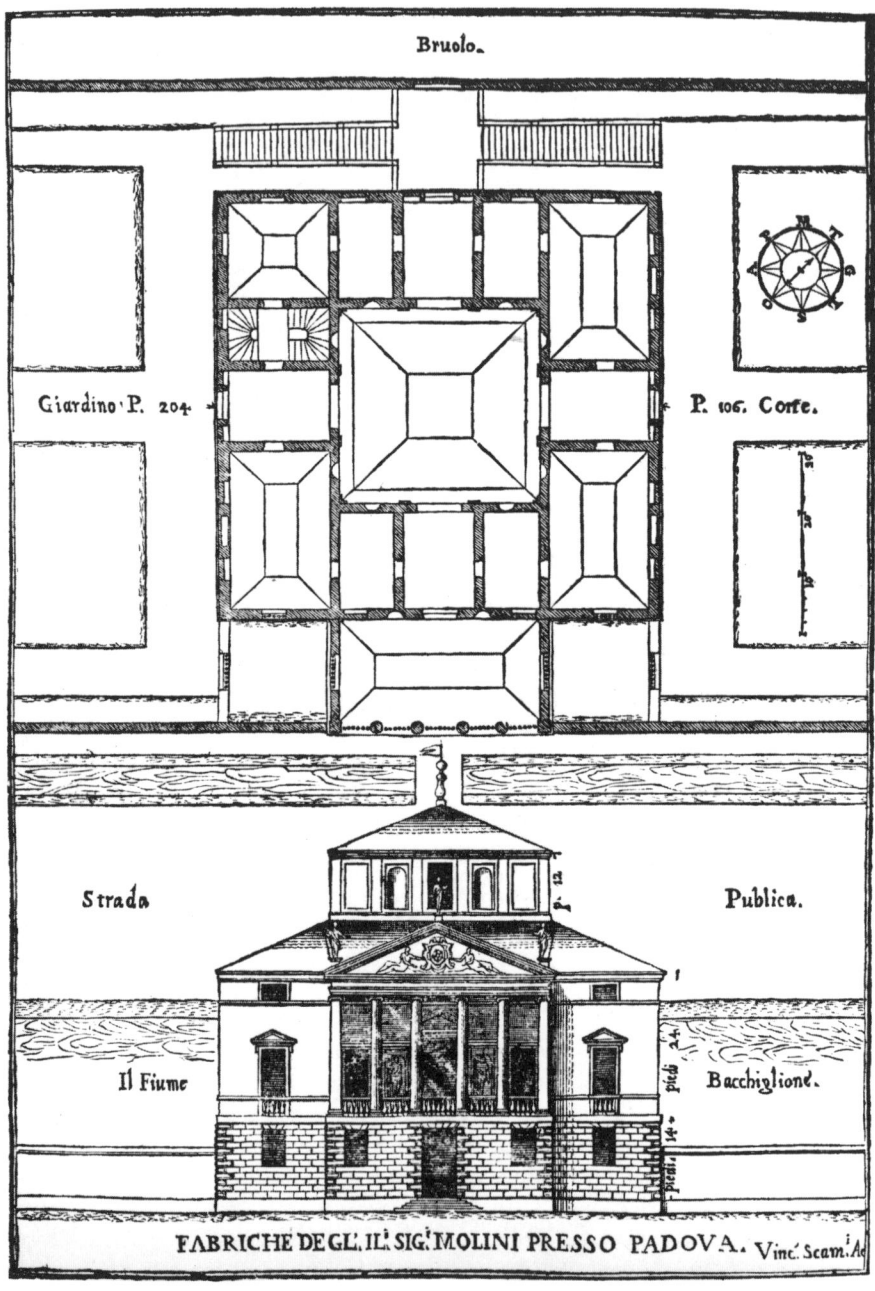

Bruolo.

Giardino P. 204

P. 106. Corte.

Strada

Publica.

Il Fiume

Bacchiglione.

FABRICHE DE GL. IL. SIG. MOLINI PRESSO PADOVA. Vinc. Scam. Ae

Hälfte und dessen Fläche ein Viertel des ersten einnehmen. Über diesem ist die Sala errichtet, die in zwei Etagen von einer Raumflucht in der gegebenen Dimension gerahmt ist.

In der Grundrißgeometrie entspricht das weitgehend der Villa »Rotonda« (99) und der »Rocca Pisana« (44), wo dem Binnenquadrat indessen ein Kreis einbeschrieben ist; logisch wie evolutionär aber repräsentiert die Rotunde ein späteres Stadium als die Konzeption der – späteren – Villa Molin. Vermutlich hatte schon Alvise Cornaro an eine ähnliche Lösung bei seinem Bau in Luvigliano gedacht; erwiesen sind derartige Überlegungen bei Serlio und dem jungen Palladio, der sie aber auf dem Weg zur ›idealeren‹ Villa »Rotonda« wieder fallen ließ. Es scheint, Scamozzi habe hier die vor zwei Generationen übersprungene Stufe nachgeholt – in einer landschaftlichen Situation jedoch, die dem Postulat des für einen Zentralbau geeigneten Standortes ganz und gar nicht entsprach und so zur auffallend einseitigen Betonung der Front führte.

## Villa Ferretti (82)

Unter erneuter Variierung von vorhandenen Formen schuf Scamozzi 1596 mit der Villa Ferretti auch eine der bekannteren Brenta-Villen (Abb. 33). Die Lage zwischen Kanal und Landstraße empfahl zwei gleichförmige Schauseiten, die – wohl erstmalig in der Villenarchitektur – mit einer doppelten Kolossalordnung instrumentiert sind. Der zentrale Corpus, der die Sala enthält, erscheint als eine ungemein steile, von vier überbreiten jonischen Pilastern gebildete Tempelfront, die von einem niedrigeren, querliegenden Trakt durchdrungen ist. Auch er prunkt mit einer entsprechend kleineren Kolossalordnung. Die Villa Barbaro in Masèr (54) mag den Anstoß dazu gegeben haben, zur Durchführung des Risses dürfte sich der Architekt aber eher an Palladios Redentore-Kirche in Venedig gehalten haben, deren ähnlich verschränkte Ordnungen sich jedoch mühelos vom basilikalen Querschnitt der Kirche, den sie gleichsam auf der Fassade abbilden, erklären lassen.

Hier dagegen ist es nur gewollter, keiner Notwendigkeit folgender Gestus, wie er das Schaffen Scamozzis in den meisten seiner Leistungen beherrscht. Seinem Erfolg als Lehrer von nachgerade akademischem Zuschnitt hat das keinen Abbruch getan.

# Das 17. Jahrhundert – die Macht des Gewohnten

Zwischen den Höhepunkten der venezianischen Kunst im 16. und 18. Jahrhundert hat man das Seicento lange Zeit als künstlerische Niederung wahrgenommen. Wenn auch das besagte Intervall allmählich auf höherem Niveau gesehen wurde, so blieb es doch beim Bild der Ebene, in der sich nur wenige Erhöhungen abzeichneten. Tatsächlich hat der Barock in diesem, *seinem*

◁ Villa Molin, aus: Scamozzi, »L'idea della architettura universale«

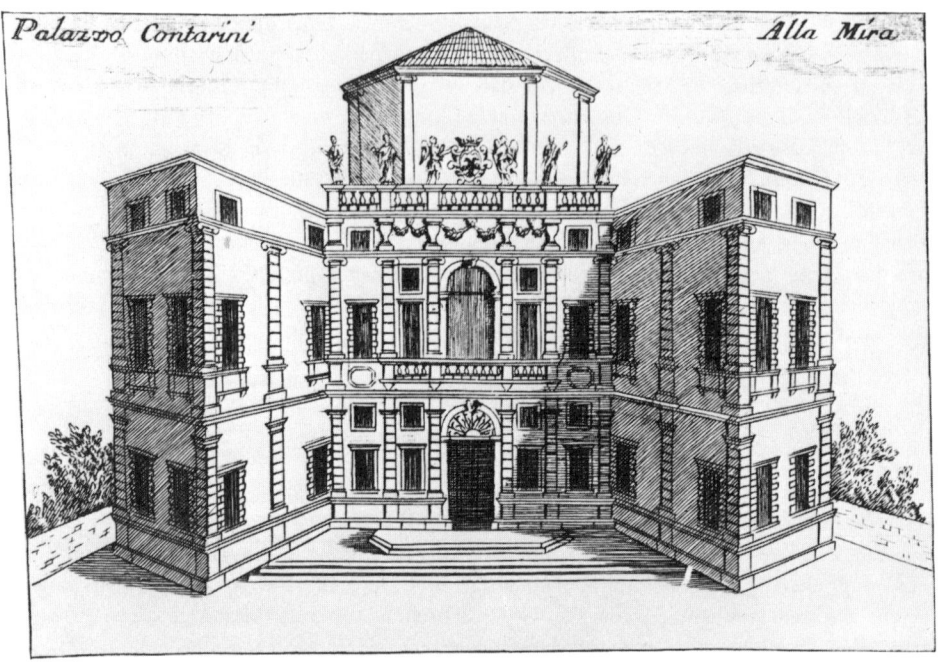

Ansicht der untergegangenen Villa Contarini in Mira, Longhena zugeschrieben, Anfang 18. Jh. Stich von Vincenzo Coronelli

Zeitalter andernorts günstigere Bedingungen angetroffen: Zu seiner souveränen Entfaltung bedurfte es in der Regel auch eines wirklichen Souveräns und eines Verhältnisses wechselseitiger Exponierung. Die Republik Venedig mußte da naturgemäß am Rande stehen. An einem Mangel an Nachfrage und Bedarf an künstlerischer Leistung lag es jedenfalls nicht. Überrascht muß man zur Kenntnis nehmen, daß – zumindest was die Villen betrifft – gegenüber ihren legendären Epochen eher noch vermehrte Bautätigkeit herrschte. Das bildet sich aber nicht besonders augenfällig, etwa in einer charakteristischen äußeren Erscheinung ab.

Die Villenarchitektur des 17. Jahrhunderts läßt sich allenfalls als ein freies Schalten mit den vorhandenen Bauformen und -dekorationen charakterisieren, wobei manchmal überraschende Kombinationen, selten aber überzeugende Inventionen zustandekommen. Wenn es wirklich einmal ›barock‹ im üblichen Wortverstande wird, dann – wie bei der Villa Contarini in Piazzola sul Brenta (74, Farbabb. 11) – nicht ohne den peinlichen Beigeschmack, den ein Zuviel an Dekor, gepaart mit einem Zuwenig an Architektur, auszulösen pflegt.

Am auffälligsten ist noch die Tendenz zur Vergrößerung: Mittels Flügeln und Barchessen geht es in die Breite, durch ein drittes Hauptgeschoß in die Höhe. Das vor allem hatte Aus- wirkungen auf die Fassadengestaltung, die mit den Mitteln Palladios, der *ein* (angehobenes) Hauptgeschoß bevorzugte, nicht zu meistern war. Es bot sich statt dessen die dreifache Stapelung in Verbindung mit dem Instrumentarium der Säulenordnungen an, was der Vorstellung eines dem Lande verbundenen Hauses nicht eben entgegen kam. Das solchem Aufriß eigene gewichtige Pathos ließ sich jedoch erleichtern, indem man das dritte Geschoß in Portikusbreite in oder über die Traufe hob und so eine Art Dachhaus (Gaube) schuf, wie man es, wenn auch weniger regelmäßig, vor allem aus alten deutschen Städten kennt. Eine Vorform des Motivs, das nun zunehmend die Bauten bestimmte, konnte man schon bei Palladio (Villa Foscari, 50) finden.

Konzeptionelle Neuerungen oder phantasievolle Unika, an denen das Cinquecento reich war, sind selten geworden. Das wohl spektakulärste Werk des Zeitalters, die Villa Contarini in Mira an der Brenta kann nur noch mit Hilfe von Stichansichten vergegenwärtigt werden: Das im 19. Jahrhundert zerstörte Gebäude bestand aus einem oktogonalen Kernbau, der vier Flügelbauten in Form eines Andreaskreuzes aussendete, zwischen denen, auf den freien Seiten des Achtecks, vier (?) Fassaden plaziert waren. Mit ihrem doppelten Triumphtor-Motiv erinnern sie zum Beispiel an den Mittelrisalit von Tiralis Erweiterungsbau der Villa Duodo in Monsélice (58, Farbabb. 18). Das ungewöhnliche Haus kann mit großer Wahrscheinlichkeit dem bedeutendsten und am ehesten barock zu nennenden Baumeister Venedigs in diesem Jahrhundert zugeschrieben werden: Baldassare Longhena (1598–1682), dessen Salute-Kirche am Ausgang des Canal Grande als das zweite Wahrzeichen der Lagunenstadt zu Recht Weltruhm besitzt.

Mit Longhena werden noch einige andere, sehr ansehnliche Villen in Verbindung gebracht, die dem Zentralbau der Contarini indes nicht verwandt sind: wenn dieser je auf eine realisierte Anregung zurückging, dann vielleicht auf die Villa Selvatico in Battáglia (15, Abb. 35).

## Villa Barbarigo (69)

Als einleuchtendes Beispiel für eine Barockisierung Palladios, zugleich als eine Anlage von urbanistischem Zuschnitt kann die Villa Barbarigo in Noventa Vicentina gelten (Abb. 34). Errichtet wurde sie ab 1588 von einem unbekannten Baumeister. Auf den ersten Blick scheint der imposante, geradezu residenzartige Bau die gewohnten Maßstäbe zu sprengen, bei genauerem Hinsehen lassen sich aber doch bekannte Strukturen herauslesen. Man erkennt, auch im Grundriß, einen kubischen Kernbau, der Palladios Villa Cornaro (75) sehr ähnlich sähe, wenn sich der doppelte Säulenportikus in seiner Ausdehnung nicht von zunächst fünf auf drei (äußere) Interkolumnien verjüngte, – eine Nuance, die einen überraschenden, gleichsam expansiven Effekt hervorbringt; dadurch werden von der Mitte her die seitlichen Kolonnaden mit den Doppelsäulen motiviert, mit denen der Portikus zwar die (tuskische) Ordnung und das Niveau gemeinsam, im übrigen aber keine Verbindung hat. Die Integration des breiten, wenig tiefen Traktes, der reichlich unkonzeptionell gleich einem übermäßigen T-Balken das Hauptgebäude schneidet, wird so zumindest visualisiert. Wie derartige Kolonnaden auch im räumlichen Haushalt einen Sinn machen können, hätte der Baumeister an Vater Scamozzis Villa Ferramosca (13) lernen können, von dem er auch das ausgeschiedene Treppenhaus dem Portal gegenüber zitiert hat. Das Untergeschoß enthält mit dem kreuzförmigen Vestibül fast ausschließlich Verkehrs-

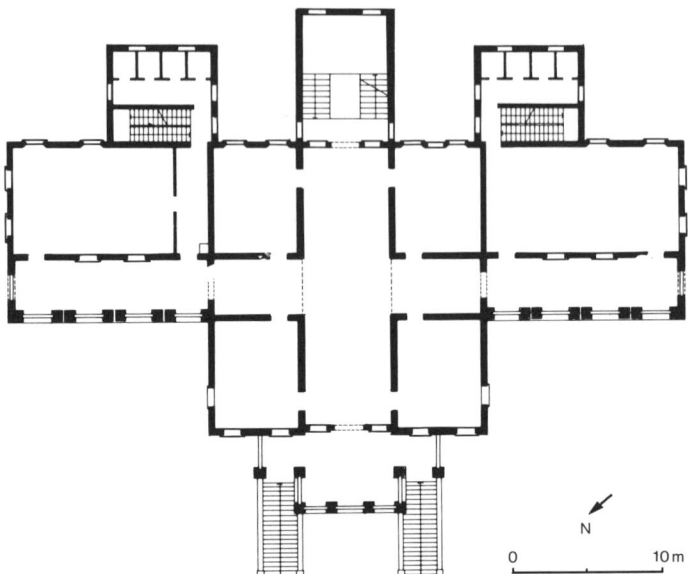

Villa Barbarigo, Grund-
riß Erdgeschoß, nach
Cevese

N    0 ____ 10 m

fläche, das Obergeschoß im Kernbau die riesige Sala, so daß Platz für die Zimmer nur in den Flügeln bleibt.

Der Baumeister (-herr) war anscheinend nur auf Fassadenwirkung aus und darin sicherlich auch erfolgreich. Die riesigen Wirtschaftstrakte flankieren dies, indem sie in der obligaten tuskischen Ordnung ein orthogonal gerahmtes Blickfeld auf die Villa bereiten; hier, wo früher der private Garten war, ist heute der Stadtplatz, von dem aus sich die Bürger des Anblicks eines unvergleichlichen Rathauses erfreuen können.

## Villa Selvatico (15)

Aus der architektonischen Landschaft des 17. Jahrhunderts buchstäblich herausragend, ist die Villa Selvatico dem barocken Zeitgeist ebenso nahe wie der Tradition des vorangehenden Jahrhunderts, an dessen Ende ihr Bau von einem unbekannten Meister begonnen wurde. Gleich einem prunkvollen Tafelaufsatz krönt sie, nach allen Seiten sichtbar, den grünen Hügel über den Bädern von Battáglia (Frontispiz, Abb. 35). Daß es ihr erster Zweck ist, aus der Ferne eine exponierte Ansicht zu bieten, bezeugt schon die Kuppel, die sich schnell als bloße Attrappe erweist; überhaupt scheint sich der märchenhaft-phantastische Eindruck einer Erläuterung mit der einschlägigen Nomenklatur zu entziehen. Mit der Villa »Rotonda« (99) und der »Rocca Pisana« (44), das ist ebenso klar, bestehen in der rundum freien Lage und der zentralen Disposition dennoch enge Beziehungen, die jedoch recht eigenwillig inszeniert sind. Daran sind vor

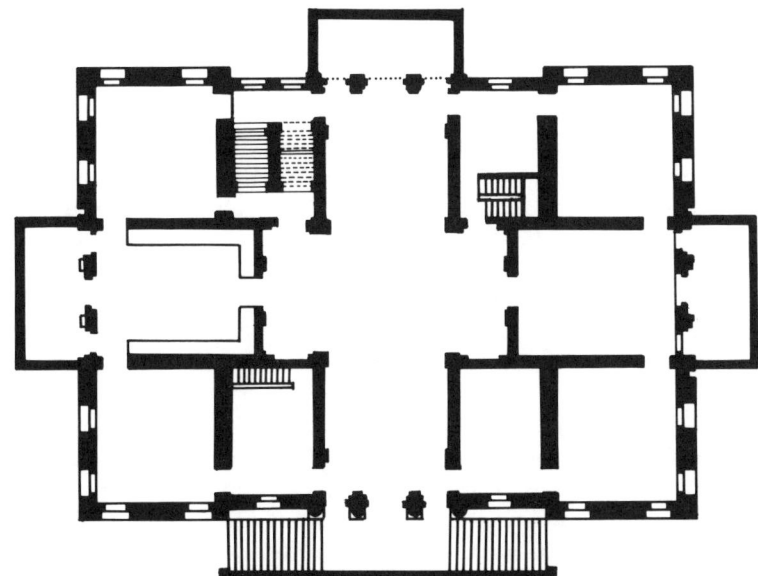

Villa Selvatico,
Grundriß des
1. Stocks, nach
Brunelli/Callegari

allem die vier Ecktürme beteiligt, zwischen denen zwei mal zwei je gleiche Fassadenstücke sitzen, die das mittlerweile üblich gewordene Instrumentarium aufweisen: zweigeschossig gestapelte Ordnungen, die nach Maßgabe des leicht queroblongen Grundrisses zweimal von Giebeln, zweimal von Volutenaufsätzen abgeschlossen sind.

Der Gegensatz zwischen den scheinbar archaischen Türmen mit ihrem artifiziellen Zinnendekor und den an sich durchaus kanonischen Architekturimplantaten macht den eigentümlich operettenhaften Reiz der Villa aus. Die orientalisch gestelzte Scheinkuppel fügt noch einen (scheinbaren) Schuß *Fin de siècle* und die Anmutung neuerer Thermalbaukunst hinzu; doch war die Anlage mit der stürzenden Freitreppe von Tonio Forzan, nun doch noch in sehr barocker Manier, bereits um 1645 vollendet. Die Villa Selvatico bezeichnet einen Höhe- und Schlußpunkt des eskapistischen Villen-Bauens, wie es sich vergleichbar und verwandt zuvor noch in der Villa Emo Capodilista (61) ausgedrückt hatte; von nun an herrschen unangefochten *grandezza* und *comodità* oder eine Mischung beider.


Villa Pesaro (31)

Für Opulenz und Großartigkeit kam vor allem Longhena in Frage, dem man sicher die Villa Pesaro in Este zuschreiben kann (Abb. 36). Für die Familie dieses Namens war der Architekt bereits mehrfach und besonders eindrucksvoll tätig geworden: Der Palazzo am Canal Grande und das Grab des Dogen Giovanni Pesaro in der Frarikirche sind die wohl aufwendigsten und üppigsten Beispiele ihrer Gattungen in Venedig überhaupt. Daran gemessen erscheint die Villa noch moderat, als Landhaus aber setzt sie neue Maßstäbe für herrschaftliches Bauen.

Jetzt wird auf andere Weise als bei Palladio zwischen Palast und Villa differenziert. Schienen 100 Jahre zuvor durch des Vicentiners Wirken beide Hausformen endlich geschieden und aufgrund unterschiedlicher Zwecke zu eigenständigem Habitus gelangt, ist hier gleichsam eine Kreuzung zu bemerken, bei der die beteiligten Arten eine unvermischte Symbiose eingegangen sind. Drei Achsen eines städtischen Fassaden-Kontinuums, wie es siebenachsig etwa an Longhenas Ca' Rezzonico (Venedig) anzutreffen ist, scheinen abgetrennt und dabei zentriert in einen landläufigen Villenkörper versetzt, dessen Traufe sie hoch überragen. Die dreifache Superpositio – tuskische Bossenpilaster, jonische Pilaster, korinthische Halbsäulen (!) – ist, eine ausgesprochene Seltenheit in dieser Kunstlandschaft, mit verkröpften Gebälken kombiniert und ähnlich der Schmalseite von desselben Autors Palazzo Lezze alla Misericordia (Venedig) eingerichtet; zuoberst ein prunkvoller Dachaufsatz mit Wappenkartusche, Ziervasen und, wo eigentlich die Früchte des Friedens sein sollten, mit kriegerischen Trophäen bestückt.

Diese Fassade erscheint gleich zweimal, wobei die zum Feld gewendete um Nuancen privilegierter ist: Die flächendeckende Verwendung von Werkstein, ohnehin im Villenbau ungewöhnlich genug, erfaßt nach innen zum Hof nur den Risalit, nach außen aber den gesamten siebenachsigen Hauptbau. Antonio Gaspari vollendete die Anlage und fügte ausgedehnte Flügel hinzu.

## Villa Rezzonico (14)

Die Verarbeitung und Umwandlung des vorhandenen Repertoires konnte aber auch entgegengesetzte Wege nehmen. Nicht nur Öffnung und Differenzierung, sondern auch hermetische Blockhaftigkeit kennzeichnet das Bauen im 17. Jahrhundert. Dabei kann man ausschließen, daß etwa die Pesaro ein weniger ausgeprägtes Schutzbedürfnis hatten als die Bewohner der Villa Rezzonico bei Bassano (Abb. 37), welche mit geradezu archetypischer Eindringlichkeit die Vorstellung eines Kastells evoziert. Auch hier hatte Longhena seine Hand im Spiel, ohne daß Einzelheiten der Entstehung bekannt sind. Daß der Architekt, wie vermutet wurde, auf einen älteren Bestand Rücksicht nehmen mußte und ihn möglicherweise in seinem Plan konserviert hat, kann wohl ausgeschlossen werden; zu regelmäßig und kompromißlos sind Konzept und Ausführung. Der Bau ist schnell beschrieben: Er steht auf queroblongem Grundriß, dessen Seiten – mißt man es nach – sich wie 2 zu 1 verhalten; wobei sich jeweils die beiden gegenüberliegenden Fronten im Aufriß vollständig gleichen. Die vier Türme an den Ecken fluchten mit dem Kernbau, Fassaden bildend, nur vorne und hinten; an den Seiten sind sie ihm vorgelagert und lassen paarweise eine mächtige Kluft entstehen. Hier münden in Nebentüren die überdachten Laufgänge aus den beiden Foresterien, die gemeinsam mit der Vorderfront einen weiten Hof bilden; sie sind im Gegensatz zur Casa, wo nur das Hauptportal auffällt, differenziert gestaltet und bemerkenswert dekoriert.

Die ausgedehnten Mauerflächen des Hauses werden fast ausschließlich von den Fensteröffnungen gegliedert, zwischen denen die gewohnten unregelmäßigen Wandpausen wahrzuneh-

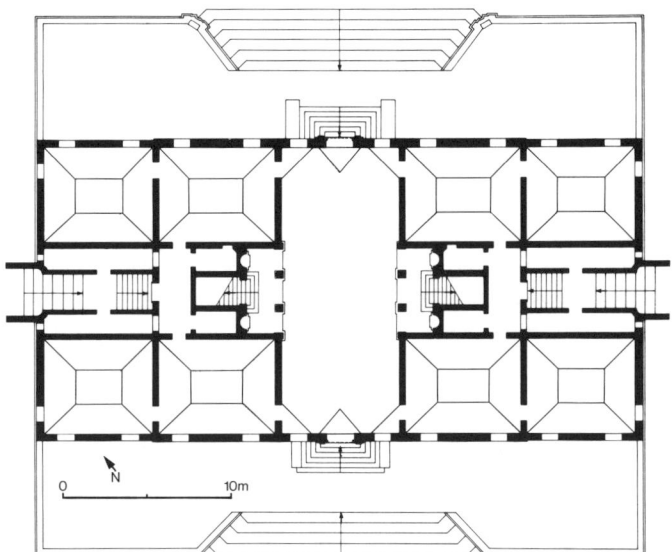

Villa Rezzonico, Grundriß
Erdgeschoß

men sind. Zwischen dieser düsteren Schale und dem inwendigen Raum besteht ein Kontrast, wie er größer kaum vorstellbar ist. In seinem Querschnitt die vier zentralen Fenster mit dem Hauptportal umfassend und mit seinem Rabbitzgewölbe bis unter das Dach reichend, dringt durch die Tiefe des Hauses ein zweigeschossiger Saal, der zu den ausschweifendsten Innenarchitekturen der Epoche zählt. Seine beiden Längsseiten öffnen sich, ein symmetrisches Raumkreuz bildend, in zwei angrenzende Treppenhäuser, die durch Triumphportale betreten werden, deren ›Attiken‹ wiederum Teil einer auf halber Höhe verlaufenden Galerie sind.

Die Treppen blieben im Villenbau von Bauherren und -meistern lange Zeit vernachlässigt; Treppen*häuser,* wie sie in anderen Ländern den Ruhm der Barockkunst in besonderem Maße ausmachen, sucht man im Veneto fast vergebens. Dieses hier ist nicht nur eines der wenigen, sondern das vielleicht beachtlichste Beispiel, würdig, mit den großen Anlagen Longhenas in Venedig verglichen zu werden. Der innere Baudekor, gewirtelte Säulen und Pilaster, bossierte Bögen, Masken und so fort, ist später gleichsam nach außen getragen und erscheint ganz ähnlich in und an den von Antonio Gaidon hinzugefügten Barchessen.

Auf der Suche nach vergleichbaren Bauten sollten über dem geographisch nicht sehr entfernten Haus des Giangiorgio Trissino in Cricoli (27) zeitlich näherliegende Villen wie jene der Colloredo Mels (–) in Susans di Maiano im Friaul oder der Giustinian (–) in Portobuffolé nicht übersehen werden, wenn es um die Subsistenz des ›Kastells‹ in der Villa geht. Dessen antiurbaner Eindruck erweist sich erneut als bloße Maskerade, die indes nicht zur Täuschung, sondern als Selbstzweck inszeniert scheint. Über dem Gartenportal liest man die Widmung MVSIS ET AMICIS.

# Das 18. Jahrhundert – Auflösung und Erneuerung des Regelwerks

Das 18. Jahrhundert, das letzte in der Geschichte der Markusrepublik, wird fraglos als das Zeitalter der Villeggiatura schlechthin gesehen. Dabei denkt man weniger als in den früheren Zeitaltern an *isolierte* bauliche Leistungen, als an das ästhetische Zusammenspiel *aller* beteiligten Faktoren: Haus- und Gartenarchitektur, Malerei und Plastik, Theater, Musik, Singspiel und Feste. Die Reisenden, die in wachsender Zahl die Lagunenstadt und die Terraferma, vor allem längs des Brentaweges, aufsuchten, sind oft beredte Zeugen dieses unvergleichlichen Zeitalters geworden; auch sie genossen es mehr als eine Art gesamtkulturellen Cocktail, als daß sie über seine Einzelheiten, etwa die Bauten gesondert berichteten. Zum Studium der Architektur, es sei denn der Werke des neuentdeckten Palladio, kam ohnehin niemand mehr.

Die Namen der führenden Architekten zählen nicht länger zum allgemeinen Bildungsgut, sondern gehören nun dem einschlägigen Spezialwissen an: Es sind unter anderen Girolamo Frigimelica (1653–1732), Francesco Muttoni (1668–1747), Giorgio Massari (1687–1766), Ottavio Bertotti-Scamozzi (1719–1790), Ottone Calderari (1730–1803). Alle waren sie mehr oder weniger innerhalb der Landesgrenzen tätig und sind qualitativ eher durch die Kunstlandschaft, der sie zugehören, als durch einen übergeordneten Stilbegriff zu bestimmen. An der überregionalen Geltung der zeitgenössischen venezianischen Malerei, die und deren Meister nahezu in ganz Europa gesucht waren, hatte die Baukunst keinen Anteil.

Wenn die geläufige Vorstellung von Spätbarock und Rokoko in der baulichen Erscheinung auch nicht recht präsent wird, ist die Villenarchitektur doch nicht unberührt geblieben von der allgemeinen Aufweichung des Regelwerks und der Liberalisierung der in ihm enthaltenen Statusmomente: Die Vorstellung von Prestige beginnt sich zu individualisieren; der Erbauer eines kleinen Hauses mußte nicht ein ›kleiner‹, der eines aufwendigen nicht ein ›großer‹ Zeitgenosse sein. Die vielleicht kleinste und sicherlich größte Villa halten sich auch heute noch in der Publikumsgunst durchaus die Waage: Die Villa Valmarana-»dei Nani« in Vicenza (100, Abb. 38, 39) und jene später zur »Villa Nazionale« gekürte Villa Pisani in Strà (93, Farbabb. 27, Abb. 43), die sich gleichermaßen durch Meisterwerke Tiepolos auszeichnen, können trotz ihrer stupenden Differenz als ebenbürtige Zeugnisse desselben Zeitgeistes gelten.

Der Zusammenhalt um den Kern, der die Bedingung für die Evidenz der Gattung ausmacht, ist gelockert, aber nicht aufgelöst: Nach wie vor existiert das äußerlich schlichte, nahezu zeitlose Landhaus; neben die Bauten in der eigenwüchsigen Nachfolge Palladios treten seit der Jahrhundertmitte zunehmend seine puristischen Rekapitulationen, auch Scamozzis und Longhenas schulbildende Wirkung hält an.

Erstmals, seit die Renaissance ins Veneto kam, sind – wenn auch selten – wieder Anleihen aus den Architekturzentren Europas zu bemerken. Einem Lust- oder Gartenschloß, der ureigensten Kreation der Epoche, kommt ihrer äußeren Erscheinung nach die Villa Farsetti (85, Farbabb. 28) in Santa Maria di Sala am nächsten. Mit der geschweiften Fassade, dem Verzicht auf Dach und Giebel und ihrer raumgreifenden Ausdehnung, der die Herkunft von den Barchessen kaum mehr anzumerken ist, hat sie teil an der typischen, dem Veneto aber unvertrauten Physiognomie des ›internationalen‹ Spätbarock. Von der Anlage in ihrer früheren Vollständigkeit mit dem französischen Garten, den botanischen Raritäten, den Alleen, Kanälen, dem Belvedere kann man sich anhand einer zeitgenössischen Idealansicht einen anschaulichen Eindruck verschaffen, der von absolutistischer Rhetorik nicht weit entfernt scheint. Die freilich immer noch unentbehrlichen Wirtschaftsgebäude bleiben, gewiß nicht ungewollt, hinter der Casa padronale verdeckt; die fürstliche Sommerresidenz wird lediglich simuliert. Hier kann auch der viel kleineren, einem reizvollen Schlößchen gleichenden Villa Fattori (67, Abb. 40–42) gedacht werden, die sich bei näherem Hinsehen doch bald als reinste Landwirtschaftsvilla erweist.

## Villa Morosini Valmarana (3)

Die Traditionsformen behielten jedoch den Vorrang. Unter ihnen blieb die dreigeschossige Version, wie sie bei Longhena ausgebildet war, infolge ihrer räumlichen Zweckmäßigkeit besonders beliebt. Die Villa Morosini Valmarana in Altavilla (Abb. 44) kann dafür ein prächtiges Zeugnis ablegen. Aufgrund der Praxis ihres Architekten, Francesco Muttoni, der nicht nur wenig zuvor die nahe Villa Da Porto-»La Favorita« (64) im schönsten Palladianismus errichtet, sondern diese Haltung etwa über seine Bekanntschaft mit Lord Burlington auch weiter verbreitet hat, kann sie zugleich als Beispiel für die freie Austauschbarkeit der Formen zitiert werden.

Die Außenansicht des 1724 begonnenen Baus verrät nicht viel von der zum rückseitigen Garten entfalteten Pracht, obwohl sie deren Gliederung wie in graphischer Disposition pauschal vorwegnimmt. Die Traufe der Seitenflügel halbiert in auffälliger Weise den Mittelteil, so daß die dritte Etage mit dem hohen Giebelaufsatz zu mächtig wird, um nur als aufgesetztes Dachhaus zu gelten; aus seitlicher Sicht ist erkennbar, daß es sich tatsächlich um das Obergeschoß eines eigentlichen Kernbaues handelt. Auf der Gartenseite ist dies berücksichtigt durch eine die obere Hälfte in voller Höhe durchmessende korinthische Tempelfront, die unterhalb der Traufe zwar jonisch vorbereitet, aber doch zu privilegiert ist, um nur als (Ober-)Teil einer

Villa Morosini Valmarana, Grundriß Erdgeschoß, nach Cevese

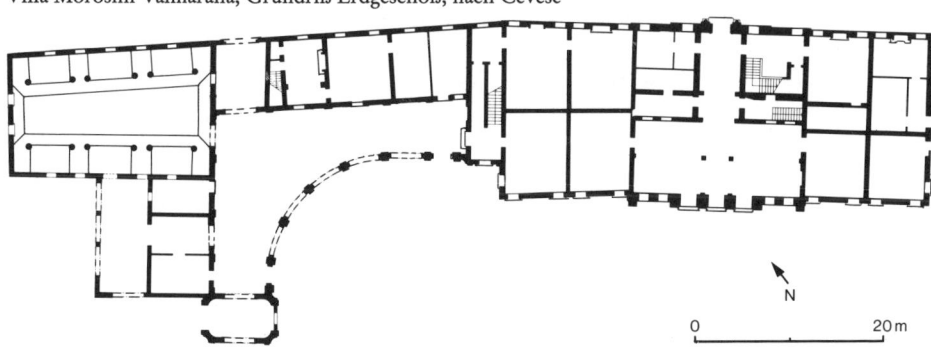

N

0                    20 m

üblichen Superpositio zu gelten. An solchen Details, die in diesem Falle gewiß nicht dem Dilettantismus oder schöpferischer Unbekümmertheit anzurechnen sind, kann die schwindende Geltung des kanonischen Regelwerks abgelesen werden.

Nur der nördliche Teil der Annexe ist fertiggestellt worden; in offensichtlicher Erinnerung an Palladios »Badoera« (35) ist ihm ein viertelkreisförmiger Pfeilerportikus vorgelegt, der zu den ansehnlichsten seiner Art zählt. Von ihm aus betritt man die ehemalige Scuderia (heute Hörsaal), einen der erstaunlichsten Innenräume der Epoche: Er läßt sich als tonnengewölbter Saal beschreiben, dem rechts und links je drei Quertonnen zugewiesen sind, die sich auf freistehende korinthische (!) Säulenpaare stützen. Der Eindruck dreier Schiffe, der dabei entsteht, kommt dem einer Kirche ziemlich nahe. Tatsächlich scheinen dem Architekten Konstruktionen vorgeschwebt zu haben, wie man sie bei venezianischen Renaissance-Kirchen, etwa San Salvatore, vorfindet. Die Verwendung solch nobilitierter Form und Ordnung für einen Pferdestall setzt einen bereits fortgeschrittenen Nivellierungsprozeß in der Rangordnung der Bauformen und des Baudekors voraus.

## Villa Cordellina Lombardi (62)

Dem zunehmenden ›Regelverfall‹, der die spätbarocke Architektur kennzeichnet, setzt der bewußte Rückgriff auf Palladio zunehmend wirksamen Widerstand, wenn auch nicht eben vermehrte Phantasie entgegen. Dafür kann als frühes Beispiel die Villa Cordellina Lombardi (Abb. 45) zitiert werden, die ab 1735 von Giorgio Massari errichtet wurde, von dem auch der noble Palazzo Grassi in Venedig stammt. Gegenüber den möglichen Vorbildern, etwa den Villen Emo (32) von Palladio oder Maldura (–) von Scamozzi, beeindruckt die gesteigerte Vornehmheit, die sich aber nicht gesteigertem Aufwand für Zierrat und Bauschmuck verdankt. Es sind die veränderten Proportionen der Glieder, wie erst eingehendes Vergleichen erschließt: Der Bau besitzt zwei ebenbürtige Geschosse, die in voller Höhe von den Portikussäulen begleitet werden; sie sind überschlank und bis zum äußersten der Jonica gestatteten Maß gestreckt. Bei Palladio hatten die Säulen nie mehr als anderthalb Geschosse zu messen, deren oberes, halbes optisch zumeist im Hauptgesims oder auf seinem Niveau plaziert war. Es konnte dort kaum zur Repräsentanz der Fassade beitragen und schwächte zugleich den maßstäblichen Rang des Tempelmotivs.

Um ein weiteres trägt zur Nobilitierung der Casa bei, daß die Nebengebäude wieder in respektvolle Distanz, weg von Palladios integrativem Konzept gerückt sind. Die so bewirkte Rahmung läßt das Wohnhaus wie ein Exponat erscheinen, wozu die sorgfältige Ausführung aller seiner Seiten nicht wenig beiträgt. Die Barchessen haben – sieht man es mit dem Auge der Erbauer – ebenfalls gewonnen: Da formale Rücksichten nicht genommen werden mußten, war man frei, sie als wirkungsvollen Gegensatz zu formulieren. Mit dem reichlich verwendeten Bossenwerk konnte gemäß der alten Hierarchie des Baudekors ein den naturnäheren und roheren Funktionen entsprechender Naturzustand symbolisiert werden, was ohne Einschränkung anwendbar scheint auf die westlich gelegene Scuderia; die gegenüberliegende Foresteria

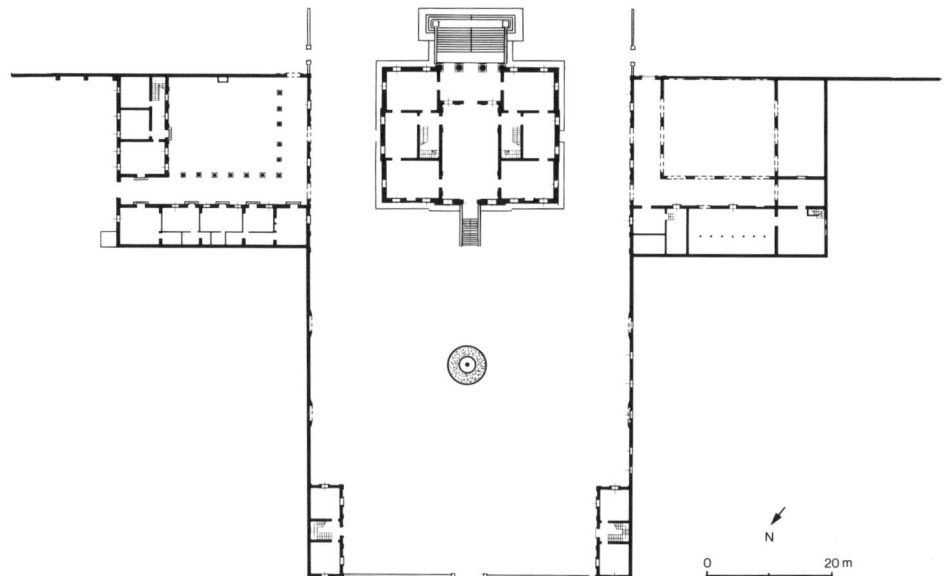

Villa Cordellina Lombardi, Grundriß des Piano nobile der Villa und des Erdgeschosses der Nebengebäude, nach Cevese

mußte dem wohl mehr aus Symmetriezwang denn aus Zweckmäßigkeit folgen. Im Inneren, den Laubengängen beider Höfe, ist die fällige Differenzierung wenigstens zum Teil nachgeholt: wo im Pferdestall bossierte Pfeiler stehen, sind es im Gästehaus bossierte Säulen. Nach Norden setzen fluchtende Blendmauern die rustizierte Erscheinung der Nebengebäude fort und verbinden sie, einen geräumigen Vorhof bildend, mit den Pförtnerhäusern. Der Raumplan der Casa ist von größter Einfachheit; er folgt dem bekannten altvenezianischen Schema, besitzt aber endlich gehörige Treppenhäuser, die die Sala beiderseits flankieren. In ihr setzt sich, ins flache Relief und ins Korinthische moduliert, die Kolossalordnung der Portici fort. Zwischen den Pilastern an den Längswänden ist Platz für die Öffnungen zu den Räumen des Obergeschosses, die wie Theaterlogen gebildet sind, wie auch für die Wandbilder von Tiepolo (1743). In einem Bau wie der Villa Cordellina scheint alles Zeitbedingte des Vorbilds, das Gedankengut der Spätrenaissance und die spekulativen Momente, die Palladios Weltbild und Lehrgebäude bei aller Nüchternheit kennzeichnen, so sehr abgestreift, daß Zeitlosigkeit zum beherrschenden Eindruck wird. Von hier erst konnte der Palladianismus seinen Siegeszug in der Neuzeit antreten.

## Villa Franceschini (6)

Der Name, der sich mit der Renaissance Palladios in dessen eigenem Lebensraum, dem Veneto, vor allem verbindet, ist Ottavio Bertotti (1719–90). Ihm gebührt dieser Ruhm vorrangig wegen

seiner Leistungen als Theoretiker und Forscher, der das erste, heute noch unentbehrliche
Œuvre-Verzeichnis zusammen mit vorzüg-
lichen Bauaufnahmen ediert hat (»Le fabbriche
e i disegni di Andrea Palladio«, 4 Bde., Vicenza
1776–83). Auch der Besuch Goethes beim
»alten Baumeister Scamozzi« am 21. 9. 1786
galt nur dem Palladiokenner und nicht dem
praktizierenden Architekten. Den klangvol-
len Beinamen erhielt er als durch das Stipen-
dium begünstigter ›Adoptivsohn‹ des Vincenzo Scamozzi, das dieser nach dem vorzeiti-
gen Verlust der eigenen Kinder künftig für
Nachwuchsarchitekten ausgesetzt hatte. Als

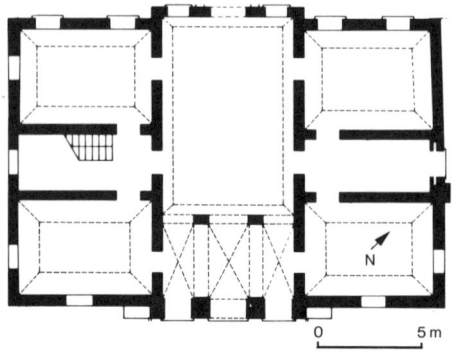

Villa Franceschini, Grundriß Erdgeschoß

lebenslanger Pedell am Teatro Olimpico in Vicenza war er dem Genius beider Meister ständig
nahe und durfte sich, über den langen zeitlichen Abstand hinweg, als beider Schüler fühlen.

Der biographische Komplex und eine ansehnliche Architektenleistung erlauben es, mit
Bertotti-Scamozzi den Abschluß des Villenzeitalters zu illustrieren.

Zwischen 1770 und 1779 ließ sich der Vicentiner Seidenfabrikant Franceschini durch den
Architekten, der schon früher für ihn tätig geworden war, eine stadtnahe Villa in Arcugnano
inmitten der Monti Berici errichten (Abb. 46). Ihre Lage auf dem *dorsale* (Rückgrat, Wasser-
scheide) des kleinen, vulkanischen Gebirges, der die Täler des Retrone und des Bacchiglione
trennt, bietet eine unvergleichliche Aussicht in die nahe und ferne Umgebung. Die hatte auch
der Baumeister/-herr im Sinn, als er die heute verglaste Loggia vor die beiden *Ober*geschosse
legte. Von Palladio war das nicht abzuleiten, der, wenn man sich auch gleich an ihn erinnert
fühlt, die Loggia stets als Portikus eingesetzt hat und deshalb nie ein dem Piano nobile auch nur
annähernd gleichrangiges Grundgeschoß anbieten konnte. Dieses öffnet sich dem Eintretenden
in einer Wand-Serliana, die in der Breite der Sala mit den drei inneren Interkolumnien darüber
korrespondiert; die äußeren Säulen sind vor die Wand gestellt, hinter der sich bereits die seitlichen Suiten befinden, und dekorativ gekoppelt. Die schlichtere Rückseite, wegen des Gefälles
dem Sockelgeschoß sichtbar aufsitzend, bringt die Raumdisposition präziser zu Gesicht. Gegenüber der Villa Cordellina Lombardi, die vollendete Harmonie verströmt, geht es hier nicht
ohne, freilich eigens stilisierte Willkür ab. Das Jahrhundertende, das zugleich der Beginn eines
neuen Zeitalters ist, kündigt seinen, im sogenannten Revolutionsstil gipfelnden gewaltsameren
Gebrauch des klassischen Apparates an.

Es ist nicht ohne geschichtliche Ironie, den Namen Franceschini über der Frage, »ob Erfindung oder Nachahmung den schönen Künsten mehr Vorteil gebracht habe«, diskutiert
zu sehen, was Goethe anläßlich seines Besuchs der Olympischen Akademie in Vicenza (am
22.9.1786) launig berichtet. Des Seidenfabrikanten Fähigkeit, so wurde humorvoll vorgetragen,
Lyoner und Florentiner Stoffe nachzuahmen, habe der Stadt großen Vorteil gebracht, »woraus
erfolge, daß die Nachahmung weit über die Erfindung erhaben sei«. Als homo novus mußte der

Unternehmer Interesse am Schein der Tradition haben; dafür konnte die Villa stehen. Zugleich aber wurde mit Leuten wie den Franceschini, die hier nicht viel mehr Land als den Baugrund besaßen, die Villeggiatura zu einer Angelegenheit des zweiten Wohnsitzes in bevorzugter Lage; die kurze Wegstrecke in die Stadt war nötigenfalls auch täglich zu bewältigen. Das alles sind Voraussetzungen für einen Begriff und Gebrauch der Villa in der neuesten Zeit. Der wirtschaftliche und soziologische Wandel, der hier und in anderen Fällen das Ende der grundständigen Villenkultur ankündigt, wurde vom politischen Ende des Staates jedoch noch überholt. Der Sturz der Republik 1797 veränderte weniger die Besitz- und Abhängigkeitsverhältnisse auf dem Lande, als daß er dem Villenleben über den Verlust der weltstädtischen Ressourcen die materiellen und – entscheidender noch – die geistigen Grundlagen entzog, die gemeinsam mit dem Alten Europa untergingen.

Durch den Zusammenbruch der Bedingungen, deren Verbindung im 15. Jahrhundert die venezianische Villa als eine charakteristische Gattung so erfolgreich machte, mußte sich auch deren geschichtliche Verbindlichkeit auflösen. Die Villen der Folgezeit spiegeln in ihrer vagabundierenden Architektur die privaten Launen luxurierender Wohnansprüche wider, die sich unabhängig von den nationalen Grenzen überall ebenso beliebig wie ähnlich auszuspielen vermögen.

# Ideengeschichte der Villeggiatura

Dem berühmten Kapitel, in dem von den Bauplätzen der Villen die Rede ist (»Quattro libri«, II, Kap. 12), hat Palladio die Zweckbestimmung dieser neuen Bauaufgabe im Verhältnis zum althergebrachten Stadtpalast in wenigen Sätzen vorangestellt: »Aber nicht geringeren Nutzen und Erholung (als in den Stadthäusern) wird er (der Edelmann) vielleicht aus den Villen ziehen, wo er den übrigen Teil seiner Zeit damit verbringt, seine Besitzungen im Auge zu haben und sie zu vervollkommnen sowie mit Fleiß und mit Hilfe der Kunst der Landwirtschaft *(arte dell'Agricoltura)* sein Vermögen wachsen zu lassen. Hier ist auch der Ort, wo der Körper durch die Ertüchtigung zu Fuß oder zu Pferde leichter seine Gesundheit und Widerstandsfähigkeit erhält und wo schließlich die von den Geschäften der Stadt ermüdete Seele Erfrischung und Trost findet und sich ruhig den Studien der Wissenschaft *(studii delle lettere)* und der Kontemplation widmen kann. Zu diesem Zweck begaben sich die antiken Denker *(antichi Savi,* besser übersetzt: die Weisen) sehr häufig an solche Orte, wo sie von tugendhaften Freunden *(vertuosi amici)* oder Verwandten besucht wurden. Sie besaßen Häuser, Gärten, Brunnen und andere ergötzliche Orte *(case, giardini, fontane, e simili luoghi sollazzevoli).* Und diese Denker besaßen vor allem eine solche Tugend, daß sie leicht in jener Seligkeit leben konnten, die man hier unten auf der Erde überhaupt erlangen kann.«

Der oft zitierte Passus könnte als Muster für die sprichwörtliche Sachlichkeit seines Autors, bar jeder Formelhaftigkeit und Rhetorik, gelten, wäre da nicht die letzte Wendung ». . . e sopra tutto la lor Vertù; potevano facilmente conseguir quella beata vita, che quà giù si può ottenere«: Wo man im Villenleben Tugend und Seligkeit sich vermählen läßt, scheint die Grenze der Erfahrungswelt überschritten, zumal die Wortwahl *beato* (lat. *beatus*) an den paradiesischen Zustand vor dem Sündenfall beziehungsweise nach seiner Tilgung durch Gottes Gnade appelliert. Diese Aussage ist, übrigens mitsamt jenen des Zitats, die sich anscheinend aus sich selbst verstehen lassen, in einen großen ideengeschichtlichen Strom eingebettet, aus dem sich die Villenbewegung ideell schon bald nach ihrem Anfang zu speisen begann.

Die politische Vernunft und die wirtschaftliche Zweckmäßigkeit, von denen sich die Venezianer aufs Festland leiten ließen, bildeten wohl die Voraussetzung, kaum aber den alleinigen Grund für das Entstehen und den Bestand dessen, was man dann sprechend und kaum übersetzbar *Villeggiatura* nannte. Die Besitzungen hätten ausschließlich in nüchterner (Betriebs-)Wirtschaftlichkeit verwaltet und verwertet werden können; prachtvoller Wohnhäuser und stimmungsvoller Ambientes für die Eigentümer bedurfte es dafür nicht. Der – oft dokumentierte – finanzielle Aufwand hierfür war eher geeignet, die Rentabilität des ganzen Engagements in Frage zu stellen. Daß eine Gesellschaft, die sich seit Jahrhunderten von Handel und Seefahrt ernährte, in die Landwirtschaft nicht nur zu investieren, sondern ihre Emotionen zu lenken begann, mußte zugleich auch einem geschichtlich gewordenen kulturellen Bedürfnis entsprochen haben. Dieses zu rechtfertigen, wird den Venezianern anfangs nicht leicht gefallen sein, konnte doch der Verdacht aufkommen, sich mit den neuen festländischen Interessen dem alten landsässigen Rittertum annähern und damit von den Traditionen und Gesetzen der Republik entfernen zu wollen. So bedurfte es unverdächtiger Ideen, um sich den unversehens verfügbaren Landbesitz auch kulturell anzueignen.

Man konnte sich dabei an Überlieferungen halten, die sich mit der erhabenen Erscheinung Francesco Petrarcas (1304–1374) in Verbindung bringen ließen, der zu Ende seines Lebens dem Veneto zudem eng verbunden war. Die auch literarisch dokumentierte Besteigung des Mont Ventoux in der Provence (1335) und die Wahl seines Alterssitzes fernab von den Metropolen in der Abgeschiedenheit des Dörfchens Arquà (seit 1868 Arquà Petrarca) am Südrand der Euganeen, später ein bevorzugter Villenplatz, scheinen den ideengeschichtlichen Zusammenhang auch biographisch zu bestätigen. Die historische ›Richtigkeit‹ solcher Ableitungen – Petrarcas Haus war schließlich keine Villa – und ihre gedankliche Schlüssigkeit sind dabei weniger bedeutsam als die Virulenz der Erinnerungen, Legenden und Mythen. Petrarcas Sehnsucht nach Ruhe und zurückgezogener Existenz (»De Vita solitaria«, ab 1346) entsprang ausgesprochen stadtfeindlicher Haltung. Anachoretische, das heißt am christlichen Einsiedlertum orientierte Traditionen werden sich dabei mit der Erfahrung lebenslanger Emigration zur subjektiven Abwertung des städtischen Lebens verschmolzen haben; die unablässigen Parteienkämpfe, Übervölkerung und Seuchen in der spätmittelalterlichen Stadt kommen als objektiver Hintergrund für solche Einstellungen in Betracht. So wählt zum Beispiel auch Boccaccio als Schauplatz für sein »Decameron« (1348–53) – auf der Flucht vor der Pest in Florenz – eine ländlich-idyllische, gleichsam umgekehrte Quarantäne.

Das im Kontrast zur Urbanität entworfene paradiesische Gegenbild des ländlichen Lebens stellte das traditionelle mittelalterliche Empfinden nachgerade auf den Kopf: Hatte doch die

Idealporträt des
Francesco Petrarca.
Fresko von Andrea
del Castagno, ehem.
S. Apollonia,
Florenz, um 1450.
Florenz, Uffizien

DOMINVS FRANCISCHVS PETRARCHA

171

ummauerte Stadt den zeitgenössischen Vorstellungen von Frieden, Geborgenheit und Prosperität eine reale Heimstatt gegeben. Das Paradies hatte man sich eben nicht gemäß der biblischen Schöpfungsgeschichte als Naturzustand rekonstruiert, sondern im Bilde der umwehrten, zinnenbekrönten Stadt, als »Himmliches Jerusalem« vorgestellt.

Jüngst wurde noch Giorgiones »La Tempesta« oder »Die Familie« genanntes Bild in diesem Sinne, als Darstellung des ersten Menschenpaars nach der Vertreibung aus dem Paradies, dessen Mauern im Hintergrund erscheinen, einleuchtend gedeutet (S. Settis, 1978). Die Familie ist, zwar unbehaust, doch in die schönste Natur, deren Imagination dieser große Entdecker der alpennahen Landschaft fähig war, versetzt und dort wiederum geborgen. Der paradiesferne Naturzustand, in den Adam als Landmann und Eva als Mutter verbannt sind, scheint durch die Gegenwart beider humanisiert oder doch humanisierbar, rohe Natur zu ›Landschaft‹ kultiviert. Wohl nicht zufällig wurde das Veneto, obwohl es doch von der Natur mit landschaftlichen Reizen weniger verwöhnt scheint als andere Regionen, zur Heimat der italienischen Landschaftsmalerei. Zu Beginn des 16. Jahrhunderts – nimmt man das Bild Giorgiones als Metapher – scheint der alte, so oder so gewendete Widerspruch zwischen städtischer und ländlich-›natürlicher‹ Lebensform aufgehoben, beziehungsweise zusammengeführt zu zwei sich ergänzenden Seiten eines im zivilisatorischen Prozeß erreichten identischen Lebensentwurfs. So wird das Zeitalter der Villa, das als kulturelle Erscheinung eben beginnt, zu einer Zeit des praktizierten Ausgleichs, der Begegnung des (vermögenden) Städters mit Land, Landschaft und Landwirtschaft, nicht aber der Flucht zu ihnen. In der Architektur und Anlage der Villa thematisiert und visualisiert sich diese Beziehung stets aufs Neue.

Die von Petrarca inaugurierte, von Giorgione gemalte Verwandlung der Paradiesesvorstellung sollte sich tatsächlich in der Villa/Villeggiatura wiederfinden. Dazu aber mußte Adams Arbeit von ihrem Stigma als Strafe für den Sündenfall befreit und in ihrem kultivierenden Wert erkannt werden, wozu die »Vita solitaria« des Humanisten keinen Zugang hatte. Ein älterer Zeitgenosse des Dichters, Piero de Crescenzi, hatte der Entdeckung der Landwirtschaft aus der Sicht der städtischen Interessenten bereits nachhaltige Impulse gegeben. Des Bologneser Juristen (!) »Opus ruralium commodorum«, gegen 1300 verfaßt, griff in praktischer und informierender Absicht sämtliche Themen der Agrikultur und ihres Ambientes auf und stützte sich, mangels zeitgenössischer Literatur, dabei auf die antiken Lobredner der Landwirtschaft Cato (234–148 v. Chr.), Varro (116–27 v. Chr.), Palladius (4. Jh. n. Chr.). Seine volle Wirksamkeit entfaltete das Werk mit dem Buchdruck (zuerst Augsburg 1471 lat., Florenz 1478 ital.) gerade im ›richtigen Moment‹, allein für Venedig sind zwischen 1495 und 1564 elf Auflagen gezählt worden. 1472 erschienen in Venedig die bislang nur zitierten antiken Autoren, vermehrt um Columella (1. Jh. n. Chr.), in einer eigenen Sammeledition.

Für den großen Gelehrten und Architekten Alberti ist das Thema Agrikultur bereits eine Selbstverständlichkeit; die nun (»De re aedificatoria«, 1485 posthum erschienen, und »I libri della famiglia«, vor allem deren 3. Buch, »liber oeconomicus«/vom Hauswesen, von 1434) schon existente Villa dient dem Gewinn, der im Gegensatz zum städtischen Erwerbsleben ehrenhaft zustande kommt, bietet zudem Gesundheit und Lebenslust. Der Universalist aus Florenz konnte der Stadt, die er kritisch bewertet, indessen keine grundsätzliche Absage erteilen,

172

La Tempesta. Gemälde von Giorgione, um 1505. Venedig, Galleria dell'Accademia

gehörte sie doch zu seinem (politischen) Begriff vom öffentlichen Leben, der Ursache seiner und aller Architektur, die diesen Namen verdient.

Literarisch und theoretisch wird die Landwirtschaft nun zunehmend unter Berufung auf ihre immateriellen Werte behandelt. Petrarcas kontemplatives Ideal konnte so der aktiven Existenz zur Seite gestellt und Ciceros Auffassung zitiert werden, daß die Agrikultur der Weg zur Weis-

Alvise Cornaros untergegangene Villa in Este, um 1700. Stich von Vincenzo Coronelli

heit sei. Geradezu metaphysische Weihe wird ihr durch Alvise (venez. für Ludovico/Luigi) Cornaro (1484–1566) zuteil, der sie als »*Santa* Agricoltura« zum Fundament des Sittlichen schlechthin erklärt. Dieser venezianische Aristokrat, Jurist und Schriftsteller ist in der Tat eine der Schlüsselfiguren in der materiellen und ideellen Geschichte der Villa. Als Erbe großer, allerdings nicht sehr ertragreicher Güter hatte er sich zeitlebens intensiv mit der Landwirtschaft beschäftigt, hatte Systeme der Wasserregulierung, der Trockenlegung und Urbarmachung entwickelt und darüber zahlreiche Schriften verfaßt. Sozusagen auf den Schultern antiker Autoren sang er wie kein anderer das Lob der Landwirtschaft, der er seinen Reichtum, seine Gesundheit und – später – sein Alter verdanke. Eckpfeiler seiner missionarisch vertretenen Lebensphilosophie sind Arbeit und musische Betätigung, Sport und Geselligkeit: Bedingung eines sinnvollen und erfüllten Lebens. Sein eigenes, auf das er einen Nachruf (»Elogio funebre«) verfaßte, pries er als glücklichstes Resultat und (lebenden) Beweis für die Richtigkeit seines Entwurfs. Ja er scheute sich nicht, unter Vortäuschung eines höheren Alters seiner Lehre von der »Vita sobria« (Vom maßvollen Leben) die Aura einer erfüllten Prophezeiung zu verleihen, – bis hin zu ihrer vierten Folge »composto nell' età d'anni 95« (verfaßt im Alter von 95 Jahren).

Die Diskurse Cornaros sind tatsächlich immer wieder für den authentischen literarischen Niederschlag vom Leben auf dem Lande, der Verwirklichung des Humanus in Agricultura und

Villeggiatura genommen worden, so daß es angebracht ist, aus ihnen umfangreicher zu zitieren. Es heißt dort z. B. (1550, im angeblichen Alter von 83 Jahren): »Sie mögen kommen, sehen und sich wundern über mein Wohlbefinden, wie ich ohne Hilfe zu Pferde steige, Treppen und Hügel hinauflaufe, wie ich lustig, amüsant und zufrieden bin, wie frei von Gemütssorgen und widerwärtigen Gedanken. ... Mein Umgang sind weise, gelehrte, ausgezeichnete Leute von Stande, und wenn diese nicht bei mir sind, lese und schreibe ich und suche damit wie auf jede andere Weise anderen nützlich zu sein nach Kräften. Von diesen Dingen tue ich jedes zu seiner Zeit, bequem, in meiner schönen Behausung, welche in der besten Gegend Paduas gelegen und mit allen Mitteln der Baukunst auf Sommer und Winter eingerichtet, auch mit Gärten am fließenden Wasser versehen ist. Im Frühling und Herbst gehe ich auf einige Tage auf meinen Hügel in der schönsten Lage der Euganeen, mit Brunnen, Gärten und bequemer und zierlicher Wohnung; da mache ich auch wohl eine leichte und vergnügliche Jagd mit, wie sie für mein Alter paßt. Einige Zeit bringe ich dann in meiner schönen Villa in der Ebene zu; dort laufen alle Wege auf einem Platz zusammen, dessen Mitte eine artige Kirche einnimmt; ein mächtiger Arm der Brenta strömt mitten durch die Anlagen, lauter fruchtbare, wohl angebaute Felder, alles jetzt stark bewohnt, wo früher nur Sumpf und schlechte Luft und eher ein Wohnsitz für Schlangen als für Menschen war. Ich war's, der die Gewässer ableitete; da wurde die Luft gut, und die Leute siedelten sich an und vermehrten sich, und der Ort wurde so ausgebaut, wie man ihn jetzt sieht, so daß ich in Wahrheit sagen kann: an dieser Stätte gab ich Gott einen Altar und einen Tempel und Seelen, um ihn anzubeten. Dies ist mein Trost und Glück, so oft ich hinkomme. Im Frühling und Herbst besuche ich auch die nahen Städte und sehe und spreche meine Freunde und

Gartenportal der ehem. Villa Cornaro in Este von G. M. Falconetto

175

mache durch sie die Bekanntschaft anderer ausgezeichneter Leute, Architekten, Maler, Bild-hauer, Musiker und Landökonomen. Ich schaue an, was sie Neues geschaffen haben, betrachte das schon Bekannte wieder und lerne immer vieles, was mir dient, in und an Palästen, Gärten, Altertümern, Stadtanlagen, Kirchen und Festungswerken. Vor allem aber entzückt mich auf der Reise die Schönheit der Gegenden und der Ortschaften, wie sie bald in der Ebene, bald auf Hügeln, an Flüssen und Bächen mit ihren Landhäusern und Gärten ringsum daliegen. Und diese meine Genüsse werden mir nicht geschmälert durch Abnahme des Gesichts oder des Gehörs: alle meine Sinne sind Gott sei Dank in vollkommen gutem Zustande, auch der Geschmack, indem mir jetzt das Wenige und Einfache, das ich zu mir nehme, besser schmeckt als einst die Leckerbissen, zur Zeit da ich unordentlich lebte. Ich bin nicht verwöhnt, kann vielmehr auf der Reise überall schlafen, ohne von häßlichen Träumen gequält zu werden; selbst meine Träume sind schön und angenehm . . .« (Übersetzung nach Burckhardt).

Die hier erwähnten eigenen Villen Cornaros (in Este, wo nur noch das Tor, und Codevigo, wo nur noch die »artige Kirche« stehen) sind nicht erhalten, dafür aber als nicht minder authen-tisches Zeugnis die Villa der Paduaner Bischöfe (dei Vescovi in Luvigliano, 49), deren Bau er geleitet hat.

Daß die segenbringende Tugend, begünstigt oder gar begründet durch ländliches Leben und Werk, in der Villa heimisch sei, künden einladende Inschriften auf zahlreichen Türstürzen (vor allem des 16. Jahrhunderts) den eintretenden Gästen an. Einzeltugenden ›bewohnen‹ als gemalte Allegorien häufig die Zimmer der Villa; sie ließen sich wie in einem Gesellschaftsspiel den Bewohnern und Gästen individuell zuweisen, wovon Palladio in seiner Beschreibung der Villa des Mario Repeta in Campiglia (–) berichtet. Dort waren einige Räume »der Mäßigkeit, andere der Gerechtigkeit und andere wieder anderen Tugenden gewidmet (. . .). Dies wurde deshalb so eingerichtet, damit dieser Edelmann, der sehr gerne jene beherbergt, die ihn besuchen kommen, seine Gäste und Freunde in dem Zimmer jener Tugend unterbringen konnte, der sie sich am meisten zugeneigt zeigen« (»Quattro libri«, II, Kap. 15).

In dieser Zeit, um die Mitte des 16. Jahrhunderts, ist der erste oder, wie manche meinen, der absolute Höhepunkt der Villengeschichte im Veneto erreicht. Inzwischen ist mit den sogenann-ten Villenbüchern, die jetzt zahlreich erscheinen, eine eigene literarische Gattung entstanden, in der sich die unterschiedlichen Traditionen bündeln. Die wichtigsten Autoren sind Giuseppe Falcone (»La nuova vaga et dilettevole villa«, zuerst Brescia 1559), Alberto Lollio (». . . in laude della villa«, zuerst Ferrara 1563) und Agostino Gallo, der die verschiedenen Seiten des Villen-lebens in Form von Tagesläufen beschrieb, die er von anfangs zehn (1550) in den folgenden Editionen bis auf zuletzt 20 vermehrte: »Le vinti giornate dell'agricoltura et de' piaceri della villa« (1567). Auffällig an diesen Schriften ist die eigentümliche Verbindung von didaktischer Unterweisung und idealer Thematik.

Bei Gallo sind 17 *giornate* der Praxis und den Techniken der Land- und Gartenwirtschaft an der Villa bis hin zu ausgefallenen Spezialfragen gewidmet. Das 18. Kapitel beschäftigt sich mit dem bekannten Stadt/Landgegensatz in der obligaten Schwarz/Weißmanier. Der 19. Tageslauf

1 Castello Giustinian in Roncade (81) ▷

2 Villa Trissino in Cricoli di Vicenza (27)

3 Villa Soranza bei Strà (94)

4 Villa »La Rotonda« in Vicenza (99) ▷

5 Villa »La Badoera« in Fratta Polésine (35)

7 Villa »La Malcontenta« (50): Fassade zur Brenta ▷

6 Villa »La Malcontenta« in Malcontenta (50): Gartenseite

8 Villa Caldogno in Caldogno (21): Detail aus dem Fresko »Das Kartenspiel« von Giovanni Antonio Fasolo im Hauptsaal der Villa

9  Villa Caldogno (21)

10  Villa Caldogno (21): Fresko »Das Konzert« von Giovanni Antonio Fasolo im Hauptsaal der Villa

11 Villa Contarini in Piazzola sul Brenta (74)

13 Villa Barbaro (54): Scheinarchitektur im Mittelsaal mit Fresken von Veronese ▷

12 Villa Barbaro in Masèr (54): Giebelfront

15 Villa Emo in Fanzolo (32)
◁ 14 Villa Emo Capodilista in Montécchia (61)
16 Villa Ghellini in Villaverla (102)

17  Villa Molin in Mandriola di Albignásego (51)

18  Villa Duodo in Monsélice (58) ▷

19 Villa Monga Saibante in San Pietro in Cariano (84)

20 Diana-Brunnen im Park der Villa Barbarigo in Valsanzíbio (97)

21 Villa Manin in Passariano (72)

22 Villa Giovanelli in Noventa Padovana (68)

23 Villa Pasole in Pedavena (73) ▷

25 Villa Da Porto Del Conte in Vivaro di Dueville (105)
◁ 24 Villa Allegri in Cuzzano di Grezzana (29)
26 Villa Da Porto Casarotto in Vivaro di Dueville (104)

28 Villa Farsetti in Santa Maria di Sala (85)
◁ 27 Pferdestall der Villa Pisani-»La Nazionale« in Strà (93)
29 Villa Marcello in Levada di Piombino Dese (42)

dient der Schilderung der *spassi,* der Vergnügungen sportlicher, waidmännischer und kulinarischer Art, die der Aufenthalt in der Villa bietet; und der Schluß feiert die Villeggiatura als kulturelles Ganzes.

Zur Rechtfertigung der Agrikultur ist die der Sünde Adams auf dem Fuße gefolgte Verweisung aus dem Paradies nun endgültig zum Vorteil der menschlichen Gattung gewendet, verdankt *sie* dieser Maßregel doch ausgesprochene Wohltaten: die Versorgung mit Lebensmitteln und, bei entsprechender Einsicht, auch ein Höchstmaß an Freude und Erquickung. Es ist immer noch die Einsicht in den infernalischen Charakter der städtischen Welt mit dem Regiment der Laster, Korruption und Krankheiten, die das paradiesische Gegenbild des Villenlebens herausruft. Die fortwährende Wiederholung, zumal in einer Zeit zivilisatorischer und hygienischer Fortschritte, enttarnt aber den topischen Charakter der Aussage, die immer mehr eine Beschwörungsformel denn eine Beschreibung der Zustände ist.

Ob die Ideale des Humanus auf dem Lande ihrer Verwirklichung näher als in der Stadt kommen, muß in der Sache dahinstehen, ist aber auch von theoretischer Fragwürdigkeit. Schuf doch überhaupt erst die *civitas,* die urbane Gemeinschaft der Bürger, die geistigen und sozialen Voraussetzungen für den Entwurf der humanen Ideale, für die sich der Humanismus begeisterte; und manch einem seiner namhaftesten Vertreter war dieser Zusammenhang sehr wohl bewußt. Die gleichsam topographische Sortierung von Heil und Unheil konnte demnach nur von einseitiger Intention geleitet sein. Das Villenideal mußte mit der antikisch-humanistischen Civitas-Vorstellung und ihrem christlichen Derivat der *Civitas dei* (Gottesstaat, -bürgerschaft) gleichermaßen in Dissens geraten wie mit der Wirklichkeit. Schon der offenkundige Umstand, daß jeder Villenherr zugleich auch der Herr eines Stadtpalastes war und sein *mußte,* um die ländliche Niederlassung überhaupt ins Auge fassen zu können, hätte die Konstruktion der Alternative ständig in Frage stellen müssen; zu sichtbar waren doch die Abhängigkeiten!

Diesem Widerspruch war bereits ein Realist wie der Neapolitaner Giovanni Pontano auf der Spur, als er für die Villa einen städtischen Habitus forderte und alle ländlichen Anwandlungen verwarf (»De conviventia«, Ende 15. Jh). Ihm folgte der Florentiner Francesco Doni, der unter dem Titel »Attavanta Villa« (vor 1557) das Villenleben gewissermaßen soziologisierte. Dabei wurden fünf Villentypen erdacht, die neuerdings häufig als authentische Klassifikation zitiert und mißverstanden werden: Die Villa des Königs und Hochadels (»da re, duca, signore«), das Haus für die Vergnügungen des Edelmanns (»di spasso da Gentiluomo«), das der Erholung dienende Anwesen des Groß- und Geldbürgers (»di ricriazione«), die kleinbürgerliche Zusatzversorgung (»casa di rispiarmo«), das Bauernhaus (»capanna dell'utile«). Bei den drei oberen Klassen sei das ›zivile‹, in den Kulturzustand erhobene Leben des Stadtmenschen – noch gesteigert – aufs Land übertragen, ohne dessen eigentümliche Charakteristik anzunehmen; und die beiden anderen Typen hätten als Orte purer Notwendigkeit keine Berührung mit der kulturellen Sphäre. Nicht zwischen Stadt und Land bestehe folglich der Gegensatz, sondern zwischen *civiltà* und *rusticità,* Kultur und Rohheit, die sowohl die gesellschaftlichen Klassen als auch die Individuen voneinander trennten: »Uno ama la villa, l'altro la città; quello vuol godere, l'altro stentare; certi desiderano la pratica, altri la fuggono« (Der eine liebt die Villa, der andere die Stadt; jener will genießen, der andere entbehren; einige ziehen Tätigkeit vor, andere fliehen sie).

Radikaler als hier, wo Veranlagung, Willkür und Laune des einzelnen den Maßstab setzen, hätte das ontologische Konzept der Villeggiatura als des Irdischen Paradieses (der Ruhe und des Friedens, des Wohlstandes und Gedeihens, der Gastlichkeit und der einsamen Studien, des seelischen und körperlichen Wohlbefindens, der Natürlichkeit und Kultiviertheit) kaum seiner Künstlichkeit überführt werden können. Das 18., das aufgeklärte Jahrhundert konnte dann mit Spott und Gelächter reagieren; Carlo Goldonis Komödien über die Villeggiatura als kollektive Manie leben von der mittlerweile voll geöffneten Kluft zwischen dem von den weiterhin aufgelegten Villenbüchern beschworenen idealen Anspruch und der trivialen Wirklichkeit: Die unvorhergesehenen Fährnisse, das andauernde Hin-und-Her der mobilen Bequemlichkeiten aus dem Stadthaus, die man auch in der Sommerfrische nicht missen mochte, Kollisionen im Bereich der Mode, des Anstands, der Liebe und der Sittlichkeit, übermäßiger Luxus sowie der fällige Schuldendienst und vieles andere mehr machen den Ausverkauf des Ideals zu einem ebenso einträglichen wie genüßlichen Schauspiel (»La villeggiatura«, 1756; »Le smanie per la villeggiatura«, »Le avventure della villeggiatura«, »Il ritorno della villeggiatura«, Trilogie, 1761). Die Villa selbst, Leben und Arbeit in ihr, werden – wie meist in solchen Fällen – mit ihrem Ideal im Positiven wie Negativen nur wenig gemeinsam gehabt und sich davon kaum irritiert gezeigt haben. Schon das bis zum Überdruß wiederholte Postulat von der idyllischen, erhobenen Lage, dem *Locus amoenus* der Antike, mußte sich in der venezianischen Landschaft als leere literarische Formel erweisen: Die weitaus meisten Villen liegen naturgemäß – ohne Fernsicht und ohne aus der Ferne gesehen zu werden – auf dem flachen Schwemmland, der Basis ihrer Existenz.

Als Entwurf einer idealen Lebensform ist die Villeggiatura eine Fiktion, die von interessierter Seite inszeniert wurde. Als solche ist sie indessen geistesgeschichtlich nicht gegenstandslos, weil sie – in den besten Fällen – auch als Beitrag zur Frage gelten kann, was der Mensch und was menschlich sei – und sei diese Frage auch aus der Sicht der besitzenden Klasse gestellt und aus ihrer Interessenlage beantwortet; als bloßer Lebenslüge wäre der Villeggiatura ein Bestand von Jahrhunderten kaum vergönnt gewesen. Ihre Existenz könnte aus der geschichtlichen Entfaltung moderner Privatheit abgeleitet werden, die hier indessen – im Unterschied zu heute, wo sich das Private aus der Abstinenz förmlicher Gesellschaftlichkeit versteht – ausgeprägte repräsentative Züge besitzt: War der Privatpalast am Canal Grande durch den politischen Rang seiner Bewohner und seine städtebauliche Erscheinung gewissermaßen ein ›öffentliches Gebäude‹, so hatte nun die durch ihre Formensprache kaum weniger ›öffentlich‹ stilisierte Villa die exklusive Privatheit der staatstragenden Klasse, die sie ja auch auf dem Lande blieb, zu repräsentieren. Die in Stadt und Land sich teilende private und öffentliche Existenz darf als die geschichtliche Grundlage ihrer kontrastierenden Vorstellung im Reich der Ideen, um die es hier ging, gedeutet werden. Aber der Spaltungsprozeß zu Lasten der Stadt als *Res publica* mußte auf die Dauer die Autorität und Legitimation der Republik selbst untergraben, deren Erosion in immer neuen Affären zutage trat. Die Literaturen aus und über Venedig in der Spätzeit sind sich über die Situation in ihrem vollen Zynismus einig: Volk und Herrschaft als desillusionierte Notgemeinschaft, die sich selbst und gegenseitig – allerdings maskiert – alle denkbaren Tollheiten gestattete. Auch die Vorstellung der Villeggiatura als Irdisches Paradies ist durch diese (Selbst-)Toleranz abgedeckt, die sich als schleichendes und letzten Endes tödliches Gift für den Staat erwies.

# III Katalog der Villen

## Zeichenerklärung zum Katalog

* Den Wegbeschreibungen liegt die offizielle Karte des Touring Club Italiano Friaul-Venetien 1:200 000 zugrunde.
* Die Villen sind alphabetisch nach Ortsnamen geordnet; tauchen zwei oder mehr Ortsnamen auf, bezeichnet jeweils der erste den Standort des Gebäudes, der letzte die zuständige Gemeinde. Hinter dem/den Ortsnamen folgt das Provinz-Kennzeichen (BL = Belluno, PD = Padova, RO = Rovigo, TV = Treviso, UD = Udine, VE = Venezia, VI = Vicenza, VR = Verona).
* Zur Schreibung der Villennamen: Jeweils an erster Stelle steht der Name des vermuteten oder sicheren Erbauers oder Erstbesitzers, sofern ein solcher Name bekannt ist. Groß geschrieben ist – eventuell davon abweichend – der für die Villa gebräuchliche Name, dessen Nennung helfen kann, das Gebäude zu finden. Die gelegentliche Verwendung des Wörtchens *ora* in einer Namensfolge bedeutet soviel wie *dann, jetzt,* weist also auf einen nachfolgenden Besitzer hin.
* Zahlen in Klammern hinter einer Villennennung im Text beziehen sich auf die Katalognummer; erscheint anstatt einer Zahl ein Strich (–), heißt das, daß die Villa nicht in den Katalog aufgenommen ist.
* Die angegebenen Telefonnummern umfassen jeweils auch die Ortskennzahl, die für Ferngespräche innerhalb Italiens gilt. Für Gespräche aus der Bundesrepublik ist die Ortskennzahl die Vorwahl für Italien, 0039, voranzusetzen, die Null der Ortskennzahl entfällt.
* Für die im Katalog genannten Öffnungszeiten kann keine Gewähr übernommen werden; es empfiehlt sich, sich vor einem geplanten Besuch zu vergewissern, ob die Zeiten noch immer gelten.

Erklärung der Symbole siehe nächste Seite

Weitere Hinweise zum Villenbesuch ab Seite 297 in den ›Praktischen Reisehinweisen‹.

## Symbole:

| Außenbesichtigung: | Innenbesichtigung: | Sonstige Symbole: |
|---|---|---|
| O totale Außenansicht abhängig von Öffnungszeiten | □ regelmäßig zugänglich zu Museums- oder auch Büro-, Unterrichts-, Betriebszeiten | *a* ausführliche Besprechung im Abschnitt »Architekturgeschichte der Villa« |
| ⊕ jederzeit gut von außen sichtbar | | |
| ⊖ von außen eingeschränkt zu sehen, Hauptansicht jedoch frei | ⊞ zugänglich auf Anfrage | *i* Besichtigung nur bei besonderem fachlichem Interesse empfohlen |
| ⊘ zugänglich auf Anfrage | ■ normalerweise unzugänglich | ✱ Besuch unbedingt empfehlenswert |

## Agordo, BL 1

### Villa CROTTA De Manzoni ⊕ ■

*Orientierung: Die Villa liegt an der Piazza im Zentrum von Agordo.*

Die Villa Crotta – im Schatten der Pale di San Lucano – ist eine der nördlichsten Veneto-Villen. Dem Stadtplatz von Agordo wendet sie das Gesicht eines Palazzo zu, dem Garten das eines Landhauses. Hier, auf der Südseite, schließt ein tiefer, schmaler Flügel, der Saaltrakt, an. Der so entstandene Hof ist auf den beiden freien Seiten durch eine imposante Flucht von Götterstatuen geschlossen und bildet den quadratischen Villengarten. Im Laufe der Zeit wuchs die Villa entlang der schmalen Gasse immer weiter nach Westen: Ein zweites Haus schloß sich an, sodann der kreuzgang-artige, zweigeschossige Betriebshof, schließlich die Scuderia. In die Tiefe des Grundstücks setzte man noch ein Gästehaus, das über eine lange Galerie aus dem erwähnten zweiten Haus erreicht werden kann. Schwerer barocker Dekor, der bisweilen österreichische Züge trägt, ist für den ernst-gravitätischen Eindruck verantwortlich. Die Anlage wurde seit der ersten Hälfte des 17. Jahrhunderts errichtet.

## Agugliaro, VI                                     2

### Villa DAL VERME                    ⊕ ■ a

*Orientierung: Die Villa liegt am Nordufer des
an Agugliaro vorbeiführenden Kanals etwa im
Schnittpunkt der projektierten Autobahn (s.
Straßenkarte) mit diesem Kanal. Die Anfahrt
auf dem Deich ist bis zum Gebäude möglich.
Weitere Erwähnungen Seite 55, 81f., 83; Abb. 2.*

Die von einer späteren Aufschüttung des
Liona-Deiches in der Hauptansicht großen-
teils verdeckte Villa ist ein frühes Beispiel für
die Übertragung der städtischen Casa veneziana aufs Land. Sie bildet in dieser Form
gleichsam einen Prototyp der künftigen Villa.
Vom Bauernhaus hat sie nur noch die seitlich offene Bogenhalle, die hier sicher noch
betriebliche Aufgaben zu erfüllen hatte. Die
Sala zwischen den ehemals *zwei* dekorativen
Triforen gestattete bereits ein gesellschaftliches Leben, das der ländlichen Existenz bislang fremd war. Stilistische Vergleiche anhand
des Baudekors sprechen für eine Entstehungszeit kurz nach Mitte des 15. Jahrhunderts.

*Orientierung: Die Villa liegt im östlichen Stadt-
gebiet von Altavilla an der Autobahnflanke.
Zufahrt über die Ausfahrt Vicenza-Ovest der
A 4.
Weitere Erwähnungen Seite 165 f.; Abb. 44.*

Die Villa zeigt zur Straße zwar die stolze
Gründungsinschrift des Benedictus de Valmarana (1724), im übrigen aber nur ihre reizlose,
endlos gedehnte Kehrseite. Ihr wahres Gesicht ist nach innen, zum Garten gewendet; es
trägt noch immer deutlich longhenianische
Züge, die jedoch geglättet, abgeflacht, ins
Klassizistische gewandelt sind. Francesco
Muttoni, der Architekt der stattlichen Anlage, zählt denn auch eigentlich zu denen, die
den Barock zugunsten einer Rückbesinnung
auf palladianische Grundsätze überwunden
haben.

Davon ist hier allerdings nicht viel zu
merken. Die nur auf der Nordseite realisierte
geschweifte Bogenhalle kann als eines der eindrucksvollsten Werke ihrer Art gewertet werden. Auch die heute als Hörsaal benutzte Scuderia ist eine ingeniöse, eines großen Namens
würdige (Innen-)Architektur.

## Altavilla Vicentina, VI          3

### Villa MOROSINI VALMARANA        ∅ ⊡ a

Zugänglichkeit: Die Villa ist heute im Besitz
der Accademia Olimpica di Vicenza, deren
Erlaubnis zum Besuch der Innenräume einge-
holt werden muß. Telefonnummer des Direk-
tors des Centro Universitario: 04 44–57 24 99
oder 57 39 88. Ein Blick in den Innenhof ist an
Werktagen zu den üblichen Bürozeiten möglich; klingeln Sie am letzten (Holz-)Tor im
rechten Gebäudeflügel.

## Altívole, TV                     4

### »BARCO« DELLA REGINA              ⊕

Zugänglichkeit: Jederzeit frei zugänglich, da
Ruine in offenem Grundstück.
*Orientierung: Altívole liegt südlich der Straße
Nr. 248 Bassano-Montebelluna. Im Ort Hin-
weisschilder auf den Bau am östlichen Ortsrand.
Weitere Erwähnungen Seite 44 f., 83.*

Caterina Cornaro, Witwe und Erbin des
Königs von Zypern, hatte ihr kleines Fürsten-

gangs sind noch gut zu erkennen ein Hierony-
mus in der Wüste und Daphne, die sich der
Verfolgung Apolls durch ihre Verwandlung
in einen Lorbeerbaum entzieht, Teile einer
merkwürdigen Kombination von religiösen,
höfischen und mythologischen Themen. Kein
Geringerer als Giorgione soll an den Malereien beteiligt gewesen sein, von seinem Anteil blieb allerdings nichts erhalten.

tum von Asolo 1489 von der Serenissima als
Entschädigung für die Abtretung ihrer Rechte
auf die zyprische Herrschaft erhalten. Um
diese Zeit wurde mit dem Bau des »Barco« bei
Altívole in der Ebene südlich von Asolo
begonnen. Neben dem Asolaner Kastell diente
er der ehemaligen Königin als ländliche Hofhaltung und Sommerresidenz. Von der ausgedehnten Anlage, die kaum 20 Jahre später von
den Truppen Kaiser Maximilians größtenteils
zerstört wurde, steht nur noch ein Rest, der
jedoch aufgrund seiner großen und legendären Vergangenheit einen Besuch verdient.
Von der ursprünglichen Anlage weiß man nur
aus alten Berichten und Zeichnungen: Es han-
delte sich um ein ausgedehntes, mauerumgür-
tetes Geländeviert, das zum größeren Teil
als Tiergarten und der Jagd diente. Die Villa
im Zentrum des Geländes war Ort der Hofhaltung sowie der Domänenverwaltung. Der
erhaltene Gebäuderest gehörte zu einem
schmalen, langgestreckten Trakt, der die
Grenze zwischen dem Cortile und dem Jagd-
grund bildete, eine Art Barchesse, die verschiedene Funktionsbereiche beherbergte.
Davon sind die Kapelle und eine Loggia noch
identifizierbar. Die elegante Architektur hat
sicherlich nicht betrieblichen Zwecken gedient; das bezeugt auch der reiche Freskenschmuck. Rechts und links des großen Durch-

## Arbizzano di Negrar, VR  5

### Villa VERITÀ SEREGO Aligheri  ⊕ □

*Orientierung: Die Villa liegt nahe der von
Parona herkommenden Straße; sie wird heute
als Reitschule/Reitstall genützt, ein Schild am
Straßenrand macht auf die Zufahrt aufmerk-
sam.*

Hier handelt es sich um eine der typischen
Veroneser Villen des frühen 16. Jahrhunderts.
Sie macht noch den Eindruck eines Guts-
hofes, denn die Öffnungen sind nach innen
gekehrt. Dennoch genügen die Arkaturen
in Disposition und Ausführung gehobenen
künstlerischen Ansprüchen, aber das wird
noch nicht – wie dann bei der Villa Bertoldi
(66) – nach außen demonstriert.

## Villa Franceschini Pasini
## ora Canera di Salasco          ⊕ ■ *a*

*Orientierung: Der einfachste Weg – von Norden – zu der auf der Höhe der Monti Berici gelegenen Villa führt von der Autobahnabfahrt der A 4 Vicenza-Ovest nach Süden; sofort nach der Autobahnunterführung nach links, das heißt nach Osten abbiegen, das kleine Sträßchen trifft genau an der Villa auf die Straße Vicenza-Arcugnano. Wer aus der Stadtmitte von Vicenza kommt, fahre zunächst den Hinweisen »Basilica di Monte Bérico« nach, an der Basilika (sehr schöner Blick auf Vicenza) vorbei weiter nach Süden; vor Arcugnano rechts, an der Einmündung des aus dem Tal kommenden Sträßchens, steht die Villa.*

Weitere Erwähnungen Seite 148, 167 ff.; Abb. 46.

Das Haus des Seidenfabrikanten Franceschini auf dem Sattel der Monti Berici ist eine der letzten Villen des alten Veneto; ihr Architekt war Ottavio Bertotti-Scamozzi, der auch ein verdienstvolles Palladio-Werk publiziert hat. In diesem Bau erweist er sich als durchaus selbständiger Architekt, der mit den Formen seines großen Vorbildes frei umzugehen weiß und zu einer Formulierung kommt, der man die Nähe zur Revolutionszeit und ihrer Baukunst ansieht.

Die Plastiken an der Gartenzufahrt sind schöne Beispiele für die ungebrochene Tradition, das Villenleben im Kreislauf der Jahreszeiten zu sehen. Die Ruinenarchitektur rechter Hand ist eine romantisierende Ergänzung des 19. Jahrhunderts.

## Casa del Petrarca          ○ □

Öffnungszeiten: 1. April bis 30. September 9.30–12.30, 15–19 Uhr, 1. Oktober bis 31. März 9.30–12.30, 13.30–16.30 Uhr. Montags geschlossen. An Feiertagen von 10–16 Uhr geöffnet, nicht jedoch Weihnachten, Silvester/Neujahr, Ostern.

*Orientierung: Das Haus liegt auf der Höhe des Örtchens Arquà Petrarca, ein gutes Stück oberhalb des Stadtplatzes mit der Hauptkirche.*

Weitere Erwähnungen Seite 170 f.

Petrarcas Haus in Arquà kann nicht als Villa, nicht einmal als einer ihrer Vorläufer gelten; dennoch haben der Dichter und sein Alterssitz in der Geistesgeschichte der Villa einen festen Platz. Das Modell der »Vita solitaria« (des einsamen Lebens), das hier seinen geschichtlichen und landschaftlichen Fixpunkt gefunden hat, ist den späteren Villengründern, vor allem des 16. Jahrhunderts, stets lebendig geblieben. In Arquà, inmitten der euganeischen Hügel, die er als den »neuen Helikon« (Sitz der Musen) beschrieb, konnte der Dichter 1370 ein kleines Anwesen erwerben, in dem er seinen Lebensabend verbringen wollte »sine tumultibus, sine erroribus sine curis

legens semper et scribens et deum laudans« (ohne Lärm, Irrungen und Betrübnis, immerfort lesend und schreibend und Gott lobend). Petrarca starb in seinem Studierzimmer, dessen Mobiliar noch das ursprüngliche sein soll, am frühen Morgen des 19. Juli 1374, über seinem Arbeitstisch.

Seiner Verfügung gemäß sollte das Haus 20 Jahre lang nicht verkauft werden, aber die erste Nachricht über einen neuen Besitzer findet sich erst 1454, 80 Jahre nach Petrarcas Tod. Von diesem Zeitpunkt an ging der Bau von einer Hand in die andere. Im 14. Jahrhundert errichtet, wurde er um die Mitte des 16. Jahrhunderts vergrößert, vor das dreibogige Fenster des mittleren Raumes wurde die Loggia gesetzt; 1677 schließlich wurden diese Trifore ebenso wie die anderen – in den Augen der damaligen Besitzer häßlichen – gotischen Fenster durch rechteckige ersetzt. Dabei hat es an Respekt vor dem Erbe Petrarcas nie gemangelt; so waren die Zimmer im Lauf der Zeit teilweise mit Illustrationen zu Themen aus dem Werk des Dichters (unter anderem den »Canzoniere« und »Africa«) ausgestattet und das Haus früh als Dichtergedenkstätte verehrt worden. 1907 erfolgte eine erste teilweise Restaurierung, das Triforenfenster wurde wiederhergestellt, von 1919 bis 1923 ließ die Stadt Padua als (jüngste) Eigentümerin das Gebäude mit Unterstützung des Staates komplett restaurieren.

Auf dem Hauptplatz des mittelalterlichen Städtchens steht auf vier kurzen Pfeilern Petrarcas Sarkophag aus rotem Marmor, 1380 aufgestellt; die kleine Bronzebüste (heute Kopie) wurde 1547 gestiftet; das Original befindet sich im Haus des Dichters.

# Artèn di Fonzaso, BL    8

## Villa ARTÈN Tonello Zampiero    ∅ ⊞

Zugänglichkeit: Signor Zampiero, der Besitzer, läßt Besucher bereitwillig ins Haus; vorheriger Anruf ist dennoch ratsam: Telefon 04 39–8 36 70.

*Orientierung: Die Villa liegt in der Ortsmitte, unweit der Kirche.*

Das jüngst liebevoll renovierte Anwesen erinnert zunächst an eine der typischen Veroneser Hofvillen; die dort üblichen Säulchen sind hier jedoch durch Pfeiler ersetzt, was ein sichtlich abweichendes, mehr wandartiges Bild gibt. Diese Bauweise hatte im Feltrino eine eigene Tradition, wofür auch das sogenannte Castello Lusa in Cesiomaggiore (–) ein schönes Beispiel ist. Die drei größeren Bögen im Untergeschoß mit den flankierenden Pilastern sollten offensichtlich zu einem respektableren Portikus umdekoriert werden, was dann aber doch unterblieb. Auf der Innenwand der besonders wohlgeformten Loggia

haben sich bedeutende Wandbilder des Tizian-schülers Pietro Marescalchi erhalten. Es handelt sich um eine villentypische Ikonographie, nämlich Exempel altrömischer, republikanischer Tugenden. Im Inneren fallen besonders die Zimmerdecken auf: Spiegelgewölbe, die alle unterschiedlich gestaltet und als eigenwertige Dekoration gedacht sind. An den Hofgebäuden sind Reste illusionistischer Wandmalereien zu sehen. Die Villa dürfte in ihren wesentlichen Teilen vor Mitte des 16. Jahrhunderts errichtet worden sein; der Besitzer gibt 1489 als Jahr des Baubeginns an.

Villa Contarini

## Asolo, TV 9

### Villen CONTARINI Mocenigo und CONTARINI ora Padri Armeni ⊕ ∎

Zugänglichkeit: Beide Gebäude sind unzugänglich, jedoch von außen recht gut zu sehen, nach Abschluß der Restaurierungsarbeiten möglicherweise auch von innen zu besichtigen.

*Orientierung: nicht einfach, obwohl beide Villen nah am Ortskern von Asolo liegen und von dort – auch zu Fuß – schnell erreichbar sind. In Asolo unmittelbar hinter dem Hotel Villa Cipriani in Richtung »Oasi Sta Anna« abbiegen. Links am Hang ist bald die dem Ort Asolo zugewandte (jüngere) Villa Contarini zu sehen. Dem Wegweiser »Oasi Sta Anna« bis zu einer kleinen Kirche folgen, der gegenüber ein schmaler Weg leicht aufwärts zur (älteren) Villa Contarini Mocenigo führt, die auf der Rückseite des Hügels liegt, genau hinter der vorderen, von Asolo aus sichtbaren Villa.*

Die Villa Contarini in Asolo bildet eine Doppelanlage, die nördlich und südlich einer

Villa Contarini Mocenigo

ortsnahen Hügelkuppe gelegen, durch einen unterirdischen Tunnel verbunden ist. Der ältere, südliche Teil stammt aus der zweiten Hälfte des 16. Jahrhunderts und ähnelt Palladios Villa Zeno (25) auffallend. Der Bau besitzt in dem Freskenschmuck des Brescianers Lattanzio Gambara eine der wenigen leidlich erhaltenen Fassadenmalereien der Region. Es handelt sich um die für das Jahrhundert übliche, nicht ganz ›logisch‹ wirkende Mischung aus ornamentalen und illusionistischen Motiven (Pilaster, Säulen, Nischenfiguren) sowie dazwischengespannten bildmäßigen Szenen mit alttestamentlicher Thematik. Der jüngere Bau wurde, gewissermaßen Rücken an

Rücken, im 18. Jahrhundert hinzugefügt; ein schlichtes Landhaus, in dem die ältesten Traditionen (vergleiche Villa dall'Aglio, 46, Villa Loredan, 87) zwanglos bewahrt sind. Zusammen mit den beiden rahmenden, vermutlich gleichaltrigen Zypressen ergibt sich ein reizvolles, gleichsam zeitloses Bild einer Veneto-Villa.

## Badoere, TV    10

Marktplatz,
früher Villa BADOER Marcello    ⊕

*Orientierung: Der Platz wird durchschnitten von der Straße Noale-Istrana; er bildet den Mittelpunkt der kleinen Ortschaft Badoere.*
Weitere Erwähnungen Seite 134, 229.

Wer auf zufälliger Durchreise den Marktflecken Badoere passiert, wird sich zwar über die planmäßige Gestalt und Ausdehnung des Gemeindeplatzes verwundern, in ihm aber kaum den Rest einer ehemaligen Villa erkennen, so sehr scheinen Ortschaft und baulicher Rahmen eine authentische Einheit zu bilden. Der Ursprung des Platzes ist unklar; Muraro nennt das Jahr 1635 als Entstehungsdatum, andere datieren die Anlage später, sehen in ihr die ehemaligen Wirtschaftsgebäude einer um 1756 von der Familie Badoer errichteten Villa, deren Herrenhaus 1920 von der Landbevölkerung niedergebrannt worden ist.

Eine Nutzung der Anlage auch als Marktplatz und Marktzentrum ist nicht nachgewiesen, aber vorstellbar. Zwischen dem Haus des Padrone (im Westen) und dem runden Platz bestand offenbar kein Achsenbezug. Die erhaltene halbkreisförmige Anlage ist barocken Ursprungs; auffällig an ihr ist die Verwendung

der jonischen (Halb-)Säulenordnung, die normalerweise noblere Bauaufgaben illustrierte. Über dem Arkadengeschoß und dem wuchtig verkröpften Hauptgesims erhebt sich ein hohes, nahezu eigenständiges Attikageschoß, das durch seine Pilaster ein flacheres Wandrelief besitzt. Die 41 gleichförmigen Achsen werden von zwei abknickenden Kopfbauten begrenzt, die den Bauschmuck verdoppelt und verdreifacht wiederholen. Die Kirche in der ehemaligen Mittelachse besitzt als Fassadenmotiv eine eigenwillig rustizierte Serliana.

Die Anlage selbst ist in dieser Form nicht ungewöhnlich: Ähnliches findet man in Piazzola sul Brenta (74) und Passariano (72). Einzigartig ist nur die Umfunktionierung zum heutigen Zentrum des Ortes, die allerdings selbst nicht mehr so recht zu funktionieren scheint, weltvergessen und menschenleer, wie der Platz (von Markttagen abgesehen) daliegt. Zur Sicherung der als gefährdet geltenden Zukunft des großen Gebäuderinges hat auf Veranlassung der Biennale von Venedig 1985/86 ein Ideenwettbewerb stattgefunden.

Villa PISANI De Lazara Pisani     ⊖ □ *a*

Öffnungszeiten: Mittwochs und freitags von 9 bis 11 und 14.30 bis 18 Uhr.

*Orientierung: Die Villa liegt etwa 4 km südlich von Lonigo am Ortsrand von Bagnolo am Ufer des Flüßchens Guà.*

Weitere Erwähnungen Seite 108 f., 213, 228.

## Bagnoli di Sopra, PD          11

Villa WIDMANN Borletti          ○ ■

*Orientierung: nicht ganz einfach. Im Ort vor die Kirche fahren, rechts von der Kirche die Villa und wiederum rechts eine Einfahrt in das der Villa angeschlossene Weingut. Das Tor steht meistens offen. Der Parkmauer, die man nach der Durchfahrt zur Linken hat, folgen bis ans Ende, dann nach links gehen; man erreicht bald ein Gitter, durch welches Hausrückseite und Garten sehr gut zu sehen sind.*

Weitere Erwähnungen Seite 49.

Die Villa wurde – bis auf den fehlenden linken Flügel – in den 60er Jahren des 17. Jahrhunderts nach Plänen Longhenas errichtet. Berühmt wurde sie als Stätte des Theaterlebens, an dem Carlo Goldoni, wie er in seiner Autobiographie berichtet, als Akteur und als Stückeschreiber beteiligt war. Dauernde Reminiszenz an die Epoche, die untrennbar mit seinem Namen verbunden ist, sind die Gartenfiguren von Antonio Bonazza, die den Platz rahmen, der als Freilichtbühne diente. Die Villa ist heute im Besitz eines Mailänder Industriellen, der keine Besichtigung des Hauses erlaubt, gelegentlich aber Besucher in den Garten läßt (im Wirtschaftsgebäude fragen).

Bei seinem ersten Villenbau für einen venezianischen Auftraggeber (etwa 1542–1545) hat sich Palladio sowohl zukunftsweisender als auch altertümlicher Motive zugleich bedient. Die Flankentürme, heute im Schatten der späteren Deichaufschüttung, rufen die Erinnerung an feudale Zeiten herauf, aber die zwischen sie gepflanzte Tempelfront, darf – so ungeschickt sie noch im einzelnen ist – als epochemachende Idee gelten; sie ist nun auch aus der Privat-, insbesondere der Villenarchitektur, wo sie bislang sozusagen nicht konzessioniert war, nicht mehr wegzudenken. Im heute weitgehend entstellten Inneren fällt die tonnengewölbte, kreuzförmige Sala auf, die ein oft wiederkehrendes Thema im Werk des Meisters blieb. Die schlichtere Hoffassade ist ihrerseits Vorbild für manche schlichte Villa geworden.

# Barbano di Grisignano di Zocco, VI 13

### Villa FERRAMOSCA Beggiato ⊕ ■ *i*

*Orientierung: Die Villa liegt ca. 2 km westlich von Grisignano di Zocco in Barbano, in einer langgezogenen Kurve der Fernstraße Nr. 11 Padua-Vicenza, in Fahrtrichtung Vicenza links.*
Weitere Erwähnungen Seite 150, 159 f., 253, 257; Abb. 31.

Die Villa bietet in ihrem heutigen Zustand eines der schlimmsten Beispiele für die Verwahrlosung und den Verfall dieser Bauwerke im Veneto. In Privatbesitz, scheint sie unrettbar verloren. Die Inschrift des jonischen Gebälks sagt, Hieronimus Ferramosca, Ritter und Doktor beider Rechte, habe die Villa 1568 errichten lassen. Der Architekt ist Domenico Scamozzi, der Vater des berühmteren Vincenzo. Wenngleich ruinös, ist die Anlage noch immer komplett. Die Casa ist nicht das Resultat einer originären Idee, sondern ein Pasticcio zweier unterschiedlicher Vorbilder: Der obere Teil mit der großen eingezogenen Loggia kopiert das Haupt- beziehungsweise Obergeschoß einer typischen Villa nach Art Palladios, das Untergeschoß zitiert einen Stadtpalast des Meisters (Palazzo Chiericati in Vicenza). Beide Teile sind mittels gestapelter

Grundriß Erdgeschoß, nach Cevese

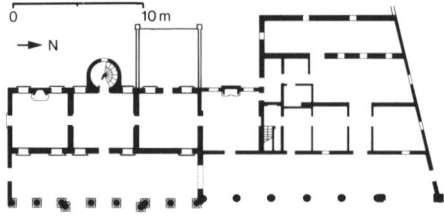

Säulenordnungen – dorisch, jonisch – verbunden. Infolge seiner geringen Tiefe und umfangreichen Verkehrsflächen bietet das Haus unten nur zwei, darüber vier seitlichen Räumen Platz. Das wird durch einen nördlich anschließenden Trakt kompensiert, zu dem auf der Rückseite eine in dieser Form einzigartige Loggia gehört. Auffällig ist die dem Vestibül rückseitig außen applizierte Treppenspindel, eigentlich ein mittelalterliches Motiv, das hier dennoch mit Sinn für Zweckmäßigkeit und Proportionen verwendet wurde.

# Bassano, VI 14

### Villa REZZONICO Gasparini ⊖ 中 *a*

*Zugänglichkeit:* Der Besitzer, Signor Borella, ist in Ausnahmefällen auf Anruf hin bereit, Besuchern die Villa auch von innen zu zeigen, sofern sie nicht gerade als Tagungs- und Kongreßhaus vermietet ist. Telefon: 04 24–2 42 17.
*Orientierung: Das Haus liegt unmittelbar an der großen Ausfallstraße von Bassano nach Süden, der Nationalstraße Nr. 47 Bassano-Padua, und zwar genau an der Grenze zwischen Bassano und dem Ort Rosa.*
Weitere Erwähnungen Seite 108, 162 f.; Abb. 37.

Die Villa Rezzonico (Mitte 17. Jahrhundert) gilt als Werk Baldassare Longhenas, das jedoch nicht seine typische, hochbarocke Handschrift erkennen läßt, sondern der nahezu zeitlosen Vorstellung eines Kastells folgt. Im Gegensatz zur äußeren Strenge herrscht im Inneren lebhafter Barock, vor allem in der zentralen, zweigeschossigen Sala, an die sich – eine Seltenheit im Veneto – zwei beachtliche, offene Treppenhäuser anlehnen. Die symmetrisch angelegten Barchessen, an deren nördliche sich die Kapelle von 1733 anschließt, sind interessante Ergänzungen des 18. Jahrhunderts (von Antonio Gaidon).

Insbesondere im 18. und frühen 19. Jahrhundert war die bis 1824 zum Besitz der venezianischen Adelsfamilie Rezzonico und deren Erben Widmann-Pindemonte gehörende Villa häufiger Treffpunkt und Aufenthaltsort von Künstlern wie dem Bildhauer Antonio Canova oder dem Dichter Alessandro Manzoni; spätere berühmte Gäste waren der italienische Freiheitskämpfer Giuseppe Garibaldi sowie die Komponisten Franz Liszt und Richard Wagner.

Die heutige Lage der Villa – an der dicht befahrenen Nationalstraße von Bassano nach Padua – bietet ein trauriges Beispiel für die im industriereichen Oberitalien so häufige Zerstörung historischer Ensembles durch eine rücksichtslose Verkehrsplanung. Die Straße zerschneidet buchstäblich die ehemalige Terrassenanlage, sie führt durch den einstigen Vorhof der Villa. In Richtung Bassano fahrend, hat man den imposanten Bau zur Linken, zur Rechten das Halbrund des ehemals die Vorgärten eingrenzenden Mauergürtels.

# Battáglia Terme, PD 15

## Villa SELVATICO Emo Capodilista ∅ ⌺ *a*

Zugänglichkeit: Die Villa ist nur aus weiterer Entfernung auf dem Hügel über Battáglia Terme sichtbar; aus der Nähe ist kein Blick auf die Fassade möglich; der Zugang durch das Sanatoriumsgelände, in welchem die Villa liegt, und auch der Zutritt zum Gebäude bedürfen sowohl der Genehmigung der in Padua angesiedelten Firma, die heute die Eigentümerin ist, als auch der Begleitung durch den Kustoden. Die Genehmigung wird sehr freundlich erteilt. Telefonische Anfrage bei Signor Giovanni Gomiero, 0 49–4 48 27.

*Orientierung: Die Villa liegt am Südrand von Battáglia Terme, im Ortsteil Sant'Elena.*

Weitere Erwähnungen Seite 97, 135, 159, 160 f.; Frontispiz, Abb. 35.

Selten ist eine Villa in einem solchen Maß auf Außen- und Fernwirkung angelegt worden wie dieses Haus über den Bädern von Battáglia. Die Lage übertrifft die der vermutlich beispielgebenden »Rotonda« (99) und »Rocca Pisana« (44) um ein Beträchtliches an Exposition. So sind es auch nicht die durchaus nach den Regeln der Kunst gestalteten vier Risalite, die nur aus der Nähe zu würdigen sind, sondern die kugelige (Blind-)Kuppel und die operettenhaft stilisierten Ecktürme, welche die märchenhafte Wirkung hervorrufen. Der Ende des 16. Jahrhunderts begonnene Bau wurde durch die stürzende Freitreppe von 1645 erst adäquat erschlossen und zu barocker Statur gebracht. Am Fuß der Treppe kam eine Art Cortile mit den für eine Villa nötigen

Nebenbauten hinzu. Der untere Saal des Hauses enthält vorzügliche Fresken von Luca da Reggio (1650), die einen guten Begriff von der gemäßigten Art hochbarocker Malerei in Italien vermitteln. Der Zyklus von vier Bildern ist, gestützt auf Vergils »Aeneis«, den Taten des trojanischen Helden Antenor gewidmet, des mythischen Gründers von Padua (Patavium).

Eine Inschrift im großen Saal erinnert daran, unter welchen Mühen und Opfern der letzte Erbe des Hauses, Graf Andrea Emo Capodilista, und seine Frau die gesamte Anlage nach dem Zweiten Weltkrieg restaurieren ließen. Die glänzende Wiederherstellung führte indes nicht zu einer angemessenen Nutzung der Villa; die neuen Eigentümer halten zwar gelegentlich Konferenzen in den Räumen ab, überlassen den Bau im übrigen jedoch – zugesperrt – seinem Schicksal.

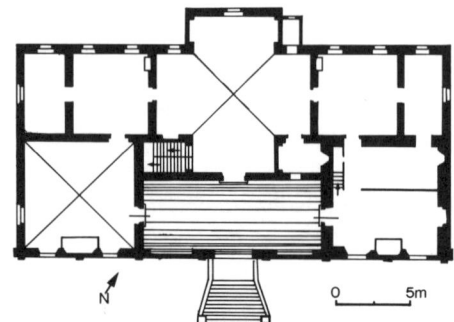

Grundriß Hauptgeschoß

## Bertésina, VI 16

### Villa GAZZOTTI Grimani
Marcello Curti ⊕ ■ *a*

*Orientierung: schwierig, da Ortshinweisschilder fehlen, die Abzweigung des Sträßchens nach Bertésina von der Regionalstraße Nr. 53 zudem im Irrgarten des Autobahnknotens Vicenza-Nord (A 31) zu suchen ist. Während der Recherchen zu diesem Buch war wegen Straßenarbeiten die Zufahrt (von Norden) nur über Lisiera möglich. In Bertésina ist die Orientierung einfach: die Villa liegt links neben der Kirche.*
Weitere Erwähnungen Seite 56, 110f., 112, 228.

Palladio scheint die Villa Gazzotti schon 1542, nach seinem ersten Besuch Roms, der vermutlich 1541 stattgefunden hat, gebaut zu

haben. Entgegen der venezianischen Tradition sind die Achsen nicht mehr gruppiert, sondern – die Pilaster betonen dies – in regelmäßiger Reihung angeordnet. Der Umstand, daß ungeachtet der Planung infolge Zahlungsunfähigkeit des Bauherrn auf die beiden äußeren Achsen verzichtet werden mußte, ist den Proportionen eher förderlich gewesen. Die Treppe muß man sich in voller Portikusbreite denken. Die östlich benachbarte Villa Ghislanzoni del Barco (–) befindet sich im Gegensatz zu Palladios Bau in gepflegtem Zustand. Sie dient dem heutigen Besitzer beider Häuser (Curti) als Landsitz. Bemerkenswert ist an ihrer Fassade links des Hauptportals die Wageneinfahrt, der zur Rechten eine Blendarkade mit (gemalten) Scheinarchitekturen entspricht.

## Breda di Piave, TV 17

### Villa Spineda DAL VESCO
Suppiey Piva ⊖

Zugänglichkeit: Der heutige Besitzer, der Paduaner Architekt Eduardo Piva, ist auf rechtzeitige telefonische Anfrage hin bereit, die Villa zu zeigen. Telefon: 0 49–4 49 99.

*Orientierung: nicht ganz einfach, da mehrere Villen in Breda di Piave liegen. Das Haus ist im Ort unter dem Namen »dal Vesco« bekannt und findet sich nahe dem Zentrum in der gleichnamigen Straße Nr. 3.*
Weitere Erwähnung Seite 297.

Die Villa Spineda wurde Ende des 18. Jahrhunderts von Giovanni Miazzi erbaut und darf als eines der letzten Beispiele ihrer Gattung überhaupt gelten. Sie gibt in ihrem flach gehaltenen Lisenen-/Pilasterdekor eine schlichtere Version desselben Typs, den der Architekt mit der gleichnamigen Villa in Venegazzù (–) in opulenter Weise vorgestellt hatte. Die Gliederung setzt sich auf den eigentümlich flächigen Stirnseiten der Barchessen, gleichsam ins Graphische übersetzt, in Sgraffitomanier fort.

Den Ruhm des Hauses machen die auf drei Geschossen in zwölf Räumen und zwei Sälen insgesamt rund 2000 Quadratmeter Wand- und Deckenfläche füllenden Fresken des aus Palmanova stammenden Bernardino Bison (1762–1844) aus der Zeit um 1792 aus, die makellos erhalten sind. Das Werk dieses letzten großen venezianischen Freskanten markiert anschaulich die Bruchstelle zwischen Spätbarock und Klassizismus: Illusionistische

Raumfiktionen herkömmlicher Art wechseln mit allerneuesten pompeianischen Zitaten, Historien wechseln mit Capricci, ägyptische Motive und Empiredekor haben sich dazwischengeschlichen. Um den Preis formaler und thematischer Einheitlichkeit ist dabei jedoch ein effektvolles Ensemble zustandegekommen, das nicht zum flüchtigen Umschauen, sondern zur Detailbetrachtung nötigt und dabei eine Fülle von Entdeckungen, niemals aber Langeweile beschert.

Das Haus wurde 1870 von der Familie des jetzigen Besitzers gekauft, der sowohl die Innenräume wie auch die Fassade in mustergültiger Weise hat renovieren lassen.

## Bréndola, VI                    18

### Villa PIOVENE ora Municipio        ⊕ ☐

Zugänglichkeit: Während der Recherchen zu diesem Buch waren die Restaurierungsmaßnahmen in vollem Gang, das Ende noch nicht abzusehen, das Gebäude nicht betretbar. Nach Beendigung der Arbeiten dürfte die Villa, die als Rathaus genutzt wird, während der allgemeinen Besuchszeiten – vormittags, üblicherweise bis 12 oder 13 Uhr – auch der Besichtigung zugänglich sein.

*Orientierung: Bréndola liegt wenige Kilometer südlich der Ausfahrt Montécchio der A 4 Verona–Vicenza. Oben auf der Höhe des Ortes direkt an der Straße die Villa, gegenüber die auffallende Ruine einer Kirche.*

Dieses Landhaus der altvicentiner Familie Piovene ist ein schönes Beispiel des sonst im Vicentino nicht üblichen Veroneser Fassadenmusters, bei dem ausgedehnte Portici und Galerien an einen oder zwei Türme gelehnt sind. Nur das Verhältnis zwischen den beiden gestapelten Arkaturen hat sich zugunsten der oberen gewandelt. Dadurch entsteht ein Piano nobile, das diesen Namen verdient. Der Bau dürfte aus dem späten 15. Jahrhundert stammen.

Grundriß Erdgeschoß mit Cortile, nach Brunelli/Callegari

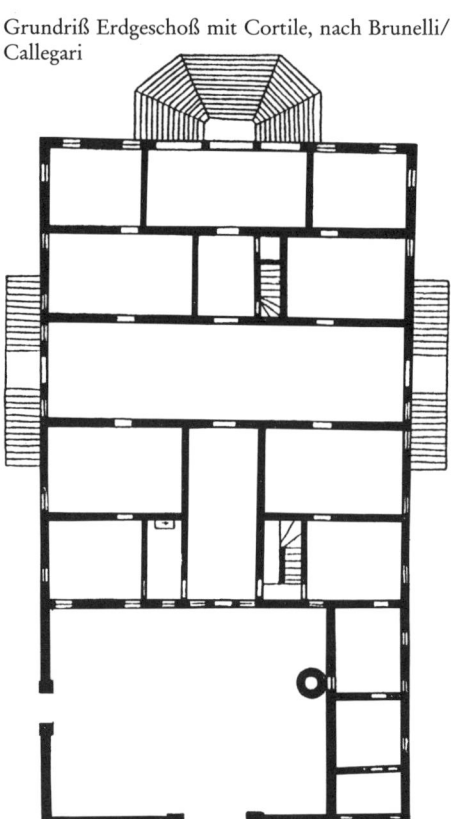

## Brúgine, PD                                        19

Villa Roberti Bozzolato-
»PALAZZO DI BRÚGINE«          ⊖ ☐ ✳

Öffnungszeiten: Mittwochs und freitags vormittags, für Gruppen auf Anmeldung auch zu anderen Zeiten (vorheriger Anruf ist auch für Einzelbesucher sinnvoll, da die Familie die Öffnungszeiten gelegentlich ändert). Telefon: 0 49–5 80 60 48, Giampiero Bozzolato.

*Orientierung: Brúgine liegt etwa 5 km südlich der Fernstraße Nr. 516 Padua–Chioggia, kurz vor Piove di Sacco. Die Villa befindet sich in der Ortsmitte.*

Die Paduaner Familie Roberti errichtete das von Anfang an als Palazzo bezeichnete Gebäude als Zentrum ihres großen Grundbesitzes in Brúgine im fünften Jahrzehnt des 16. Jahrhunderts. Das Haus ist ein besonders schönes

Beispiel einer Villa, die von der Hochrenaissance, der sie zeitlich angehört, kaum formale Impulse erhalten hat, aber dennoch zu den

216

Höhepunkten der Epoche zählt. Äußerlich der älteren Villa Agostini (28) verwandt, ist die Villa Roberti in Grundriß und Raumstruktur ganz ungewöhnlich, ja wohl singulär: Hinter der eingezogenen Loggia folgt ein schmales Vestibül, das mitten in die querliegende (!) Sala mündet. Diese trennt, von Seitenmauer zu Seitenmauer reichend, das Haus und seine Wohnräume in zwei gleich große Komplexe, einen vorderen und einen hinteren. Der balkengedeckte Saal selbst birgt eine Dekoration, die zu den vorzüglichsten der Zeit, kurz nach der Jahrhundertmitte, zählt. Den Maßstab für die Gliederung, eine dorische Scheinarchitektur, geben die jeweils drei gegenüberliegenden Türen, auf denen abwechselnd männliche und weibliche Paare als Supraporten figurieren. Die zwei mal vier Wandflächen sind als Landschaftsausblicke gedacht, in denen sich Episoden aus den »Metamorphosen« Ovids abspielen: Bacchus und Ariadne, Venus und Adonis, Jupiter und Danaë, Apoll und Daphne, Cephalus und Procris, Hercules und Deianira, Narziss und Echo sowie eine ungedeutete (Frau und Reiter). Die Arbeiten sind von der Hand Giambattista Zelottis. Weitere Fresken befinden sich im Vestibül (Landschaften und Grotesken) und in der Loggia (Perseus und Andromeda, Diana und Aktäon an den Flanken; Szenen aus dem Villenleben an den Stirnseiten), neben Zelotti zum Teil Giovanni Fasolo zugeschrieben. Von der gleichzeitigen Außenbemalung sind nur noch dürftige Reste erhalten.

Im 17. Jahrhundert kamen Haus und Anwesen in den Besitz der Familie Frigimelica, aus der der bedeutende Architekt Girolamo (1653–1732) hervorging; es erfolgten Umbauten, die eine Vergrößerung der Fenster im Obergeschoß der Fassade und die Serlianen mit den dazugehörigen Gartentreppen an den Stirnseiten des Saales mit sich brachten.

Der derzeitige Besitzer, Giampiero Bozzolato, hat die vorher nicht mehr bewohnte, verwahrloste Villa aufs Sorgfältigste restaurieren lassen.

## Bussolengo, VR 20

### Villa SPINOLA ○ □ *a*

Zugänglichkeit: Die Villa ist heute Amtsgebäude; die modernisierten Innenräume sind nicht von Interesse, lohnend ist jedoch der Besuch des frei zugänglichen Hofes.

*Orientierung: Aus dem Ortskern von Bussolengo in Richtung Pescantina fahren, das letzte Gebäude links vor der – östlichen – Etschbrücke ist die Villa.*

Weitere Erwähnungen Seite 62 f.

Die Villa Spinola repräsentiert einen frühen, vor allem im Veronese vertretenen Villentypus, bei dem die Hofseite zumeist in voller Ausdehnung mittels Arkaden geöffnet ist. Dreigeschossigkeit, wie hier, ist allerdings die Ausnahme. Rechts ein Taubenhaus, der Flügel zur Linken ein späterer Anbau. Die großartige Lage über der Etsch, der die geschlossene Kehrseite des Hauses zugewendet ist, hat hier nicht zu konzeptionellen Folgerungen geführt. Der Bau dürfte in den Beginn des 16. Jahrhunderts zu datieren sein.

## Caldogno, VI 21

### Villa CALDOGNO Pagello Nordera ∅ ⌘

Zugänglichkeit: Während der Recherchen zu diesem Buch war die Zugänglichkeit noch

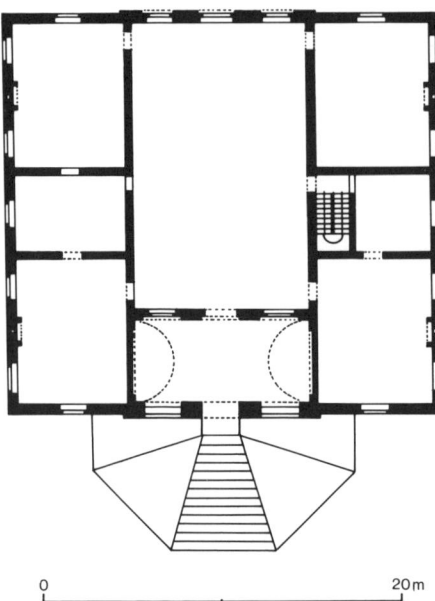

Grundriß Erdgeschoß, nach Heinemann

nicht geregelt, die Gemeinde plante jedoch feste Öffnungszeiten. Vorläufig war/ist der Besuch nur an Werktagen vormittags und nur in Begleitung eines Gemeindedieners möglich, nach telefonischer Anmeldung in der Zeit zwischen 8 und 13 Uhr unter der Nummer 04 44–58 57 56.

*Orientierung: Die Villa liegt unweit des Rathauses im Zentrum von Caldogno, ist aber von der Straße aus schwer identifizierbar. Fahren Sie zum Rathaus.*

Weitere Erwähnungen Seite 54, 112; Farbabb. 8–10.

Die Villa Caldogno ist Palladios Villa Saraceno (34) so eng verwandt, daß sie von der überwiegenden Anzahl der Forscher ebenfalls für ein authentisches Werk angesehen wird. Entgegen dem Datum von 1570, das mit dem

Namen des Hausherrn Angelo Caldogno auf der Fassade erscheint, muß eine wesentlich frühere Planung, in den 40er Jahren, angenommen werden. Das innen wie außen nur wenig inspirierte Bauwerk verrät in Konzeption und Durchführung gleichwohl meisterliche Routine; unwürdig eines großen Namens sind allerdings die rückseitig angesetzten Treppentürme, welche die nördliche Ansicht verunstalten. Die Villa birgt einen bedeutenden Freskenschmuck von der Hand Giovanni Antonio Fasolos (60er Jahre des 16. Jahrhunderts). Vor allem die Dekoration des großen Saals verfehlt nicht die gewünschte schlagende Wirkung: Gigantische Atlanten scheinen die Balkendecke der Halle zu tragen, ihnen zu Füßen, auf der Ebene des Besuchers, spielt sich gesellschaftliches Leben ab, Kartenspiel und Konzert, Mahlzeit und Tanz. Auffällig ist die selbständige, ja dominierende Rolle der Damen, denen die in Unterzahl anwesenden Kavaliere kaum mehr als zur Assistenz beigegeben scheinen. In einem der Seitenräume wird man überrascht von der »Ultima resistenza«, dem letzten Widerstand einer die Zudringlichkeiten eines Ritters nur unentschieden parierenden Dame: scheinbar in das Zimmer flüchtend, in dem sich augenblicklich der Besucher aufhält. Die Bilder bewahren den hohen Standard der Malkultur, den Veronese in der Villa Barbaro in Masèr (54) vorgelegt hatte.

## Canda, RO 22

### Villa Nani Mocenigo ⊕

*Orientierung: Die Villa liegt am Nordufer des Canale Bianco, ein kurzes Stück östlich der Brücke von Canda.*

Aufgrund alter Tradition wird die heute vom Deich des Canale Bianco bedrängte Villa unter dem Datum 1584 dem Architekten Vincenzo Scamozzi zugeschrieben. Sie ist dessen mutmaßlicher Villa Morosini in Polesella (77) tatsächlich verwandt, macht aber einen weit festlicheren Eindruck. So hebt der Verzicht auf den Giebel die Wirkung der Attika, deren prachtvolle Ziervasen mit den kompositen Säulen korrespondieren. Auch die in dieser Kunstlandschaft ungewöhnlichen michelangelesken Fenster, die zweiläufige Treppe und nicht zuletzt die beiden steinernen Prunkwappen vermitteln ein barockes Bild, das Scamozzis Stil und Epoche weit hinter sich läßt und vermutlich ins 18. Jahrhundert gehört. Die Kapelle ist älteren Datums und erinnert an Serlios Handschrift; die Fattoria dürfte noch aus dem 15. Jahrhundert stammen.

## Carmignano di Brenta, PD, Ortsteil Spessa 23

Villa SPESSA ora Ghirardi ∅ ⌘

Zugänglichkeit: Der Hof ist nach vorheriger Anmeldung beim Verwalterehepaar Boaron – Telefon 0 49–59 57 3 13 – jederzeit zugänglich. Das nicht bewohnte Haus kann eventuell in Begleitung eines Mitglieds der Stadtverwaltung besichtigt werden. Anruf (vormittags) im Rathaus bei Signor Giovanni Frasson, Telefon 0 49–5 95 70 19.

*Orientierung: In der Ortsmitte von Carmignano (zentrale Straßenkreuzung) in die schmale Straße nach Westen abbiegen, der Straße folgen, bis rechts eine kleine Kirche auftaucht. Daneben werden nun hinter einer hohen Ziegelmauer die gotischen Fensterbögen der Villa Spessa sichtbar.*

vermehrten Raumbedarf im Hause selbst bedingt und Hofportici entbehrlich gemacht haben.

Die gleichzeitig errichtete Kapelle liegt außerhalb der Umfassungsmauern, was bedeuten kann, daß die Pflicht zur pfarrdienstlichen Versorgung des Landvolks mit der Umwandlung des Besitzes in Privatland nicht erloschen war.

Die Villa Spessa wurde auf dem Areal eines mittelalterlichen Kastells errichtet, von dem sich zwei Türme erhalten haben. Der westliche ist in einen Wirtschaftstrakt einbezogen worden, der östliche wurde in das Villengebäude selbst integriert, wo er – an der südöstlichen Ecke – für die auffällige Asymmetrie der Fassade verantwortlich ist. Links von der besonders im Obergeschoß sichtbaren Zäsur bietet das Haus jedoch den gewohnten Anblick einer regelmäßig strukturierten Casa veneziana: Die Quadriforen illustrieren die mittlere, die übrigen Fenster die beiden seitlichen Raumbahnen. In diesem Falle hat man den Turm, der in anderen Fällen ein willkommenes Motiv abgab, gleichsam geschleift und zusätzlich mit den Mitteln der Fassadendekoration seiner Erscheinung beraubt. So bot er nun den räumlichen Hintergrund für eine Seitenloggia, deren drei Rundbögen noch gut zu erkennen sind. Sie wurden später (19. Jahrhundert?) geschlossen und mit Fenstern nach dem Vorbild der vorhandenen ausgestattet. Bauherr des gegen 1480 errichteten Komplexes war ein Giovanni da Quinto, der auf seinem Grund eine Schafzucht betrieb und die Wolle an Ort und Stelle manufakturartig verarbeitete. Dazu bedurfte er des den Hofbereich berührenden Wasserlaufs. Diese sicherlich ungewöhnliche Nutzung mochte

# Cartigliano, VI                                24

## Villa MOROSINI CAPPELLO                ⊕ ☐

Zugänglichkeit: Während der Recherchen zu diesem Buch waren die Restaurierungsarbeiten noch im Gang. Nach Beendigung soll die Villa, die im Besitz der Gemeinde ist, zugänglich sein.

*Orientierung: Der auffallende Bau liegt im Zentrum von Cartigliano, nicht weit von der Kirche, an deren gut sichtbarem Turm man sich orientieren kann. Cartigliano liegt ca. 8 km südwestlich von Bassano del Grappa an der Brenta.* Weitere Erwähnungen Seite 90; Abb. 12.

Dem ebenso intellektuellen wie vagabundierenden Geist des mittleren Cinquecento kann, neben anderen außerordentlichen Villen, auch das einzigartige Konzept der Villa Cappello an der oberen Brenta zugerechnet werden. Vergleichbar einem antiken Ring-Tempel entstand eine Art Peripteros von 19 (Langseite) zu 7 (Querseite), also insgesamt 52 (!) Achsen auf einer Ausdehnung von etwa 55 zu 20 Metern, damit zugleich auch eine sehr ungewöhnliche Grundrißgestalt. Auf einem Sockelgeschoß von (inklusive der Risalite) 56 stämmigen Pfeilern mit Korbbögen erhebt sich das Piano nobile in einem Spalier von ionischen

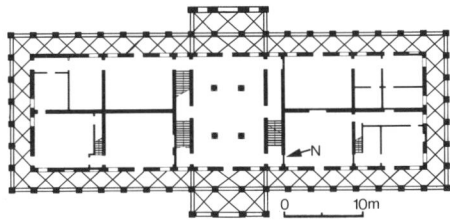

Grundriß Erdgeschoß, nach Cevese

Säulen in derselben Anzahl. Über das Kranz-
gesims ragen, zugleich markante Risalite bildend, symmetrisch angelegte Belvedere-Log-
gien, die (ehemals geöffnet) in kompositer
Ordnung angelegt sind. Im Raumplan ist man
der Tradition näher geblieben: Zwischen den
Risaliten erstreckt sich die Sala, rechts und
links von ihr ist Platz für je zwei gleich dimensionierte Raumzonen, die – in der Mitte halbiert – insgesamt acht stattliche Räume ergeben. Über die Entstehung sind keinerlei
Daten bekannt; der Bau dürfte in der zweiten
Hälfte des 16. Jahrhunderts gebaut und, wie
nicht selten in dieser Epoche, von einem geist-
reichen Dilettanten entworfen sein.

Zur Zeit wird das nahezu ruinierte Gebäude
renoviert, es soll danach kulturellen und kom-
merziellen Zwecken zugeführt werden.

## Cessalto, TV        25

### Villa ZENO Soranzo Scotti    ⊕ ■ *i*

*Orientierung: Die vollkommen verwahrloste,
heute offenbar als Lager oder Wirtschaftsbetrieb
genutzte Villa liegt südöstlich von Cessalto, auf
halbem Weg nach Sant'Anastásio, dort, wo die
kleine Landstraße ein Stück weit am Kanal entlangführt, bevor sie ihn, rechtwinklig abbie-
gend, überquert (siehe Straßenkarte). Von Cessalto aus folge man zunächst den Wegweisern*

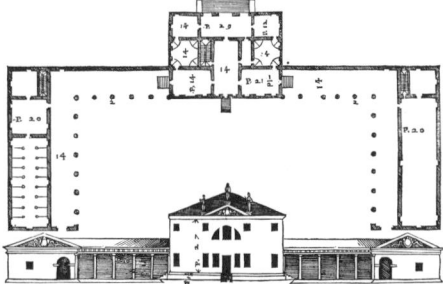

Entwurf aus: Palladio, »I quattro libri dell'architettura«, II

*nach S. Anastásio, südlich der Autobahn jedoch
nicht mehr. Dort an der Abzweigung nach
S. Anastásio vorbeifahren, weiter bis an den
Kanal. Bald taucht nun links in einem Hof die
Villa auf.*

Die Villa für Marco Zeno, einen venezianischen Edelmann, der sie 1566 – das einzige
bekannte Datum – beim staatlichen Kataster
anzeigte, ist die östlichste Villa Palladios,
unfern der Grenze zum Friaul. Die Publikation in den »Quattro libri« unterscheidet sich
vom baulichen Befund vor allem auf der (südlichen) Hauptansichtsseite. Hier war über
dem Eingang eine große Serliana vorgesehen,
die das Tonnengewölbe der dahinterliegenden
Sala sinnfällig illustriert hätte. Es ist aber nicht
bekannt, ob diese Abweichung das Resultat

einer Bauplanänderung oder eines späteren Umbaus ist. Die Loggia öffnet sich mittels dreier Pfeilerarkaden zum rückwärtigen Garten. Im Außenbild sind die baulichen Leitgedanken des Meisters nur in äußerster Reduzierung gewahrt: Es existiert kein Risalit, und das obligatorische Tempelmotiv klingt nur noch im Giebelfeld, das der Dachtraufe ohne Verbindung zum Grund aufgesetzt ist, und in der Ausdehnung der mittleren Fenster leise an. Nicht der bauliche Apparat, nur die Proportion hat das Wort. Von dem früheren Ensemble hat sich im übrigen nur ein Gästehaus, ein sichtlich palladianisches Gebäude, das in den »Quattro libri« aber nicht notiert ist, in völlig ruinösem Zustand erhalten (westlich, in einem Gemüsegarten gelegen).

## Cornedo Vicentino, VI     26

### Villa TRISSINO     ⊕ □

Öffnungszeiten: Die Villa dient heute als Biblioteca Comunale, Stadtbibliothek, und ist montags bis freitags jeden Nachmittag von 14.30–19 Uhr geöffnet, zusätzlich montags und donnerstags vormittags von 10–12.30 Uhr. Samstags und sonntags geschlossen.

*Orientierung: Das Gebäude liegt im Zentrum der Ortschaft Cornedo Vicentino direkt neben der Kirche (Straße Nr. 246 Montécchio – Valdagno).*

Weitere Erwähnungen Seite 84.

Das jüngst sorgfältig restaurierte Haus, eine Gründung der Familie Trissino, kann als besonders typisches und ansprechendes Beispiel einer Villa um 1500 gelten. Gegenüber der nahe verwandten Villa Corner dall'Aglio (46) hat sich das systematische Denken ver-

stärkt. Das betrifft die Symmetrie und den sparsamen Frührenaissance-Dekor – vor allem Tür- und Fensterlaibungen –, die den Anschein des Seriellen vermitteln. Mit Sinn fürs Detail wurden die Dachfenster zwischen die Konsolen gesetzt. Die heute unzugänglichen Türen an den Schmalseiten der Portikusloggia sprechen für einen ehemals umfangreicheren baulichen Zusammenhang, vermutlich seitliche Barchessen. Die Sala im Hauptgeschoß deckte nicht, wie heute, die gesamte Ausdehnung von Loggia und Portego, sondern war L-förmig und erlaubte so auf der linken Seite einen zusammenhängenden Wohnkomplex.

## Cricoli di Vicenza, VI     27

### Villa TRISSINO ora Rigo     ∅ ⌷ *a*

Zugänglichkeit: Von der am Haus vorbeiführenden Straße aus ist des dichten Verkehrs wegen keine ungestörte Besichtigung der Fassade möglich; der Zutritt zum Grundstück, eventuell auch zur Villa, wird jedoch auf Anfrage hin gestattet. Telefon: Dr. Vittorio Trettenero, 04 44–2 12 35.

*Orientierung: Die Villa liegt am nördlichen Stadtrand von Vicenza an der Straße Nr. 248, von Norden (Autobahnausfahrt A 31 Dueville)*

*gesehen links, unmittelbar vor der Kreuzung mit der Ringstraße, die westlich um Vicenza herum zur Fernstraße Nr. 11 und zur A 4 führt.*
Weitere Erwähnungen Seite 89, 92 ff., 104, 107, 163; Farbabb. 2.

In einer Beschreibung von 1537 wird der Villenort »bellissimo per amenità e piacevolezza del sito«, als lieblichste und erfreulichste Lage gerühmt; davon läßt die heute angrenzende Staatsstraße mit ihrem mörderischen Verkehr kaum noch eine Ahnung zu. Hier hatte Giangiorgio Trissino, der namhafte Humanist und Schriftsteller, ab 1530 unter Verwendung von Teilen eines älteren Baues seine stadtnahe Villa errichtet. Für den Entwurf der Fassade nach römischem Muster in der Art Bramantes, Peruzzis oder Raffaels dürfte der vielseitige Mann selbst verantwortlich gewesen sein. Der traditionelle venezianische Raumplan ist auf interessante Weise abgewandelt, mit dem Resultat, daß verschieden dimensionierte, in ihren Proportionen jedoch voneinander abhängige Zimmer entstanden, ein Konzept, das Palladio später in vielen Varianten zur Vollkommenheit entwickelte. Fraglich muß jedoch bleiben, ob dieser – wie oft vermutet – bereits hier, als Mitarbeiter des ausführenden Bauunternehmens, seine Hand im Spiel gehabt hat. In Trissino, dem Bauherrn, fand Palladio jedoch seinen künftigen Förderer, der ihn auf die Antike verwies und ihn zu deren Studium wiederholt nach Rom mitnehmen sollte.

## Cusignana di Giavera del Montello, TV      28

### Villa AGOSTINI      ∅ ■

Zugänglichkeit: Der Besuch des Hauses wird nicht gestattet, das Grundstück ist jedoch durch ein meist offen stehendes Tor in der Parkmauer (linke Seite) zugänglich. Telefonnummer der Besitzer: Familie Agostini, 04 22–87 00 05, 87 00 45.

*Orientierung: Die Villa ist schwer – und nicht ohne Rückfrage in Cusignana – zu finden, sie liegt abseits des kleinen Ortes an einer Landstraße.*
Weitere Erwähnungen Seite 106, 217; Abb. 21.

Die Villa Agostini ist eine der ältesten und besterhaltenen Villen des Trevisano, zudem in weitgehend ungestörtem Zusammenhang erhalten. Darüber hinaus kann sie in einigen wesentlichen Aspekten des baulichen Fortschritts den Villen Palladios den Ruhm der Priorität streitig machen: Es handelt sich um die Privilegierung eines einzigen der Geschosse zum Hauptgeschoß (Piano nobile), was – anstelle des traditionellen zweiten Stockwerks – die Einführung zweier Halbgeschosse bedingt, eines Sockelgeschosses zuunterst und eines Dachmezzanins zuoberst. So wird eine Außentreppe erforderlich, die unmittelbar ins Piano nobile führt, ein wichtiges Element der künftigen Fassade und zugleich eine unentbehrlich werdende ›Würdeformel‹ (Dekorum).

Unter der Voraussetzung, daß die – ungewöhnlich raumhaltigen – Barchessen ungefähr gleichzeitig sind, ist hier auch Palladios Idee von der hierarchischen Organisation des Villen-Ensembles vorweggenommen: Das Herrenhaus steht im Zentrum und sichtlich erhaben über den baulich angebundenen dienenden Trakten. Die recht gut erhaltene Architekturmalerei gliedert die Fassade im Sinne einer großen Ordnung; die dabei entstandene ›Attikazone‹ ist links mit weiblichen, rechts mit männlichen *Ignudi* (nackten Sitzfiguren) sowie mit bildmäßigen Darstellungen geschmückt. Eine dekorierte Balkendecke – wie in der linken Barchesse sichtbar – ist sonst vor allem von stadtvenezianischen Beispielen bekannt. Dieser Trakt diente häuslich-gesellschaftlichen Zwecken, während sein symmetrisches Pendant betrieblich genutzt wurde.

## Cuzzano di Grezzana, VR      29

### Villa ALLEGRI Arvedi      ⊕ ■

Zugänglichkeit: Nur in Ausnahmefällen wird Zutritt zur Villa gestattet. Vorherige schriftliche Anfrage empfiehlt sich. Adresse: Signora Arvedi, I–37023 Cuzzano di Grezzana, Verona, Italien. Telefon: 0 45–90 70 45.

*Orientierung: Von Verona kommend, vor Grezzana nach Cuzzano abbiegen; die Villa liegt frei sichtbar links am Hang.*

Siehe Farbabb. 24.

Die von einem Hang der Veroneser Voralpen weit ins Tal schauende Villa kann mehr ihrer malerischen als ihrer architektonischen Werte wegen gerühmt werden. Sie gilt als Werk des Giovanni Battista Bianchi, wenig nach Mitte des 17. Jahrhunderts erbaut. Im breiten Mittelteil stapeln sich in phantastischer Abfolge Rustikaportikus und dorische Ordnung, eine atlantenbesetzte Attika und eine Dachbalustrade mit Statuenschmuck. Vor der Villa und ihrer Gartenterrasse dehnt sich auf abschüssigem Gelände der ehemals berühmte Garten, der in Ansätzen rekonstruiert ist. Volkamers Prospekt vom Anfang des 18. Jahrhunderts gibt einen Eindruck von der ehemaligen barocken Pracht. Der Hauptsaal der Villa bietet glänzenden Anschauungsunterricht über Wirkung und Prinzipien hochbarocker Quadraturmalerei, man schreibt sie Francesco Bibiena

zu; die szenischen und figürlichen Füllungen besorgte Louis Dorigny in seiner bekannt hochtrabend-blassen Manier (1717–1720). Die Decke des kleinen Kirchleins zeigt Werke derselben Hand und des gleichen Geistes.

## Este, PD      30

### Villa Contarini-»DEL PRINCIPE«      ⊖ ■

Zugänglichkeit: Die Erlaubnis zum Betreten des Grundstücks wie auch des Gebäudes ist fast nicht erhältlich; die Besitzerin ist kaum erreichbar. Bitten Sie das Kulturamt der Stadt (Ufficio Culturale) im Rathaus, Telefon 04 29–21 33, oder das Verkehrsamt (Pro Loco), Telefon 04 29–36 35 (montags geschlossen) um Vermittlung. Eventuell öffnet auch ein Gespräch mit dem Kustoden, Signor Osiliero, den Zugang; er wohnt im Häuschen am Gartentor rechts (mittags erreichbar).

*Orientierung: Die Villa liegt 2–3 km oberhalb von Este nahe der »Strada panoramica« von Este nach Calaone, die in Este am Hotel Beatrice d'Este nach Norden abzweigt. Etwa auf der Höhe der Villa biegt ein schmaler, sehr steiniger Fahrweg nach links zum Haus ab.*
Weitere Erwähnungen Seite 90; Abb. 11.

Hoch über Este, auf einem südlichen Ausläufer der Euganeen, liegt die Villa »del Principe« in eindrucksvoller und einsamer Situation, die indes durch einen unterhalb produzierenden und sich nähernden Steinbruch gefährdet ist. Der Ort reizte zur Anlage eines Zentralbaues, der – zur Südseite – eingeschossig auch tatsächlich verwirklicht wurde, allerdings begleitet und gewissermaßen kompromittiert durch einen nördlich vorgelegten

Grundriß Hauptgeschoß, nach Brunelli-Callegari

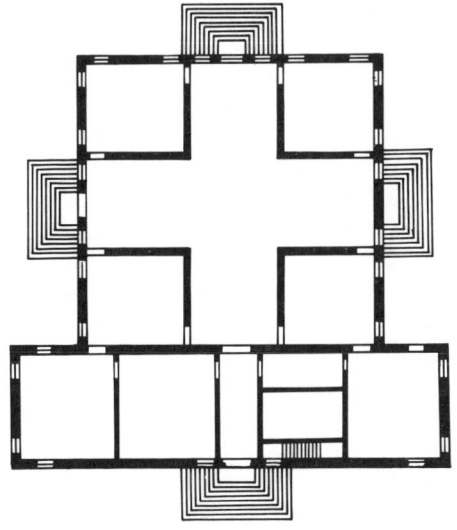

zweigeschossigen Trakt, der die nötigen Räumlichkeiten enthält. So konnten, auf beengter Terrasse, nur drei statt der ›idealen‹ vier Fassaden entstehen, wobei die über dem Hang gelegene durch plastischen Bauschmuck um eine Nuance privilegiert wurde. Es herrscht die etwas geharnischte Formensprache, die gern mit Sanmicheli in Verbindung gebracht wird: der gebößchte Rustikasockel, die bossenbesetzten, merkwürdig unterteilten Fensterrahmungen auf den michelangelesken Konsolen, die dekorative Verwendung von Schlußsteinen. Drei Freitreppen führen in den quadratischen Bau und leiten in einen kreuzförmigen, gewölbten Saal, dessen vierter, unbelichteter Arm auch durch den nördlichen Vorbau betreten werden kann. Zwischen den vier Armen befinden sich vier isolierte, wiederum quadratische Zimmer – ein Grundrißplan, den auch Palladios Villa in Masèr (54) besitzt und dessen rigorose Logik die Wohnlichkeit sicher nicht fördert. Der Vorrang des Intellektualistischen vor dem Praktischen ist für das mittlere Cinquecento kennzeichnend, – ein Datum, das durch die stilistischen Merkmale bestätigt wird. Aus der Zeit um 1800 stammen die schönen Landschaften an den Wänden, die den Eindruck von Tafelbildern suggerieren.

## Este, PD                                                31

### Villa PESARO ora Collegio
### Manfredini dei Padri Salesiani     ⊕ □ *a*

Zugänglichkeit: Die Villa wird als Schule genutzt (Salesianer-Kolleg), an Schultagen werden Besucher ins Haus gelassen, evtl. auch durch die Räume geführt.

*Orientierung: Der prunkvolle Bau liegt unübersehbar an der Straße Nr. 10 Este–Montagnana,*

*am westlichen Ortsrand von Este gleich hinter einer kleinen Brücke links.*
Weitere Erwähnungen Seite 161 f.; Abb. 36.

Der breitgelagerte Bau mit dem markanten Mittelakzent trägt so deutliche Züge der Handschrift Longhenas, daß die Zuschreibung an ihn unstrittig ist, ohnehin war der Architekt der Familie Pesaro durch weitere große Aufträge eng verbunden. Typisches und schulemachendes Merkmal seiner Kunst ist die für eine Villa bisher nicht selbstverständliche Dreigeschossigkeit des Mittelteils. Dieser scheint – in der Ausdehnung von drei Achsen – wie aus einer von Longhenas klassischen venezianischen Palastfassaden herausgeschnitten. Wie meist, wenn es um einen klaren Geschoßaufbau geht, werden auch hier die Säulenordnungen eingesetzt, begleitet von eingeschriebenen Bögen und getrennt durch verkröpfte Gebälke. Eine solche Fassadenstruktur war nicht aus Backstein und Putz, den üblichen Baustoffen einer Villa, zu realisieren, sie erforderte vielmehr die Verwendung von Werkstein und setzte sorgfältige Steinmetzarbeit voraus. Das geschah hier in einem Umfang, der dem Villenbau bisher fremd war. Ausgewählte Motive des Prunkrisalits werden auf den anschließenden Wänden fortgeführt, so daß, trotz der Konzentration, ein homogener Gesamteindruck gewahrt wird. Der Bau wurde gegen 1670 begonnen, aber erst sehr viel später von Antonio Gaspari fertiggestellt.

Im Inneren sind sehenswert das ovale Treppenhaus und diverse dekorierte Räume; man sieht feinste Stuckarbeiten und unterschiedliche Wandmalereien (18. Jahrhundert), besonders beachtlich die Ruinenlandschaften in einem der westlichen Zimmer des Hauptgeschosses.

## Fanzolo di Vedelago, TV          32

### Villa EMO          ⊖ ▢ *a* ✷

Öffnungszeiten: Samstags, sonn- und feiertags (nicht Ostern und Weihnachten) von 15–18 Uhr (Juni bis September) beziehungsweise 14–17 Uhr (Oktober bis Mai). Telefonische Rückfrage in der Villa unter Nummer 04 23–48 70 40 (Gruppen von mindestens 15 Personen können andere Besichtigungszeiten vereinbaren).
*Orientierung: Die Villa liegt in einem großen Park am Ostrand von Fanzolo, an der Straße Fanzolo–Barcòn.*
Weitere Erwähnungen Seite 94, 148 ff., 166, 274; Farbabb. 15, Abb. 28.

Die Villa Emo kommt der »Badoera« (35) konzeptionell sehr nahe; jedoch haben der Bauherr und sein Architekt, Andrea Palladio, nun ausdrücklicher Schlichtheit den Vorzug gegeben. Wo in Fratta Polésine – am Portikus – die jonische Ordnung gewählt war, findet sich hier die tuskische, wo dort die tuskische zur Anwendung kam – an den Barchessen –, begnügte man sich hier mit Bogenstellungen. Der Bau wurde in den 60er Jahren nahezu exakt in der Form errichtet, wie sie in den »Quattro libri« erscheint. Die Innenräume sind vollständig mit Fresken Zelottis, eines Veronese-Mitarbeiters, dekoriert. Nachdem man die berankte Pergola des kleinen Andito mit den programmatischen Allegorien der Concordia und Ökonomie passiert hat, begegnet man, im Rahmen einer gemalten korinthischen (!) Ordnung, den üblichen Beispielen für Großmut und Opferbereitschaft: Scipio Africanus gibt die ihm bei der Eroberung Karthagos zugefallene schöne Sklavin ihrem Bräutigam samt der ihm dafür zugedachten Geschenke zurück; Virginius tötet die eigene Tochter Virginia, um sie der Gewalttätigkeit des Dezemvirn Appius Claudius zu entziehen. Götterpaare – Neptun und Cybele, Jupiter und Juno – schauen aus Nischen zu. Neben einem Zimmer des Tugendhelden Herkules, dessen Scheiterhaufen sinnfällig über dem Kamin plaziert wurde, gibt es ein Venus- und ein Io-Zimmer, eines mit Grotesken sowie die interessante *Stanza delle Arti*, der Künste, die von weiblichen Figuren personifiziert erscheinen: Musik, Skulptur, Astronomie, Architektur, Poesie und Malerei. Die Architettura hält ein aufgeschlagenes Buch in der Hand und deutet mit dem Finger just auf jene Stelle des darin sichtbaren Grundrisses, dem der Villa Emo, wo sich der Besucher im Moment der Betrachtung befindet: Die Villa ist zum Attribut der Architektur geworden und so als eine ihrer vornehmsten Aufgaben anerkannt.

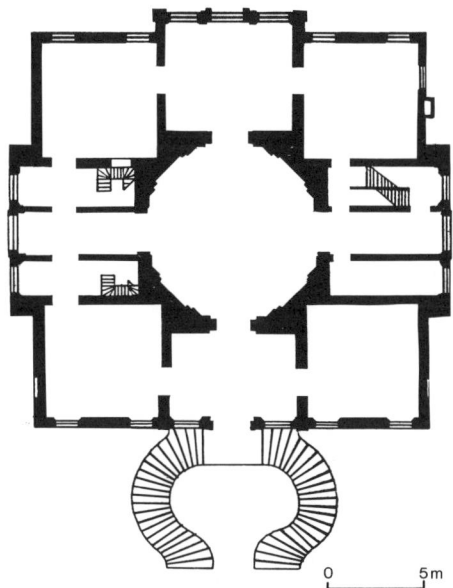

Grundriß Hauptgeschoß

## Fiesso Umbertiano, RO        33

### Villa Morosini VENDRAMIN
### ora Municipio              ⊕ □ ✳

Öffnungszeiten: Die heute als Rathaus genutzte Villa ist an Werktagen von 9 bis 12 Uhr geöffnet.
*Orientierung: Der Bau liegt im Zentrum, an der Piazza von Fiesso Umbertiano.*
Weitere Erwähnungen Seite 55, 268.

1706 ließen die Morosini, die im Polésine über umfangreichen Grundbesitz und mehrere Häuser verfügten, die Villa bauen, und noch im Laufe desselben Jahrhunderts ging das Anwesen an die Vendramin-Calergi über. Anhand des Katasterplans von 1775 kann man

sich von der ursprünglichen Situation ein gewisses Bild machen: Von der Ortschaft war noch keine Spur vorhanden, es existierten jedoch seitliche, abgesetzte Barchessen; sie erscheinen auch noch auf einer Fotografie der Jahrhundertwende. Die heutige Lage des Hauses mitten auf dem Stadtplatz ist gleichwohl nicht unangemessen, denn die vier ausgeprägten Fassaden verlangen nach freier Sicht und allseitiger Distanz. Trotz der leicht queroblongen Grunddisposition handelt es sich um einen echten Zentralbau, wofür es unter den Veneto-Villen nur wenige Beispiele gibt. Anders als bei der »Rotonda« (99), wo Mittelsaal und Lichttambour die Kreisform bilden, und Scamozzis Villa Molin (51), wo das Quadrat bevorzugt wurde, ist hier das Oktogon gewählt. Es durchdringt, im Bereich des Obergeschosses von einer Galerie eingeschnürt, beide Etagen und erhebt sich mit seiner Lichtzone weithin sichtbar über das Dach.

Der gefällige Bau, der im Fassadenriß der Villa Poli del Pol (83) im weit entfernten Cadore sehr ähnlich ist, wird Andrea Tirali zugeschrieben. Sehr sehenswert sind im Untergeschoß des Oktogons die Wandmalereien von Mattia Bortoloni, von dem auch die Fresken der Palladio-Villa in Piombino Dese (75) stammen. Hier in Fiesso Umbertiano hat er mit leichter Hand Themen des Alexanderbuches von Q. Curtius Rufus illustriert; die Texte sind unter den Grisaillen zitiert. Ausnahmsweise handelt es sich nicht um die villenübliche Huldigung an Alexanders Seelengröße, es geht vielmehr um sein Heldenleben. Dargestellt sind der Kampf mit dem Löwen, der Gordische Knoten, die Brandschatzung von Persepolis, die Begegnung mit der Leiche des besiegten Darius.

## Finale di Agugliaro, VI     34

### Villa SARACENO Caldogno
### Peruzzi Lombardi     ⊕ *a i*

Zugänglichkeit: Zur Zeit der Recherchen für dieses Buch standen Türen und Fenster der Villa Tag und Nacht offen; durch eine breite Lücke in der Gartenmauer waren Grundstück und Haus zugänglich.

*Orientierung: nicht einfach, da Straßenschilder fehlen. Die Zufahrt zur Villa, eine einreihige Pappelallee, biegt etwa 2 km nördlich von Noventa Vicentina von der Straße Nr. 247 ab. Kurz vor dem Ort Finale links in den Feldern liegt die Villa.*

Weitere Erwähnungen Seite 56, 111f., 129, 218; Abb. 20.

In dieser Villa Palladios ist das laute Bekenntnis zur Antike, wie es aus den Bauten in Bagnolo (12) und Bertésina (16) spricht, wieder zurückgenommen. Die Tempelfront erscheint lediglich in formaler Reduzierung auf ihre Umrißgestalt, ihre Öffnung wird von Wandarkaden wahrgenommen. Es dominiert, ohne daß ausdrücklich auf Traditionsformen zurückgegriffen wäre, der Eindruck der bodenständigen Hausform. Die Datierungen schwanken außerordentlich, je nachdem ob in der auffälligen Schlichtheit des Baus reifer Ver-

zicht oder unentfaltetes Beginnen gesehen wird – sie können hier nicht bewertet werden. Die Villa ist heute verlassen und befindet sich in völlig desolatem Zustand.

## Fratta Polésine, RO 35

### Villa Badoer-»La Badoera« ⊕ □ *a* ✻

Öffnungszeiten: Täglich von 15.30–19 Uhr (im Winter 16–18 Uhr); da die Zeiten ab und zu geändert werden, ist vorheriger Anruf in der Villa (04 25–6 81 22) oder – vormittags – im Rathaus zu empfehlen (04 25–6 80 30).

*Orientierung: Die Villa liegt in der Ortsmitte von Fratta Polésine.*

Weitere Erwähnungen Seite 108, 131ff., 148, 149, 166, 226, 230, 260; Farbabb. 5.

Die »Badoera« gilt zu Recht als ein Meisterwerk Andrea Palladios. Kaum eine weitere seiner Villen ist in dieser Vollständigkeit erhalten beziehungsweise fertiggestellt. Lediglich die Loggia, die um das Maß der Portikustiefe auf der Gartenseite in gleicher Figur herausspringen sollte, wurde nicht realisiert. Es herrscht eine sichtliche Hierarchie der Zwecke: Zuoberst das Herrenhaus auf hohem Sockel, mit der vornehmen Jonica geschmückt, darunter auf Feldniveau die Wirtschaftsgebäude, von Kolonnaden maskiert, die den rustikal-dienstbaren tuskischen Dekor aufweisen. Eine raffinierte Treppe vermittelt zwischen den Ebenen. Erstmals wurde ein Villengarten von kreisförmig ausgreifenden Flügeln eingefaßt – eine bauliche Idee, die seither umgewandelt und immer wieder verwendet worden ist, so beim römischen Petersplatz wie bei den gigantischen Villenanlagen späterer Zeit, etwa in Badoere (10) oder Passariano (72). Die Mauer mit den Zierzinnen und den aufgelegten Kanonenkugeln ist im Verhältnis zu jener der Villa Garzoni (78) nur noch als Schmuck, bar jeder Anmaßung, zu interpretieren. Von den in den »Quattro libri« gelobten Grotesken eines Giallo Fiorentino haben sich nur Reste erhalten. Die Villa erscheint 1566 erstmals in den Steuerakten von Venedig.

## Fratta Polésine, RO 36

### Villa Mocenigo Manin Avezzù ⊕ □

Öffnungszeiten: Die Villa ist samstags von 15–16 Uhr geöffnet.

*Orientierung: Der Bau liegt rechtwinklig links neben der Palladio-Villa (35) im Zentrum von Fratta Polésine.*

## Villa DELLA TORRE ora Cazzola   

Zugänglichkeit: Der Besitzer, ein Veroneser Arzt, erlaubt den Zutritt zu den Gebäuden nur zögernd, Vereinbarungen bedürfen wiederholter telefonischer Bestätigung, will man nicht trotz einer Zusage vor verschlossenen Türen stehen. Telefon: 0 45–91 21 04 (Dr. Cazzola, Wohnung in Verona), oder 0 45–7 70 14 61 (Telefonnummer der Villa).

*Orientierung: Am westlichen Ortsrand von Fumane in das in die Weinberge führende Serpentinensträßchen einbiegen, bald links am Straßenrand die zur Villa gehörende Kapelle, dahinter der Gebäudekomplex.*

Weitere Erwähnungen Seite 89, 272, 297; Abb. 8.

Die lokale Überlieferung weist den stattlichen Bau Palladio zu – es handelt sich hier jedoch um einen frühen Fall der Palladionachfolge, und zwar um eine freie Kopie der Villa Foscari, genannt »La Malcontenta« (50). Ungewöhnlich, vermutlich willkürlich ist die Verwendung der dorischen Ordnung für den tempelförmigen Portikus; wie man mit den Säulenordnungen entsprechend ihrer ikonographischen Bestimmung umzugehen hatte, wäre unschwer an der »Badoera« nebenan zu studieren gewesen. Im Inneren werden einige, nicht uninteressante Fresken gezeigt, die jenem Giallo Fiorentino zugeschrieben worden sind, den Palladio als Dekorateur der »Badoera« nennt; das hieße jedoch, den Bau wesentlich früher anzusetzen, als er allem Anschein nach entstanden ist; er dürfte gegen Ende des 16. Jahrhunderts errichtet worden sein.

Ohne daß urkundliche Belege existierten, wird die Urheberschaft für die Villa della Torre seit langem vorschlagsweise zwischen Giulio Romano und Sanmicheli hin und her geschoben. Tatsächlich sind große Namen wie diese für den Entwurf der außerordentlichen Anlage nicht zu hoch gegriffen. Unter ostentativer Leugnung der einschlägigen Tradition handelt es sich um einen der ehrgeizigen Versuche, die *Casa degli Antichi*, das Haus

der Antike, zu rekonstruieren und zu neuer Existenz zu erwecken. Beidem war kein Erfolg beschieden. Die bewiesene ingeniöse Phantasie erhebt sich indes weit über das normalerweise im Villenbau gezeigte Maß. Das Ensemble besteht aus zwei parallel angelegten Wohnhäusern. Der Freiraum zwischen ihnen wurde durch den Einbau eines Peristyls zum Atrium. Rustizierte Pfeiler tragen ein umlaufendes Gebälk, das an den zwei Stirnseiten durch mächtige Torbogen unterbrochen ist. Diese bilden mit dem Außenportal der Villa eine Enfilade, die eine packende Perspektive durch die Mittelachse des Ganzen gewährt. Freitreppe und Springbrunnen, der Steg über die Peschiera und ein weiterer Brunnen geben der Blickschneise zusätzliche Reize. Eine zentrale Sala kann man bei dieser Konzeption nicht erwarten; die einzelnen Zimmer sind aber durch ständig wechselnde Gewölbeformen und Kamine, die zu Riesenmäulern geworden sind, bemerkenswert gestaltet. Palladios fragmentarische Villa Sarego (86) hat mit diesem Haus vieles gemeinsam und kann vielleicht als ausgefeiltere Folgerung angesehen werden. Baudaten sind nicht bekannt; 1574/75 verkehrte die bekannteste Kurtisane des Zeitalters, Veronica Franco aus Venedig, in der Villa und feierte sie und das Leben in ihr in zierlichen Versen.

## Grisignano di Zocco, VI     38

### Villa Cattaneo Onesti MAGRIN    ⊕ ⊡

Zugänglichkeit: Die Familie läßt an einem Tag der Woche Besucher ins Haus, zur Zeit am Montag. Vorheriger Anruf beim Besitzer, Signor Magrin, ist ratsam: 04 44–71 45 20.

*Orientierung: Die Villa liegt unmittelbar an der Autobahnauffahrt Grisignano der A 4, südöstlich von Vicenza.*

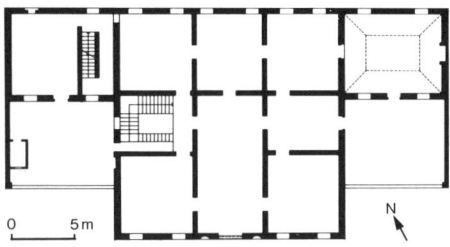

Grundriß 1. Stock, nach Cevese

Weitere Erwähnungen Seite 108; Abb. 22.

Die durch Verkehrsanlagen zerstörte landschaftliche Umgebung der Villa, ihre Lage exakt im Winkel zwischen Autobahnauffahrt und Schnellstraße, scheint die Ursache dafür zu sein, daß der kolossale Bau bis heute kaum wahrgenommen, geschweige denn gewürdigt worden ist. Dabei kann die Villa zweifellos zu den markantesten Werken des 16. Jahrhunderts im Vicentino gezählt werden. Der annähernd quadratische Kernbau besitzt die übliche dreibahnige Raumstruktur der Casa veneziana vorpalladianischer Zeit. Zwei Flankentürme, die mit der Nordfassade bündig fluchten, verleihen dem Bau seine enorme Breite von rund 35 Metern und einen ernsten, fast bedrohlichen Charakter. Ein solches Bild ist aber nicht ungewöhnlich; man begegnet ihm unter anderem in der (späteren) Villa Benzi (–) in Caerano San Marco in der Provinz Treviso oder in der nur durch Costas Stich überlieferten Villa Zabarella in Noventa Padovana. In Grisignano sind den Türmen indes geräumige Terrassen vorgelagert, wie sie andernorts nicht nachzuweisen sind; sie geben dem sonst so strengen Bau eine festliche Note. In späterer Zeit scheinen zahlreiche bauliche Detailretuschen vorgenommen worden zu sein, möglicherweise erst zu Anfang des 19. Jahrhunderts, als die ›pompeianischen‹

Dekorationen im rechten Turmzimmer entstanden – das übrigens, laut Auskunft des Hausherrn, deshalb als Abstellraum benutzt wird, weil die Restaurierung der Fresken zu teuer sei.

## Illasi, VR 39

Villa PEREZ POMPEI ora Sagramoso ⊖ ⏅

Zugänglichkeit: Nur während der Sommermonate ist die Villa bewohnt; in dieser Zeit sind die Besitzer in Ausnahmefällen bereit, das Haus zu zeigen. Telefon: Conte Sagramoso, 0 45–7 83 40 62.

*Orientierung: Die Villa liegt rund 200 Meter von der Villa Carlotti entfernt im Zentrum von Illasi.*

Die bemerkenswerte Villa Pompei stammt aus dem Jahr 1737, der Architekt war Giovanni Battista Pozzo. Stilistisch völlig von dem benachbarten Bau des Alessandro Pompei (40) abweichend, weist sie ohne die übliche Mittelbetonung einer Villa die Statur eines Stadtpalastes auf. Der linke Loggienannex ist älteren Datums, der rechte gehört, mit dem Kolosseumsmotiv instrumentiert, zum Großartigsten derartiger Flügelbauten überhaupt. Die Hauptachse des Hauses führt durch einen aufwendig ausgestatteten und gestalteten Garten auf ein Rondell, wo sie von einer weiteren Achse gekreuzt wird, die bis zum Fuße des Hügels mit der lokalen Rocca reicht, die selbst noch Teil des riesigen Parks ist. Die Villa Perez Pompei birgt den umfangreichsten Freskenschmuck im ganzen Umland von Verona.

## Illasi, VR        40

### Villa Pompei Antonietti Carlotti   ⊕ ■

*Orientierung: Die Villa steht unübersehbar im Zentrum des kleinen Ortes Illasi am Rand der Piazza.*

Der Architekt der prächtigen Villa war der Erbauer und Eigentümer Alessandro Pompei selbst. Der Bau aus der Mitte des 18. Jahrhunderts folgt der neopalladianischen Strömung innerhalb des beginnenden Klassizismus, besitzt aber eine geradezu schloßartige Ausdehnung zwischen den altertümlichen Turmbauten. Die pompöse barocke Ausmalung stammt von der Hand des Veronesers Antonio Balestra.

## Istrana, TV        41

### Villa Tamagnino Lattes
### ora Comune di Treviso   ○ □

Öffnungszeiten: Dienstags und freitags von 9–12 Uhr, samstags und sonntags von 9–12 und 15–18 Uhr.

*Orientierung: Die Villa liegt unmittelbar an der Fernstraße Nr. 53 Vicenza–Treviso im Ort*

*Istrana, von Castelfranco aus gesehen links, etwas verdeckt durch Bäume, hinter einer Mauer.*

Die Villa Tamagnino Lattes ist ein frühes Werk (1715) von Giorgio Massari, den man eher als neopalladianischen Architekten kennt (vergleiche Villa Cordellina Lombardi, 62). Der geschmackvolle Bau mit den geschweiften Barchessen, dem historischen Garten und der reizvollen Kapelle zur Linken kann als typisches Beispiel des Trevisaner Landhauses gelten. Heute ist die Villa Museum; zu sehen ist die private Sammlung der ehemaligen Besitzer: Uhren, Musikinstrumente, Chinoiserien; interessant die noch mit altem Gerät und Kochgeschirr eingerichtete Küche.

## Levada di Piombino Dese, PD   42

### Villa Marcello   ⊖ ■

*Orientierung: Die Villa liegt in Levada, 6 km nordöstlich von Piombino Dese, unweit der Ortsmitte in einem großen Park. Auf die Rückseite führt eine lange Pappelallee zu, die Vorderseite ist gut von der an ihr vorbeiführenden Straße aus zu sehen.*

Siehe Farbabb. 29.

Ein vorhandener Bau des 16. Jahrhunderts wurde um die Mitte des 18. Jahrhunderts im neopalladianischen Stil völlig erneuert. Dabei entstand eine ebenso prächtige wie bedeutungsvolle Architektur. Denn die Anbindung des rustizierten Sockels an die Flankenteile und die Barchessen visualisiert die strikte Trennung in eine untere, der Bedürfnisnatur, das heißt dem täglichen »unedlen« Gebrauch (Palladio), und eine säulengeschmückte obere, der padronalen ›Freiheit‹ zugewiesene Zone. Den großen Saal schmückt ein Bilderzyklus von der Hand des bedeutenden Tiepoloschülers Giambattista Crosato mit Darstellungen aus dem Leben Alexanders des Großen (1750 bis 1755, nach Plutarch), in dessen (zivilen) Taten sich die Villenherren gern zu spiegeln suchten.

## Límena, PD                                    43

### Villa Pacchierotti ora Trieste     ⊖ ⌸

Zugänglichkeit: Die der Villa ist abhängig von den etwas mühsamen Verhandlungen mit dem in der Villa lebenden Kustoden, Signor Tagliapietra, Telefon 0 49–76 73 11. Der Zugang zum Grundstück jedoch wird im allgemeinen erlaubt; an der Autoschranke klingeln.

*Orientierung: schwierig. Die Villa liegt am Ende einer schmalen Privatstraße, der Via Tavello, die an der Brücke am Nordrand von Límena ganz scharf nach rechts, das heißt nach Osten, von der Straße Nr. 47 abbiegt. Fahren Sie auf der Via Tavello immer geradeaus, über das Sperrschild hinaus, bis an die Schranke.*

Weitere Erwähnungen Seite 142.

Die noch heute in unbeschädigtem landschaftlichen und landwirtschaftlichen Kontext gelegene Villa kann als bedeutendes Werk der longhenianischen Schule vom Ende des 17. Jahrhunderts gelten. Der dreigeschossige, im übrigen völlig in der Tradition der Casa veneziana angelegte Baukörper ist mit einem Portikus geschmückt, der alle Stationen einer klassischen Superpositio besitzt: tuskisch, jonisch, komposit. Die kanonische Durchführung und handwerklich makellose Ausführung – es handelt sich um Steinmetzarbeit, wie sie bei Veneto-Villen unüblich ist – erhebt sich weit über das Mittelmaß, an dem gerade diese Epoche reich ist.

## Lonigo, VI                                    44

### Villa Pisani-
### »La Rocca Pisana«        ∅ ⌸ *a* ✳

Zugänglichkeit: Die Villa ist nur von weitem, nicht jedoch von der an ihr vorbeiführenden Straße aus zu sehen; das gesamte große Ge-

Aus: Scamozzi, »L'idea della architettura universale« ▷

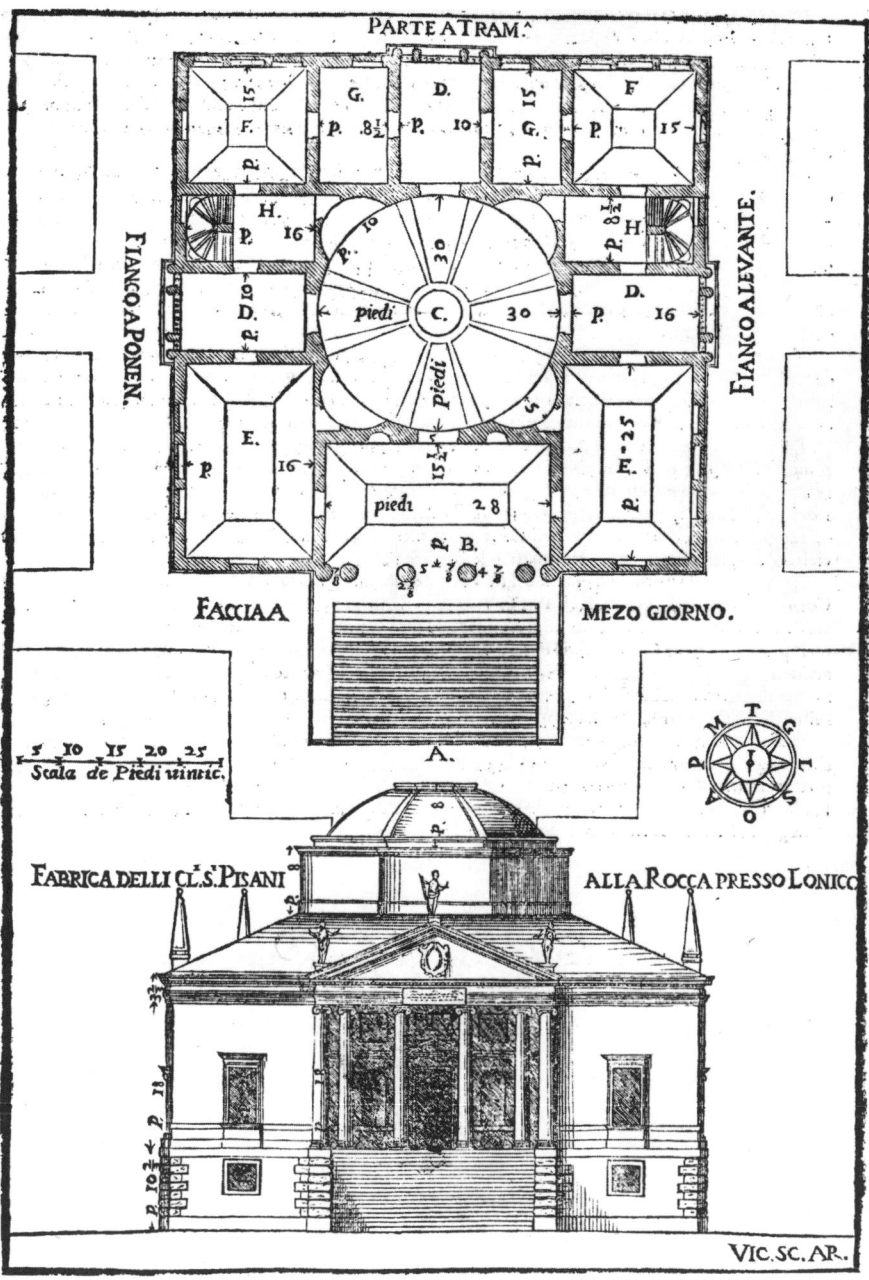

PARTE A TRAM.^

FIANCO A PONEN.

FIANCO A LEVANTE.

FACCIA A — MEZO GIORNO.

A.

5  10  15  20  25
Scala de Piedi uintic.

FABRICA DELLI CL. S. PISANI — ALLA ROCCA PRESSO LONICO

VIC. SC. AR.

235

lände, in dem sie liegt, ist in Privatbesitz. Sowohl zur Außen- wie zur Innenbesichtigung ist die Voranmeldung beim örtlichen Fremdenverkehrsverein Pro Lonigo erforderlich; Einzelpersonen erhalten nur in Ausnahmefällen eine Besuchserlaubnis, Gruppen haben geringere Schwierigkeiten. Telefon: Pro Lonigo, 04 44–83 05 08 oder 83 00 15.

*Orientierung: Von der Stadtmitte aus zur Villa Giovanelli fahren, hier biegt rechts die Bergstraße ab (Via Rocca), über welche nach ca. 2 km das Eingangstor zur »Rocca« erreicht wird.*

Weitere Erwähnungen Seite 97, 135, 136, 154 f., 160, 281; Abb. 29.

Die »Rocca Pisana« liegt in freier Hügellandschaft nordöstlich von Lonigo; sie ist Vincenzo Scamozzis unbestrittenes Meisterwerk. Mit Palladios »Rotonda« (99) hat sie die exponierte Lage und die Zentralbauidee gemeinsam, im übrigen aber darf sie als selbständiges Werk gelten. Das gruppierende, additive Denken des Älteren ist einem gleichsam monolithischen Konzept gewichen: Das vermittelt den Eindruck einer isolierten Plastik. Der – einzige – Portikus ist nahezu in den Baukörper integriert; die übrigen drei Seiten sind durch Fenster-Serlianen mehr dekoriert als geöffnet und geben den blockartigen Grundcharakter des Hauses nicht preis. Auch im Inneren haben die subordinierenden Momente zu Lasten der koordinierenden Raum gegriffen, die rahmenden Suiten können neben dem um die Zwickel vermehrten Kuppelraum nur noch bedrängt bestehen. Das Licht wird nicht durch eine Laterne zugeführt, sondern fällt nach dem Vorbild des römischen Pantheons direkt durch ein offenes Opaion. Mit dem Werk (von 1576–1578) kommt Scamozzi, der sonst eher für eine klassizistisch-trockene Handschrift bekannt ist, dem künftigen Barock am weitesten entgegen.

# Lóvolo di Albettone, VI     45

## Ca' Brusa Schiavinato    ⊕ ⌂

Zugänglichkeit: Auf telefonische Anfrage beim Besitzer, Signor Schiavinato, Telefon: 0 49–5 22 62 31, hin wird die nicht bewohnte Villa vom Kustoden, Signor Roncolato, geöffnet. Er wohnt in einem kleinen Einfamilienhaus rechts von der Villa.

*Orientierung: Von der Straße Nr. 247 Vicenza-Noventa Vicentina in Richtung Lóvolo–Bastía abbiegen, nach ca. 3 km fährt man frontal auf die Villa zu; sie ist bereits aus einiger Entfernung gut zu erkennen.*

Siehe Abb. 14.

Die Villa mit dem alten Hausnamen Ca' Brusà, vermutlich etwa um 1500 entstanden, ist immer wieder als Schlüsselbau der Veneto-Villa gesehen worden; teils hielt man sie für die, geheimnisvoll wiedererstandene, spätrömische ›Portikusvilla mit Eckrisaliten‹, teils für das entscheidende Vorbild der Villen Palladios. Sie ist allerdings gar nicht so einzigartig, sondern am ehesten als ein Pasticcio, eine Mischung zweier längst vorhandener Hausformen zu deuten: der typischen Casa veneziana im rückwärtigen Teil und des von Türmen flankierten Loggienhauses, wie es vor allem im Veronese häufig ist, im vorderen Teil. Tatsächlich sind die so geteilten Partien nicht mittels eines gemeinsamen Raum- oder Grundrißkonzepts integriert, so daß von einer eher notdürftigen Verbindung gesprochen werden kann, die auf unterschiedliche Bauphasen hindeuten könnte.

Die Portikusloggia, die in beiden Geschossen eine sehr ansehnliche Wölbung besitzt, ist elegant und in ihrer Steinarbeit von guter Qualität. Ungeachtet des ihm gespendeten

Interesses (und ungeachtet der Tatsache, daß nach häufigem Besitzerwechsel heute ein Antiquitätenhändler der Eigentümer ist), ist das Haus im Zustand weitgehender Verwahrlosung.

## Lughignano di Casale sul Sile, TV     46

### Villa CORNER DALL'AGLIO
### Gabbianelli      ∅ ■ *a*

Zugänglichkeit: Weder der Park noch das Gebäude sind ohne rechtzeitige Anfrage zugänglich; der Pfarrer von Lughignano hält Kontakt zu den Besitzern und ermöglicht zumindest einen Rundgang um das Haus. Telefon: 04 22–81 84 21.

*Orientierung: nicht ganz einfach, da ein Wegweiser nach Lughignano fehlt; biegen Sie ca. einen Kilometer vor der Autobahnunterführung (A 27) von der Hauptstraße Casale–Treviso nach rechts in die allzu unauffällige Via Chiesa Lughignano ab. Die Abzweigung liegt – von Casale aus gesehen – zwischen der Ortstafel »Lughignano« und einer Bar; an der Kirche nach links fahren.*

Weitere Erwähnungen Seite 54, 82 ff., 91, 99, 210, 222; Abb. 3.

Grundriß Erdgeschoß und 1. Stock

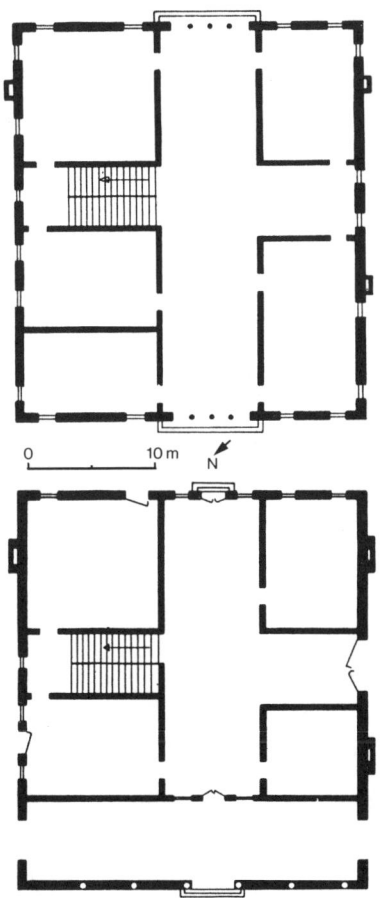

Auch diese, an der beliebten Wasserstraße des Flüßchens Sile gelegene Villa reproduziert die ursprünglich städtische Casa veneziana. Die charakteristische Dreiteilung ist auf der Landseite besser zu erkennen als auf der Hauptfassade zum Fluß, wo im Erdgeschoß eine Loggia dominiert, die auf den Raumplan keine Rücksicht nimmt. Diese Loggia war, obwohl auch von den Seiten zugänglich, ohne Zweifel von Anfang an ausschließlich der *comodità*, der Bequemlichkeit der Bewohner gewidmet; für die landwirtschaftlichen Aufgaben standen ehemals gesonderte Gebäude zur Verfügung. In den Maßverhältnissen und im Bauschmuck zeigen sich erste Anzeichen der Renaissance, in dem vermutlich etwas späteren gemalten Dekor sind sie deutlicher geworden. Der Bau, der stilistische Beziehungen zum »Barco« della Regina (4) in Altívole hat, dürfte wie dieser um 1490 entstanden sein; er ist – angeblich – ebenfalls von Caterina Cornaro in Auftrag gegeben worden.

## Lugo di Vicenza, VI          47

### Villa GODI VALMARANA
### Malinverni          ⊕ □ *a* ✳

Öffnungszeiten: Geöffnet von Mitte März bis Ende Oktober dienstags, samstags, sonn- und feiertags nachmittags, und zwar von Juni bis August von 15–19 Uhr, in den übrigen Monaten von 14–18 Uhr. Im Winterhalbjahr geschlossen.

*Orientierung: nicht ganz einfach. Die Villa liegt neben der Villa Piovene Porto Godi (48) am linken Hochufer des Astico, im Ortsteil Lonedo am Rand von Lugo di Vicenza, beide Bauten sind aber von weither zu sehen. Anfahrt am besten über Breganze oder Thiene.*

Weitere Erwähnungen Seite 106 ff., 108, 134, 239.

Dieser früheste Bau (vor 1540) Palladios verdient – auch seiner bemerkenswerten Fresken wegen – besucht zu werden. Angesichts derer wird man sich allerdings von der Vorstellung lösen müssen, die Malerei habe eine vor allem dienende, den Vorrang des Architektonischen respektierende Rolle zu spielen. Selbst die Anerkennung, die Palladio genoß, schützte seine Bauten nicht vor – ihm selbst unerwünschten – malerischen Eingriffen. So sollte auch nicht ausschließlich humanistischer Hintersinn gesucht werden, wo die schrillen Effekte der Dekoration für sich selbst und den Geschmack des Hausherrn sprechen. Gleichsam als Motto des Gesamten erscheint über dem westlichen Portal der Sala zwar eine ausgesprochene Tugendmetapher: Herkules bei seiner Entscheidung zwischen Tugend und Laster von Giambattista Zelotti, die übrigen Themen aber scheinen sich ethischen Maßstäben weitgehend zu entziehen. Es sind die Fresken in der Sala und den Stanze *delle Arti, di Venere* und *di Olimpo* (eine verblüffende Reminiszenz an Giulio Romano), ebenfalls von Zelotti. Die *Stanza delle Musi* wird Battista Dell'Angelo, die *del Putto, dei Cesari* und *dei Trionfi* werden Gualtiero Padovano zugeschrieben. Die Besichtigung wird einen nicht langweilen.

## Lugo di Vicenza, VI          48

### Villa PIOVENE Porto Godi          ○ ■

Zugänglichkeit: Auf Klingeln wird – außer zur Mittagszeit – üblicherweise geöffnet, die Besichtigung des Gartens ist dann möglich, nicht jedoch der Eintritt in die Gebäude.

*Orientierung: Die Villa liegt etwas erhöht neben der Villa Godi Valmarana Malinverni (47) am linken Hochufer des Astico im Ortsteil Lonedo am Rand von Lugo di Vicenza.*
Weitere Erwähnungen Seite 106; Abb. 18.

Es lohnt nicht, die Diskussion über die Urheberschaft Palladios an dieser Villa fortzusetzen, die vor allem durch die Nachbarschaft der Villa Godi Valmarana Malinverni in Gang gehalten wird: Das Ambiente ist eindrucksvoller als der Bau selbst. Dazu tragen insbesondere die prachtvolle Freitreppe und die Flucht der Stufen durch den gesamten Garten bis herab zu dem Prunkportal bei – wie die flankierenden Barchessen eine Zutat Muttonis aus dem 18. Jahrhundert. Die für eine gesteigerte, barocke Wirkung unentbehrlichen Skulpturen stammen von Orazio Marinali. Der Pronaos, der denen der »Rotonda« (99) nachgeahmt ist, trägt die Jahreszahl 1587; das Gebäude selbst ist sicherlich älteren Datums.

## Luvigliano di Torréglia, PD    49

Villa DEI VESCOVI ora Olcese   ⊕ ⌂ *a* ✳

Zugänglichkeit: Auf telefonische Voranmeldung hin zeigt die Kustodin das Haus, Telefon: 0 49–5 21 11 18 (Signora Jolanda).

*Orientierung: Das Gebäude steht weithin sichtbar auf einer Anhöhe über dem Ort Luvigliano, die Zufahrt ist leicht zu finden.*
Weitere Erwähnungen Seite 89, 95 ff., 106, 135, 176, 250.

Die Villa, die zwischen 1529 und 1538 für die Bischöfe von Padua errichtet wurde, ist der Bau eines ingeniösen Dilettanten, Alvise Cornaros, damaliger Verwalter des Bistums, selbst Besitzer zweier Villen und hochberühmter Humanist. In Anknüpfung an (vermeint-

Grundriß Hauptgeschoß

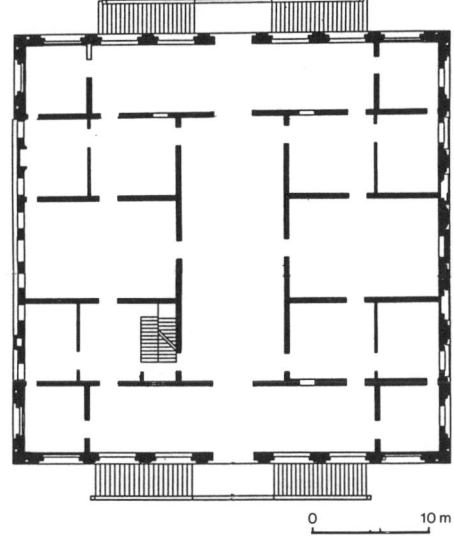

liche) antike Villen entstand ein Bau, der sich über die regionale Tradition der Villa hinwegsetzte: in der Erscheinung eingeschossig und allansichtig, ein Zentralbau. Die Außendekoration, die das unterstreicht, ist eines der frühesten Beispiele für die Übernahme von Formen der Hochrenaissance im Veneto. Ein künstliches Plateau, das über imponierende Freitreppen erreicht wird, sorgt für eine angemessene Fernwirkung der opulenten Architektur, die weiträumig von einer mächtigen Mauer umspannt ist. Der Bau, so eindrucksvoll er ist, hat keine Wirkungen in der Gattungsgeschichte der Villa hinterlassen – mit Ausnahme der Zentralbauidee, die in den wenigen Fällen ihrer späteren Realisierung jedoch andere Wege einschlägt. Das Innere birgt ansehnliche Reste humanistisch inspirierter Malereien, die dem aus Amsterdam stammenden Maler Lambert Sustris, genannt »Il Padovano«, zugeschrieben werden. Die Bilder mit Darstellungen antiker Kaiser, allegorischer Gestalten und mythologischer Landschaften gehören zu den frühesten figürlichen Renaissance-Dekorationen in Veneto-Villen.

## Malcontenta, VE 50

### Villa Foscari-
**»La Malcontenta«** ○ □ *a* ✳

Öffnungszeiten: Von 1. Mai bis 30. Oktober jeden Dienstag und Samstag sowie jeweils am ersten Sonntag des Monats von 9–12 Uhr.

*Orientierung: Die Villa liegt am Brentakanal an der Brücke von Malcontenta. Die einfachste Zufahrt ist die von Oriago aus, Richtung Malcontenta–Fusina.*

Weitere Erwähnungen Seite 54, 131, 134, 138ff., 144, 159, 230, 276; Farbabb. 6, 7, Abb. 25.

Stich von Gianfrancesco Costa, um 1750

Palladios einzige Villa am Brentakanal erscheint wie ein einfacher, lediglich mit einem graphisch wirkenden Putzmuster dekorierter Kubus, dem zwei Fassaden vorgelegt sind: auf der Wasserseite eine besonders pompöse jonische Tempelfront, sechs Achsen breit und zwei (!) tief, und zum Garten hin deren flache Umrißprojektion. Ein ausnehmend hohes Sockelgeschoß und eine nicht minder markante Attikazone gliedern den Bau zusätzlich und geben ihm eine ungewöhnliche Steilheit, die einst jedoch durch die anschließenden, heute verschwundenen Nebentrakte gemildert gewesen sein mochte. Der lapidaren Außengestalt ist die komplexe Binnenstruktur nicht anzumerken. Deren zentrales Element ist der kreuzförmige Saal, der mit zweien seiner Arme die Fassadeninnenseiten berührt, im übrigen aber von insgesamt sechs Räumen gerahmt ist, deren Flächen- und Höhenmaße durch präzise Proportionen miteinander in Beziehung gesetzt sind. Die berühmten Malereien Giambattista Zelottis und Battista Francos sind nur in Resten erhalten. Die Villa wird zumeist gegen 1560 datiert.

Die örtliche Überlieferung hält an der Legende fest, der Name der Villa, »La Malcontenta«, die Unzufriedene, gehe zurück auf eine wegen ehelicher Untreue hierher verbannte

Dame des Hauses Foscari. Tatsächlich rührt der Name von einer allerdings weit vor die Erbauung der Villa zurückreichenden ›Unzufriedenheit‹ her: dem Protest der Städte Padua und Piove di Sacco gegen die 1431 von Venedig angeordnete Grabung eines neuen Bettes für den Brentakanal an dem (seither so genannten) Dörfchen Malcontenta vorbei. Die Villa selbst war in ihrer mehr als 200 Jahre dauernden Glanzzeit weniger ein Ort der Melancholie und des Mißmuts, als vielmehr der Schauplatz prunkvoller Ereignisse: Könige und Fürsten waren hier wiederholt zu Gast; durch Sondergenehmigungen der Luxus- und Modemagistrate von Venedig von der Schmuck-Einschränkung befreit, trugen die Damen anläßlich dieser Empfänge Juwelen, Spitzen und Stickereien von solcher Pracht, daß König Friedrich IV. von Dänemark und Norwegen sich die Schönheiten zur Erinnerung malen ließ. 1709 beauftragte er die venezianische Porträtistin Rosalba Carriera mit einer Serie von Pastellminiaturen.

Stich aus: Volkamer, »Ville, giardini«..., 18. Jh.

## Mandriola di Albignásego, PD 51

### Villa MOLIN Kofler    ⊕ ■ *a*

*Orientierung: Die Villa liegt am westlichen Ufer des Battágliakanals dort, wo die Straße Abano Terme–Albignásego über den Kanal führt. Das Gebäude ist am einfachsten über die Anfahrt auf der Straße Nr. 16 zu finden; etwa in Höhe der Kanalbrücke taucht am gegenüberliegenden Ufer das Dach der Villa auf.*

Weitere Erwähnungen Seite 97, 155f., 228, 252; Farbabb. 17.

Trotz der dominierenden, nur *eine* Seite des Hauses betonenden Tempelfront handelt es sich hier um einen reinen Zentralbau. Er-

kennbar ist das an dem aus der Mitte des Baukörpers ragenden Turm mit den vier Thermenfenstern. Sie geben das Oberlicht für die zentrale Sala, die auf allen Seiten von zweigeschossigen Zimmerfluchten umgeben ist. Mit einer derartigen Idee beschäftigten sich Serlio und der junge Palladio bereits Jahrzehnte zuvor, ohne sie zu verwirklichen. Die Villa wurde um 1597 von Scamozzi errichtet.

## Marocco di Mogliano Véneto, TV    52

### Villa MOROSINI Gatterburg    ⊕ ■

*Orientierung: nicht ganz einfach, da der Ortsteil Marocco des Städtchens Mogliano Véneto*

*nicht durch ein Schild kenntlich gemacht ist. Die Villa liegt an der Regionalstraße Nr. 13 Mestre–Treviso südlich von Mogliano, von Mogliano aus nach etwa 2 km rechts in einer langgezogenen Kurve; schräg gegenüber das Restaurant zum Postillon.*

Das Gebiet zwischen der Lagune und Treviso war das früheste Ziel der venezianischen Villeggiatura, der erste Festlandsbesitz der Markusrepublik. Über die Jahrhunderte hinweg verlor dieser ›Garten Venedigs‹ nicht an Anziehung auf die Bauherren; zahllose Villen entstanden, und so ist auch die heutige Regionalstraße Nr. 13 von Mestre bis Treviso gesäumt von ansehnlichen, wenngleich teilweise sehr heruntergekommenen ehemaligen Landsitzen. Zu den eindrucksvollsten gehört trotz ihres verwahrlosten Zustands die im 18. Jahrhundert errichtete schloßartige Villa Morosini, eine von vielen Villen dieser Familie. Auch dieser Bau wurde zum Opfer seiner Lage an einer der am dichtesten befahrenen Straßen des Veneto. Pausenloser Lastwagenverkehr läßt heute keine Villeggiatura mehr zu, aber auch – selbst wenn eine Parklücke gefunden ist – keine ungestörte Besichtigung: das Grundstück der Villa grenzt unmittelbar an die Straße. Nur am frühen Morgen fließt der Verkehr etwas schwächer, dieser Zeit-

punkt bietet sich dazu an, die gesamte Strecke bis Treviso abzufahren, um außer der Villa Morosini auch die Fülle anderer Bauten entlang der Allee zumindest durchs Autofenster zu besichtigen. Ganz besonders lohnt dabei ein Blick auf/in die nördlich von Preganziòl, auf der Höhe der bei San Trovaso einmündenden Seitenstraße, liegende Villa ALBRIZZI (–) mit ihrem dorischen Säulenportikus aus dem 17. Jahrhundert (in den Innenräumen Fresken des Tiepoloschülers Crosato). Die Villa ist heute Institutsgebäude der Universität Venedig.

## Martellago, VE 53

### Villa Grimani Morosini– »CA' DELLA NAVE« ⊕ ■

Zugänglichkeit: Nach Abschluß der Restaurierungsarbeiten ist die Villa möglicherweise zugänglich. Auskunft über die Gemeinde (vormittags), Telefon 0 41–96 51 77 oder 5 40 11 77.
*Orientierung: Die Villa liegt im Zentrum von Martellago an der Straße Nr. 245 Mestre–Scorzè, von Mestre aus gesehen rechts.*

Das traditionell »Ca' della Nave« genannte Haus repräsentiert in schönster Weise die

schlichte frühe Veneto-Villa, deren lapidare Grundrißgestalt in der Fassadengliederung sinnfällig zum Ausdruck kommt: in jeder Etage drei Raumbahnen, in der Mitte durchlaufend Portego und Sala, an den Seiten jeweils hinter den beiden auf Distanz gesetzten Fenstern die Zimmersuiten. Das Haus, das die üblichen Außenfresken besaß, wurde vor einigen Jahren durch Brand stark beschädigt; es wird zur Zeit wiederhergestellt.

## Masèr, TV                                         54

### Villa BARBARO                          ⊕ □ *a* ✳

Öffnungszeiten: Dienstags, samstags, sonntags und an Nationalfeiertagen nachmittags, von April bis September von 15–18 Uhr, von Oktober bis März von 14–17 Uhr (es empfiehlt sich, den Besuch an Sonn- und Feiertagen zu vermeiden, will man nicht lange Wartezeiten in Kauf nehmen – insbesondere im Sommer stehen die Besucher Schlange!). – Im Gelände hinter der Villa ein bekanntes Kutschenmuseum mit gleichen Öffnungszeiten.

*Orientierung: Die Villa liegt am nordöstlichen Rand von Masèr an der Straße nach Cornuda.* Weitere Erwähnungen Seite 48, 144 ff., 157, 218, 249, 269, 299; vordere Umschlagabb., vordere Umschlaginnenklappe, Farbabb. 12, 13, Abb. 26, 27.

Die Villa der Brüder Marc'Antonio und Daniele Barbaro wurde nach dem Plan Palladios um 1560 errichtet. Die Prominenz der am Werk Beteiligten, die ausnehmend reizvolle Situation, die Vollständigkeit und Gepflegtheit der Anlage und ihre Innendekoration machen die Villa zu einem Hauptanziehungspunkt in der Landschaft Venetiens. Ihre bauliche Konzeption weicht indessen so sehr von Palladios gewohnten Grundsätzen ab, daß man an ihrer Authentizität zweifeln müßte, hätte der Meister sie nicht selbst in den »Quattro libri« als sein Werk registriert. Zu den gravierendsten Besonderheiten zählt, daß die Zimmer der Casa sich beiderseits bis weit in die Barchessen fortsetzen, in denen eigentlich untergeordnete Funktionen zu Hause sind, und daß die Giebelfront – ohne Loggia und Hauptportal – zum lediglich dekorativen Frontispiz des Hauses wird. Diese durchaus irregulären Eigenheiten wurden vermutlich durch den Wunsch der Bauherren veranlaßt, eine literarisch überlieferte antike Villa (des Plinius) zu rekonstruieren. Vor der (rückwärtigen) Nordfront befindet sich ein Höfchen, das von einer Exedra, dem sogenannten Ninfeo, begrenzt wird – einer figurengeschmückten Gartenarchitektur mit einem Brunnen und einer Grotte *(Grotta di Nettuno)*. Die Plastiken sind teils Arbeiten aus der Werkstatt Alessandro Vittorias, teils machen sie, wie auch die im Giebelfeld, einen ausgesprochen laienhaften Eindruck und werden Marc'Antonio Barbaro selbst zugeschrieben, der in der Bildhauerei dilettierte.

Gleich nach Fertigstellung des Bauwerks um 1562 wurden die Innenräume von Paolo Cagliari, genannt Veronese, und seinem Bruder Benedetto ausgemalt. Sicherlich lag den Malereien ein ausgefeiltes Bildprogramm der hochgebildeten Auftraggeber, zumal Danieles, zugrunde; in Bilderfindung und malerischem Vortrag tritt indessen eine künstlerische Leistung zutage, die den besten Werken der Epoche an die Seite zu stellen ist. Oder präziser: Die besondere Qualität der Malereien liegt gerade darin, daß der manieristische Zeitgeist geleugnet und eine Bildwelt geschaffen wurde, die aufs Schönste die Gesinnung der Renaissance, lange nach deren Zenit, repräsentiert. Man sehe sich zum Vergleich die gleichzeitigen (und ebenbürtigen) Arbeiten Tintorettos in der Scuola di San Rocco in Venedig an, die mit ihrer gewaltsamen Formensprache, ihrem übersinnlichen Kolorit und ihrer visionären Haltung die Schwelle der Diesseitigkeit hin zu den Welten der gegenreformatorischen Spiritualität längst überschritten haben.

Daß der gleichsam heidnische Geist etwa von Raffaels Farnesina-Dekoration (1514) inzwischen vergangen war, läßt sich gleichwohl auch in Maser nicht leugnen. So trägt die gewölbte Halle im Zentrum der Villa ihren Namen *Sala dell'Olimpo* denn auch nicht völlig zu Recht: Die Versammlung der Olympier im Deckenbild beschränkt sich nämlich auf die Gottheiten, die durch ihre Verwandlung in Planeten zugleich bleibender Teil des christlichen Kosmos geworden sind – Diana (Luna), Merkur, Venus, Apollo (Helios), Mars, Jupiter, Saturn, denen klein die betreffenden Tierkreiszeichen beigegeben sind. Im Zentrum dieses Götterkreises regiert *Divina Sapientia*, die Göttliche Weisheit, die mit der Zähmung des Drachens bezeugt, daß die heidnisch-dämonischen Konstellationen unschädlich gemacht sind. Die Integration von Mythologie und christlicher Lehre im Begriff der Natur ist im weitesten Sinne das Thema des gesamten Programms. In der moralisch interpretierten Totalität des Kosmos gründen auch die Tugenden, die in diesem Haus die Heimstatt haben; ihnen wird man an anderer Stelle begegnen. Der ›Olymp‹ ist von den Allegorien der Elemente Wasser, Feuer, Luft und Erde sowie (in Grisaille) den Hauptkräften des Alls umgeben: Fortuna (Schicksal/Glück), Amor, Natura, Abundantia (Fruchtbarkeit/Überfluß). Die Jahreszeiten in den Lünetten

demonstrieren die dem Menschen im zeitlichen Ablauf physisch erfahrbare Geltung der kosmischen Konstanten. Im Bild des Frühlings und Sommers konzentriert sich die Schaulust der Beteiligten (des Ehemanns Vulkan, Amors, Floras und ihrer Begleiterinnen) sowie der Betrachter auf die verblüffende Körperlichkeit der Venusfigur, einer lasziven Verwandlung von Michelangelos »Aurora« (in der Medicikapelle, Florenz). Das gegenüber befindliche Bild von Herbst und Winter beherrschen mit ihren Gaben Wein und Kornähren die Götter Bacchus und Ceres – *sie* eine Figur nach Raffael (Parisurteil). Auf den flankierenden Scheingalerien sorgt die (gemalte) Anwesenheit von Hausbewohnern – Giustinianas, der Frau des Marc'Antonio, und einer Dienerin sowie der Söhne Francesco und Almorò – für eine Form der Überraschung, an der die Villa reich ist: den Trompe l'œil-Effekt, der nicht nur als Capriccio verstanden, sondern die elementare Verbundenheit von gemalter Weltordnung und präsentem Leben suggerieren will. Das wiederholt sich eindrucksvoll beim Blick aus dem Saal in die rechts und links anschließenden Zimmerfluchten; an deren Ende erkennt man, durch Türen tretend, einen Edelmann in Jagdkleid (vordere Umschlaginnenklappe) und eine junge, fächerhaltende Frau.

Das Dekorationsschema wiederholt sich mit gewissen Abwandlungen in allen Zimmern: Die (von Benedetto gemalten) Säulenordnungen an den Wänden erlauben allenthalben Ausblicke in die Landschaft, an den Säulenbasen finden sich kameoartige Grisaillen, in denen skizzenhaft verkürzt die allegorische Thematik nachklingt, die in den oberen Zonen, über dem Gebälk, szenisch ausgebreitet ist. Für die Landschaftsbilder konnte man sich auf die Autorität Vitruvs berufen, dessen

Werk Daniele selbst ediert hatte; dort heißt es (Buch VII, Kap. 5), daß die Landschaften antiker Häuser »nach der ganz bestimmten Örtlichkeit« gemalt seien: »Es werden nämlich Häfen, Vorgebirge, Gestade, Flüsse, Quellen, Meerengen, Heiligtümer, Wälder, Gebirge, Viehherden, Hirten abgemalt ... wie dies von der Natur geschaffen ist.« Alles das findet man auch in der Villa Barbaro: getreu der Vitruvschen Maßgabe nicht aus bloßer Phantasie, sondern der Anschauung des Landes zwischen Brenta und Piave geschöpft.

Rechts an die *Sala dell'Olimpo* schließt die *Stanza del cane* an, genannt nach dem Hündchen am Fuß der Wand; hier sind die Anfechtungen der Tugend durch Reichtum, Macht, Wollust und Neid thematisiert. Im Zimmer auf der rechten Seite, der *Stanza della lucerna* (der Öllampe), erkennt man die Mächte des Positiven, die Allegorien des Glaubens und der Barmherzigkeit, »Die Stärke, von der Klugheit unterstützt«, »Die Leidenschaft, von der Tugend gebändigt«; in beiden letztgenannten Zimmern erscheint auch die Madonna, von den Patronen der Barbaro – Katharina und Joseph – begleitet. In beiden Flügeln reihen sich weitere Zimmer an, die von Mitarbeitern Veroneses, darunter vermutlich Zelotti, nach denselben Prinzipien ausgemalt sind. Den Mitteltrakt des Hauses füllen die *Sala a crociera* und vier kleinere Eckräume aus. Im kreuzförmigen Saal illustrieren weibliche Nischenfiguren mit Musikinstrumenten die von den Tönen versinnlichte Weltharmonie; augentäuschende Motive – ein Page, ein Mädchen, an der Wand lehnende Fahnen und Waffen – fehlen auch hier nicht. Die Deckenbilder sind in diesem Raum verloren. Es schließt (westlich) die *Stanza del Bacco* an, die dem

Lobpreis des Weines gewidmet ist, eine gemalte Pergola, die Darstellungen von Apoll, Venus und Amor kommen hinzu. Gegenüber liegt die *Stanza del tribunale d'amore*, genannt nach dem Bild, das ein Ehepaar vor einem Richter zeigt; Wahrheit, Gerechtigkeit und Liebe assistieren. Die Bilder an den Seiten nehmen den Ausgang der Verhandlung vorweg: »L'abbondanza di Casa Barbaro« mit dem Familienwappen in dem Prunkgefäß – roter Ring in weißem Feld – und das musizierende Trio stehen für die durch Harmonie und Überfluß gesegnete Existenz des Hauses Barbaro.

Nach seinen untergegangenen Arbeiten in der Villa Soranza (1551, Reste heute im Dom von Castelfranco) war dies die zweite und letzte Villendekoration von Veronese; ihr Aufbau und ihre Prinzipien blieben auf lange Sicht beispielhaft, waren aber gegen die Trivialisierungen der zahlreichen Nachahmer nicht gefeit. Für beinahe zwei Jahrhunderte – bis zu Tiepolo – mied von nun an der malerische Genius die Veneto-Villen und überließ das Feld einer Heerschar von Epigonen. Das schönste Wort über Veronese stammt von Cézanne: »Man liebt Veroneses Bilder, wenn man die Malerei liebt.«

Südöstlich der Villa erhebt sich der sogenannte *Tempietto*, die zur Villa gehörende Kapelle, die Palladio 1580 für Marc'Antonio errichtete. Sie gibt Zeugnis für ihres Urhebers lebenslange Beschäftigung mit dem römischen Pantheon, ist aber auch von Philibert de L'Ormes Kapelle in Schloß Anet beeinflußt. Im Giebelfeld und im Inneren begegnet man reichen Stuckarbeiten aus der Vittoria-Werkstatt. Der Tempietto ist das letzte Werk Palladios, er starb noch im Jahr seiner Errichtung.

## Massanzago, PD                55

### Villa BAGLIONI            ⊕ □

Zugänglichkeit: Zur Zeit der Recherchen für dieses Buch wurde die Villa restauriert; sie soll als Rathaus dienen und wird dann, wie üblich, an Werktagen vormittags zugänglich sein.

*Orientierung: Die Villa liegt gegenüber der Kirche im Zentrum von Massanzago, dort, wo die von Norden (Piombino Dese) kommende Straße auf die Achse Noale–Camposampiero auftrifft.*

Die auch »Palazzo Baglioni« genannte Villa war im 18. Jahrhundert eines der unter anderem von Goldoni erwähnten Zentren glänzender venezianischer Hofhaltung auf dem Lande; sie ist als vollständiger Komplex, bestehend aus Kern und Flügeln, Kapelle, Hof und Stallungen, erhalten geblieben. Die weitläufige Anlage soll nach 1717 gebaut worden sein. Die Gliederung und Schmuckformen des vorspringenden Mitteltraktes setzen sich im Erdgeschoß der anschließenden Flügel fort, was den einheitlichen Eindruck der ausgedehnten und gestuften Fassade fördert; dabei fallen die Schlußsteine in den Fensterbögen auf, die allerlei spaßige Motive (Frauen mit Schnurrbärten etc.) aufweisen. Die locker gereihten

Figuren vor der Hausfront verkörpern ein villenübliches kosmologisches Programm: Frühling und Sommer, Tag und Nacht, Herbst und Winter. Im großen Saal begegnet man einem bedeutenden Werk von Giambattista Pittoni (um 1730): Phaetons Flug im Sonnenwagen und Absturz, Auroras Erschrecken im Deckenbild. Weitere Räume besitzen qualitätvolle Malereien allegorischen und mythologischen Inhalts aus der Zeit um 1750.

## Mira, VE                56

### Villa VALMARANA Minguzzi-»Barchessa Valmarana«        ⊖

*Orientierung: Die Villa liegt im – auf keiner Straßenkarte verzeichneten – Ortsteil Riscossa von Mira, etwa auf halber Strecke zwischen Mira und Oriago, gegenüber der Villa Widmann (57), das heißt also am rechten, südlichen Ufer des Naviglio Brenta. Die Bauten sind von der Villa Widmann aus gut zu sehen.*

Der auffällige Bau mit den tuskischen Portici und dem jonischen Mittelteil, der nichts als sein eigenes Gebälk trägt, ist nur ein Fragment der ehemaligen Villa Valmarana. Das Herrenhaus der gegen 1700 errichteten weitläufigen Anlage, die Costas Stich überliefert (Abb. S. 55), ist 1850 abgerissen worden. Die beiden Barchessen, auch als Foresterie bezeichnet, verwahrlosten und dienten bis vor nicht allzu langer Zeit als Notunterkünfte und Scheunen. Der linke Bau steht heute als Ruine auf dem Grundstück, der rechte, bedeutendere, wurde jüngst von dem Bildhauer Minguzzi vorbildlich renoviert und bildet nun eine eigene Villa. Diese Barchesse war nicht nur von jeher privilegiert durch eine zweite, westliche Fassade –

die Krümmung des Kanals an dieser Stelle forderte förmlich eine weitere ›Schauseite‹ –, auch ein großer, freskengeschmückter Saal, Ort legendärer Empfänge, findet sich im Inneren des Gebäudes. Seine Wandmalereien wurden früher für Werke von Giandomenico Tiepolo gehalten, werden jedoch inzwischen Michelangelo Schiavoni zugeschrieben.

## Mira, VE                                          57

### Villa Widmann Foscari                    ○ □

Öffnungszeiten: Die Villa ist heute Museum und täglich außer montags von 9–12.30 und 14–18.30 Uhr geöffnet. Die Teilnahme an einer Führung ist obligatorisch.

*Orientierung: Das Gebäude liegt zwischen Mira und Oriago am Nordufer des Brentakanals an der Straße Nr. 11, gegenüber der Villa Valmarana Minguzzi (56).*

Auf einem Anwesen, das zuvor dem persischen Händler Seriman als Landsitz gedient hatte, entstand ab 1719 im Auftrag der Familie Widmann die kleine Villa, die heute zu den Attraktionen einer Brentafahrt zählt. Die

Gästehäuser beginnen nun, in der Spätzeit der Veneto-Villa, die Häuser der Herrschaft an Ausdehnung zu übertreffen, wie es hier angesichts der heute als Eingangsbereich dienenden Barchesse besonders deutlich wird. Die zierliche Casa mit den geistreich angelegten, sich kreuzenden Dachhäusern besitzt einen zweigeschossigen Saal, der von Giuseppe Angeli (um 1750/60) dekoriert wurde. Ein Raub der Helena und eine Opferung Iphigenies werden vom Triumph der Familie Widmann (an der Decke) überfangen; die obligatorischen Exempel altrömischer Tugenden sind, auf der umlaufenden Galerie, zu dekorativen Versatzstücken in Grisaille-Manier geworden. Zusammen mit dem gepflegten Park ist die Anlage in schöner Vollständigkeit erhalten. Auf der Gartenmauer (an der Straße) erkennt man die Figur des Gottes Saturn (griechisch Kronos), der, nachdem er seinen Vater (Uranos) gestürzt hat, die eigenen Söhne verschlingt, um künftiger Entthronung vorzubauen – ein besonders im Spätabsolutismus aktuelles Motiv (Goya!), das zur Metapher für die Sinnlosigkeit von Revolutionen wurde: Die Revolution frißt ihre Kinder!

## Monsélice, PD    58

### Villa Duodo Balbi Valier ora Cini    ○ ■

Öffnungszeiten: Die Villa, heute von der Universität Padua als Studentenwohnheim genutzt, ist normalerweise unzugänglich, das sie umgebende Gelände ist jedoch frei betretbar. Lediglich über Mittag (im Juni, Juli und August von 12.30–13.30, während der übrigen Monate von 12–13.30 Uhr) und abends ab 19 bzw. 20 Uhr (Sommermonate) wird die Zufahrtstraße gesperrt; damit ist keine Sicht aus der Nähe mehr möglich.

*Orientierung: Auffahrt mit dem Auto bis auf halbe Höhe des Burgberges möglich, dort den Wagen am Straßenrand parken. Auffahrt aus der Ortsmitte von Monsélice. Die Anlage ist bereits von weither gut zu sehen.*

Zusätzliche Information: Ein Teil der Einrichtung der Villa ist heute integriert in die sehenswerten Sammlungen des dicht unterhalb der Villa gelegenen Castello di Monsélice. In Verbindung mit dem Besuch der Villa ist der Besuch dieses viel zu wenig bekannten Museums (Mobiliar, Waffen, Kleinkunst) zu empfehlen. Öffnungszeiten: Vom 1. April bis 30. September regelmäßige Führungen dienstags, donnerstags und samstags von 9–10.30 und 15.30–17 Uhr, sonntags nur von 9–10.30 Uhr. Ab 1. Oktober bis 31. März sind die Öffnungszeiten des schwer heizbaren Gebäudes abhängig von der Witterung.

Siehe Farbabb. 18.

Das letzte Stück des Weges (Via del Santuario) auf den Burgberg von Monsélice, hinter der Kirche S. Giustina, wird durch einen Torbogen, die sogenannte *Porta Romana*, betreten.

Hier beginnt auf dem Gelände eines ehemaligen Nonnenklosters das Anwesen der Duodo, einer venezianischen Patrizierfamilie. Pietro Duodo, damaliger Gesandter Venedigs am Heiligen Stuhl, erwirkte 1592 die Erlaubnis für den Abbruch des Klosters und begann zugleich durch seinen Freund Vincenzo Scamozzi mit der Errichtung einer neuen Kirche, San Giorgio, und einer Villa. Die Doppelkirche San Giorgio ist zugleich die letzte Station einer *via sacra* von sechs kleinen, etwas später hinzugefügten Kapellen, welche die Titel der römischen Basiliken (abzüglich St. Peter) tragen, deren Besuch für den Rompilger obligatorisch ist. Kraft eines Privilegs des Papstes Paul V. von 1605, der sich Pietro Duodo verpflichtet fühlte, sollten sie die gleichen Ablässe gewähren, wie der Besuch der römischen Originale. Der Weg endet auf einem reizenden Plätzchen, das rechter Hand von dem erwähnten Kirchlein und der Villa und frontal von der *ala nuova*, dem neuen Flügel der Villa geschlossen wird.

Dieser Erweiterungsbau von Andrea Tirali (1657–1737) vom Beginn des 18. Jahrhunderts überführt Scamozzis sparsam verwendete Motivik geradezu ins Verschwenderische; das ergibt eine Symphonie von Serlianen, deren mittlere eine triumphale Form annehmen. Vorzügliche Nischenplastiken und Reliefs (mit ovidischen und altrömischen Szenen) vermehren noch den Reichtum der Fassade. Nach Norden, zur Rocca di Monsélice, begrenzt eine mächtige Exedra mit einer imposanten Treppenanlage (18. Jahrhundert) den seltsamen Villenplatz. Hier stehen, nach antikrömischem Vorbild in Nischen plaziert, die Büsten der ehemaligen Hausherren von Alessandro Vittoria (heute Kopien).

## Monsélice, PD 59

### Villa PISANI ⊕ 🏛

Zugänglichkeit: Der Besuch des Gebäudes ist möglich; Voranmeldung beim Ufficio Culturale, dem Kulturamt, von Monsélice, Telefon (vormittags): 04 29–7 43 44.

*Orientierung: Die Villa liegt am Battágliakanal am nördlichen Rand von Monsélice. Über die Via Riviera Belzoni ist der Bau von der Stadtmitte aus in wenigen Minuten zu Fuß erreichbar.*

Die kleine Villa am Battágliakanal, deren Casa die Veränderungen der Umgebung isoliert überdauert hat, gibt in ihrem Fassadenmotiv ein Abbild der Villa Barbaro in Masèr (54). Ebenso wie dort wird die Fassade in Gänze von einer vorgeblendeten Tempel-

front gebildet, wodurch sie in voller Ausdehnung zu einem einzigen Portikus wird. Stuckgenien nach Art Alessandro Vittorias präsentieren im Giebel das Wappen des Hausherrn. Im Gegensatz zu Palladios Bau folgt hier die Raumstruktur dem konventionellen venezianischen Schema; sie bildet sich, wohltuend gruppiert, auf der Front des Hauses ab. Im Inneren sind ansehnliche Reste der qualitätvollen Ausmalung freigelegt worden, schöne Landschaftsausblicke und Nischenfiguren, die gleichfalls an die Villa in Masèr erinnern und stilistisch Zelotti nahestehen (um 1570). Die Villa ist jüngst restauriert worden und dient seitdem kommunalen Veranstaltungen.

## Montagnana, PD 60

### Villa PISANI ora Placco ⊖ ■  *a*

Zugänglichkeit: Zutritt zur Villa wird normalerweise nicht gestattet, gelegentlich gelingt es jedoch dem Verkehrsverein von Montagnana, Pro Loco (Signor Trombin), die Besitzerin umzustimmen. Telefon des Pro Loco täglich – außer dienstags und an Wochenenden – von 10.30–12 und 16–19 Uhr: 04 29–8 13 20.

*Orientierung: Die Villa liegt an der Fernstraße Nr. 10 unmittelbar vor dem östlichen Stadttor von Montagnana rechts.*

Weitere Erwähnungen Seite 140 ff., 262.

Die suburbane Lage des Hauses unmittelbar an der alten Stadtbefestigung gab sicher den Anlaß zur Entscheidung für einen zweigeschossigen ›städtischen‹ Aufriß. Das Gebäude wird von einem Wasserlauf unterquert, der früher als Mühlbach gedient und den Villenbesitzern zusätzliche Einkünfte gebracht hat. Palladios Veröffentlichung in den »Quattro

Orientierung: *Von Saccolongo kommend nicht nach Selvazzano fahren, sondern rechts nach Montécchia abbiegen, die Villa ist sehr bald links auf der Höhe zu sehen.*
Weitere Erwähnungen Seite 90, 97, 135, 161; Farbabb. 14, Abb. 9, 10.

Auf dem exponierten Platz eines früheren Kastells entstand, vermutlich ab 1568, die neue Villa der seit Jahrhunderten hier ansässigen Familie Capodilista, die noch heute im Besitz des Anwesens ist. Wie kein weiteres Mal in der Villenarchitektur – auch nicht im Falle von Palladios »Rotonda« (99) – hat die landschaftliche Situation einen Bau so durch und durch motiviert. Zustande kam dabei ein vollkommen unorthodoxes, eigenwilliges Resultat, wie es sich nur ein Amateurarchitekt leisten konnte; anregend mag die nicht weit entfernte, ein Menschenalter frühere Villa dei Vescovi in Luvigliano (49) gewesen sein, gleichfalls ein einzigartiges Laienwerk. Als Baumeister fungierte der deutschstämmige Maler und Veronese-Schüler Dario Varotari, der über seine damalige Tätigkeit bei der Ausmalung des benachbarten Klosters Praglia an den Auftrag gelangt sein könnte.

libri« sah zwei Flügelbauten vor, die aufgrund der örtlichen Situation aber kaum ernsthaft projektiert sein konnten. Nach ihrem Vorbild errichtete man im 19. Jahrhundert die Annexe der Villa Da Porto in Dueville (105). Der gewölbte Saal im Untergeschoß kann als besonders schönes Beispiel eines Viersäulensaals *(Sala di quattro colonne)* gelten, eine Raumform, für die der Architekt immer eine besondere Vorliebe zeigte. Den vier Säulen korrespondieren vier Wandnischen, die von ausgezeichneten Plastiken Alessandro Vittorias besetzt sind: Allegorien der Vier Jahreszeiten. Von Vittorias Hand stammen auch die wappenhaltenden Genien im Giebel der Südfassade.

Als Basis der Villa entstand auf der Hügelkuppe ein Plateau, das nur aus der Vogelperspektive (respektive einem Grundplan) in seiner elaborierten Geometrie genossen werden kann: ein Quadrat, dem vier Halbkreise angefügt sind, durch deren Scheitel die (überbrückten) Treppenanstiege hinauf zur Casa führen. Ein solcher Grundriß war bereits der Renaissance aus der römischen Thermenarchitektur bekannt, möglicherweise war die

## Montécchia di Selvazzano, PD  61

Villa Emo Capodilista    ∅ ⌂ *a* ✳

Zugänglichkeit: Die Villa ist auf Voranmeldung hin zugänglich; folgende Telefonnummern können angerufen werden: 0 49–63 72 94, 65 17 17, 2 25 30.

Ansicht und Vignette mit kreuzpaßförmigem Plateau und Grundriß. Frontispiz einer Mappe über die Villa Emo Capodilista ▷

PROSPETTO DEL PALAZZO ALL' OUEST SULLA MONTECHIA

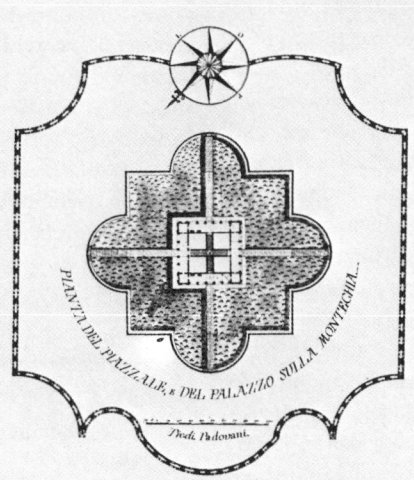

251

Blick ins Treppenhaus

Assoziation mit der thermalquellenreichen Umgebung der Euganeen Anlaß zur Wahl dieser Form. Die vier Zugänge dringen in der jeweils mittleren Achse der vier Portici in das Haus, kreuzen sich, nunmehr als Treppen, exakt in der Mitte des Hauses auf halber Höhe des Grundgeschosses und erreichen anschließend das Obergeschoß, das ebenfalls vier gleichförmige Loggien besitzt. Die für eine Villa eigentlich obligate Sala ist der fixen Idee einer rigorosen Grundrißgeometrie geopfert; nie zuvor oder später ist das nochmals geschehen! Es fallen zwischen den vier Kreuzarmen und durch sie getrennt je vier quadratische Räume an, die ihr Licht sämtlich durch die vorgelagerten Loggien erhalten, ein sicherlich ganz und gar nicht »wöhnliches« (Goethe über die »Rotonda«) Raumkonzept. Hochragende Attika-Aufbauten, die durch schwungvolle Voluten verknüpft und mit vielen Steinkugeln gespickt sind, geben eine weithin sichtbare, orientalisch-märchenhaft anmutende Bekrönung. Das Haus ist von seinem Urheber selbst – unter Mitwirkung von Antonio Vassillacchi (genannt l'Aliense) – vollständig freskiert worden: in der unteren Loggia mit Grotesken, darüber mit Szenen nach Ovid und aus der römischen Geschichte. Es gibt auch ein als Weinlaube reizend ausgemaltes Zimmer. In der *Stanza delle ville* sind an den Wänden weitere Villen der näheren und ferneren Familie wiedergegeben, man erkennt unter dem Namen »La Mandria« die noch bestehende Villa Molin (51) von Vincenzo Scamozzi. Im 18. Jahrhundert wurden einige Räume unter Respektierung des alten Bildprogramms mit qualitätvollem Rocaille-Zierat geschmückt. Die für die Versorgung der Villa unentbehrlichen Räume und Personalzimmer befinden sich im völlig lichtlosen Keller unter der Oberfläche des Villenplateaus.

## Montécchio Maggiore, VI — 62

### Villa CORDELLINA Lombardi ○ □ *a* ✻

Öffnungszeiten: Diese ändern sich gelegentlich; es empfiehlt sich, vor dem geplanten Besuch in der Villa anzurufen (04 44–79 60 85) oder im Rathaus, Telefon 04 44–79 66 08 (geplante Rufnummernänderung: 69 66 08). Zur Zeit der Recherchen für dieses Buch galten folgende Öffnungszeiten: 13.–28.4., 4.5.–18.7. und 17.8.–15.10. jeweils mittwochs, samstags und sonntags von 9–12 und 15–18 Uhr. Gruppen über 10 Personen haben auch zu anderen Zeiten, ausgenommen montags, Zutritt; telefonische Terminabsprache ist erforderlich.

*Orientierung: Die Villa liegt etwas erhöht am östlichen Ortsrand von Montécchio Maggiore. Fahren Sie, von Süden kommend, bald nach rechts auf die Kirche in der Stadtmitte zu; fragen Sie dort nach dem Weg.*

Weitere Erwähnungen Seite 166f., 168, 233; Abb. 45.

Die noble Villa ist ein Hauptwerk von Giorgio Massari (1735), zugleich ein Dokument für das Wiederaufleben palladianischen Gedanken- und Formenguts. Während in Mittel- und Westeuropa das Rokoko seinen Zenit erreicht, ist hier bereits die distinguierte Kühle kultiviert, die erst im frühen 19. Jahrhundert allgemein werden sollte. Das Herrenhaus, das zwei einander entsprechende Fassaden besitzt, steht isoliert innerhalb des regelmäßig angelegten Ensembles, die Nebenbauten – Foresteria und Scuderia – sind durch die Distanz und ihre Rustizierung sozial und funktional deutlich abgesetzt: Die Vorstellung vom Organismus, die Palladio beschäftigt hatte, ist aufgegeben. Im Inneren sind (zwei) zeitgemäße Treppenhäuser hinzugekommen, im übrigen aber ist das traditionelle venezianische Raumschema immer noch gewahrt.

Die Fresken des Saales schuf Giambattista Tiepolo (1743). Wieder handelt es sich um die notorischen Zeugnisse historischer *generosità*, mit der sich die Villenbesitzer seit den Anfängen zu schmücken beliebten: die Großmut Alexanders gegenüber der Familie des besiegten Darius und der Edelmut des Scipio, der eine ihm als Beute zugefallene Frau deren Bräutigam zurückgibt. Im Deckenbild triumphiert die Lichtgestalt der Tugend, unterstützt durch Famas, des Ruhmes Posaune, über die Macht der Finsternis. Qualitätvolle Gartenplastiken von Antonio und Francesco Bonazza bereichern den gepflegten Park.

likumsverkehr – üblicherweise vormittags bis 12 oder 13 Uhr – auch der Besichtigung zugänglich.

*Orientierung: Die Villa liegt im Zentrum des Ortes Montegalda, rund 4 km südlich der Ausfahrt Grisignano der A 4 Vicenza–Padua.*

Die etwas gestelzte Architektur aus der ersten Hälfte des 17. Jahrhunderts scheint das Werk eines Amateurs zu sein, der sich an Palladios Palazzo Chiericati in Vicenza oder an dessen ländlicher Ableitung, der Villa Ferramosca (13) von Scamozzi senior orientiert hat. Im Inneren des Portikus stehend, kann man vor lauter recht dicklichen Säulen leicht den architektonischen Überblick verlieren. In ihrer Vollständigkeit mit den durch seitliche Treppen verbundenen Barchessen bildet die Anlage aber doch ein bemerkenswertes postpalladianisches Ensemble.

## Montegalda, VI          63

Villa Gualdo ora Municipio     ⊕ □

Zugänglichkeit: Die Villa wird als Rathaus genutzt, ist also zu den Öffnungszeiten für Pub-

## Monticello di Fara, VI          64

Villa Da Porto-»La Favorita«     ⊕

*Orientierung: Ab Autobahnausfahrt Montebello der A 4 ein kurzes Stück in Richtung*

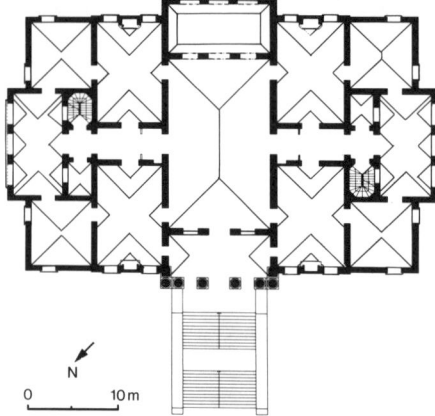

Grundriß Hauptgeschoß, nach Cevese

*Lonigo fahren, nach der Bahnunterführung links abbiegen in das kleine Sträßchen in Richtung Monticello. Das stattliche Gebäude der Villa ist auf einer Hügelkuppe sichtbar.*

*Weitere Erwähnungen Seite 165.*

Die seit jeher »La Favorita« genannte, nach Muttonis Plänen 1714/15 errichtete Villa erfreut sich jener so bevorzugten Lage, die immer wieder in der Literatur als Idealforderung an den Villenstandort auftaucht, sich in der Realität jedoch eher selten findet. Das Gebäude wurde vom ehemaligen venezianischen Gouverneur der Insel Kreta, dem Grafen Giovanni Battista Da Porto in Auftrag gegeben, der damit zusammen mit seinem Architekten möglicherweise in eine ideelle Konkurrenz zu Palladios benachbarter, nie fertiggestellter Villa Trissino in Meledo eintreten wollte, die eine nochmals gesteigerte »Rotonda« hätte abgeben sollen. Auf dem langen Weg durch die eindrucksvolle Zypressenallee zunächst mit einer ausgesprochen axialen Fassadenwirkung konfrontiert, nimmt der Besucher an Ort und Stelle überrascht die in Wirklichkeit vorhandene allseitige Orientierung der »Favorita« zur Kenntnis: Zu den Seiten und nach hinten sorgen weitere Portici dafür, daß sich im Inneren ein Achsenkreuz und damit eine zentralbauähnliche Disposition ergibt. Die Kapelle der Villa ist älteren Datums (1697).

## Mussolente, VI                    65

### Villa NEGRI PIOVENE Porto Godi    ⊖ ∎

*Orientierung: Die Villa liegt unmittelbar an der Straße Nr. 248 Bassano–Montebelluna rund 5 km östlich von Bassano links in einem großen Park auf unübersehbarer Höhe.*

Die nach Art eines szenographischen Prospektes auf einem Hügel zwischen der Tiefebene und dem Monte Grappa plazierte Anlage gehört zu den stärksten Eindrücken einer Fahrt entlang der Vicentiner und Trevisaner Voralpen. Dabei ist der Kernbau der Villa nur ein schlichter herkömmlicher Kubus; erst durch die Mitwirkung der ausgespannten Annexe – Loggien und Foresterien – sowie der stürzenden (Treppen-)Achse durch den Garten erhält die Villa ihre wahrhaft herrschaftliche Statur. Antonio Gaidon ist der Architekt, 1763 das Baudatum.

## Negrar, VR 66

### Villa BERTOLDI-»IL PALAZZO« ∅ ■ *a*

Zugänglichkeit: Zur Zeit der Recherchen für dieses Buch wohnte eine schon recht betagte Hauswartsfrau auf dem Grundstück, sie öffnete auf Klingeln die Hoftore, eine ausgiebige Außenbesichtigung war gestattet, der Zutritt zum Haus jedoch nicht. Auskunft darüber ob und in welcher Form ein Besuch der Villa in Zukunft möglich ist, hole man telefonisch im Rathaus von Negrar ein, Telefon: 0 45–7 50 00 33 oder 7 50 15 33 (vormittags).

*Orientierung: Die Zufahrt zu der von Süden schon von weitem sichtbaren Villa ist nicht ohne Rückfrage in Negrar zu finden; der Bau liegt über der Straße, die nördlich von Negrar nach Prun abzweigt; der schmale Fahrweg zur Villa biegt am Beginn dieser Straße nach links ab.*

Weitere Erwähnungen Seite 62 f., 81, 83, 206.

Die Villa Bertoldi darf als Meilenstein in der Entwicklung der baulichen Idee einer Villa, nicht aber ihrer typengeschichtlichen Ausbildung gelten. Erstmals ist die im Veronese übliche Arkatur nicht mehr der Hofseite, mithin den betrieblichen Zwecken zugewendet, sondern wird – aufgrund der besonderen landschaftlichen Situation – als eine Fassade mit Fernwirkung präsentiert. Die Bogenhalle wurde damit der Zone des Wohnens und der Bequemlichkeit zugeschlagen; die betonte Symmetrie verleiht der neuen Zweckbestimmung die nötige Repräsentanz: Hiermit hat dieser Villentypus seinen Höhepunkt, aber zugleich sein Ende gefunden; eine Weiterentwicklung fand nicht statt. Die Bauzeit dürfte um 1500 liegen. In späterer Zeit wurde einiges hinzugefügt: die geböschten Sockel der Türme, die Masken in den Bogenscheiteln, die eiförmigen Okulifenster und die Einwölbung der unteren Loggia. Die Villa ist heute im Besitz einer Mailänder Familie, die der fortschreitende Verfall der Anlage kaum zu beunruhigen scheint; das Haus wird nicht mehr bewohnt und ist nicht mehr möbliert.

## Novare di Negrar, VR 67

### Villa FATTORI MOSCONI
### ora Bertani ⊖ ■

*Orientierung: schwierig. Das Örtchen Novare ist im völlig zersiedelten Umland von Verona*

*nicht einfach zu finden; es liegt südlich von Negrar, die Strecke ist ausgeschildert. Die Villa liegt nicht an der Straße, eine lange Auffahrt führt durch zwei steinerne Torpfosten (neben einer Zypresse) auf sie zu.*
Weitere Erwähnungen Seite 165; Abb. 40–42.

Von allen Veneto-Villen vermittelt die Villa Fattori des Architekten Adriano Cristofoli, fertiggestellt 1759, am ehesten den Eindruck eines Rokokoschlößchens. Der triumphtorartige Zentralrisalit, die statuenbekrönte Attika und das – allerdings verblaßte – theresianische Gelb setzen einen fürs Veneto ungewöhnlichen mitteleuropäischen Akzent. Die Barchessen, deren rechte die ansehnliche Kapelle enthält, flankieren einen Ehrenhof, der durch Obelisken zusätzlich nobilitiert wird. Von der ganzen Herrlichkeit nehmen die beiden bäuerlichen Pärchen, die über die Betriebseinfahrten hinweg einen Flirt versuchen, keinerlei Notiz: besonders reizvolle Beispiele der örtlichen Settecento-Plastik. Verwundert nimmt man die gigantische Mauer zur Kenntnis, die das Anwesen großräumig umschließt und gar nicht zu der offenen Heiterkeit der kleinen Villa paßt. Leider gibt diese Mauer an keiner Stelle einen Blick auf den vielgerühmten Park mit seinen Skulpturen frei, was die Besichtigungsfreuden erheblich reduziert.

## Noventa Padovana, PD     68

### Villa GIOVANELLI ora Istituto Sant'Antonio    ○ 🏛

Zugänglichkeit: Das Grundstück ist tagsüber normalerweise frei zugänglich, der Zutritt zur

Stich aus: Volkamer, »Ville, giardini . . .«, 18. Jh.

Villa bedarf telefonischer Anmeldung beim Institutsdirektor, Telefon 0 49–62 50 66.
*Orientierung: Die Villa liegt am Ufer des Canale Piòvego; Anfahrt über eine Seitenstraße im Wohngebiet am Ortsrand von Noventa Padovana. Von der Straße aus ist das Gebäude nicht zu sehen; es liegt, von Neubauten verdeckt, im Hintergrund des weitläufigen Institutsgeländes. Ohne Rückfrage im Ort ist die Villa kaum zu finden. – Der Weg nach Noventa Padovana ist von Padua aus leicht zu verfehlen; die Anfahrt über Strà oder Vigonovo-Tombelle bietet dagegen keine Orientierungsschwierigkeiten.*
Siehe Farbabb. 22.

Mitte des vergangenen Jahrhunderts wiederholt von österreichischen Truppen als Quartier genutzt und schwer beschädigt, wurde die Villa dennoch nicht dem Verfall preisgegeben, sondern sorgsam restauriert.

Erbaut wurde sie in der zweiten Hälfte des 17. Jahrhunderts nach dem Muster der Villa Foscarini in Strà (92). Ihren vergleichsweise weitaus pompöseren Eindruck verdankt sie ihrem kolossalen Pronaos, der – wohl einzigartig in der Baukunst – auf einem queroblong achteckigen Grundriß fußt, somit vom Körper des Hauses eher gelöst als mit ihm verbunden ist.

Anläßlich der Durchreise der polnischen Prinzessin Maria Amalia – sie war unterwegs nach Neapel, wo sie Carl von Bourbon heiratete – wurde der Villa 1738 durch Giorgio Massari die Freitreppe hinzugefügt, als unentbehrlicher Auftakt für eine angemessene und große bauliche Wirkung, die in zahlreichen Veduten ihren Niederschlag fand.

Die damals sämtlich auch in Venedig tätigen Bildhauer Tarsia, Gai und Gropelli schufen die sechs Figuren auf den Balustraden, deren fünf die Sinne symbolisieren – *Belvedere*, Sehen (männlich); *Il Odorato*, Riechen (männlich); *Il Tatto*, Fühlen (weiblich); *L'Udire*, Hören (weiblich); *Il Gusto*, Schmecken (weiblich) –, welche von der sechsten, der Göttin der Vernunft (*La Ragione*, oben rechts) streng überwacht werden.

Der weite zentrale Saal, den man über die Freitreppe betritt, wurde von Giuseppe Angeli ausgemalt, von dem auch die Fresken in der Villa Widmann Foscari (57) stammen; hier in Noventa Padovana hat er Episoden aus der Heldengeschichte Griechenlands und Roms dargestellt. In weiteren Räumen der Villa blieben reiche Stukkaturen erhalten.

## Villa BARBARIGO REZZONICO
ora Municipio                    ⊕ □ *a*

Öffnungszeiten: Die Villa ist heute Rathaus und jeden Vormittag – außer sonntags – für Besucher zugänglich; montags, mittwochs und freitags von 10–13 Uhr, dienstags und donnerstags von 10–12.30 und samstags von 8–11 Uhr.

*Orientierung: Das Gebäude liegt im Zentrum des Städtchens.*

Weitere Erwähnungen Seite 159 f.; Abb. 34.

Der außerordentlich imposante Bau (1588/90), der indessen nicht dafür gedacht war, von hinten betrachtet zu werden, was heute möglich ist, kann als interessantes Beispiel für ein recht willkürliches Hantieren mit dem Formenschatz Palladios genommen werden: Der sechssäulige Portikusrisalit wäre dem der Villa Cornaro (75) vergleichbar, besäße er nicht – zu allem Überfluß – selbst einen eigenen, nunmehr viersäuligen Portikus! Und die am Quertrakt anliegende Kolonnade zitiert eine Idee, die bei Palladios Palazzo Chiericati (Vicenza) oder der Villa Ferramosca (13) zweckmäßiger verwirklicht wurde. Das Gesamte, gewissermaßen ein barockisierter Palladio, entbehrt jedoch nicht eines eigentümlichen Effektes, einer malerischen Üppigkeit. Der kreuzförmige Portego besitzt – eine Seltenheit in der betont friedliebenden Villeggiatura – großformatige Schlachtengemälde, Ruhmestaten der venezianischen Geschichte, bei denen sich Mitglieder des Hauses Barbarigo besonders hervorgetan hatten. In der riesigen Sala darüber kann man sich angesichts der dortigen Dekoration einen Eindruck barocker Mittelmäßigkeit verschaffen. Der ehemalige Villengarten zwischen den ausgedehnten Barchessen bietet heute der Piazza des Mittelpunktstädtchens komfortabel Platz.

## Oriago di Mira, VE 70

### Villa PRIULI ora Perale ⊕ ■

*Orientierung: Die Villa liegt östlich von Oriago an der am Brentakanal entlangführenden Straße Nr. 11, und zwar knapp vor der Abzweigung der nach Südosten führenden Straße nach Malcontenta und Fusina.*
Siehe Abb. 15.

Der zierliche Bau hat zur Zeit seiner mutmaßlichen Entstehung im 16. Jahrhundert für eine *Casa di Villa* ein ganz ungewöhnliches Bild geboten, auch die ehemals vorhandenen Barchessen haben das räumliche und strukturelle Defizit der Villa, die lediglich wie der isolierte Mittelteil eines ausgedehnteren Hauses erscheint, kaum ausgleichen können. Man erinnert sich, auf der Suche nach Vergleichbarem, der Loggia Cornaro (1524) in Padua, die indes keine Villa, sondern eine humanistisch inspirierte Gartenarchitektur ist, und denkt auch

Stich von Vincenzo Coronelli

*Palazzo Priuli alle Gambarare.*

an Sansovinos Loggetta am Markusturm von Venedig (1537). Die begehrte Brentalage schien, wegen der Knappheit an Grundstücken, Villenkonzepte zu fördern, bei denen die landwirtschaftliche Nutzung in den Hintergrund trat. So entstand eine reizvolle Architektur in den Formen der venezianischen Hochrenaissance, die Vorahnung eines Gartenpavillons weit späterer Epochen.

## Paese di Treviso, TV 71

### CASA QUAGLIA ⊕ ⌂ *a i*

Zugänglichkeit: Der Besitzer erlaubt im allgemeinen den Zutritt zum Haus.

*Orientierung: Es ist schwierig, im dichten Straßengeflecht und dem unablässigen Schwerlastverkehr im Umfeld von Treviso die Zufahrt nach Paese nicht zu verpassen; im Ort angekommen, orientiere man sich nach einer in einem ummauerten Park gelegenen Villa im Zentrum, unweit davon an der westlichen Einfahrt ins Dorf die unauffällig im Hintergrund eines Hofes gelegene Casa Quaglia.*
Weitere Erwähnungen Seite 61, 82.

Das Haus ist durch den sichtbaren Kompromiß zwischen einer Casa rustica und gehobenem, städtischem Anspruchsniveau typisch für die Frühgeschichte der Villenarchitektur. Das Arkadengeschoß diente sicher betrieblichen Zwecken, die obere Zone, in der weitere Zierfenster zu ergänzen sind, hat städtischen Zuschnitt. Hinzu tritt eine ehemals aufwendige Fassadendekoration. Als Baudatum kommt die Mitte des 15. Jahrhunderts in Betracht.

## Passariano di Codróipo, UD    72

### Villa MANIN    ⊕ □ ✳

Öffnungszeiten: Die Villa und die im rechten Seitenflügel, dem ehemaligen Pferdestall, untergebrachte Sammlung von Waffen des 15. bis 18. Jahrhunderts sowie Wagen und Kutschen des 17. bis 19. Jahrhunderts sind von Anfang Juni bis Ende Oktober täglich – auch montags – geöffnet, und zwar von 10–13 und 15–18 Uhr; von November bis Mai ist montags geschlossen, an allen anderen Tagen von 9.30–12.30 und 14–17 Uhr geöffnet. – Der sehenswerte Park hat andere Öffnungszeiten: donnerstags von 15–18 Uhr, sowie an Samstagen, Sonn- und Feiertagen von 10–12.30 und 15–18.30 Uhr. Telefonnummer der Villa (Rückfragen, ob sich die Öffnungszeiten geändert haben, sind ratsam): 04 32–90 66 57.

*Orientierung: Die Villa bildet das Zentrum der Ortschaft Passariano.*

Weitere Erwähnungen Seite 29, 53, 54, 134, 210, 276; Farbabb. 21, Abb. 23.

Der riesige, über einen längeren Zeitraum seit Ende des 17. Jahrhunderts errichtete Komplex kann vermutlich mit dem Architekten Domenico Rossi in Verbindung gebracht werden. Durch ihn hatte die Familie Manin ihre gleichzeitigen, nicht minder anspruchsvollen kirchlichen Stiftungen (Gesuiti in Venedig, Dom in Udine) ausführen lassen. Rossi starb 1737. 1763 wurde die Anlage gründlich renoviert. Eine Gesamtansicht kann man sich nur mit

Hilfe von Luftaufnahmen verschaffen. Das Herrenhaus, eine zwar stattliche, aber relativ schlichte longhenianische Architektur, wird von zwei langen, von Portici begleiteten Barchessenflügeln flankiert, die einen abgegrenzten Ehrenhof bilden. Jenseits einer Querachse schließt sich nach Süden ein sehr viel ausgedehnterer runder Platz an, der zu zweimal einem Drittel seines Umfanges segmentförmig von weiteren Bogenhallen (mit den Wirtschaftsgebäuden) gerahmt wird. Der Hausfassade vis à vis bilden beide Segmente zusammen eine riesige Exedra, in der – markiert durch die zwei Türme – nur eine axiale Weg- und Blickschneise offenbleibt. Die räumliche Pause zwischen den inneren, geraden und den äußeren, gerundeten Barchessen wird überbrückt durch zwei gegenüberliegende, kulissenartig arrangierte Torbauten, die zum Eindrucksvollsten zählen, was der Barock im Veneto zu bieten hat. Nach Norden, in die Parkseite hinein, wird das bauliche Kontinuum um ein weiteres Stück fortgesetzt und ebenfalls mit Türmen begrenzt. Das Ganze, das, von oben gesehen, die Form eines gigantischen Schlüssellochs hat, kann im Keim von Palladios »Badoera« (35) abgeleitet werden, dürfte aber eher unter dem aktuelleren Eindruck des römischen Petersplatzes erdacht worden sein. Im Inneren des Hauptgebäudes dominiert der dreigeschossige Mittelsaal. Die Fresken von Louis Dorigny, der auch die Kuppel der »Rotonda« (99) ausgemalt hat, empfindet man eher als kolossal denn geschmackvoll. Künstlerisch überlegen ist der allenthalben verschwenderisch gespendete plastische Schmuck. Ob Park- und Attikafiguren oder die Skulpturen in der Kapelle und der Sakristei, die Arbeiten von Giuseppe Toretti und seinen Mitarbeitern Francesco Bonazza und Pietro Baratta gehören zum Besten ihrer Art und Zeit. Besonderes Augenmerk verdient der Marienaltar in der Sakristei, der die Madonna als Retterin der Seelen über dem Fegefeuer zeigt (Toretti). Die im Laufe der Zeit völlig heruntergekommene Villa wurde in den 60er Jahren durch die Region wiederhergestellt und dient seitdem als Museum und Kulturzentrum.

## Pedavena, BL 73

### Villa PASOLE Berton Luciani

*Orientierung: Die Villa liegt im Zentrum von Pedavena.*
Siehe Farbabb. 23.

Der von einem Wasserlauf effektvoll gerahmte Bau steht als heitere Kulisse vor den dunklen Feltriner Bergen; der Anblick vermittelt etwas von der Atmosphäre eines Kurbades im späten 19. Jahrhundert – das Haus ist jedoch historisch und stammt aus der Mitte des 17. Jahrhunderts, die schwungvolle Treppe kam im 18. Jahrhundert hinzu. Damals war die Villa Sitz einer *Accademia degli Erranti* (der Irrenden), die in der Diskussion über Literatur, Kunst und Philosophie den richtigen Weg zu finden suchten. Heute ist sie das italienische Hauptquartier eines großen ausländischen Bierkonzerns. Der schöne Garten wurde im Stil des Settecento rekonstruiert.

## Piazzola sul Brenta, PD 74

### Villa CONTARINI Simes

Öffnungszeiten: Juni bis September 9–12 und 15–19 Uhr, Oktober bis Mai 9–12 und 14–18 Uhr. Montags geschlossen.

*Orientierung: Die ausgedehnte Anlage liegt am östlichen Ortsrand von Piazzola.*
Weitere Erwähnungen Seite 49 ff., 158, 210, 276; Farbabb. 11.

1546 errichteten Francesco und Paolo Contarini auf ihrem Besitz in Piazzola, der bereits 1413 von den Carrara übernommen worden war, einen Villenneubau. Er ist noch gut als Kern der weitläufigen Anlage erkennbar, und wird traditionell Palladio zugeschrieben. Denkt man sich die barocken Zutaten weg, zeigt sich in der Tat eine schön proportionierte, von zwei Serlianen flankierte Cinquecento-Fassade, die aber aufgrund ihrer drei Geschosse eher einem Stadtpalast als einer Villa gleicht. Seit Mitte des 17. Jahrhunderts kamen die niedrigeren Seitenflügel, die Barchessen, sowie die ausgedehnten Portici hin-

zu, die den riesigen, heute kommunalen Villenvorplatz umfassen. Es fehlt nichts von dem, was die Vorstellung einer fürstlichen Residenz ausmacht: eine Konzerthalle, (zwei) Theater, ein vielfältig gestalteter Park, doch ist der Eindruck im Detail wie im Ganzen weniger großartig als monströs. Der Barock, als Stil ohnehin im Veneto nicht zu Hause, ist hier von einer Art, die ohne die charakteristische Eleganz und Elastizität auskommen muß und lediglich plump und schwer erscheint. Im Inneren, wo eine enorme Enfilade den Blick durch 22 Räume saugt, ist das nicht anders; die Fresken, größtenteils von der Hand des Michele Primon (um 1684), können kaum als zweitrangig gelten. Die Contarini, die zu den ältesten Familien Venedigs zählten und im Laufe der Staatsgeschichte acht Dogen und 44 Prokuratoren von San Marco stellten, bewiesen mit diesem Werk weniger ihren guten Geschmack als ihren legendären Reichtum.

Heute ist die Villa Sitz eines pharmazeutischen Unternehmens, das den ganzen Gebäudekomplex sorgfältig restaurieren ließ und in ein Museum umwandelte. Ein Besuch ist vor allem wegen der Bedeutung der Villa in der Spätzeit der Villeggiatura empfehlenswert: Piazzola war Ort einer Prachtentfaltung ohnegleichen.

## Piombino Dese, PD     75

### Villa CORNARO Rush    ⊖ □ *a* ✳

Öffnungszeiten: Von Mai bis September jeden Samstag von 15–18 Uhr geöffnet; Besuche außerhalb dieser Zeit können telefonisch mit dem Kustoden, Signor Marulli, vereinbart werden, Telefon 0 49–9 36 50 47.

*Orientierung: Die Villa liegt im Zentrum von Piombino Dese an der großen Durchfahrtstraße, in Fahrtrichtung Resana links.*

Weitere Erwähnungen Seite 92, 140ff., 159, 228, 257; Abb. 30.

Diese Palladio-Villa ist jener von Montagnana (60) außerordentlich ähnlich, jedoch um einige Nuancen prominenter stilisiert: Die zweigeschossige Tempelfront ist von vier auf sechs Säulen erweitert, nobler instrumentiert (jonisch-korinthisch), vor allem aber mächtig aus der Gebäudeflucht herausspringend. Zusätzlich besitzt die Villa in den anschließenden Flügeln bauliche Trakte, die von dem Architekten öfter auch andernorts geplant, aber meist nicht realisiert wurden. Auch hier findet sich im Inneren ein Viersäulensaal *(Sala di quattro colonne)* jedoch nicht gewölbt, sondern mit einer Balkendecke versehen. An den Wänden erscheinen wiederum Nischenstatuen; sie stellen namhafte Mitglieder der Cornaro-Familie dar, unter anderem Caterina Cornaro und ihren Ehemann Jacob de Lusignan, König von Zypern. Die Plastiken wurden von Camillo Mariani gefertigt, einem geschickten Nachfolger Vittorias. Einige der kleineren Räume besitzen in den Ausmalungen Mattia Bortolonis (um 1717) bedeutende Zeugnisse der venezianischen Freskenkunst zwischen dem Hochbarock und der Kunst Tiepolos; es handelt sich um für eine Villa ungewöhnliche Darstellungen zu Themen des Alten Testamentes. Der leichte Stuckdekor kommt der skizzenhaften Handschrift des Malers sehr entgegen; beides zusammen macht einen bereits rokokoartigen Eindruck.

## Poiana Maggiore, VI 76

### Villa POIANA ⊕ ⌂ *a*

Zugänglichkeit: Zur Zeit der Recherchen für dieses Buch war das Grundstück frei zugänglich; die Gartentore standen ebenso offen wie der Eingang zum Haus. Sollte sich die Situation geändert haben, empfiehlt sich eine Rückfrage nach Besichtigungsmöglichkeiten im Rathaus von Poiana Maggiore, Telefon (nur vormittags): 04 44–89 80 33.

*Orientierung: Die Villa liegt etwa 200 Meter südlich der Ortsgrenze von Poiana Maggiore an der Straße nach Montagnana, von Poiana gesehen links.*

Weitere Erwähnungen Seite 57, 129 ff.; Abb. 19.

Vergleichbar der Villa Saraceno hat auch dieser Bau Palladios die Kenner nachhaltig verwirrt: Ist er ein Frühwerk, bei dem in einfachster Form *das* Motiv dominiert, mit dem der Meister – an der Vicentiner Basilika – sich seinen Namen gemacht hat (Palladiomotiv/Ser-

liana), oder muß die Villa als reifes Alterswerk gelten? Das Verhältnis der räumlichen Disposition zur Fassadenstruktur, ein bei der Veneto-Villa und besonders bei Palladio immer wiederkehrendes Thema, ist hier mit besonderer Delikatesse versehen. Das darf als Meisterleistung manieristischen Bauens genommen werden und spricht für eine späte Entstehungszeit. Den jedoch überraschendsten Effekt bietet dem Besucher des kleinen Saals die Lichterscheinung der rückwärtigen Serliana mit ihren fünf leuchtenden Oculi – ein Motiv, das an Bramantes Vierungsdekoration in Santa Maria delle Grazie in Mailand erinnert. Den ihm sonst eher mißliebigen Innenschmuck hat der Architekt hier ausdrücklich gelobt und seine Urheber genannt: Bernardino India, Anselmo Canera sowie den Plastiker Bartolomeo Ridolfi. Es handelt sich in der Tat um Dekorationen, die in ihrer weisen Zurückhaltung wie geschaffen sind als Schmuck der kleinen, wohlbemessenen Räume: kleinformatige, ornamental gerahmte Historien und vor allem sensible Grotesken.

Gegenüber der Villa Poiana, auf der anderen Seite der Staatsstraße, liegt ein Gutshof des 15. Jahrhunderts, die Villa Paltinieri (–), mit einem mächtigen Turm, der auf der Innenseite eine dreibogige Loggia besitzt (Abb. S. 60); so kann man sich möglicherweise Vorformen der Villa denken. Mehrfach sind derartige Turmbauten Villen späterer Zeit inkorporiert worden und als Teil von ihnen erhalten geblieben.

## Polesella, RO 77

### Villa CA'MOROSINI Mantovani ⊕ ■

*Orientierung: Die Villa liegt am südöstlichen Ortsrand von Polesella unmittelbar unterhalb*

*des Sträßchens, das auf der Deichkrone entlangführt. Auf diesem Sträßchen kann man unter der Brücke Polesella–Ro hindurchfahren, ca. 800 Meter weiter östlich links die Villa.*

Die südlichste, unmittelbar am Po und damit an der historischen Staatsgrenze der Republik gelegene Villa wird traditionell Vincenzo Scamozzi zugeschrieben; ihre örtliche Situation am Flußufer hat sich im Laufe der Jahrhunderte allerdings in kaum vorstellbarer Weise verändert: So muß man sich die Vogelperspektive, die der heutige Blick von der Deichkrone gewährt, durch die – allein angemessene – Sicht von unten ersetzt denken, denn die Villa lag ehemals hoch über dem Wasserlauf. Das durch anhaltende Sedimentierung ständig gestiegene Flußniveau zog immer neue Deicherhöhungen nach sich, die das Haus zwangsläufig in dramatische Bedrängung brachten. Am Fuße der prachtvollen Freitreppe, unter der Fuhrwerke zur Versorgung des Hauses verkehren konnten, vermag man sich noch den originalen Anblick zu verschaffen – ohne auf die Dachziegel und hinter die Attika sehen zu müssen.

Zu den Bewohnern dieses heute verlassenen und verwahrlosten Hauses zählte auch der legendäre Doge Francesco Morosini (Dogat 1688–1694), der für seine militärische und

263

politischen Erfolge im türkischen Griechen-
land mit dem Ehrennamen »Peleponnesiaco«
ausgestattet wurde.

## Pontecasale di Candiana, PD    78

### Villa GARZONI ora Carraretto   ⊖ ⌗ *a* ✳

Zugänglichkeit: Der Zutritt zum Grundstück,
eventuell auch zu den Räumen der Villa, wird
auf telefonische Voranmeldung hin gestattet.
Die Telefonnummer des Kustoden: 0 49–
5 34 96 02; der Besitzer, Signor Carraretto, ist
erreichbar unter der Nummer 0 49–66 24 99.
*Orientierung: Die Villa liegt im Zentrum des
kleinen Ortes Pontecasale.*
Weitere Erwähnungen Seite 30, 89, 95, 97 ff.,
131, 229, 285; Abb. 16.

---

Die Villa, die durch eine Notiz Vasaris und die
Signatur auf einem Kamin des Hauses für
Jacopo Sansovino gesichert ist, darf als gran-
dioser Versuch gelten, die traditionelle Villa
auf das bauliche Anspruchsniveau der Metropole zu heben. Von seinen Bauten in Venedig
– etwa der Libreria an der Piazzetta di San
Marco – zitierte Sansovino das Dekorations-
system, mit dem er die Mitte der Villa ausstat-
tete, während er die Seiten schlicht und flächig
beließ. Dabei kam eine ganz ungewöhnliche
Fassadenbreite zustande, die ein trügerisches
Bild des tatsächlichen Bauvolumens vermittelt, denn in die Tiefe führen, was von vorn
nicht zu erkennen ist, nur zwei schmale Flügel, die zusammen mit dem Haupttrakt, halb-
hoch von Arkaden umstellt, einen quadratischen Hof bilden. Derartige Höfe hat es, mit
einer einzigen Ausnahme (101), bei Villen
sonst nie gegeben, sie sind eine rein städtische

Architekturform. Man hat nachgewiesen, daß
das Fassadenmotiv durch seine weitere Verwendung an den vier Hoffassaden (im Untergeschoß) das maßgebliche Muster für die
Organisation des ganzen Bauwerks bildet:
Nie zuvor und selten danach zeigt sich Villenarchitektur derartig durch-und-durch-ratio-
nalisiert.

Wie die meisten anderen extraordinären
Entwürfe dieser Epoche ist auch diese Villa
eine folgenlose Episode in der Gattungsgeschichte geblieben. Das gesamte Ensemble
mit dem Betriebshof, der gigantischen Mauer
und ihren martialischen Portalen und anderen Details ist authentisch erhalten. Die dicht
an der Grundstücksgrenze südwestlich gelegene Villa Renier (–) ist ein besonders schönes Beispiel einer Villa aus der Frühzeit des
16. Jahrhunderts, nahe verwandt der »Cà della
Nave« in Martellago (53). Bauten solcher Art
haben dem gewohnten Bild einer typischen
Villa entsprochen, als gegen 1540 mit dem
spektakulären Bau der Garzoni begonnen
wurde.

## Pressana, VR                    79

### CA'QUERINI STAMPALIA          ⊕ ⌗ *a*

Zugänglichkeit: Das Grundstück ist frei zugänglich, der Besitzer, Giovanni Baldisserotto,

erlaubt im allgemeinen auch die Besichtigung des Hauses ohne Voranmeldung (Telefon: 04 42–8 40 43).

*Orientierung: Die im Ort auch als »Castello« bezeichnete Villa liegt am nordwestlichen Ortsrand an der nach Caselle führenden Straße, bald nach der Abzweigung von der Hauptstraße Pressana–Cologna.*
Weitere Erwähnungen Seite 88 f.; Abb. 6.

Die ungewöhnliche Erscheinung des Staffelgiebels läßt spontan eher an einen ritterlichen Ansitz alpenländischer Prägung als an eine Villa denken. Es handelt sich aber trotzdem um eine Villa, deren geharnischte Erscheinung nur der Bauikonographie, nicht aber einer andersartigen Zweckbestimmung zuzurechnen ist. Im übrigen verfügt das Haus in seiner charakteristischen kubischen Gestalt und in seinem Raumplan über alle einschlägigen Kriterien einer frühen Veneto-Villa. Die Süd-, zugleich Hauptfassade besitzt auffälligen Frührenaissance-Dekor, ungewöhnlich sind jedoch die figürlichen Balkonkonsolen. An der Rückseite sind die Reste einer zweigeschossigen Loggia zu erkennen, die stilistisch in die Hochrenaissance verweisen; ein ähnliches Bild geben im Innern die beiden etwas

pompösen Portale am Anfang und am Ende des Stiegenhauses. Die (zum Teil freskierte) Kapelle, Wirtschaftshäuser, der Brunnen und das Hofportal bilden mit der Casa ein weitgehend authentisches Ensemble. Das am Portal eingegrabene Datum 1501 entspricht der Erscheinung des Baubestandes, der erwähnte spätere Bauschmuck dürfte drei Jahrzehnte jünger sein.

## Quinto Vicentino, VI 80

### Villa Thiene Valmarana
### ora Municipio ⊕ □

Öffnungszeiten: Entsprechend den Bürozeiten des Rathauses, montags bis freitags von 10–12.30 Uhr, dienstags und donnerstags auch von 18–19 Uhr, samstags und sonntags geschlossen.

*Orientierung: Der Ziegelbau liegt im Zentrum von Quinto Vicentino, unweit der Fernstraße Nr. 53 Vicenza–Cittadella, wenige Kilometer östlich von Vicenza. Autobahnausfahrt (A 31): Vicenza Nord.*

Die Villa Thiene hat die Palladioforschung insoweit intensiv beschäftigt, als in dem vorhandenen Rest die ausgedehnte Doppelanlage, wie Palladio sie in seinen »Quattro libri« veröffentlicht hat, kaum wiederzuerkennen ist. Inzwischen kann als gesichert gelten, daß die Publikation nur ein Ideenexperiment wiedergibt, das man in dem heutigen Bau so nicht zu suchen braucht, und daß die tatsächlich (zu etwa zwei Dritteln) fertiggestellte Villa durch spätere Veränderungen weitgehend entstellt ist. Was heute die Fassade zu sein vorgibt – die Nordseite an der Straße –, war, ohne Giebel, die Seitenansicht des rechten Wohntraktes

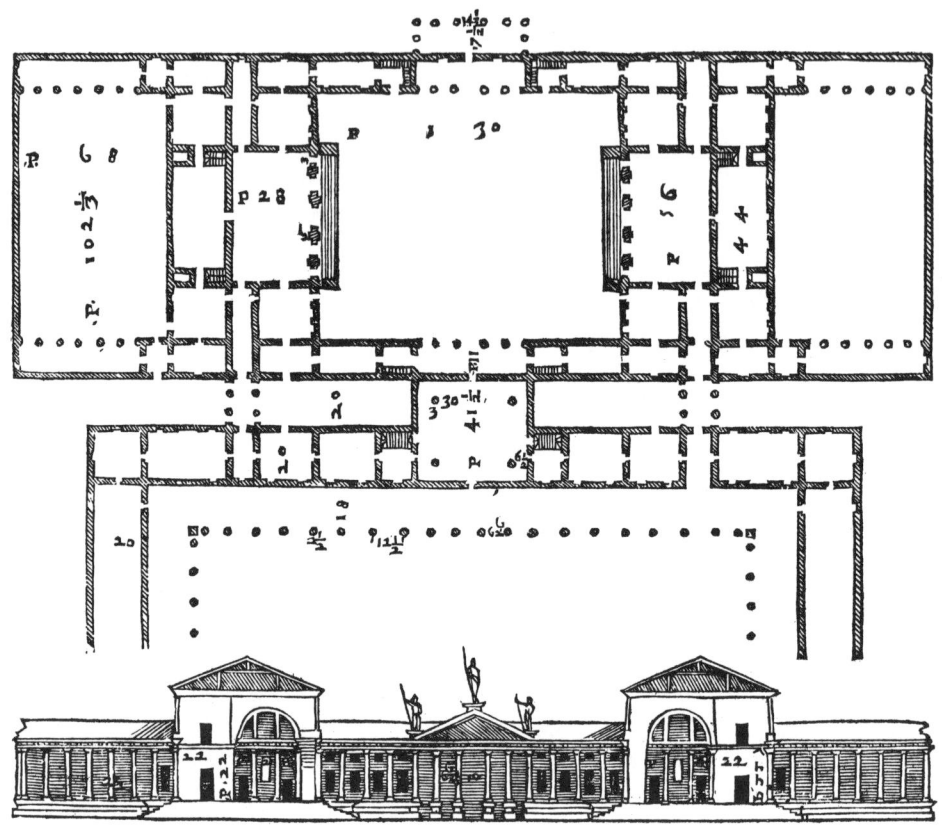

Entwurf aus: Palladio, »I quattro libri dell'architettura«, II

der Villa, deren Fassade nach Osten schaute. Deren Mittelteil ist dort zu denken, wo an der Ostseite die auffällige Zäsur in den Geschoßebenen bemerkbar ist. Innen wie außen ist also nur noch der Teil an der Straßenfront authentisch, dem man irgendwann im 19. Jahrhundert einen Giebel aufsetzte, womit man den ganzen Bau unter Aufgabe seines Zentrums umorientierte. Ein ehemals vorhandener prächtiger Park, berühmt wegen seines besonders schönen Labyrinths, ist vollständig verschwunden. – Heute dient die Villa der

Gemeinde als Rathaus; trotz der baulichen Veränderungen des einstigen Palladio-Entwurfs ist das Gebäude so eindrucksvoll, daß die Besichtigung zu empfehlen ist.

## Roncade, TV 81

### Castello Giustinian
### ora Ciani Bassetti                    ⊕ ■ *a* ✴

Zugänglichkeit: Die als Weingut genutzte Anlage ist frei zugänglich, die Villa, vom

Besitzer bewohnt, bleibt jedoch der Besichtigung verschlossen.

*Orientierung: Die Anlage liegt im Zentrum von Roncade.*

Weitere Erwähnungen Seite 89, 90 ff., 99, 132, 142; Farbabb. 1, Abb. 7.

Die ortsüblich als »Castello« bezeichnete Villa ist inmitten eines regelmäßigen Mauergevierts gelegen, das – mit seinen Ecktürmen, dem Wassergraben und Portal – den Eindruck eines Kastells erweckt. Die aufwendige Anlage war jedoch nie für Verteidigungszwecke bestimmt und bildet nur einen gleichsam ritterlichen Rahmen für das Haus. Dieses jedoch entspricht völlig den Regeln einer Frührenaissance-Villa; hinzugekommen ist allerdings die zweigeschossige Portikusloggia, eine Vorform der späteren palladianischen Tempelfront, die dann in der Villenarchitektur eine enorme Karriere machte. Das Bauwerk wird 1514 als »noch nicht halb« gebaut vermerkt, um 1520 dürfte es vollendet worden sein. In stilistischer Hinsicht ähnelt die Fassade dem Palazzo Grimani a San Polo in Venedig, einem dem Stil der Lombarden nahekommenden Haus von etwa 1500/1520.

Die gleichzeitige Kapelle (linker Hand) sollte nicht übersehen werden; der ansprechende Bau enthält beachtliche plastische Arbeiten, unter denen die Terrakotta-Büsten der Villengründer Agnesina Badoer und Gerolamo Giustinian von besonderem Interesse sind; sie wurden von beider Sohn Marcanton aufgestellt und gelten als Arbeiten von Jacopo Sansovino. Der kleine Quattrocento-Palast am Marktplatz (heute Elektrohandel) diente vor dem Bau der Villa als örtliche Niederlassung der Familie Badoer.

## Sambruson del Dolo, VE 82

Villa FERRETTI ANGELI
Nani Mocenigo ⊕ ☐ *a*

Zugänglichkeit: Der Park ist im Sommer von 7.30–19.30, im Winter von 7.30–16.30 geöffnet; das Gebäude wird als Schule genutzt, ist also zu den Unterrichtszeiten zu betreten. Der Zugang zu den einzelnen Räumen müßte mit der Schulleitung besprochen werden.

*Orientierung: Zwischen Mira und Dolo von der Straße Nr. 11 abbiegen nach Chioggia/Piove di Sacco, gleich nach der Brentabrücke nach rechts fahren, nach annähernd 400 Metern tauchen rechts die nach Süden gewandte Fassade der Villa und der Eingang in den Park auf.*

Weitere Erwähnungen Seite 157; Abb. 33.

Die Villa Ferretti, ein unverputzter Backsteinbau, ist eine der für Scamozzi dokumentierten Villen, von ihm selbst mit dem Baudatum 1596 versehen. Der Bau besitzt zwei gleiche Fassaden, zum Wasser und zum Land. Die zweifache Kolossalordnung – eine für den Portikus, eine für den Baukörper – vermittelt zusammen mit der ungewöhnlichen Queraus-

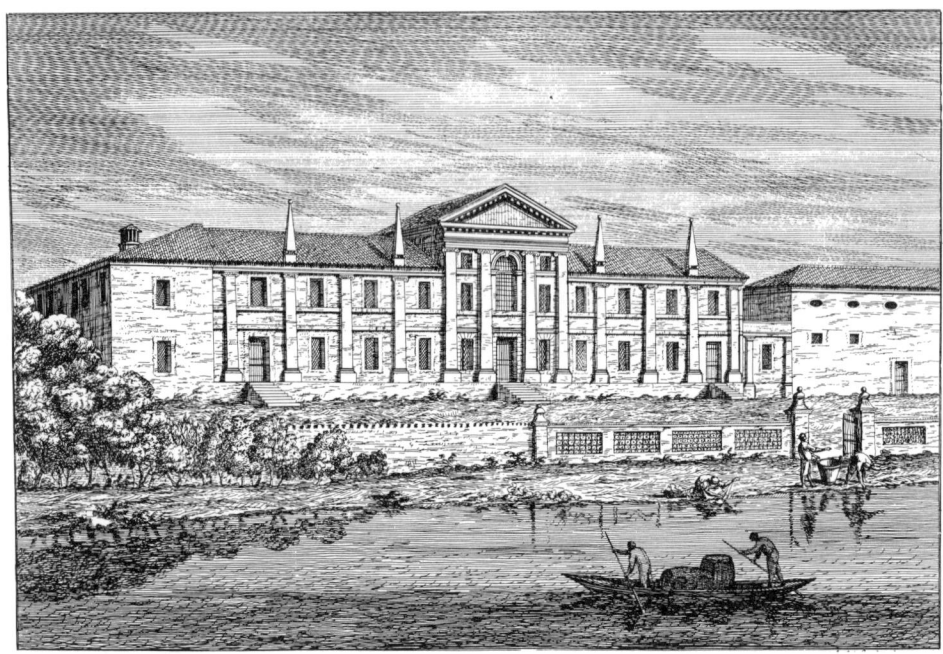

Villa Ferretti, Stich von Gianfrancesco Costa, um 1750

dehnung den Eindruck einer Monumentalität, welche die eher bescheidenen Maße an sich gar nicht hergeben. Die Anlage mit den Wirtschaftstrakten zur Rechten ist noch weitgehend authentisch, das Innere dagegen ist durch Umbauten vom originalen Zustand weit entfernt und kaum noch sehenswert.

## San Pietro di Cadore, BL          83

### Villa POLI DE POL ora Municipio     ⊕ ☐

Zugänglichkeit: Die Villa dient heute als Rathaus und ist von Montag bis Freitag jeweils von 10–12.30 Uhr zugänglich. Da sich jedoch die Fresken in den – bei Abwesenheit zugesperrten – Räumen des Bürgermeisters befin-

den, empfiehlt sich eine telefonische Voranmeldung (vormittags) ein bis zwei Tage vor dem geplanten Besuch. Telefon: 04 35–6 00 14.

*Orientierung: Fragen Sie nach dem Rathaus von San Pietro di Cadore; es liegt auf der Höhe, im Zentrum des Städtchens, abseits der von Santo Stéfano herkommenden Hauptstraße.*

Wo man wirklich keine Veneto-Villa mehr suchen würde, im oberen Cadore, kurz vor den Grenzen zu Ost- und Südtirol, steht dieser die Handschrift Longhenas vorweisende Bau. Diese nördlichste Villa besitzt kurioserweise die nahezu gleiche Fassade wie eine der südlichsten, die Villa Vendramin (33) in Fiesso Umbertiano; beide dienen heute als Rathäuser ihrer Gemeinden. Für den Bau in den

*tro links die auf die Villa zuführende Zypressenallee, rechts eine ebensolche Allee, an deren Ende die der Monga Saibante benachbarte Villa Pullé.*
Siehe Farbabb. 19.

Alpen wird das Datum 1665 genannt, er könnte durchaus Tiralis weit späteres Werk im Aufriß beeinflußt haben. Die Villa Poli de Pol verfügt über die noble longhenianische Fassade, die vor allem durch ihre Proportionen und den tableauartigen, aus Werkstein gearbeiteten Mittelteil ihren Wert erhält. Eine Reihe von Räumen birgt Wand- und Deckenmalereien von Gerolamo Pellegrini (1682), den man als einen der Innendekorateure der Villa Barbaro in Masèr (54) kennt. Am reizvollsten sind die *giochi di putti,* die Kinderspiele, im ersten Zimmer auf der linken Seite; im Hintergrund eines der Bilder erkennt man in getreuer Wiedergabe den Ort San Pietro di Cadore mit der Villa, in der man sich gerade befindet. In einem weiteren Raum hat der Maler die damals aktuelle, nicht eben vitale Kunst Guido Renis in noch gesteigerter Fadheit fleißig kolportiert.

Die umfangreiche, schloßartige Anlage wurde zu Beginn des 17. Jahrhunderts für die Veroneser Familie Saibante errichtet. Im vorigen Jahrhundert bewohnte sie der Archäologe Andrea Monga, der Entdecker, Forscher und Sammler römischer Altertümer in Verona. Drei Flügel bilden nach Süden eine Art Ehrenhof, der von eigentümlichen rustizierten Portici gerahmt wird. Die Villa besitzt noch eine weitere Fassade nach Osten, dominiert von einem dorischen Portikus, der triumphal auf festungsartigem Quaderwerk fußt. Die reiche spätmanieristische Innendekoration von Paolo Ligozzi (1629) bietet mehr motivische als künstlerische Genüsse: so den Indianer im Bild des Kontinents Amerika, der einen menschlichen Arm zum Zwecke des Verzehrs über dem Feuer röstet; aus der Wand preschende Reiter; Affen, Reiher, Hunde und so fort, die ihr Spiel in der monströsen Dekoration treiben.

Nähert man sich der Villa von Süden, weisen mächtige Zypressenalleen schon von Ferne den richtigen Weg; die westliche zielt auf die Villa Saibante, die parallel im Osten

Villa Pullé

## San Pietro in Cariano, VR     84

Villa MONGA SAIBANTE ora Istituto
Pie Madri della Nigrizia     ⊕ ⌸

*Orientierung: Anfahrt von Süden über die Regionalstraße Nr. 12; an der Bahnstation von Pescantina nach Norden in Richtung San Pietro abbiegen (Via Monga), unmittelbar vor San Pie-*

verlaufende auf die benachbarte Villa Pullé (–), ebenfalls ein Bau aus dem Seicento, der über eine bemerkenswerte Fassadenmalerei verfügt.

## Santa Maria di Sala, VE     85

### Villa FARSETTI     ⊕ □ *a*

Zugänglichkeit: Im rechten Flügel der Villa sind Ämter untergebracht, in der Barchesse rückwärts die Gemeindebibliothek, so daß an Werktagen eine Möglichkeit bestehen dürfte, die Villa zu betreten. Sehr hilfreich ist, falls anwesend, der Bibliothekar (Zufahrt zur Bibliothek durch den Hof rückwärts).

*Orientierung: Die Villa liegt in der Ortsmitte an der Hauptstraße, von Mirano gesehen rechts.*

Weitere Erwähnungen Seite 36, 164; Farbabb. 28.

Die Villa Farsetti war einmal eine der glanzvollsten Villen im Veneto. Eine Ahnung davon vermittelt der Bau noch heute; ebenso bietet er ein Beispiel dafür, wie angestrengt hier eine kleine Gemeinde mit nur 10 000 Einwohnern als Eigentümerin versucht, die Architektur zu retten und einen angemessenen Verwendungszweck für das Ensemble zu finden. 1985/86 war die Villa Gegenstand eines Ideen- und Planungswettbewerbs der Biennale von Venedig, dessen Ergebnisse die Zukunft des Hauses sichern sollen.

Die Anlage, bereits 1708 begründet, wurde erst um die Jahrhundertmitte nach Plänen des aus Rom gerufenen päpstlichen Hausarchitekten und Feuerwerksdekorateurs Paolo Posi fertiggestellt. Der damalige Eigentümer, Kardinal Farsetti, wollte nicht gemäß der lokalen Tradition bauen, und tatsächlich macht die

Villa mit dem geschwungenen Mittelrisalit und den geöffneten Kolonnaden den im Veneto ungewohnten Eindruck eines Rokoschlosses. Ursprünglich war der französische Charakter noch dominierender, wie eine Vedute von 1833 dokumentiert, doch ist das reiche Ambiente längst untergegangen. Napoleon bereits hatte die 42 antiken Säulen, die der einzigartige Schmuck des Hauses waren und sind, nach Paris entführen wollen. Sie waren ein halbes Jahrhundert zuvor durch Vermittlung von Papst Clemens XIII., einem Venezianer aus der Adelsfamilie Rezzonico, an dessen Landsmann und Günstling, den Kardinal Farsetti, und damit von Rom ins Veneto gelangt – Anlaß großen Aufsehens im Lande. Gleiches Aufsehen erregte aber auch der botanische Garten des Kardinals mit rund 3000 seltenen Pflanzen – eine Anlage, die zu den berühmtesten ihrer Zeit zählte.

## Santa Sofia di Pedemonte di San Pietro in Cariano, VR    86

### Villa SAREGO Boccoli Innocenti-Rizzardi     ○ ■

Zugänglichkeit: Der Wirtschaftstrakt der Villa wird heute als Weingut genutzt, Hof und

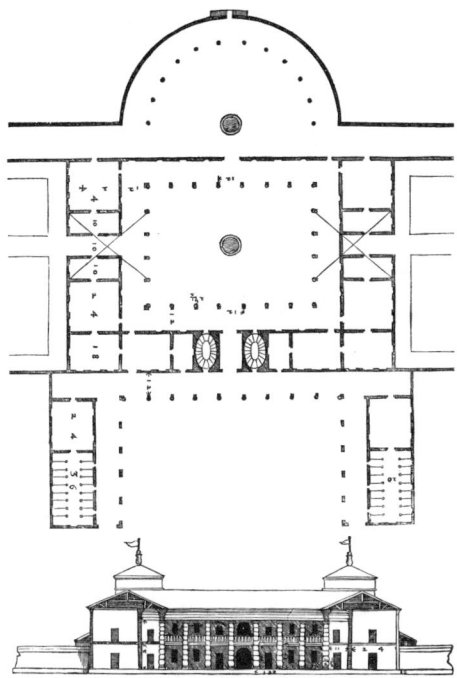

Aus: Palladio, »I quattro libri dell'architettura«, II

Park sind somit zugänglich. An der Einfahrt klingeln.

*Orientierung: Wie die meisten Villen in der stark zersiedelten Umgebung von Verona ist auch diese nicht einfach zu finden, zumal Santa Sofia, Ortsteil von Pedemonte, in keiner Straßenkarte verzeichnet ist. Fragen Sie in Pedemonte.*

Siehe Abb. 17.

Die Villa Sarego ist die einzige Villa Palladios im Veronese, zugleich seine ungewöhnlichste. Überdies wurde sie nur zum kleineren Teil fertiggestellt, kann aber mit Hilfe der Veröffentlichung in den »Quattro Libri« unschwer rekonstruiert werden. Sie hätte eine Atriumvilla *all'antica* werden sollen, also

eine Vierflügelanlage um einen inneren Hof (Atrium) mit gedecktem Umgang. Dieser, das Peristyl, ist zur Hälfte realisiert worden; man muß ihn sich in der Vorstellung spiegelbildlich verdoppeln, um – wenigstens von innen – einen Eindruck des Gesamten zu erhalten. Auf drei Seiten des Peristyls sollten die Zimmerfluchten anliegen, hinter der vierten war eine Exedra geplant, in deren Scheitelpunkt die Symmetrieachse der Villa, die zugleich als Blickachse vorgesehen war, hätte enden sollen.

Im Gegensatz zu den meisten Arbeiten Palladios, die auf gesicherten Traditionen gründeten und sich an den Vorgaben der *comodità* und *utilità* (Bequemlichkeit und Nützlichkeit) orientierten, handelt es sich hier um ein lediglich ideell zu rechtfertigendes Liebhaberprojekt: um den Versuch, das antike Haus zu rekonstruieren. In seinem Text spricht der Autor davon, »daß dieser Ort zu Zeiten der Römer nicht wenig geschätzt wurde«; demzufolge läßt sich die Konstruktion als Reverenz an den (vermeintlichen) Genius loci verstehen. Das aber erklärt noch nicht die ebenso sonderbaren Einzelformen und die ungewöhnliche Technik: Es ist die einzige Villa Palladios, die aus Naturstein errichtet und bei der in Rustika geradezu geschwelgt wurde. Die Erläuterung des Autors ist hier eher verdunkelnd als erhellend, wenn die Verbindung von jonischer Ordnung und unbearbeiteten Steinen damit begründet wird, daß einer Villa überhaupt »unverfälschte und einfache Dinge besser stehen als zierliche«: Genau dafür aber war, wie Palladio sehr wohl wußte, die tuskische Ordnung gedacht; verfälschter und künstlicher als in dieser outrierten Weise konnte eine Säule, zumal eine jonische, gar nicht ersonnen werden! Die Rustika war, besonders im Umkreis von Sanmicheli und

Giulio Romano, zu einer Modeerscheinung geworden. Sie ließ sich, an geeigneter Stelle eines Baues plaziert, indes auch symbolisch lesen: als der rohe Urzustand, in dem – noch unbefreit – die künstlerischen Formen schlummerten oder aus dem sie sich eben befreiten.

Das erhaltene Fragment vermag aber auch ohne solchen Kommentar zu bestehen; es ist eben nicht Einfachheit, sondern der zugespitzte Widerspruch, der die suggestive Wirkung ausmacht. Dieses am stärksten manieristischem Gedanken- und Formengut zuneigende Werk des Architekten dürfte eher in die Jahrhundertmitte mit ihrer notorischen Experimentierfreudigkeit zu datieren, denn als Alterswerk zu verstehen sein. Am nächsten in Idee und Ausführung kommt ihm die benachbarte Villa della Torre (37), die möglicherweise sogar Anlaß zu einer gleichsam ideellen Konkurrenz gegeben hat.

## Sant'Urbano, PD 87

### Villa LOREDAN ⊕ □ *a* ✳

Zugänglichkeit: Die Villa, heute im Besitz der Region, ist vom 1. Juni bis Mitte September donnerstags und sonntags von 15–18 Uhr, samstags von 9–12 Uhr geöffnet, von Mitte September bis 31. Mai donnerstags und samstags von 9–12 Uhr. (Der Kustode wohnt im benachbarten Haus). Es ist ratsam, sich die Öffnungszeiten durch Anruf im Rathaus von Sant'Urbano – Telefon 04 29–9 60 23 – bestätigen zu lassen.

*Orientierung: Fahren Sie an der Kirche von Sant'Urbano vorbei weiter nach Süden, Richtung Lúsia, nach ca. 1–2 km links an der Straße die Villa.*

Weitere Erwähnungen Seite 85 ff., 112, 129, 210; Abb. 5.

Das kleine, jüngst völlig renovierte Haus repräsentiert die frühe Veneto-Villa in reinster Form. Sowohl Aufriß wie Grundriß geben in geometrischer Vollkommenheit die gewachsenen und tradierten Schemata des venezianischen Hauses wieder, wie sie in der Stadt aufgrund der historischen Parzellierung fast nie zu verwirklichen waren. Eine Vorform der Serliana bildet den mittleren Saal in der Außenhaut ab; in kaum abweichender Weise erscheint das Motiv und seine Plazierung noch bei Villen des 18. Jahrhunderts. Die schlichte, flächige Kubusgestalt des Hauses hat man sich zweifellos mit Außenfresken geschmückt zu denken. Die Fresken im Inneren haben sich in großem Umfang erhalten (Mitte 16. Jahrhundert); es handelt sich größtenteils um Themen, die in den Villen immer wiederkehren sollten: Szenen aus Ovids »Metamorphosen«, die Vier Jahreszeiten (über den Türen), Pastoralen, Tugendallegorien, Grotesken. Die Datierung des Hauses erweist sich aus Mangel an Bauschmuck als schwierig; die bereits voll ausgebildete Renaissance gibt sich überhaupt nicht motivisch, sondern lediglich in der Systematik des Plans zu erkennen. Der Vergleich mit einigen venezianischen Stadtpalästen, die sich gleichfalls des signifikanten Dekors enthalten, deutet ins erste Quartal des 16. Jahrhunderts.

## San Vigílio di Garda, VR 88

### Villa GUARIENTI di Brenzone ⊘

Zugänglichkeit: Nur in Ausnahmefällen und nur auf Voranmeldung hin öffnet die Familie den Garten für Besucher; Telefon: Conte

Guarienti, 0 45–7 25 51 64. Noch besser als vom Garten aus ist die Fassade der Villa vom Wasser aus zu sehen; Tretboote sind im Freizeitgelände am Strand zu mieten, Zugang über die Allee, die auf die Villa zuführt.

von deren Frührenaissance-Zierlichkeit. Es handelt sich vielmehr um rundbogige, gleichsam aus der Wand geschnittene Öffnungen, die – bar jeglichen Dekors – ein unerhört diszipliniertes, ja soldatisches Bild machen; des-

Landseite

Seeseite

*Orientierung: Die Villa liegt rund 2 km westlich von Garda an der äußersten Spitze von San Vigílio (Punta di San Vigílio). Von der Autostraße zweigt eine kurze Zypressenallee zur Villa ab.*

Ein bei San Vigilio in den Gardasee vorspringender Ausläufer des Monte Baldo ist der exzeptionelle Standort einer Villa, die ungefähr ab 1540 durch den Rechtsgelehrten und Humanisten Agostino Brenzone errichtet wurde. Über annähernd quadratischem Grundriß entstand ein Haus, das zwei unterschiedliche Gesichter besitzt: Zur Landseite, am Ende einer eindrucksvollen Zypressenallee, zeigt es die etwas breiter als üblich gelagerte, aber doch noch normale Fassade eines derzeitigen Landhauses; zum See jedoch öffnet sich das Haus in zwei übereinanderliegenden siebenachsigen Loggien. Diese erinnern wohl an den bekannten Veroneser Brauch, Grund- und Obergeschosse einer Villa mit fortlaufenden Arkaden zu besetzen, haben aber nichts mehr

wegen wohl hat man auch Michele Sanmicheli, den größten Festungsbaumeister der Epoche, für den Entwurf in Anspruch genommen. Zu der Villa, die der Hausherr in seinem Testament von 1562 als »locum ... super Lacum Garde cum hospitio, domibus, campis, olivetiis, veridariis, Palatio«, als einen Ort über dem Gardasee mit Gästehaus, weiteren Gebäuden, Feldern, Olivenhainen, Zier- und Lustgärten und einem Palast beschrieb, gehört auch noch ein Kirchlein und, südlich anschließend, ein kleiner Hafen. Der dazwischen gelegene Park ist voller merkwürdiger Monumente: Es finden sich die unterschiedlichsten Standbilder, Statuen, Reliefs, ein Rondell mit zwölf Kaiserbüsten, ein ehemaliges Gewächshaus, allenthalben mit lateinischen Inschriften versehen (s. Umschlagrückseite). Der hochgebildete Hausherr, der viele prominente Freundschaften, so auch mit Pietro Aretino und dem Herzog von Urbino, unterhielt, hatte sein Anwesen als humanistischen Hort gesehen und dort, in Anlehnung

273

an Petrarca, einen Traktat »Della vita solitaria« verfaßt.

Die erwähnten Relikte dieses Geistes warten allerdings noch auf eine eingehende Untersuchung; es scheint nicht ausgeschlossen, daß spätere Zeiten den Gründer durch eigene Zutaten hatten ehren wollen und dabei die Authentizität angetastet haben. Das Gästehaus an dem pittoresken Hafen dient heute als Hotelpension. Dort verbrachten, wie die Plakette an der Hauswand erinnert, Otto Hahn (»eruditissimus Germanus«) und Edith Junghans im Jahre 1913 ihre *dies nuptiales,* ihre Hochzeitstage.

## San Zenone degli Ezzelini, TV  89

### Villa DI ROVERO Avogadro Bonotto ⊖ ■

*Orientierung: Das Gebäude liegt mitten im Ort, von Bassano gesehen links an der zentralen Straßenkreuzung. Die Fassade ist in voller Breite der Straße Nr. 248 Bassano–Montebelluna zugewandt.*

Der Kernbau der Villa Rovero repräsentiert die typische zeitlose Veneto-Villa, an der die stilistischen und konzeptionellen Strömungen der Jahrhunderte vorbeigegangen sind. Rechts und links schließen daran, gleich ausgebreiteten Armen, zwei siebenachsige Loggientrakte an, die von Türmen flankiert sind: im Grunde eine Villa, wie sie auch bei Palladio (Villa Emo, 32) vorkommt, doch ohne dessen Formenkanon und Dekorationsapparat. Die Lage vor dem Monte Grappa auf den Hügeln von Asolo entspricht in selten vollkommener Weise den in der Literatur, so von Palladio, formulierten Ansprüchen an den idealen Villenbauplatz. Ein Landschaftsbild der Innendekoration aus dem 17. Jahrhundert gibt die Ansicht des Hauses wieder, die der heutigen, sieht man von den Gewächshäusern ab, entspricht. Der Bau dürfte eher ins 16. als in das nachfolgende Jahrhundert zu datieren sein.

## Sarmego di Grúmolo delle Abbadesse, VI 90

### Villa PIOVENE BETTANIN ⊕ ■ *a*

*Orientierung: Die Villa liegt außerhalb von Sarmego, am südlichen Ortsrand, an dem in Höhe der Überführung über die A 4 von der Fernstraße Nr. 11 nach Sarmego abzweigenden Sträßchen.*
Weitere Erwähnungen Seite 87; Abb. 4.

Das Haus besitzt die inzwischen (um 1500) verbindlich gewordene dreiteilige Disposition auf zwei Geschossen, ist aber zusätzlich mit schönem Frührenaissance-Dekor ausgestattet. Renaissancegeist drückt sich auch in der Konsequenz aus, mit der die Fassadenelemente gleichsam durch die Tiefe des Hauses auf die Rückwand projiziert sind, wo sie deckungsgleich wiederkehren. So sind zwei gleiche Fassaden entstanden, deren keine den Vorrang besitzt. Beachtlich ist die Qualität der Steinmetzarbeit an den Balkonen, die teilweise ungewöhnlich (an der Seitenwand) plaziert sind. Ein überliefertes Datum 1498 könnte den Baubeginn betreffen.

## Strà, VE 91

### Villa CAPPELLO Giantin ⊕ ■

*Orientierung: Die Villa liegt am linken, nördlichen Ufer des Brentakanals an der Straße Nr. 11, und zwar zwischen der Villa Foscarini (92) und der Villa »Nazionale« (93).*

Neben der Villa Foscarini gelegen, bietet die etwa gleichzeitige Villa Cappello einen schlichteren, eher landhausartigen Anblick.

Das mit feiner Putzrustika dekorierte Haus besitzt jedoch in dem zentralen Giebelmotiv ein der künstlerischen Handschrift Longhenas verwandtes Detail, in dem sich der barocke Stil eindrucksvoll Geltung verschafft. In Umkehrung der Situation am Nachbarhaus ist hier die Eingangstreppe nicht authentisch; ursprünglich öffnete sich zu den Uferbleichen lediglich ein weiterer Balkon. Die Straße entstand erst in der 2. Hälfte des 19. Jahrhunderts.

## Strà, VE 92

### Villa FOSCARINI Negrelli ⊕ ■

*Orientierung: Die Villa liegt an der Straße Nr. 11, und zwar dort wo diese von Padua kommend auf den Brentakanal trifft. Vom anderen Ufer (San Pietro di Strà) führt an dieser Stelle eine Brücke herüber. In östlicher Richtung, in Fahrtrichtung Venedig also, sind der Villa Foscarini die Villa Cappello (91) und anschließend die Villa »Nazionale« (93) benachbart.*

Die Stelle, wo östlich der Ortschaft Strà die alte Brückenführung über den Brentakanal eine Weg- und Blickachse schuf, bot sich als besonders geeigneter Villenstandort an: Er

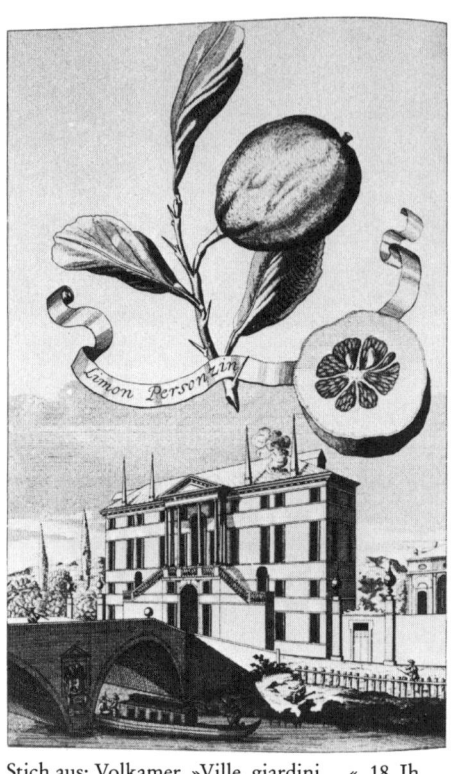

Stich aus: Volkamer, »Ville, giardini ...«, 18. Jh.

# Strà, VE                               93

## Villa Pisani-»La Nazionale«      ○ □ ✳

Öffnungszeiten: Park 9–18 Uhr; in der Villa finden von 9–13.30 Uhr halbstündlich Führungen statt; sie sind obligatorisch. Geschlossen ist montags sowie am 25. 4., 1. 5., 1. Sonntag im Juli, 15. 8. und Weihnachten.

*Orientierung: Die Villa liegt unmittelbar an der Straße Nr. 11 östlich von Strà am Nordufer des Brentakanals. Gegenüber am anderen Ufer die Ortschaft San Pietro, von wo aus der Blick besonders eindrucksvoll ist.*

Weitere Erwähnungen Seite 29, 53, 54, 164, 275, 278, 283; Farbabb. 27, Abb. 43.

---

Die Villa Pisani in Strà ist mit ihren 114 Räumen nicht nur die größte und aufwendigste, sondern die im Vergleich zu anderen ähnlich ausufernden Anlagen (Villa Contarini, 74, Villa Manin, 72) die am wenigsten typische Veneto-Villa. Sie teilt nämlich nicht den traditionellen Charakter der Casa veneziana, sondern folgt in der vier- beziehungsweise fünfflügeligen Anlage mit den zwei Innenhöfen der Konzeption eines barocken Residenzschlosses. Von der ursprünglichen Planung Frigimelicas (1732), die den kleinen Vorgängerbau ersetzen sollte, wurden nur die Parkbauten realisiert. Das Hauptgebäude entstand, wohl erst nach der Wahl von Alvise Pisani zum Dogen (1735), aufgrund des Plans von Francesco Maria Preti; es war 1756 vollendet. Die eindrucksvolle barocke Fassade ist sinnfällig gegliedert: der Mittelrisalit mit seinen etwas regelwidrig plazierten korinthischen Kolossalsäulen (verengte Zwischenräume in der Mittelpartie) und die jonischen Nebengiebel bilden die ›Gesichter‹ der hinter ihnen gelegenen drei Flügeltrakte. Durch das Haupt-

wurde genutzt für den Bau der Villa Foscarini, dessen hocherhobene Portikusloggia nach Ansicht von Bertotti-Scamozzi auf Palladios Zeichnung zurückgeht. Ehemals führte, wie die Stiche Coronellis, Costas und Volkamers belegen, eine doppelte Treppe zu ihr hinauf, nach Art der Situation bei der »Malcontenta« (50). Das Gebäude, mit seinen acht bekrönenden Obelisken, scheint jedoch erst im 17. Jahrhundert errichtet worden zu sein. Großen Ruhm genießen die Quadraturmalerei von Domenico Bruni und die ihr szenisch ›hinterlegten‹ Allegorien von Pietro Liberi (1652) im Saal der überaus stattlichen Foresteria, dem Gästehaus zur Rechten der Villa.

portal, das heißt den mittleren Saalbau, geht die Achse der gesamten Anlage; sie setzt sich in den langen Wasserbecken fort und endet im Portikus der Stallung, die mehr einem Nebenschloß denn einem Pferdestall gleicht.

Verschiedene geistreich erdachte Kleinarchitekturen verlocken zum Besuch des Landschaftsgartens: ein Labyrinth, aus dem man zu einem Turm mit einer Wendeltreppe findet, eine Orangerie, schließlich (an der Außenmauer zur Brenta) ein Portal, dessen als Belvedere dienende Plattform über zwei Treppen erstiegen wird, deren jede sich spiralförmig um eine Säule windet. Ein Motiv, das der Architekt dem ähnlich aufwärts steigenden Reliefband der Trajanssäule nachempfunden hat.

Die Villa, die vorübergehend auch Napoleon und die Habsburger ihr eigen nannten, ist seit 1882 italienisches Nationaldenkmal (Villa »Nazionale«). Unter den reich ausgestatteten und dekorierten Sälen beansprucht die zweigeschossige *Sala del ballo*, die den gesamten Mittelflügel einnimmt, besondere Aufmerksamkeit; im Gegensatz zur üblichen

Atlanten am Hauptportal

Parkportal und Belvedere. Stich von Gianfrancesco Costa, um 1750

venezianischen Sala ist sie längsseitig durchfenstert, was ihren überwältigend lichten Eindruck bedingt. Der wird in dem riesigen Deckenbild Tiepolos, seinem letzten Werk (1761/62) vor seiner Übersiedlung nach Madrid, zur Vision des Himmels gesteigert, der dem Triumph der Eigentümerfamilie Pisani als Kulisse dient. Um die Gestalt der Venezia versammelt und von der Muttergottes begünstigt, schaut die Familie der Verbreitung ihres Ruhms durch die Genien der Macht und des Friedens, der Künste und Wissenschaften über den ganzen Erdkreis zu. In den Ecken des Gemäldes die Allegorien der vier Kontinente. Die aus der gemalten Architektur (des Gerolamo Mengozzi-Colonna) zusehenden Götter (von Jacopo Guarana), Satyrn und Vögel (von Giovanni Battista Tiepolo) sind Meisterwerke der Illusionskunst. Die etwas gespenstischen Grisaillen allegorischen Inhalts auf dem Niveau der umlaufenden Galerie sind von Tiepolos Sohn Giandomenico und von Pietro Visconti. Unter den übrigen zumeist qualitätvoll dekorierten Räumen fällt besonders die *Sala delle vedute* auf; weite Scheinausblicke bieten die Ansicht imposanter Villen, wahrer Luftschlösser, unter denen sich auch die Vedute des Projekts von Frigimelica für eben diese Villa befindet.

## Strà, VE 94

### Villa Soranza ⊕ ■

*Orientierung: Die Villa liegt östlich der »Nazionale« (93) auf der Grenze zwischen den Ortschaften Strà und Fiesso d'Artico, von Strà aus gesehen unmittelbar bevor die Straße nach Santa Maria di Sala von der Straße Nr. 11 abzweigt.*
Siehe Farbabb. 3.

Das Haus am Nordufer des Brentakanals wurde im 16. Jahrhundert in den schlichten, jeglichen Zeitstil leugnenden Formen errichtet, die vielen Veneto-Villen eigen sind. Lediglich die Serliana vor der Loggia kann als

Stich aus: Volkamer, »Ville, giardini . . .«, 18. Jh.

Schmuckmotiv gelten, ist in dieser Weise aber jahrhundertelang unverändert verwendet worden. Die Dachgaube und die Eingangstreppe sind barocke Zutaten. Der Mangel an Baudekor wurde jedoch, und das gilt für die meisten frühen Villen, durch Außenfresken wieder wettgemacht, von denen man hier noch einige erkennt: Im Untergeschoß vier Nischenfiguren, darüber – gerahmt von einer gemalten Säulenordnung – in wiederum vier Bildern allerlei Figuren, die hinter den gemalten Balustraden erscheinen. Als Autor wird Benedetto Cagliari angenommen, was aber nichts Präziseres sagt, als daß es sich um den Stil der Veronese-Werkstatt handelt. In Volkamers Ansicht sind die Szenen süddeutschem Empfinden angenähert und ins Christliche umgedeutet.

## Thiene, VI 95

### Castello Da Porto Colleoni
### ora Thiene ○ □

*Öffnungszeiten:* Einlaß nur zu Führungen von rund halbstündiger Dauer, und zwar Dienstag bis Freitag um 15, 16 und 17 Uhr, an Samstagen, Sonn- und Feiertagen zusätzlich um 9, 10 und 11 Uhr. Montags geschlossen.
*Orientierung: Die Villa liegt im Zentrum von Thiene.*
Weitere Erwähnungen Seite 91; Abb. 13.

Das als eine »Villa Castello« in die Literatur eingegangene und viel gepriesene Bauwerk erhielt seine operettenhafte Erscheinung erst im 19. Jahrhundert; vom ursprünglichen Außenbild geben nur einige alte Liegenschaftspläne einen vagen Eindruck, der immerhin von dem jetzigen weit abweicht. Als ein charakteristisches Beispiel einer Villa der Frühzeit (etwa

1465–80) kann der Bau, zumindest im Äußeren, nicht genommen werden.

Das Innere scheint dagegen noch einiges über eine Quattrocento-Villa auszusagen. Dort sind auch die bedeutenden Fresken von Giovanni Antonio Fasolo zu besichtigen; vor allem der *Camerino* (rechtes Untergeschoß) glänzt mit allen Errungenschaften der illusionistischen ›Raum‹-Kunst, derer die venezianische Hochrenaissance (nach Mitte des 16. Jahrhunderts) fähig war. Die gemalten Säulenhallen bieten die Kulisse für farbenprächtige Szenen aus der Antike: Ein »Gastmahl der Kleopatra«, eine »Huldigung des Xerxes«, »Mucius Scaevola vor Porsenna« sowie, interessanterweise, eine Szene aus Trissinos wenig zuvor fertiggestellter Tragödie »Sofonisba«. Im Salone des Obergeschosses sind – eine seltsame Bildgattung – Porträts von Pferden, die hier gezüchtet wurden, zu sehen; sogar ein Triptychon befindet sich darunter. Dementsprechend ist auch auf den Pferdestall besonderer Wert gelegt; die Scuderia, links von der Casa, gilt als Werk Francesco Muttonis; das schöne Brunnenbecken im Hof soll nach Palladios Zeichnung gefertigt sein. Außerhalb des engeren Villenkomplexes, den die Stadt umwachsen hat, liegt die elegante spätgotische Kapelle, die auch pfarrkirchlichen Aufgaben gedient zu haben scheint; sie ist mit der Villa durch einen unterirdischen Gang verbunden.

## Valnogaredo di Cinto Eugáneo, PD 96

Villa CONTARINI ROTA ora Piva    Ø ⌺

Zugänglichkeit: Telefonische Voranmeldung ist notwendig, dann kann die Villa, außer an Wochenenden, im allgemeinen zwischen 10 und 12 Uhr sowie zwischen 13 und 17 Uhr besichtigt werden. Telefon: 04 29–9 40 94 (rufen Sie nur innerhalb der genannten Zeiten an).

*Orientierung: Die Villa bildet das Zentrum des kleinen Valnogaredo, der Eingang liegt gegenüber der Kirche.*

Die Inschrift am Straßenportal erinnert in lateinischen Lettern an das Dogat des Domenico Contarini: »Dei gratia Dux Venetiarum« (1659). Damals bereits dürfte das bestehende Haus vergrößert worden sein; im Jahre 1704 wurde es dann vollständig erneuert. Die reizvoll gelegene Villa besitzt einen ansehnlichen Freskenschmuck von Jacopo Guarana aus dem Jahre 1764.

Besondere Beachtung verdienen die Szenen aus dem »Pastor Fido«, einem Schäferstück des Giambattista Guarini von 1590, das damals sogar Tassos »Aminta« den Rang streitig machte. Es sind unter anderem die »Hochzeit der Verliebten« und »Blindekuh« (italienisch *mosca cieca* = blinde Fliege). Reizvoll, aber bisher nicht gedeutet, ist eine weitere Szene, »l'omaggio«, Tribut genannt, der einer Dame mit Schoßhund in Form eines Ringes gezollt wird.

## Valsanzíbio, PD 97

### Villa BARBARIGO Pizzoni Ardemanni ○ ■

Öffnungszeiten des Parks: Vom 15. März bis 15. November täglich außer montags geöffnet, und zwar von 10–12 und 14–18 Uhr, sonntags nur von 14–19.30 Uhr.

*Orientierung: Die Villa liegt am Ortsrand von Valsanzíbio an dem Bergsträßchen, das von Galzignano Terme oder Battáglia Terme kommend nach Valsanzíbio hineinführt.*

Siehe Farbabb. 20.

1669 ließ sich Antonio Barbarigo, Prokurator von San Marco, inmitten der beschaulichen Landschaft der Euganeischen Hügel die äußerlich schlichte Villa errichten. Den Ruhm des Hauses macht der etwa gleichzeitig angelegte, bis heute weitgehend original erhaltene Park aus, einer der letzten noch bestehenden Villengärten im Veneto. Eine solche, als *giardino italiano* in die Geschichte der Gartenkunst eingegangene Anlage gruppiert sich um gerade Achsen, die aus steilen Hecken – in Valsanzíbio annähernd vier Meter hohen Buchsbaumhecken – gebildet werden. Das verhindert zwar den Überblick, gewährt aber immer wieder überraschende Durchblicke. Die dominierende Achse – quer zur Villa – ist von einer langen, von Figuren und Figürchen begleiteten Kaskade besetzt. Sie endet in dem der Diana gewidmeten Brunnen, der zugleich als scheinbares Portal der Anlage figuriert; der Göttin der Jagd sind, ein origineller Einfall, ihre Hunde bis auf den gesprengten Giebel gefolgt. Es fehlt nichts, was einen solchen Park beim Publikum beliebt macht: Labyrinth, Fischteiche, Springbrunnen, Haseninsel und Vogelhaus.

## Vancimúglio di Grúmolo delle Abbadesse, VI 98

### Villa Chiericati DA PORTO Rigo ⊕ ■

*Orientierung: Die Villa liegt an der Straße Nr. 11 Vicenza–Padua, von Vicenza gesehen links vor der Autobahnüberführung (A 4) bei Vancimúglio. Genau gegenüber eine Agip-Tankstelle.*

Grundriß Hauptgeschoß, nach Heinemann

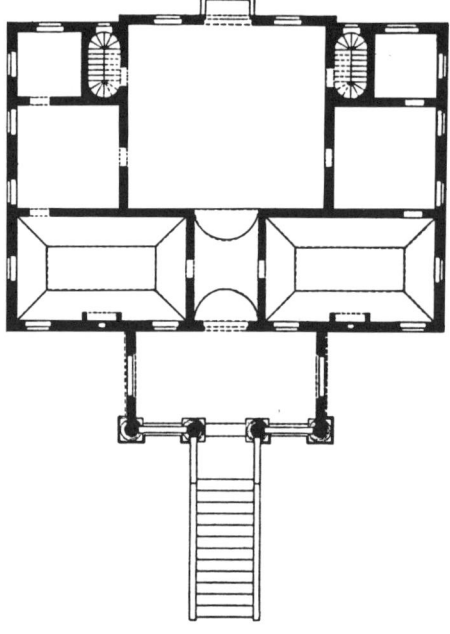

Auch diese Villa wird öfters Palladio zugeschrieben; doch sprechen deutliche Schwä-
chen im Außenbild gegen diese urkundlich
nicht belegte Annahme: der für das kleine
Haus allzu exponierte Portikus, der von der
»Rotonda« (99) zitiert scheint, und die Posi-
tion der Frontfenster an den Mauerecken –
nach Palladios eigener Bekundung ein architektonischer Mangel. Die Raumdisposition
ist dagegen von großer Ausgewogenheit – es
dominieren quadratische Räume verschiede-
ner Größe in schöner Steigerung bis hin zur
mittleren Sala – und kann tatsächlich neben
den besten Leistungen des Meisters bestehen.
Der Bau dürfte ins dritte Viertel des 16. Jahrhunderts zu datieren sein.

## Vicenza, VI        99

### Villa Almerico Capra ora
### Valmarana-»LA ROTONDA«    ○ ■ *a* ✳

Zugänglichkeit: Obwohl das Gebäude von
der Straße aus gut zu sehen ist, empfiehlt sich
ein Besuch zur Öffnungszeit des Parks – täglich außer montags von 9–12 und 15–18 Uhr,
im Winter an den Nachmittagen erst ab
16 Uhr.

*Orientierung: Das Gebäude liegt in unmittel-
barer Nachbarschaft der Villa »dei Nani« (100)
gut sichtbar auf einer Anhöhe an der Straße
Nr. 247 Vicenza–Este, von Vicenza aus gesehen
kurz vor der Autobahnunterführung der A 4
rechts. Eine schmale Straße führt zum Parktor
der Villa.*

Weitere Erwähnungen Seite 134 ff.; Farbabb. 4, Abb. 24.

Die von ihrem Urheber, Palladio, selbst nicht
unter die Villen, sondern die Stadtpaläste ein-
gereihte »Rotonda« gilt gleichwohl als Inbe-
griff einer Villa überhaupt. Goethe, der sie
zweimal besuchte und – allerdings nicht unkri-
tisch – bewunderte, hat ihr das literarische
Denkmal gesetzt; nicht nur in der »Italienischen Reise«, sondern in mehrfach wiederkehrenden bildlichen Wendungen, deren schönste
die bekannten Mignonverse wiedergeben:

> »Kennst du das Haus,
>     auf Säulen ruht sein Dach,
> Es glänzt der Saal,
>     es schimmert das Gemach:
> Kennst du es wohl? Dahin! Dahin
> Möcht’ ich mit dir, o mein Gebieter,
>     ziehn.«

Diese tiefere Beziehung zur »Rotonda«
wird indirekt auch durch die Tagebuchnotiz
vom 22. 9. 1786 bestätigt: »Ich war lange willens, Verona oder Vicenz dem Mignon zum
Vaterland zu geben. Aber es ist ohne Zweifel
Vicenz.« Der Bau mit den vier gleichen Ansichten einer ionischen Tempelfront kann als
additive Gestalt begriffen werden, die durch
die gemeinsame Kuppel jedoch zur Synthese
verschmilzt. Die Glieder bewahren ihre Autonomie gleichsam unter gemeinsamem Schirm.
Das unterscheidet die »Rotonda« etwa von
Scamozzis »Rocca Pisana« (44). Die einzelnen
Elemente, Portici, Baukörper, Rotunde, bleiben übertragbar, weil sie ihrerseits von anderen Bauten und Projekten hierher übertragen
wurden; so hat die »Rotonda« tatsächlich
unter den Villen ihren Platz und kann aus
deren Evolution heraus verstanden werden.
Das Baudatum ist, wie oft bei Palladio, außerordentlich umstritten, auf jeden Fall aber war
das Werk bei seines Urhebers Tod 1580 noch
nicht fertiggestellt. Scamozzi führte den Bau
zu Ende: »con qualche alterazione«, wie er
selbst mitteilt, mit Änderungen, die vor allem
die Kuppelkonzeption Palladios betreffen.

Villa »Rotonda«, Lithographie von Marco Moro, Mitte 19. Jh.

## Vicenza, VI        100

### Villa VALMARANA-»DEI NANI«   ⊕ □ ✳

Öffnungszeiten: Die Villa ist von Mitte März bis Mitte November geöffnet, und zwar donnerstags, samstags, sonn- und feiertags von 10–12 Uhr, sowie an den Nachmittagen *aller* Wochentage (nicht sonn- und feiertags) nach folgendem Schlüssel: März bis April 14.30–17.30, Mai bis September 15–18, Oktober–November 14–17 Uhr.

*Orientierung: Die Villa liegt in unmittelbarer Nähe der »Rotonda« (99) erhöht über der im Süden aus Vicenza herausführenden Straße Nr. 247 kurz vor der Autobahnunterführung der A 4. Da das Zufahrtssträßchen zur Villa leicht übersehen wird, empfiehlt es sich, bis zur »Rotonda« weiterzufahren, den Wagen dort zu* parken *und den kurzen Spazierweg zur Villa »dei Nani« zu Fuß zurückzugehen.*

Weitere Erwähnungen Seite 164; Abb. 38, 39.

Der Name »Nani«, Zwerge, bezieht sich auf die grotesken Figuren auf der Gartenmauer, die zwar so, wie sie hier auftreten, im Settecento nicht selten anzutreffen sind, für die jedoch die örtliche Überlieferung eine Legende parat hat: Damit sich die verkrüppelte Tochter des Besitzers ihrer Deformation nicht bewußt werde, umgaben die Eltern sie mit in gleicher Weise verwachsenem Personal – Zwergen. Die kleine Villa entstand 1669 im Auftrag des Juristen und Literaten Gian Maria Bertolo; nachdem sie zu Beginn des 18. Jahrhunderts an die Grafen Valmarana gelangt war, wurden das Gästehaus, die Stallungen und die Toranlage hinzugefügt. Der ältere Kernbau wird Antonio Muttoni zugeschrieben, die späteren Annexe stammen vermutlich von seinem Sohn Francesco.

Den Ruhm der schlichten Villa machen die weltberühmten Fresken aus, die 1757 von Vater und Sohn Tiepolo und dem langjährigen Partner im Quadraturfach, Girolamo Mengozzi-Colonna, ausgeführt wurden; in gleicher Besetzung hatte man auch zuvor im Ballsaal der Villa Pisani in Strà (93) gearbeitet. Für spezielle Aufgaben wurde noch der Prospektmaler Antonio Visentini herangezogen. Die fünf Räume der *palazzina,* des Herrenhauses, enthalten fünf Themenkreise, die fast ausschließlich von Giambattista Tiepolo gemalt sind: Iphigenie in Aulis (Mittelsaal), Szenen aus Werken von Torquato Tasso (1. Zim-

Zwerg auf der Parkmauer

mer links), Vergil (2. Zimmer links), Homer (1. Zimmer rechts) und Ariost (2. Zimmer rechts). Der Hauptsaal ist von gemalten Säulen umstellt, zwischen und hinter denen das dramatische Geschehen im Griechenlager vor dem Trojazug sichtbar wird: die für die Gunst der Winde vorgesehene Opferung von Iphigenie, Tochter des griechischen Heerführers, das Eingreifen der jungfräulichen Göttin Diana (im Deckenbild), die eine Hirschkuh als Ersatzopfer herabsendet. Die 200 Jahre zuvor von Paolo Veronese erarbeiteten Motive sind hier zu unübertrefflicher Perfektion gelangt: Die Wahl des dramatischen Augenblicks, die Untersicht, das festliche Gepräge, die Wichtigkeit des Nebensächlichen, die Illusionseffekte. Im Tassosaal ist das Poem vom »Befreiten Jerusalem« (»Gerusalemme liberata«) auf die konfliktreiche Beziehung Rinaldos und Armidas konzentriert: die Entführung Rinaldos, sein Aufenthalt in Armidas Liebesgarten, seine Flucht, seine Einsicht; im Deckenbild der Sieg der Tugend über das Laster. Im Vergilzimmer sind einige Etappen der Vorgeschichte Roms illustriert: Venus entführt des Äneas Sohn Ascanius, an dessen Stelle nimmt Cupido Königin Dido für seinen vermeintlichen Vater Äneas ein, schließlich weist Merkur den träumenden Äneas an, nach Italien zu ziehen. Im Homerzimmer geht es um den Grundkonflikt der »Ilias«, den Streit zwischen Agamemnon und Achilles um Briseïs; Agamemnon, der Heerführer, eignet sich die schöne Sklavin an, sein Kontrahent muß von Athene, am Schopf genommen, mit Gewalt an der Mordtat gehindert werden; zuletzt zieht sich der Held in seinen legendären Groll zurück. Das ist die wohl eindrucksvollste Bilderfindung des Ganzen: Achill scheint die Szene verlassen zu haben und hat verdüstert am Rand des (Innen-)Raumes Platz genommen, hinter ihm taucht aus dem Gischt des Meeres seine Mutter Thetis mit schmerzerfülltem Blick empor. Der Groll, die Untätigkeit des Helden bringt das Griechenheer vor Troja ins Wanken. Im Ariostraum schließlich begegnet man Bildern aus dem Ritterepos »Der rasende Roland« (»Orlando Furioso«), und zwar aus der romantischen Liebesgeschichte von Medoro und Angelica: Die Pflege des verwundeten Medor, Angelica gräbt seinen Namen in die Rinde eines Baumes, das Liebespaar in der Bauernhütte, die Befreiung des Mädchens aus der Gewalt des Drachens. Nicht übersehen sollte man die zahlreichen begleitenden kleinen Grisaillen, die durch ihre Skizzenhaftigkeit dem spontanen Genuß noch zugänglicher sind.

Den ›großen‹ Themen des Herrenhauses stehen die ›kleineren‹ des Gästehauses im künstlerischen Gewicht keineswegs nach; hier, wo vor allem der Sohn Giandomenico tätig war, drängt sich zeitgenössisches Volksleben ins Bild, was von eher noch gesteigerter Publikumsgunst quittiert wird. Davon machte schon Goethe keine Ausnahme, der den Besuch der Valmarana unter dem 24. 9. 1786 notiert hat; derselbe Eintrag berichtet zuvor von der intensiven Arbeit des Dichters an der »Iphigenie«, deren Darstellung von der Hand Tiepolos jedoch wortlos übergangen wird. In Unkenntnis des Umstandes, daß zwei Hände tätig waren, wird indessen zwischen den »Tugenden und Fehlern« unterschieden, denen Tiepolo »freien Lauf gelassen« habe: »Der hohe Stil gelang ihm nicht wie der natürliche, und in diesem letzten sind köstliche Sachen da«; damit können nur die »Sachen« Giandomenicos in der Foresteria gemeint sein. Die erst knapp 30 Jahre zuvor entstandenen Malereien mußten dem auf Wahrheit und Natürlichkeit versessenen Geist

Detail aus dem Fresko »Bauernfamilie bei Tisch« von Giandomenico Tiepolo aus der *Stanza dei contadini*

der neuen Epoche als Routinestücke einer im Untergang befindlichen, in der Substanz ausgebrannten alten Welt erschienen sein. Die linkische Grazie und der eckige Charme der *contadini* (Bauern) und *maschere* (Masken) in den Zimmern der Foresteria konnten so ein überlegenes Ansehen gewinnen. Die meisten Darstellungen in den sieben Räumen bedürfen keiner philologischen und ikonographischen Kommentare, sie sprechen eine verständliche Sprache. Im 1. Zimmer rechts *(Stanza delle cineserie)* ist der zeitgenössischen Chinamode, mehr witzig als ernsthaft, Tribut gezollt. Es folgt mit der *Stanza dei contadini* ein Höhepunkt der Dekoration; man beachte etwa die im bäuerlichen Kontext gestattete Freiheit, Figuren von der Kehrseite (die zwei Marktbäuerinnen) zu geben, worüber sich schon die Faunspärchen auf den Türen zu amüsieren scheinen. Dem Leben des Landvolks sind im folgenden Zimmer *(della Villeggiatura)* die stilisierten Auftritte der Herrschaften gegenübergestellt, sie sind, die allerletzte Mode, in neogotisches Rahmenwerk gestellt (Mengozzi-Colonna). Die anschließende *Stanza dell'Olimpo* präsentiert die olympische Götterwelt (paarweise) in der gewohnt souveränen Manier Giambattistas. Der folgende, früher als Vorzimmer der Suiten dienende Raum – *Stanza del carnevale* – ist zugleich das (scheinbare) Treppenhaus; hier, beim Bild des Gauklers, findet sich die Signatur mit dem Datum 1757. Die *Stanza delle fantasie architettoniche* enthält Architekturprospekte, die Visentini zugeschrieben werden; die *Stanza dei putti* endlich ist mit Ovalbildern dekoriert, die nach Entwurf Giambattistas vermutlich von Gehilfen ausgeführt wurden.

Es existieren in den verschiedenen Kunstsammlungen zahlreiche Vorzeichnungen und Entwurfblätter zu den Fresken, die den schöpferischen Prozeß zu erhellen vermögen. Ungeachtet seiner geringen Dimensionen, kann das Freskenwerk in der Valmarana zu den Höhepunkten seiner Art in der abendländischen Kunst des 18. Jahrhunderts gerechnet werden.

## Villa SANBONIFACIO Ardit    ⊕ ■

*Zugänglichkeit:* Auf Anfrage wird üblicherweise das Betreten des Gartens erlaubt, man kann dann gut um das ganze Haus herumgehen.

*Orientierung: Der Ort Villa Estense liegt rund 8 km südlich von Este, die Villa findet sich im Zentrum direkt an der Durchgangsstraße, von Este gesehen links, kurz vor der Kirche.*

Die Villa Sanbonifacio scheint der Aufmerksamkeit der Villenforscher bislang entgangen zu sein, obwohl sich ihre Sonderstellung schon bei flüchtigem Hinsehen offenbaren müßte. Ein breitgelagerter Bau mit zwei gleichwertigen Geschossen wie dieser dürfte im Veneto kaum ein weiteres Mal zu finden sein. Vollends die Instrumentierung mit fortlaufenden, zugleich gestapelten Pilastern anstelle eines auffälligen Mittelakzentes ist einer Veneto-Villa fremd, erinnert in dieser Form vielmehr an Stadtpaläste der Frührenaissance. Wenn man gar feststellt, daß es sich um eine allseits dekorierte Dreiflügelanlage mit einem rückwärtigen Hof handelt, bleibt nichts anderes, als den Blick nach Mittelitalien zu richten. In Sansovinos nicht weit entfernter Villa Garzoni (78), die sich am ehesten zum Vergleich anbietet, erscheint die römische Herkunft dagegen gleichsam venezianisch naturalisiert. Tatsächlich hat bei der Villa Sanbonifacio kein geringerer Bau als die römische Villa Farnesina von Peruzzi (1509) Pate gestanden. Ihr Aufriß ist dem der Sanbonifacio nah verwandt; sie besitzt die gleichen tuskisch-dorischen Pilaster und die gleichen geraden Fensterbedachungen, ist ebenfalls dreiflügelig und verfügt über dieselbe Achsenzahl an der langen Front (9), den beiden Seiten (7), den Stirnseiten der Flügel (2) und der Hoffront (5). An dieser Stelle, wo Raffaels Saal der Psyche sich in fünf Bögen zum Garten öffnet, findet sich auch bei der Villa Sanbonifacio eine entsprechende Bogendekoration.

Im Vergleich mit dem noblen römischen Vorbild ist hier aber die Erscheinung eher grob und ungeschliffen. Befremdlich sind auch die ständig springenden Pilasterdistanzen, die man sich als eine (zweifelhafte) Methode zur visuellen Regulierung unterschiedlicher Fensterabstände erklären möchte. Das hieße jedoch, einen bestehenden Bau vorauszusetzen, der die ungewöhnliche ›römische‹ Gestalt bereits besessen haben müßte, bevor er nachträglich ›ins Römische‹ umdekoriert worden wäre. Genauso offen ist die Frage der Datierung; präziser als mit Cinquecento wird sie – ohne Quellenfunde – kaum beantwortet werden können, und auch die Besitzer nennen das 16. Jahrhundert als Zeitraum der Erbauung, datieren jedoch den Baubeginn bereits auf das Ende des 15. Jahrhunderts. Tatsächlich kann aber auch nicht ausgeschlossen werden, daß hier noch im 17. Jahrhundert ein Bewunderer der Farnesina seine römischen Erinnerungen in amateurhafter Weise verewigen wollte.

Auch im Inneren braucht man nicht nach der im Veneto üblichen Raumstruktur zu suchen – hier herrscht nicht die gewohnte venezianische Längs-, sondern eine Querorientierung. Das Piano nobile mit der Sala ist zu Beginn des vorigen Jahrhunderts so tiefgreifend ins Klassizistische verwandelt worden, daß auch von dieser wichtigsten Zone der Villa kein Aufschluß über die Baugeschichte zu erhalten ist.

Das Haus ist nie verkauft worden, sondern seit seiner Erbauung ununterbrochen in Fami-

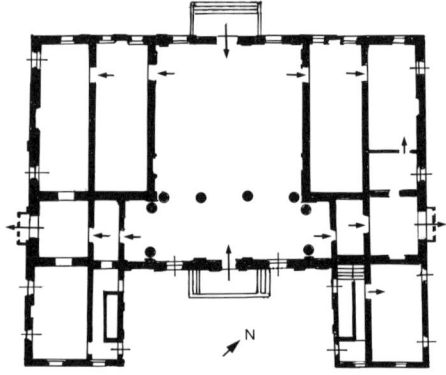

Grundriß Untergeschoß

lienbesitz. Es geriet durch Erbschaft an die heutigen Eigentümer, die Familie Ardit.

## Villaverla, VI    102

### Villa GHELLINI Dall'Olmo    ⊖ ■ *a i*

*Orientierung: Die Villa liegt im Zentrum von Villaverla, schräg gegenüber der Villa Verlato (103).*

Weitere Erwähnungen Seite 153 f.; Farbabb. 16.

Die besonders ehrgeizig geplante Villa Ghellini entstand in gleichsam posthumer Konkurrenz ihres Architekten Antonio Pizzócarro zu Scamozzis benachbarter Villa Verlato. Im Schema der Fassade beinahe identisch mit Scamozzis Werk, gewinnt der rund 100 Jahre später ausgeführte Bau (1664–1679) infolge seines markanten barocken Dekors und der klugen Anordnung desselben ein hohes Maß an Konzentration. Singulär ist der monumentale Vorhof, der den Repräsentationszwecken einer Villa – auch buchstäblich! – im Wege gestanden haben dürfte; er ist teils von Arkaden, teils von Kolonnaden gesäumt. Die Anlage, die nie vollendet wurde, befindet sich derzeit im Zustand einer Halbruine.

## Villaverla, VI                 103

### Villa VERLATO Putin          ⊕ ■ *a i*

*Orientierung: Die Villa liegt im Zentrum von Villaverla, schräg gegenüber der Villa Ghellini (102).*
Weitere Erwähnungen Seite 150 f.; Abb. 32.

Die Villa mit der kolossalen Fassade, die eher einem Stadtschloß anstünde, ist von ihrem Architekten Scamozzi selbst als Frühwerk (1574) bezeichnet worden. Sie stellt eine Mischung von römischen Palasttraditionen und Palladio-Zitaten dar und vermag weder als Ganzes noch in ihren Einzelheiten einen Architekturliebhaber zu befriedigen. Bei seinen weiteren Villenentwürfen ist der Architekt überlegter und maßvoller zu Werk gegangen. Linker Hand befindet sich die ältere Kapelle (1488).

## Vivaro di Dueville, VI          104

### Villa DA PORTO Da Schio
### Casarotto                    ⊕ ■

*Orientierung: Die Villa liegt etwa einen bis zwei Kilometer östlich der Villa Da Porto Del Conte auf halbem Weg zwischen Vivaro und Povolaro links, genau dort, wo das von Cavazzale kommende Sträßchen auf die Straße Povolaro–Vivaro auftrifft.*
Siehe Farbabb. 26.

Unweit der bekannteren Da Porto-Villa (105) von Dueville liegt eine zweite gleichen Namens, die der bedeutendste Klassizist unter den Architekten Venetiens, Graf Ottone Calderari, entworfen hat. Die beiden benachbarten Villen repräsentieren drei verschiedene Etappen der Palladiorezeption: Die unmittelbare Kontinuität nach dem Tod des Meisters (1580), verbunden mit einer akribischen, aber willkürlichen Rekonstruktion aus der Zeit des Historismus (Mitte 19. Jahrhundert) in der einen Villa (105), in der anderen, der Da Porto-Casarotto, die zeitlich dazwischenliegende eigenschöpferische Rekapitulation von Palladios Grundsätzen und Formen (um 1770). Der zentrale Block des von Calderari selbst veröffentlichten Gebäudes (»Disegni e scritti d'architettura di Ottone Calderari«, Vicenza 1808–1815, Bd. 1) erinnert an die »Malcontenta« (50), scheint aber mit dem enorm hohen Sockel und der entsprechend kolossalen, längs (!) geführten Treppe etwas gewaltsam montiert. Kurze, zurückgestufte Flügelbauten geben dem Bau zusätzliche Ausdehnung; die auf beiden Seiten vorgesehenen Kolonnaden wurden nicht realisiert. Die Kirche zur Rechten ist für Calderaris Stil besonders charakteristisch (1774/76).

## Vivaro di Dueville, VI     105

### Villa DA PORTO Perazzolo
### Del Conte    ⊕ ■

*Orientierung: Die Villa liegt von weitem sicht-*
*bar am südlichen Rand des Örtchens Vivaro,*
*dort, wo das aus Caldogno kommende Sträß-*
*chen in die von Vivaro nach Povolaro weiter-*
*führende Straße einmündet. – Die Anfahrt ist*
*am einfachsten – unter Umgehung der Stadt*
*Dueville – von der Straße Nr. 248 Vicenza-*
*Bassano aus. Autobahnausfahrt Dueville (A 31).*
*Siehe Farbabb. 25.*

Die majestätische Anlage um einen schönen
palladianischen Kern des späten 16. Jahrhunderts wurde 1855 von A.C. Negrin nach Palladios in den »Quattro Libri« veröffentlichtem
Plan für die Villa Pisani in Montagnana (60) in
der vorliegenden Weise geschaffen.

## Volargne di Dolcé, VR     106

### Villa DEL BENE    ○ □

Zugänglichkeit: Die Villa hat keine festen
Öffnungszeiten, die Kustodin läßt vormittags
und nachmittags Besucher ins Haus (klingeln),
nicht jedoch von 12–15 Uhr.
*Orientierung: Volargne liegt direkt an der Fern-*
*straße Verona–Trient (Nr. 12). Man biegt in die*
*Ortsmitte ab, fährt weiter zum Fluß in die Via*
*Villa del Bene am Ortsrand die Villa.*
Weitere Erwähnungen Seite 56.

Nur wenig südlich der Veroneser Klause, der
alten Staatsgrenze zwischen der Markusrepublik und dem habsburgischen Tirol, liegt am
Etschufer eine der peripheren Veneto-Villen,
die Villa del Bene. Der um die Wende vom 15.
zum 16. Jahrhundert errichtete Bau ist, wie
nicht selten im Gebiet von Verona, durch eine
doppelte Loggia geprägt, die sich im Untergeschoß in vier, im Obergeschoß in acht Arkaden öffnet. In der Tiefe schließen sich Räumlichkeiten nach Art und Weise einer noch
etwas unregelmäßigen, aber typischen Casa
veneziana an.

Die Villa ist hinter einer hohen Ummaue-
rung verborgen, die zusammen mit sonstigen
Um- und Erweiterungsbauten eine Zutat aus
der Mitte des 16. Jahrhunderts ist, vermutlich
von der Hand Sanmichelis, der zu dieser Zeit
die Befestigungen der nahen Klause moderni-
sierte. Besonders das der Etsch zugewandte
Hauptportal gibt eine charakteristische Probe
der martialischen Handschrift dieses Baumeisters. Zeitgleich mit Sanmichelis Wirken
werden auch die bemerkenswerten Fresken im
Obergeschoß entstanden sein, ein für eine Villa
ungewöhnliches theologisches Programm; als
Urheber werden Domenico Brusasorci und
Francesco Caroto genannt, namhafte Meister
der Veroneser Renaissancemalerei.

Detail vom Portal der Villa

# Literaturverzeichnis

Abkürzung: Bollettino CISA = Bollettino del Centro Internazionale di Studi di Architettura Andrea Palladio

**Ackerman,** James S. *Sources of the Renaissance Villa.* In: *Studies in Western Art,* Bd. 2, *The Renaissance and the Mannerism.* Princeton, N. J. 1963, S. 6–18
– *Palladio's Villas.* New York/Glückstadt 1967
**Alberti,** Leon Battista *Zehn Bücher über die Baukunst (Übers. v. Max Theuer). Darmstadt 1975*
**Alpago-Novello,** Adriano *Ville della Provincia di Belluno.* Mailand 1968
**Appuhn,** Sibylle u. a. *Die Villa im Veneto (1444–1525). Zum Stand der Forschung. Berichte und Forschungen zur Kunstgeschichte, 1.* Freiburg i. Br. 1979
**d'Arcais,** Francesca u. a. *Gli affreschi nelle ville venete.* 2 Bde., Venedig 1978
**Baldan,** Alessandro *Ville de'Veneti nella riviera del Brenta e nel territorio della Serenissima Repubblica. Documenti e iconografia.* Vicenza 1981
**Barbieri,** Franco *Le ville dello Scamozzi.* In: *Bollettino CISA,* Bd. 11, 1969, S. 222–230
**Beloch,** Karl Julius *Bevölkerungsgeschichte Italiens,* Bd. III: *Die Bevölkerung der Republik Venedig… Berlin 1961*
**Beltrami,** Daniele *Forze di lavoro e proprietà fondiarie nelle campagne venete dei secoli*

*XVII e XVIII (Civiltà veneziana,* Studi 12). Venedig/Rom 1961
**Bembo,** Pietro *Gli Asolani* (1505). (Ins Englische übersetzt von Rudolf B. Gottfried). Indiana University Publications. Humanities Series No. 31. Bloomington, Indiana 1954
**Bentmann,** Reinhard/**Müller,** Michael *Die Villa als Herrschaftsarchitektur. Versuch einer kunst- und sozialgeschichtlichen Analyse.* Frankfurt/M. 1970
– (Hrsg.) *Materialien zur italienischen Villa der Renaissance.* In: *architectura – Zeitschrift für Geschichte der Architektur,* Bd. 2, 1972, S. 167–191
**Berger,** Ursel *Die Villa Thiene in Quinto. Ein wiedergefundenes Frühwerk Palladios.* In: *Arte Veneta,* Bd. 31, 1977, S. 80–94
– *Palladios Frühwerk.* (Phil.Diss.) Köln 1978
**Bertotti-Scamozzi,** Ottavio *Le fabbriche e i disegni di Andrea Palladio.* 4 Bde., Vicenza 1776–1783
**Bordignon-Favero,** Giampaolo *La Villa Emo di Fanzolo (Corpus Palladianum* Bd. 5). Vicenza 1970
**Borgherini-Scarabellin,** Maria *La vita privata a Padova nel secolo XVII. (Miscellanea di Storia Veneta,* Serie III, Tomo XII). Venedig 1917
**Bozzolato,** Giampiero *Tra natura e paesaggio. I Roberti e il Palazzo di Brugine dal XIII al XVIII secolo.* Mailand 1979

289

**Braudel,** Fernand *La vita economica di Venezia nel secolo XVI.* In: *La civiltà veneziana del rinascimento,* Venedig 1958, S. 81–102
- *Sozialgeschichte des 15.–18. Jahrhunderts – Der Alltag.* München 1985

**Braunfels,** Wolfgang *Abendländische Stadtbaukunst – Herrschaftsform und Baugestalt.* Köln 1976

**(de Brosses,** Charles) *Des Präsidenten de Brosses vertrauliche Briefe aus Italien an seine Freunde in Dijon,* 1739–1740. (Übersetzt von Werner Schwartzkopff.) 2 Bde., München 1918/1922

**Brunelli,** Bruno/**Callegari,** Adolfo *Ville del Brenta e degli Euganei.* Mailand 1931

**Burckhardt,** Jacob *Der Cicerone. Eine Anleitung zum Genuß der Kunstwerke Italiens* (1855). Stuttgart 1978
- *Die Kultur der Renaissance in Italien. Ein Versuch* (1860). Stuttgart 1976. Dass., 12. Aufl. in 2 Bdn., besorgt von Ludwig Geiger, Leipzig 1919

**Burger,** Fritz *Die Villen des Andrea Palladio.* Leipzig 1909

**Canova,** Antonio *Ville venete.* Treviso 1984

**Cevese,** Renato *Ville della Provincia di Vicenza.* 2 Bde., Mailand 1971

**Concina,** Ennio (Hrsg.) *Ville, giardini e paesaggi del Veneto nelle incisioni dell'opera di Johann Christoph Volkamer.* Mailand (1979)

**Cornaro,** Alvise Katalog, 2 Bde., Padua 1980, 1. *Alvise Cornaro e il suo tempo.* 2. *I rilievi delle fabbriche di G. M. Falconetto e di Alvise Cornaro a Padova e nel suo territorio.*

**Coronelli,** Vincenzo *Ville del Brenta nelle vedute di Vincenzo Coronelli e Gianfrancesco Costa.* Mailand (1960)

**Costa,** Gianfrancesco *Ville del Brenta nelle vedute di Vincenzo Coronelli e Gianfrancesco Costa.* Mailand (1960)

**Cristinelli,** Guiseppe *Baldassare Longhena architetto del'600 a Venezia.* Padua 1972

**Crosato,** Luciana *Gli affreschi nelle ville venete del Cinquecento.* Treviso 1962

**Dellwing,** Herbert *Venetien – ohne Venedig. Kunstdenkmäler in Italien. Ein Bildhandbuch.* Darmstadt 1976

**Doni,** Anton Francesco *Attavanta villa (vor 1557).* Florenz 1857

**Doren,** Alfred *Italienische Wirtschaftsgeschichte,* Bd. 1. *Handbuch der Wirtschaftsgeschichte.* Jena 1934

**Fiocco,** Guiseppe *Alvise Cornaro. Il suo tempo e le sue opere.* (Venedig) 1965

**Forssman,** Erik *Dorisch, jonisch, korinthisch. Studien über den Gebrauch der Säulenordnungen in der Architektur des 16.–18. Jahrhunderts.* Stockholm (1961)
- *Palladios Lehrgebäude. Studien über den Zusammenhang von Architektur und Architekturtheorie bei Andrea Palladio.* Stockholm (1965)
- *Visible Harmony. Palladio's Villa Foscari at Malcontenta.* Stockholm (1973)

**Frescura,** Bernardino *La Brenta. Storia di un fiume.* In: *Rivista Geografica Italiana,* 3. Jg., Florenz 1896

**Gallo,** Agostino *Le vinti Giornate dell'agricoltura et de' piaceri della villa.* Brescia 1567. Französisch *(Secrets de la vraye Agriculture et Honestes plaisirs ...)* Paris 1572

**Germann,** Georg *Einführung in die Geschichte der Architekturtheorie.* Darmstadt 1980

**Goez,** Werner *Grundzüge der Geschichte Italiens in Mittelalter und Renaissance.* Darmstadt 1984

**Goldoni,** Carlo *Geschichte meines Lebens und meines Theaters.* München 1968
- *Landpartie à la mode. Reisefieber – Die Landpartie – Rückkehr.* (Deutsch von Heinz Riedt). Frankfurt a. M. 1984
**Goethe,** Johann Wolfgang *Italienische Reise.* 2 Bde., Frankfurt a. M. 1976
*Guida d'Italia del Touring Club Italiano: Veneto.* Mailand 1969
*Friuli, Venezia–Giulia.* Mailand 1982
**Hehn,** Victor *Italien, Ansichten und Streiflichter.* St. Petersburg 1867
**Heinemann,** Willy *Die Villenbauten des Andrea Palladio.* Berlin 1909
**Hellmann,** Manfred *Grundzüge der Geschichte Venedigs.* Darmstadt 1981
**Hofer,** Paul *Palladios Erstling. Die Villa Godi Valmarana in Lonedo bei Vicenza.* Basel/Stuttgart 1969
**Huse,** Norbert *Palladio und die Villa Barbaro in Maser: Bemerkungen zum Problem der Autorschaft.* In: *Arte Veneta,* Bd. 28, 1974, S. 106–122
**Hüttinger,** Eduard *Die Villa Barbaro in Maser.* In: *du – kulturelle Monatsschrift,* Mai 1967
**Huyssen,** Heinrich von *Curieuse und vollständige Reiß-Beschreibung von gantz Italien ...* (Holzmann-Bohatta III. No. 11.662). Freiburg 1701
**Isermeyer,** Christian Adolf *Die Villa Rotonda von Palladio.* In: *Zeitschrift für Kunstgeschichte,* Bd. 30, 1967, S. 207–221
**Kamm-Kyburz,** Christine *Der Architekt Ottavio Bertotti-Scamozzi 1719–1790.* Bern 1983
**Keller,** Fritz Eugen *Alvise Cornaro zitiert die Villa des Marcus Terentius Varro in Cassino.* In: *L'Arte,* 14, 1971, S. 29–53
**Keller,** Harald *Die Kunstlandschaften Italiens.* München 1960

**Kretschmayr,** Heinrich *Geschichte von Venedig* (3 Bde., 1905–1934). Nachdruck Aalen 1964
**Kubelik,** Martin *Die Villa im Veneto. Zur typologischen Entwicklung im Quattrocento.* 2 Bde., München 1977
**Lalande,** Joseph-Jérôme de *Voyage d'un Français en Italie, fait dans les années 1765 et 1766.* Bd. VII u. VIII, Venedig/Paris 1769
**Langewiesche,** Marianne *Venedig, Geschichte und Kunst. Erlebnis einer einzigartigen Stadt.* Köln 1973
**Lazzarini,** Vittorio *Proprietà e feudi, offizi, garzoni, carcerati in antiche leggi veneziane. Storia ed economia,* Bd. 6, Rom 1960
**Lehmann,** Herbert *Zur Problematik der Abgrenzung von Kunstlandschaften ...* In: *Erdkunde,* Archiv f. Wiss. Geographie, Bd. XV, Heft 4. Bonn 1961
**Lewis,** Carolyn Kolb *The villa Giustinian at Roncade.* New York 1977
**Lill,** Rudolf *Geschichte Italiens vom 16. Jahrhundert bis zu den Anfängen des Faschismus.* Darmstadt 1980; 3. erw. Aufl. m. d. Titel *Geschichte Italiens in der Neuzeit,* 1986
**Ludwig,** Gustav *Restello, Spiegel und Toilettenutensilien in Venedig zur Zeit der Renaissance.* In: *Italienische Forschungen,* hrsg. vom Kunsthistorischen Institut in Florenz, Bd. 1, Berlin 1906
**Lutz,** Georg *Verfassung, Verwaltung und Sozialordnung Venedigs in der frühen Neuzeit.* In: *Almanach* 1973 (Carl Heymanns Verlag Köln/Berlin/Bonn/München), S. 127–144
**Luzzato,** Gino *Storia economica di Venezia dall' XI al XVI secolo.* Venedig 1961
**Machiavelli,** Niccolò *Politische Betrachtungen über die alte und die italienische Geschichte* (*Klassiker der Politik,* Bd. 2). Köln/Opladen 1965

**Martin,** Alfred von  *Soziologie der Renaissance.* München 1974

**Mazzotti,** Giuseppe (Hrsg.)  *Ville venete.* Treviso 1954

– *Venetian Villas.* Rom 1957

– *Case rustiche e architetture spontanee nella Marca Trevigiana.* Treviso 1970

**Mc Kay,** Alexander G.  *Römische Häuser, Villen und Paläste.* Luzern/Herrsching 1984

(**Misson,** François-Maximilien) *Maximilian Missons Reise nach Italien, mit vielen Anmerkungen und Figuren vermehrt.* Leipzig 1713

**Molmenti,** Pompeo Gerardo  *Die Venetianer. Geschichte und Privatleben. Von der Gründung bis zum Verfall der Republik.* (1880). Hamburg 1886

**Montaigne,** Michel de  *Das Reisetagebuch.* In: *Gesammelte Schriften.* Historisch-kritische Ausgabe ..., hrsg. von Otto Flake und Wilhelm Weigand, Bd. 7, München/Leipzig 1908

**Moos,** Stanislaus von  *Turm und Bollwerk. Beiträge zu einer politischen Ikonographie der italienischen Renaissancearchitektur.* Zürich/Freiburg i. Br. 1974

**Muraro,** Michelangelo  *Civiltà delle ville venete.* In: *Arte in Europa. Scritti di storia dell'arte in onore di E. Arslan,* Bd. 1, Mailand 1966, S. 533–543

– *Feudo e ville venete.* In: *Bollettino CISA,* Bd. 20, 1978, S. 203–223

– *Die Villen des Veneto.* München 1986

**Nievo,** Ippolito  *Pisana oder die Bekenntnisse eines Achtzigjährigen.* (*Le Confessioni di un ottuagenario,* Florenz 1867). Frankfurt a. M. 1957

**Nissen,** Heinrich  *Italische Landeskunde.* Bd. 1: *Land und Leute.* Berlin 1883

**Ovid** (Publius Ovidius Naso)  *Metamorphosen* (hrsg. u. übers. v. Erich Rösch). Darmstadt 1983

**Pagello,** Elisabetta  *Andrea Palladio: La Villa Thiene a Quinto Vicentino.* Quinto Vicentino 1981

**Palladio,** Andrea  *I quattro libri dell'architettura.* Venedig 1570 (Facsimile, Mailand 1945)

– *Die vier Bücher zur Architektur* (übers. v. Andreas Beyer u. Ulrich Schütte). Darmstadt 1984

– Katalog: *Mostra del Palladio.* Vicenza (1973)

– Katalog: *Palladio e la maniera: I pittori vicentini del Cinquecento e i collaboratori dell' Palladio 1553–1630.* Venedig 1980

**Pallucchini,** Rodolfo  *Gli affreschi di Giambattista e Giandomenico Tiepolo alla Villa Valmarana di Vicenza.* Bergamo (1945)

**Patzak,** Bernhard  *Die Renaissance- und Barockvilla in Italien.* 3 Bde., Leipzig 1908–13

**Precerutti Gabreri,** Mercedes  *Affreschi settecenteschi delle ville venete.* Mailand (1968)

**Prinz,** Wolfram u. a.  *Studien zu den Anfängen des oberitalienischen Villenbaues.* In: *Kunst in Hessen und am Mittelrhein,* Bd. 13, 1973, S. 7–45

**Procacci,** Giuliano  *Geschichte Italiens und der Italiener.* München 1983

**Puppi,** Lionello  *Michele Sanmicheli, architetto di Verona.* Padua (1971)

– *La Villa Badoer di Fratta Polesine. (Corpus Palladianum).* Vicenza 1972

– *Andrea Palladio. Das Gesamtwerk.* 2 Bde., Stuttgart 1977

– *Le grande ville venete (Documenti d'arte),* Novara 1982

*Reclams Kunstführer: Oberitalien Ost.* Italien, Bd. 2, Stuttgart 1965

**Ritter,** Joachim  *Landschaft. Zur Funktion des Ästhetischen in der modernen Gesellschaft.* Schriften der Gesellschaft zur Förderung der Westfälischen Wilhelms-Universität Münster, H. 54, Münster 1963

**Rosci,** Marco *Forme e funzioni delle ville venete pre-palladiane.* In: *L'Arte,* N.S., Bd. 2, 1968, S. 26–54

**Rupprecht,** Bernhard *Villa. Zur Geschichte eines Ideals.* In: *Probleme der Kunstwissenschaft,* Bd. 2, Berlin 1966, S. 210–250

– *Ville venete del '400 e del primo '500: forme e sviluppo.* In: *Bollettino CISA,* Bd. 6, 1964, S. 239–250

– *Die Villa Garzoni des Jacopo Sansovino.* In: *Mitteilungen des Kunsthistorischen Instituts Florenz,* Bd. 11, 1965, S. 1–31

– *L'iconologia nella villa veneta.* In: *Bollettino CISA,* Bd. 10, 1968, S. 229–240

– *Sanmichelis Villa Soranza.* In: *Festschrift für Ulrich Middeldorf,* Berlin 1968, S. 325–332

**Sand,** George *Briefe eines Reisenden,* Bd. 1 u. 2., Leipzig 1844

**(Sanudo,** Marino) *Itinerario di Marin Sanuto per la Terraferma Veneziana Nell'Anno 1483.* Padua 1847

**Scamozzi,** Vincenzo *L'idea della architettura universale.* Venedig 1615

**Scarpari,** Gianfranco *Le ville venete.* Rom 1980

**Schickhardt,** Heinrich *Handschriften und Handzeichnungen*... (I. A. des Württembergischen Geschichts- und Altertumsvereins, herausgegeben durch Dr. Wilhelm Heyd). Stuttgart 1902

**Schlosser,** Julius (von) *Die Kunstliteratur. Ein Handbuch zur Quellenkunde der neueren Kunstgeschichte.* Wien 1924

– *Venedig – Zwei Kapitel aus der Biographie einer Stadt* (1897). Darmstadt 1958

**Schudt,** Ludwig *Italienreisen im 17. und 18. Jahrhundert.* (Römische Forschungen der Bibliotheca Hertziana, Bd. XV). Wien/ München 1959

**Schweikhart,** Gunther *Studien zum Werk des Giovanni Maria Falconetto.* In: *Bollettino del Museo Civico di Padova,* Bd. 67, 1968, S. 17–67

**Semenzato,** Camillo *La Rotonda di Andrea Palladio (Corpus Palladianum,* Bd. 1). Vicenza 1968

– *Le ville del Sanmicheli.* In: *Bollettino CISA,* Bd. 11, 1969, S. 113–119

– *Le Ville del Polesine.* Vicenza 1975

**Sereni,** Emilio *Storia del paesaggio agrario italiano.* Rom/Bari 1961

**Settis,** Salvatore *La »Tempesta« interpretata. Giorgione, i committenti, il soggetto.* Turin 1978 (deutsch: Berlin 1982)

**Spielmann,** Heinz *Andrea Palladio und die Antike.* München/Berlin 1966

**Sweezy,** Paul *Der Übergang vom Feudalismus zum Kapitalismus.* Frankfurt a. M. 1978

**Swoboda,** Karl M. *Römische und romanische Paläste. Eine architekturgeschichtliche Untersuchung.* Wien 1919

**Tichy,** Franz *Italien. Eine geographische Landeskunde. Wissenschaftliche Länderkunden,* Bd. 24, Darmstadt 1985

**Tiozzo,** Glauco Benito/**Semenzato,** Camillo *The banks of the River Brenta.* Treviso 1978

**Valandro,** Roberto (Hrsg.) *Venezia e Monselice nei secoli XV e XVI. Ipotesi per una ricerca.* Monselice 1985

**Ventura,** Angelo *Nobiltà e popolo nella società veneta del '400 e '500.* Bari 1964

– *Aspetti storico-economici della villa veneta.* In: *Bollettino CISA,* Bd. 11, 1969, S. 65–77

– *Le trasformazioni economiche nel Veneto tra Quattro e Ottocento.* In: *Bollettino CISA,* Bd. 18, 1976, S. 127–142

**Viviani,** Giuseppe Franco (Hrsg.) *La villa nel veronese.* Verona 1975

**Vitruv** *Zehn Bücher über Architektur* (hrsg. u. übers. v. C. Fensterbusch). Darmstadt 1964

**Wallerstein,** Immanuel  *Das moderne Weltsystem – Die Anfänge kapitalistischer Landwirtschaft und die europäische Weltökonomie im 16. Jahrhundert* (1974). Frankfurt a. M. 1986

**Wittkower,** Rudolf  *Grundlagen der Architektur im Zeitalter des Humanismus.* München 1969

– *Art and Architecture in Italy 1600–1750. The Pelican History of Art.* Harmondsworth, Middlesex 1973

**Wolters,** Wolfgang  *Sebastiano Serlio e il suo contributo alla villa veneziana prima del Palladio.* In: *Bollettino CISA,* Bd. 11, 1969, S. 83–94

**Woolf,** Stuart J.  *Venice and the terraferma. Problems of the change from commercial to landed activities.* In: *Bollettino dell'Istituto di Storia della Società e dello Stato Veneziano,* Bd. 4, Venedig 1962, S. 415–441

**Zancan,** Maria Antonietta  *Le ville vicentine del Quattrocento.* In: *Bollettino CISA,* Bd. 11, 1969, S. 430–446

**Zoppé,** Leandro  *Villas of the Veneto.* Bologna 1976

– *Ville del Friuli.* Mailand 1978

**Zorzi,** Giangiorgio  *I disegni delle antichità di Andrea Palladio.* Venedig 1959

– *Le ville e i teatri di Andrea Palladio.* (Venedig) 1969

# Abbildungsnachweis

# Praktische Reisehinweise

## Hinweise zum Besuch der Villen

Der landeskundige Leser wird einige bedeutende Villen im Katalogteil vermissen – wir haben sie nicht aufgenommen, weil sie absolut unzugänglich und gleichzeitig auch von außen nur unbefriedigend sichtbar sind. In diese Kategorie gehören etwa die in der Literatur ihrer Stukkaturen wegen häufig zitierte Villa »Barbariga« an der Brenta in San Pietro di Strà, sie liegt der »Nazionale« (93) gegenüber; oder auch ein so imposantes Bauwerk wie das Castello di Cataio in Battáglia Terme.

Nicht alle Villen, deren Besuch unserer Meinung nach ›dringend empfehlenswert‹ ist, sind im Katalogteil mit einem Stern gekennzeichnet. Mit wenigen Ausnahmen haben wir uns auf Häuser mit geregelten Öffnungszeiten beschränkt. Der Stern bedeutet also zweierlei: daß hier ein Bauwerk aus dem einen oder anderen Grund ganz besonders sehenswert ist – *und* daß es auch zu sehen ist. Wo uns die Besichtigung seitens der Besucher oder seitens der Besitzer mit allzu großem Aufwand verbunden scheint, ist die Auszeichnung unterblieben – sei es, daß eine übergroße Hartnäckigkeit im Telefonieren vonnöten wäre, wie bei der Villa della Torre in Fumane (37), oder daß der Besitzer von sehr weit her anreisen müßte, um sein Haus zu zeigen, wie im Fall der Villa dal Vesco in Breda di Piave (17). Daß darüber hinaus so manches Stern-würdige Haus ohne Stern im Katalog aufgeführt ist, hingegen die eine oder andere ›gesternte‹ Villa die Auszeichnung in den Augen eines Besuchers nicht verdient, bedarf wohl kaum der Erklärung. Rein objektive Kriterien für eine solche Auswahl gibt es nicht; sie ist immer – auch – eine Frage persönlicher Einstufung.

Wer versuchen möchte, eine der als »normalerweise unzugänglich« eingestuften Villen zu besichtigen, hat möglicherweise Glück, indem er einfach klingelt, es sei denn ein Schild an der Tür verbietet den Zugang ausdrücklich. Der zweite erfolgversprechendere Weg führt über ein Telefonat mit dem zuständigen Rathaus. Dort bekommt man im allgemeinen Auskunft darüber, wer der Besitzer einer Villa ist und welche Telefonnummer er hat. Für den Anruf im Municipio sind die Öffnungszeiten – durchweg vormittags – zu beachten. Wer sich die Nummer der Behörde über die Telefonauskunft besorgt, muß die Provinz und die Gemeinde angeben können – bei zwei oder drei durch das Wörtchen *di* verbundenen Ortsnennungen im Katalog bezeichnet jeweils die *letzte* den Sitz des Rathauses. Beispiel »Arbizzano di Negrar, VR«: das Rathaus steht in Negrar, die Villa in Arbizzano, Provinz Verona.

Viele Gespräche mit Villenbesitzern haben uns davon überzeugt, daß im allgemeinen weder Mangel an Verständnis für das Kunstinteresse der Besucher, noch der Wunsch ungestört zu bleiben, die Türen verschlossen halten, sondern die verbreitete und sehr realistische Angst vor Einbrüchen. Kaum eine bedeutende Villa, die auszurauben nicht mehrfach mindestens versucht worden wäre, wobei solche Beutezüge häufig mit Hilfe von ›Besichtigungen‹ vorbereitet wurden. So also erklärt sich die Vorsicht der Besitzer. Sie möchten wissen, wem sie ihr Haus öffnen; die Frage nach ›Referenzen‹ wird immer wieder gestellt, wer keine vorweisen kann, wird zumindest um eine plausible Begründung seines Interesses gebeten.

Wenn Sie fotografieren wollen, tun Sie es keinesfalls heimlich! Fragen Sie ausdrücklich, ob der Hausherr damit einverstanden ist.

Wo Villenbesitzer geregelte Öffnungszeiten organisiert haben und dafür Personal beschäftigen, sind die Eintrittspreise im Allgemeinen recht hoch; Ermäßigungen etwa auf Studenten- oder Schülerausweise sind unüblich. Wo Villenbesitzer Besucher freundlichkeitshalber ins Haus lassen, geschieht das hingegen ohne daß irgendeine Bezahlung erwartet würde – oft nicht einmal vom Personal, das die Räume zeigt. Eine allgemeingültige Verhaltensregel gibt es hier nicht, außer der einen, zu fragen, ob man die Mühe entgelten darf. Denn wo die eine Verwaltersfrau einen Geldschein peinlich berührt zurückweist, rechnet die andere ganz selbstverständlich mit einer angemessenen Summe.

Erste Richtungshinweise auf eine Villa geben bei der Suche häufig ein Park, hohe Bäume, Parkmauern, Fluchten von Alleen, Parktore oder die Reste davon – etwa ein Steinpfosten links und rechts, wo früher einmal die Allee begann.

Wer eine Reise ins Veneto plant, wird in den verfügbaren Informationen und Prospekten über kurz oder lang auf Hinweise auf das Ausflugsschiff *Burchiello* stoßen, das von Anfang April bis Ende September zwischen Venedig und Padua verkehrt. Man bucht auf diesem Schiff eine ganztägige Fahrt – die nicht billig ist – mit festem Programm, das nur einige wenige Besichtigungen einschließt. Vergewissern Sie sich insbesondere, ob die versprochene Besichtigung der »Malcontenta« (50) stattfindet, sollte die Anlegezeit des Schiffes mit den in diesem Buch genannten Öffnungszeiten *nicht* übereinstimmen! (Auskunft bei den Fremdenverkehrsämtern sowie beim Organisator, dem Reiseunternehmen Siamic Express, 35 100 Padua, Via Trieste 42, Telefon 0 49–66 09 44.)

## Reiserouten

Die früher einmal auch wegen ihrer landschaftlichen Schönheit berühmtesten Villen-Gegenden haben heute infolge der starken Industrialisierung und Zersiedelung viel von ihrem Reiz verloren. Das gilt in erster Linie für die *Riviera del Brenta*, die Ufer des Brentakanals, wie auch für die zur Autopiste gewordenen Ufer des Battágliakanals oder die Straße Mestre – Treviso. Das Trevisano, das Umland von Treviso, war das erste Ziel der venezianischen Villeggiatura – die Villen standen und stehen hier noch immer dicht bei dicht, sind aber auch ganz besonders durch den Verkehr beeinträchtigt. Wie schon im Katalog erwähnt, empfiehlt sich eine Besichtigungsfahrt etwa am Sonntagmorgen ziemlich früh, dann kann man mit Sicherheit ungestört langsam fahren und auch anhalten, um zu schauen. Das gleiche gilt für die großen Ausfallstraßen von Treviso nach Conegliano oder Oderzo.

In folgenden Gegenden bietet der Autobummel über Nebenstraßen zwar kaum noch die auch dem Veneto nachhaltig verlorengegangene Muße, dafür immer wieder überraschende Entdeckungen von Villen:

* in dem vom Piave, der A 4 und der Achse Mestre–Treviso–Spresiano gebildeten Dreieck, wie auch im Montello zwischen Spresiano und Crocetta;
* in dem Gebiet mit den Eckpunkten Bassano–Padova–Mestre–Treviso–Montebelluna;
* in der vom Bacchiglione durchflossenen Ebene zwischen Vicenza und Padova. Wer bei Longare/Costozza von der Straße Nr. 247 nach Osten abbiegt in Richtung Montegalda, findet neben so mancher kaum bekannten Villa auch noch etwas von der ländlichen Heiterkeit, die die Bauherren früherer Jahrhunderte hier siedeln ließ.
* Ähnlich landschaftlich intakt ist das breite Tal des Illasi im Osten von Verona; nicht zuletzt wegen seiner unvermuteten Beschaulichkeit ist der kleine Ort Illasi mit seinen Villen einen Besuch wert.

Landschaftlich kaum zerstört ist, zumindest streckenweise, der Vorgebirgsrand, etwa entlang der Straße Cornuda–Asolo; die zwar kurze, aber genußreiche Fahrt führt nicht nur an der weltberühmten Villa Barbaro (54) vorbei, sondern auch an der repräsentativen Villa Rinaldi (–) bei Casella, einem für Besucher leider unzugänglichen Bau, der in seiner heutigen Form aus dem 17. Jahrhundert stammt.

Wo immer dem Autoverkehr Berge als natürliche Schranken im Weg stehen, ist auch das Veneto geblieben, was es einmal war – das gilt für die Monti Berici, ganz besonders aber für die Euganeen, eines der einstigen venezianischen Villen-Paradiese. Die Fahrt über die kurvenreichen, schmalen Sträßchen bietet eine Fülle von Entdeckungen – eine Fahrt, die nach Süden, in die große Ebene, auszudehnen sich lohnt: ins Polésine, das Zwischenland von Etsch und Po. Hier, jenseits der Achse Legnago–Montagnana– Monsélice–Chioggia, erwartet den Reisenden die Stille eines vom Tourismus vergessenen Landes und die Freundlichkeit einer Bevölkerung, der das Auftauchen einer ausländischen Autonummer auf der Piazza eine freudig begrüßte Unterbrechung im alltäglichen Einerlei bedeutet. Wenn auch die Villen in diesen ehemaligen Sumpfgebieten weit verstreut liegen, so vermitteln sie ganz anders als die ›Lusthäuser‹ im heiteren Norden den Ernst und die Würde der Anfänge der venezianischen Villeggiatura.

# Allgemeine Hinweise

**Reisezeit:** Das feuchte Klima Venetiens macht insbesondere den Hochsommer schwer erträglich. Die angenehmsten – wenngleich leider auch nicht stechmückenfreien – Reisemonate sind April, Mai und Juni, sowie September und Oktober. April und Oktober sind jedoch kritisch in Bezug auf die Öffnungszeiten mancher Villen – vergewissern Sie sich, bevor Sie die Reise planen!

Die **Mittagsruhe** gehört zu den unantastbaren Gütern der italienischen Nation. Wer das Land nicht als völliger Neuling bereist, ist vertraut mit der Tatsache, daß zwischen zwölf und eins Tankstellen (!), Museen, Geschäfte, Kirchen unerbittlich schließen – von ganz wenigen Ausnahmen abgesehen. Erst um drei, halbvier geht der Tag weiter. Tankstellen sind auch sonntags geschlossen; nur entlang der großen Durchgangsstraßen in der Nähe der Städte findet sich da und dort eine offene. Banken sind im allgemeinen von Montag bis Freitag von 8.15 bis 13.15 Uhr geöffnet.

**Telefonieren** wird dann zum Problem, wenn man auf öffentliche Fernsprecher angewiesen ist. Die Postämter haben keine Telefonzellen, man telefoniert von Bars oder Kabinen am Straßenrand aus, nachdem man sich vorher mit einer ausreichenden Anzahl von *gettoni*, Fernsprechmünzen, versorgt hat (nur wenige Apparate sind bisher auf Lire-Betrieb umgestellt worden). Längere Ferngespräche scheitern in der Regel an Münzenmangel, davon abgesehen, daß der Lärm in Bars wie an Straßenrändern ohnehin jede Verständigung verhindert. Es empfiehlt sich also, alle zur Vorbereitung einer Villenreise eventuell nötigen Telefonate von zu Hause aus zu führen. Die internationale Vorwahl für Italien: 00 39, die dann folgende Null der Ortskennzahl entfällt.

**Hotels:** Fordern Sie bei den Fremdenverkehrsämtern Hotelverzeichnisse der einzelnen Provinzen des Veneto an. Generell ist zu sagen, daß Venetien sowohl in den Kleinstädten als auch auf dem Land viel zu wenige wirklich angenehme Hotels hat – von zu Luxusherbergen ausgebauten Villen mit entsprechenden Preisen abgesehen. Über Land fahren und auf dem Land schlafen vorzugsweise Leute, die in der einen oder anderen Weise mit den zahllosen Industriebetrieben zu tun haben. So finden sich auch die Landhotels ungeachtet des Verkehrslärms entlang der Durchgangsstraßen und dort, wo die Industrie am dichtesten ist. Wir empfehlen, sich Hotelstützpunkte in den Städten zu suchen und bei der Reservierung ausdrücklich nach Zimmern zum Innenhof *(all'interno)* oder nach rückwärts *(all'indietro)* zu fragen. Brauchbar bei der Hotelsuche ist u. a. auch der jährlich neu erscheinende rote Michelin-Führer »Italia«.

**Restaurants:** So hilfreich der Michelin bei der Hotelsuche sein mag – in Bezug auf die Restaurants ist er von geringem Nutzen. Den Franzosen, die ihre eigene Küche für die beste der Welt halten, fehlt der Blick für die Vorzüge der italienischen; gänzlich unitalienische Qualitäten wie gedämpftes Licht, Kerzen auf den Tischen und üppige Dekorationen des Raumes bewerten sie besonders hoch. Sehr viel zutreffender und umfassender ist man, falls die italienischen Sprachkenntnisse ausreichen, informiert, wenn man den italienischen »Guida de L'Espresso« zu Rate zieht. Aber auch ohne Führer findet man überall im Veneto gute und dabei preiswerte Restaurants und Trattorien.

# Adressen der Staatlichen Italienischen Fremdenverkehrsämter (ENIT):

4000 DÜSSELDORF
Berliner Allee 26
☎ 02 11–13 22 31, 13 22 32

6000 FRANKFURT/MAIN
Kaiserstraße 65
☎ 0 69–23 12 13, 23 26 48

8000 MÜNCHEN 2
Goethestraße 20
☎ 0 89–53 03 69, 53 39 33

1010 WIEN
Kärntnerring 5
☎ 02 22–65 16 39, 65 43 74

6900 ZÜRICH
Uraniastraße 32
☎ 01–21 13 633


# ADAC und ACI im Veneto:

Der ADAC ist von 1. Juni bis 30. September werktags von 9 bis 17 Uhr in Padua erreichbar unter der Nummer 0 49–66 16 51.
Die Pannenhilfe des italienischen Automobilclubs ACI ist Tag und Nacht erreichbar. Die Telefonnummer – 116 – wird *ohne* Vorwahl gewählt.

---

Eine Bitte zu guter Letzt: Informieren Sie uns, wenn Sie während Ihrer Reise feststellen, daß sich Telefonnummern, Öffnungszeiten etc. geändert haben. Wir sind für jede Korrektur, die wir bei der nächsten Auflage berücksichtigen können, dankbar. Unsere Anschrift: DuMont Buchverlag, PF 10 04 68, 5000 Köln 1.

# Verzeichnis verwendeter Fachausdrücke und Begriffe

**Andito** (ital.) Korridor, Zugang, Eingangshalle, → Vestibül, → Portego

**Andreaskreuz** Kreuz in X-Form; der hl. Andreas fand an einem solchen Kreuz den Märtyrertod

**Annex** Anbau

**Apsis** (griech.) Halbrunder oder polygonaler Abschluß einer Wand, Nische, → Exedra

**Architrav** Waagerechter, durchlaufender Balken über den Stützen (→ Pfeiler, → Pilaster oder Säule); Hauptteil des Gebälks

**Arkade** (lat. arcus = Bogen) Bogenstellung über Stützen; Arkatur: fortlaufende Reihe solcher Bogenstellungen

**Atlant** (abgeleitet von Atlas, dem Himmelsträger der Griechen) Männliche Gestalt, die an Stelle einer tektonischen Stütze das Gebälk mit erhobenen Armen oder auf dem Haupt trägt

**Atrium** (lat.) Innenhof des römischen Hauses mit überdachtem Umgang

**Attika** Brüstungsartige Aufmauerung über dem → Gesims, verdeckt den Dachansatz; seit der Renaissance auch als eigenes, doch vermindertes Obergeschoß benutzt

**Balustrade** Brüstung, Geländer, von Balustern (gebauchte Säulchen) getragen

**Barchesse** (ital./venez.) Der Villa zugeordnete Gebäude oder → Annexe, die dem landwirtschaftlichen Betrieb dienen, aber auch als Wohn- oder Gästehäuser benutzt werden können

**Barco** Italienische spätmittelalterliche Bezeichnung für ein eingehegtes Jagdrevier, auch Paradies

**Basis** Säulenfuß, Standblock für eine Plastik

**Belvedere** (ital.) Schöne Aussicht, auch Bezeichnung für eine diesem Zweck dienende Architektur

**Bifore** Zweibogiges Fenster

**Bossenquader** Ein in der Ansichtsfläche des Mauerwerks roh belassener, nur mit Randschlag versehener Steinblock, auch → Buckelquader, → Rustika

**Buckelquader** Wie → Bossenquader, doch eher noch gröber belassen

**Camera** (ital.) Zimmer; *anticamera, camera, postcamera* bilden eine Suite von drei funktional und (bei Palladio) proportional aufeinander bezogenen Zimmern

**Cantina** (ital.) Kellerei

**Capriccio** (ital.) Einfall, Gag; scherzhafte Musik- oder Bilderfindung

**Casa padronale** (ital.) Herrenhaus

**Casa rustica** (ital.) Bauernhaus

**Casa veneziana** (ital.) Venezianisches Haus; ein besonderer, in Venedig geläufiger Haustyp

**Cinquecento** ('500) Ital. Bezeichnung für das 16. Jahrhundert

**Colombaia** (ital.) Taubenschlag oder -haus, turmartiger Anbau im Bereich der Villa

**Cortile** (ital.) Hof, auch Betriebshof

**Crociera** Sala a crociera (ital.), Saal mit einem kreuzförmigen Grundriß

**Dekorum, Decoro**  (lat., ital.) Würde, Zierde; seit der Renaissance Kriterium des vollkommenen Hofmannes und seines Lebensstils

**Dominante**  Die Herrschende, d. h. die Hauptstadt Venedig

**Dorica**  Kurzbezeichnung für dorische → Säulenordnung

**Empire**  Klassizistischer Stil zur Zeit des ersten Kaiserreiches unter Napoleon I.

**Enfilade**  (franz.) In Längsrichtung aneinandergereihte Räume mit einem gemeinsamen Türdurchblick

**Entrata**  (ital.) Eingang, Eingangshalle

**Exedra**  Halbkreis- oder segmentförmige Architektur, → Apsis

**Fattoria**  (ital.) Wirtschaftsgebäude

**Foresteria**  (ital.) Gästehaus

**Fresko**  Wandmalerei auf frischen (nassen) Kalkputz; nicht korrekt, doch üblicherweise auch verwendet für Wandmalerei überhaupt

**Frontispiz**  Vordergiebel, Titelblatt

**Galerie**  Hier in etwa gleichbedeutend mit → Loggia

**Gesims**  Aus der Wand hervortretendes Mauerband oder Streifen, der die horizontalen Bauabschnitte bezeichnet. Je nach dem Ort seiner Anbringung: Sockel-, Dach-, Haupt-, Kranz-, Tür-, Fenstergesims

**Ghibellinische Zinnen**  Keilförmig gespaltene Zinnen; (angebliches) Kennzeichen ghibellinischer Parteizugehörigkeit

**Granaio, granaro**  (ital.) Getreidespeicher, Kornspeicher

**Grisaille**  Malerei, die in mehreren Abtönungen einer einzigen Farbe (meist grau, braun) gehalten ist. Oft für illusionistische Nachahmung plastischer Figuren benutzt

**Groteske**  Rankenornament mit phantastisch verschlungenen Pflanzen-, Tier- und Menschendarstellungen; aufgrund von Funden antiker Dekorationen in ›Grotten‹ (unterirdischen Grabkammern) im Umkreis Raffaels wieder verwendet und weiterentwickelt

**Harpyien**  In der griechischen Mythologie räuberische weibliche Dämonen mit Flügeln und Vogelkrallen

**Interkolumnien**  (lat.) Säulenabstand, der nicht mit lichtem Maß, sondern von Säulenmittelpunkt zu Säulenmittelpunkt bemessen wird. Die einzelnen → Säulenordnungen besitzen unterschiedliche Interkolumnien, von der tuskischen/toscanischen (am weitesten) über die dorische, jonische, korinthische bis zur kompositen Ordnung (am schmalsten). Gemäß Palladio gelten folgende Maße und Proportionen:

| Ordnung | Höhe der Säule in ⌀ | Interkolumnium in ⌀ | Charakter |
| --- | --- | --- | --- |
| tuskisch | 7 | 4 | Aräostylos |
| dorisch | 7½ | 2¾ | Diastylos |
| jonisch | 9 | 2¼ | Eustylos |
| korinthisch | 9½ | 2 | Sistylos |
| komposit | 10 | 1½ | Pyknostylos |

(⌀ am unteren Säulenschaft gemessen; die Daten der Interkolumnien meinen den lichten Abstand)

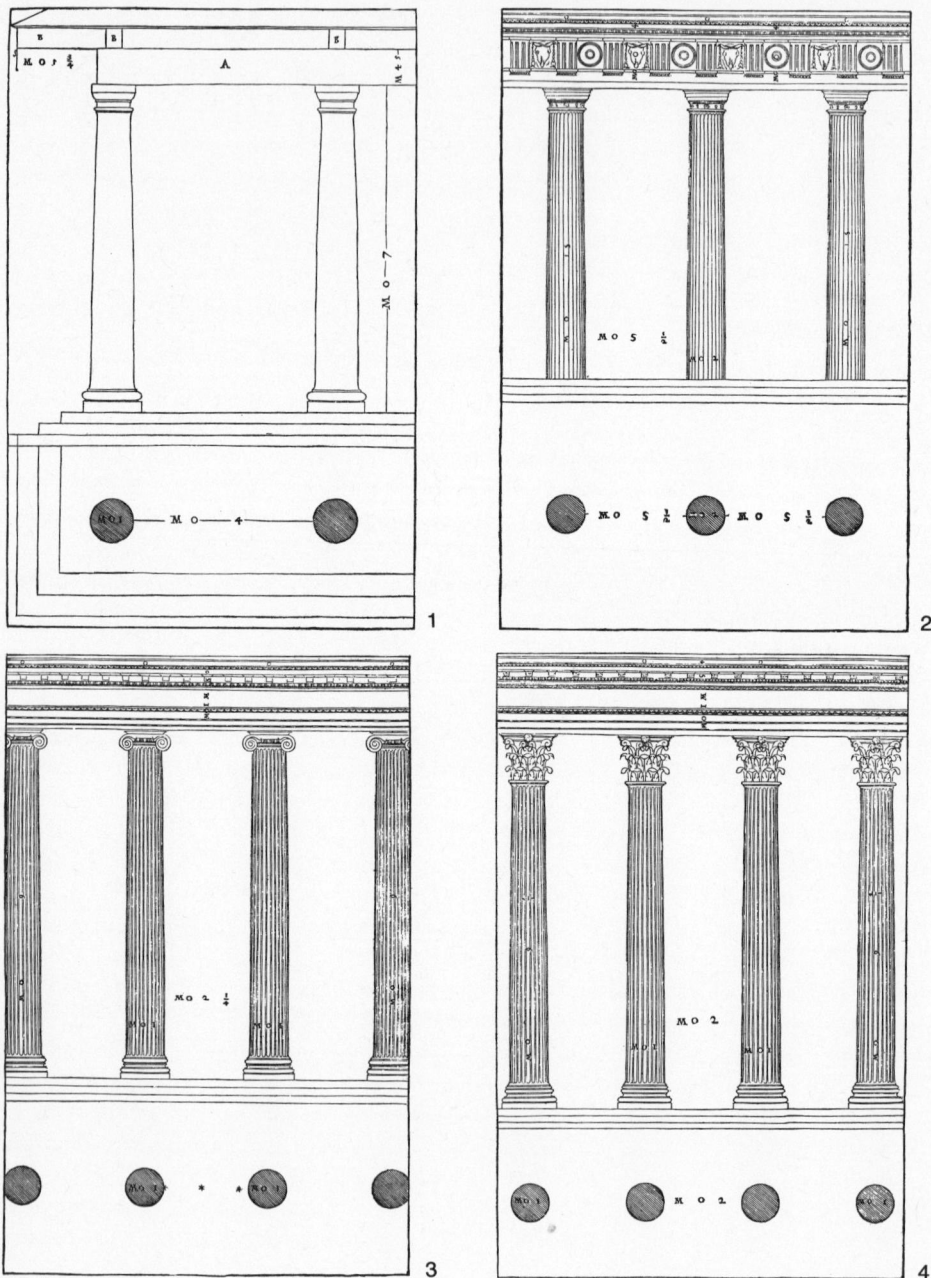

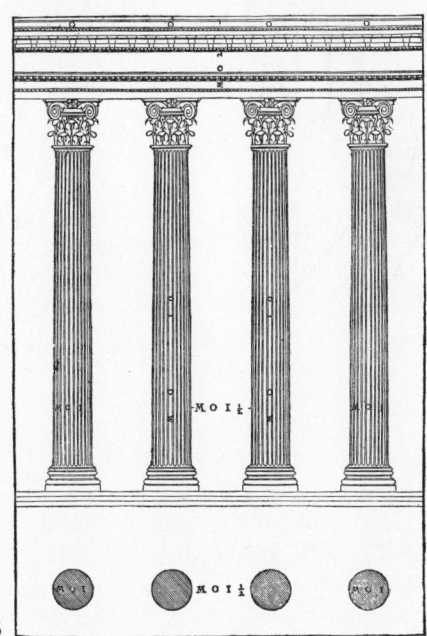

Aus: Palladio, »I quattro libri dell'architettura«, I
1 tuskisch 2 dorisch 3 jonisch 4 korinthisch 5 komposit       5

**Jonica**   Kurzbezeichnung für jonische → Säulenordnung

**Kameo**   Halbedelstein mit erhaben herausgearbeiteter figürlicher Darstellung; besonders in der römischen Antike beliebte Schmuckform

**Kämpfer**   Auflager; vorspringende, waagerechte Platte zwischen Gewölbe- oder Bogenansatz und tragendem Teil

**Kannelierung**   Anbringung von Längsrillen (Kannelüren) am Schaft einer Säule, eines Pfeilers → Pilasters

**Kapitell**   Kopfstück von Säulen, Pfeilern oder Pilastern, an der Stelle, wo Stütze und Last zusammentreffen

**Kartusche**   Schmuckrahmen, meist zur Aufnahme einer Inschrift oder eines Wappens; im Barock beliebt

**Kaskade**   Künstlicher Wasserfall

**Kolonnade**   Säulengang mit geradem Gebälk als selbständiges Bauwerk oder im Anschluß an ein Gebäude

**Kolossalordnung**   Fassadengliederung mittels Säulen oder → Pilastern über mehrere Geschosse

**Kolosseumsmotiv**   Nach dem »Kolosseum« genannten römischen Amphitheater; System einer Wandgliederung in kräftigen, übereinandergestellten Bogenreihen, die von → Säulenordnungen im Sinne der → Superpositio begleitet werden

**Konsole**  Aus der Mauer vorspringender Tragstein zur Stützung von Balken, → Gesimsen, Balkonen etc.

**Korbbogen**  Gedrückter, sich der Ellipse nähernder Bogen, häufig in der Renaissance-Architektur verwendet

**Lagune**  Durch Sandanschwemmung (Nehrung, Lido, Düne) vom Meer abgetrennter Strandsee

**Laterne**  Durchlichteter Aufbau, meist über einer Kuppel

**Levante**  ›Morgenland‹, Land der aufgehenden Sonne, die östlich an Italien anschließenden Mittelmeerländer, speziell die Küsten Kleinasiens, Syriens, auch Ägyptens

**Lido**  Deutsch: Nehrung; längerer schmaler Landstreifen, der eine Lagune vom Meer trennt

**Lisene**  Flacher, senkrechter Mauerstreifen ohne → Basis und → Kapitell, Gliederungselement der Wandfläche

**Locus amoenus**  (lat.) Lieblicher Ort, literarische Bezeichnung des römischen Altertums für eine ideale Landschaft

**Loggia**  (ital.) Offene Bogenhalle oder -gang in kleinerer Form, auch als Teil eines Gebäudes

**Lünette**  (franz.) Halbkreisförmiges Wandfeld unter Gewölbebögen oder über Türen und Fenstern, oft mit Malerei oder Reliefschmuck ausgefüllt

**Majuskel**  Großer Buchstabe der lateinischen Schrift

**Markusrepublik**  italienisch: Repubblica di San Marco, die Republik Venedig, deren Staatssymbol der geflügelte Löwe des Evangelisten Markus war, des Schutzpatrons von Stadt und Staat

**Mezzanin**  Zwischen- oder Halbgeschoß. Die geringere Höhe wird außen durch kleine Fensteröffnungen sichtbar

**Ninfeo**  (griech.: Nymphäum) Brunnentempel, halbkreisförmiges Gebäude mit Statuen, Brunnen in der Mitte

**Nobile (pl. Nobili)**  Adeliger, Adelige

**Nobilità**  Adel

**Obelisk**  Freistehender, rechteckiger Steinpfeiler, der sich nach oben verjüngt und in einer Pyramidenspitze endet. Ägyptisches Kultsymbol. Seit der Renaissance beliebter Baudekor

**Oblong**  Länglich, rechteckig

**Oculus**  (lat.) Kleine, runde Wandöffnung, Rundfenster

**Oktogon**  Achteck, Bauwerk über regelmäßigem Achteck

**Opaion**  Lichtöffnung im Kuppelscheitel

**Orangerie**  Gartenarchitektur oder Teil eines Bauwerks zur Zucht von Orangen (Gewächshaus)

**Outriert/Outré**  (franz.) Künstlerisch beabsichtigte Überzeichnung, Überspitzung

**Padania**  Po-Ebene

**Padovano**  Provinz Padua

**Padrone**  Gutsherr, »Patron«

**Pasticcio**  (ital. = Pastete, Mischmasch) Nichtauthentisches, aus ursprünglich nicht zusammengehörigen Elementen zusammengesetztes Kunstwerk, auch Fälschung

**Patriziat, Patrizier**  Städtischer Adel, Stadtadeliger, das heißt *nicht* grundbesitzender Adel, im Gegensatz zum Landadel (Patrizier in den deutschen Städten: altangesehene Familien)

**Peripteros**  (griech.) Ringhallentempel, die klassische Tempelform mit allseitigen Säulenstellungen

**Peristyl**  Säulen- oder pfeilergestützter Umgang im → Atrium des römischen Hauses

**Peschiera**  (ital.) Fischteich, -becken in Gartenanlagen

**Pfeiler**  Senkrechte Stütze mit rechteckigem oder polygonalem Querschnitt

**Piano nobile**  (ital., ›adeliges‹ Geschoß) Besonders hervorgehobenes Hauptgeschoß einer Villa bzw. eines Stadtpalastes, wo sich der große Saal befindet

**Pilaster**  Wandpfeiler, Projektion einer Säule in die Fläche, besitzt im Gegensatz zur → Lisene jedoch den Aufbau einer Säule: → Kapitell, → Basis

**Plinthe**  Flache, rechteckige oder quadratische Fußplatte von Säulen, Pfeilern, Statuen

**Podestà**  Bürgermeister

**Portego**  (ital., venez.) Eingangshalle einer Villa oder eines Palastes, → Vestibül, → Andito

**Portikus**  (Plural: Portici) Von Säulen oder Pfeilern getragener Vorbau (→ Kolonnade oder Arkatur) eines Bauwerks

**Portikusloggia**  → Portikus, → Loggia, Portal-/Vorbau in Form einer Loggia

**Pozzo**  (ital.) Brunnen

**Pronaos**  (griech.) Vorhalle des antiken Tempels; → Risalit in Form einer Tempelfront

**Quadraturmalerei**  Perspektivische Architekturmalerei, die den Innenraum (d. h. Wand und Decke) illusionistisch erweitert

**Quadrifore**  Vierbogiges Fenster

**Quattrocento**  ('400) ital. Bezeichnung für das 15. Jahrhundert

**Queroblong**  Lage eines rechteckigen Raumes oder Körpers, dessen Breitseite zum Betrachter liegt

**Rabbitzgewölbe**  Unechtes Gewölbe aus Holzleisten, Stuck, Gips

**Relief**  Skulptur, bei der das Bild aus der Steinfläche erhaben herausgearbeitet ist

**Retusche**  Handüberarbeitung, Nachbesserung

**Risalit**  Vorspringender Gebäudeteil, meist im Sinne der Symmetrie an bestimmten Stellen der Gebäude (-fassaden) plaziert: Mittel-, Eckrisalit

**Rocaille**  Unsymmetrisches Dekorationsmotiv des Rokoko (ca. 1730–1770), in dem das Muschelmotiv dominiert

**Rocca**  (ital.) Burg

**Rondell**  Kreisförmig angelegtes Beet, Plätzchen oder Wegführung in einem Park

**Rotunde**  Rundbau oder Rundraum innerhalb eines Bauwerks

**Rustico**  (ital.) Bauernhaus, auch → *Casa rustica*

**Rustika**  (ital.: bäuerliche Manier) Mauerwerk mit → Bossen- oder → Buckelquadern. In der Renaissance oft zur Illustrierung scheinbar rohen Naturzustandes verwendet, vor allem an Sockeln

**Sala/Salone**  Hauptsaal einer Villa oder eines Stadtpalastes im → Piano nobile

**Säulenordnung**   Aufgrund der Architekturlehre von Vitruv in der Renaissance zum System erhobene Baudekoration der Antike. Man unterscheidet aufsteigend die tuskische/toscanische, dorische, jonische, korinthische, komposite Säulenordnung. Jede Säulenordnung hat durch Proportion, → Interkolumnien und Dekor ihren eigenen Charakter, dem besondere Bedeutungen unterlegt wurden, z.B. dorisch = männlich, jonisch = weiblich. Die aufsteigende Reihenfolge illustriert zugleich eine Statushierarchie. Die Stapelung von Säulenordnungen übereinander (wie z.B. am römischen Kolosseum) heißt Superpositio (s. Seite 303 ff.).

**Scuderia**   (ital.) Pferdestall

**Seicento**   ('600) ital. Bezeichnung für das 17. Jahrhundert

**Serenissima**   Die ›Durchlauchtigste‹, historische Bezeichnung für die Republik Venedig

**Serliana**   Fenster-, Türgruppe oder → Arkadenform, bei der eine Bogenstellung von zwei rechteckigen Öffnungen flankiert wird; nach Sebastiano Serlio (1475–1554); auch Palladio-Motiv genannt

**Settecento**   ('700) ital. Bezeichnung für das 18. Jahrhundert

**Sgraffito**   (ital.: sgraffiare = kratzen) Kratzputz, Kratztechnik in feuchtem einfarbigem Unterputz. Zumeist ornamentale Außendekoration in der ital. Renaissance

**Signore**   Volkstümliche Bezeichnung für jeden, der Geld und Macht besaß; historisch: Alleinherrscher in den Stadtstaaten, Stadtdespot.

**Signoría (pl. Signoríe)**   ›Stadtherrschaft‹, d. h. im späten Mittelalter die Alleinherrschaft einzelner Geschlechter in den nord- und mittelitalienischen Stadtstaaten; die **Signoría der Republik Venedig** dagegen war die höchste politische Instanz des Staates, der Staatsrat, der zusammen mit dem Dogen den Vorsitz im Großen Rat wie auch im Senat führte. Die Signoría Venedigs hatte gesetzgebende und richterliche Befugnis

**Spiegelgewölbe**   Muldenförmiges Gewölbe, dessen oberer Teil abgeschnitten ist und durch eine Fläche, den sog. Spiegel, ersetzt ist

**Spolie**   Teil eines fremden Kunstwerks oder Einzelstück, das oft demonstrativ in ein Bauwerk implantiert ist

**Superpositio**   → Säulenordnung

**Supraporte**   (franz.) Feld über der Türrahmung eines Zimmers, oft mit Malerei ausgestattet

**Szenographie**   (griech.) Bühnenmalerei; perspektivische, kulissenartige Darstellungsweise

**Tambour**   Zylinderförmiges Bauglied zwischen Kuppel und Baukörper

**Terraferma**   Hinterland von Venedig, siehe Erläuterungen Seite 12 ff.

**Thermen**   Römische Badeanlagen mit warmen Bädern

**Thermenfenster**   Halbkreisförmiges Fenster, das von zwei Pfeilern unterteilt ist, in → Thermen verwandt. Vor allem im Barock beliebte Fensterform

**Torreselli**   (ital./venez.) Ecktürme venezianischer Häuser

**Toscana**   → Säulenordnung

**Traufe**   Waagerechte untere Dachkante

**Trevisano, Trevigiano**   Provinz Treviso

**Triclinium**   (lat.) Speiseraum in antiken Wohnhäusern

**Trifore**   Dreibogiges Fenster

**Triptychon**   Dreiteilige, betont würdevolle Bildform; vor allem gebräuchlich für mittelalterliche Flügelaltäre mit Mittelbild und Seitenflügeln

**Trompe-l'œil**   (franz.) Augentäuschung. Malerei, die infolge ihrer naturalistischen Genauig-
keit und weiterer geeigneter Kunstgriffe die Illusion der Realität ihres Gegenstandes vermittelt

**Tuskische Ordnung/Toscana**   → Säulenordnung

**Tympanon**   Bogenfeld über dem Türsturz eines Portals, meist mit Bildschmuck versehen

**Vedute**   (ital.) Sachlich genaue Wiedergabe einer Stadt oder Landschaft als Gemälde, Zeichnung oder Stich

**Verkröpfung**   Gebälke oder   → Gesimse, die um Mauervorsprünge, Säulen oder Pfeiler
geführt werden

**Veronese**   Provinz Verona

**Vestibül**   Vorhalle, → Andito, → Portego

**Villa**   (lat.) Landhaus, später in Oberitalien auch Bezeichnung für ein bäuerliches Anwesen
oder für ein Dorf. Speziell in Venetien mit Beginn der Villenkultur im 15. Jahrhundert
gleichzeitig architektonischer und wirtschaftlicher Begriff: Von nun an bezeichnete *villa*
hier stets die Verbindung von Herrenhaus und landwirtschaftlichen Zweckbauten

**Villeggiatura**   Wörtlich übersetzt: Sommerfrische, Landaufenthalt; wurde zum festen Begriff
für Villenleben und Villenkultur im Venetien des 15. bis 18. Jahrhunderts

**Villa suburbana**   (lat.) Stadtnahe Villa, die vorzugsweise Wohnzwecken dient

**Vicentino**   Provinz Vicenza

**Volute**   Schneckenförmiges Schmuckornament als Baudekor bzw. an jonischen Kapitellen

**Raum für Ihre Reisenotizen**

Anschriften neuer Freunde, Foto- u. Filmvermerke, neuentdeckte gute Restaurants, etc.

**Raum für Ihre Reisenotizen**

Anschriften neuer Freunde, Foto- u. Filmvermerke, neuentdeckte gute Restaurants, etc.

**Raum für Ihre Reisenotizen**

Anschriften neuer Freunde, Foto- u. Filmvermerke, neuentdeckte gute Restaurants, etc.

# Register

## Villen
(In Klammern die Katalognummern)

# Personen

## Venedig

Die Stadt in der Lagune – Kirchen und Paläste, Gondeln und Karneval

Von Thorsten Droste. 392 Seiten mit 37 farbigen und 148 einfarbigen Abbildungen, 104 Karten und Plänen, 18 Seiten praktischen Reisehinweisen, Glossar, Register, kartoniert (DuMont Kunst-Reiseführer)

»Thorsten Droste hat in der herausragenden Reihe des DuMont Verlags einen Kunst-Reiseführer über die Stadt in der Lagune verfaßt. Dieser exquisite und mit Fotos gut dokumentierte Führer gibt dem Kunstfreund umfassendste Auskunft von der Geschichte der Stadt über die architektonischen und künstlerischen Glanzstücke bis zu den versteckten Kostbarkeiten, die gerade in Venedig sonder Zahl sind.« *Oberösterreichische Nachrichten*

»Auch wer schon öfter in Venedig war, wird in diesem Kunst-Reiseführer viele neue Anregungen finden.« *Aachener Nachrichten*

## »Richtig reisen«: Venedig

Von Eva Bakos. Foto-Illustration von Helga Sittl. 312 Seiten mit 46 farbigen und 209 einfarbigen Abbildungen, 12 Karten, 56 Seiten praktischen Reisehinweisen, Register, kartoniert

»In sehr lebendig geschriebenen Kapiteln über Geschichte und Alltag Venedigs werden mit Sachkenntnis so verschiedene Aspekte behandelt wie zum Beispiel die Herstellung von marmoriertem Papier, der Fischmarkt, die Art, wie die Dogen gewählt wurden, oder die Kunstschätze. Darüber hinaus gibt das Buch noch einen Abschnitt über die Brenta und die wichtigsten Inseln in sehr liebevoller Darstellung. Der Band enthält auch viele praktische und konkrete Informationen für den klugen Reisenden. Ein hübsches, intelligentes Buch, das in die Bibliothek jedes Venedig-Kenners und -Liebhabers gehört.« *Frankfurter Allgemeine Zeitung*

»Ein unentbehrliches Buch für den Venedig-Reiselustigen.« *Westfalen-Blatt*

## »Richtig reisen«: Friaul – Triest – Venetien

Von Eva Bakos. 384 Seiten mit 67 farbigen und 261 einfarbigen Abbildungen, 16 Karten und Plänen, 46 Seiten praktischen Reisehinweisen, Register, kartoniert

»Die Villen der Venus und Padua, Radiccio, Risotto und Crostata – all das und noch viel mehr Sehenswertes und Kulinarisches bietet dieses Land hinter dem Strand. Wieder ein vorzüglich gestalteter »Richtig reisen«-Führer, der Sehnsucht erweckt, diese schöne Ecke zu entdecken. Das Venetische Bergland rückt nahe, Märchenhaftes wird realistisch, in Udine präsentiert sich der Himmel gar voller Schinken, und am Po-Delta scheint die Welt still zu stehen. Und wenn es in diesem Jahr nicht mit einer Reise dorthin klappen sollte, schon das Lesen und Blättern in dem Buch ist ein Vergnügen.« *Neue Osnabrücker Zeitung*

»Geradezu mit poetischem Schwung nimmt die Autorin den Leser ein für dieses Land, begeistert ihn. Sie versteht es, zu erzählen, Vergangenheit und Gegenwart lebendig zu verbinden. Es macht einfach Spaß, diesen Reiseführer zu studieren.« *Bayerischer Rundfunk/Fernsehen*

# DuMont Kunst-Reiseführer

»Kunst- und kulturgeschichtlich Interessierten sind die DuMont Kunst-Reiseführer unentbehrliche Reisebegleiter geworden. Denn sie vermitteln, Text und Bild meist trefflich kombiniert, fundierte Einführungen in Geschichte und Kultur der jeweiligen Länder oder Städte, und sie erweisen sich gleichzeitig als praktische Führer.«     *Süddeutsche Zeitung*

*Alle Titel in dieser Reihe:*

»Diese Einführungen in Kunst, Kultur, Geschichte und Landschaft eines Landes gehören zum Besten, was man heute zur Vorbereitung einer Reise in die Hand nehmen kann. Der Informationswert liegt sehr hoch, die vielen Abbildungen geben Anregung und Erinnerung. Selbst auf einen Teil mit mehr praktischen Hinweisen wurde nicht verzichtet.«     *Literaturreport*

Alle Bände mit vielen, zum Teil farbigen Abbildungen; dazu Zeichnungen, Karten, Grundrisse, praktische Reisehinweise.

# »Richtig reisen«